L'Almanach
de Pierre Bellemare

L'Almanach de Pierre Bellemare

Pour que chaque jour soit un bon jour

Conçu par
Pierre Bellemare

Réalisé par
Gaëtane Barben
Jérôme Equer
Jacqueline Hiegel
Jean-François Nahmias

Illustration des « drôles d'histoires » par
Clelia Colao

22, rue Huyghens – 75014 Paris
www.albin-michel.fr
ISBN : 978-2-226-19309-4

Au début, un almanach, c'était un calendrier. Puis sont venus s'ajouter des renseignements géographiques, météorologiques, les us et coutumes des régions de France. Au XIXe siècle, les recettes sont apparues ; puis les conseils de jardinage. Les faits divers ont fait leur entrée au début du XXe siècle et les histoires drôles en 1930.

Aujourd'hui, mon almanach vous informe, vous fait jouer, vous renseigne sur mille et une choses qui facilitent votre vie quotidienne. En une seconde vous partez quarante ans en arrière, en un instant vous savez tout sur une chanson célèbre, une fausse croyance, un métier disparu.

Plus que jamais avec mon almanach 2010-2011, chaque jour sera pour vous un bon jour !!!

Pierre Bellemare

Rubriques

les recettes de cuisine
★ faciles ★★ moins faciles
★★★ difficiles ⏱ flash

il y a quarante ans

halte aux fausses croyances

l'histoire des produits de France

le jardinage

la petite histoire des chansons célèbres

les drôles d'histoires de Pierre Bellemare

la France mystérieuse

les conseils d'entretien

les Français en chiffres

les métiers disparus

le jeu du bon choix

Printemps

Tout est lumière, tout est joie.
L'araignée au pied diligent
Attache aux tulipes de soie
Ses rondes dentelles d'argent.
La frissonnante libellule
Mire les globes de ses yeux
Dans l'étang splendide où pullule
Tout un monde mystérieux.
La rose semble, rajeunie,
S'accoupler au bouton vermeil ;
L'oiseau chante plein d'harmonie
Dans les rameaux pleins de soleil.
Sous les bois, où tout bruit s'émousse,
Le faon craintif joue en rêvant ;
Dans les verts écrins de la mousse,
Luit le scarabée, or vivant.
La lune au jour est tiède et pâle
Comme un joyeux convalescent ;
Tendre, elle ouvre ses yeux d'opale
D'où la douceur du ciel descend !
Tout vit, et se pose avec grâce,
Le rayon sur le seuil ouvert,
L'ombre qui fuit sur l'eau qui passe,
Le ciel bleu sur le coteau vert !
La plaine brille, heureuse et pure ;
Le bois jase ; l'herbe fleurit...
– Homme ! ne crains rien ! la nature
Sait le grand secret, et sourit.

Victor HUGO

IL Y A 40 ANS, EN 1970 : Création de treize universités dans la région parisienne. À Rome, M. Rumor reprend ses consultations pour former un gouvernement. Sortie du film *Borsalino* de Jacques Deray, avec Jean-Paul Belmondo et Alain Delon.

Souriez, car vos dents ne sont pas seulement faites pour manger ou pour mordre (Man Ray).

Il y a beau jour que tout le monde sait que l'homme descend du singe, mais on le cacha longtemps pour ne pas humilier ce dernier (Robert Desnos).

Printemps — **SAMEDI 20 MARS** — Bélier 1er décan

Sainte Clémence — **DIMANCHE 21 MARS** — Bélier 1er décan

La France mystérieuse

LA BELLE MORPHISE

Paulhaguet (Haute-Loire)

C'est dans le château de Meaupertuis, sur la commune de Paulhaguet, en Auvergne, que vécut celle qu'on connaît dans l'histoire, ou du moins la petite histoire, sous le nom de « Belle Morphise ». Marie-Louise O'Morphy naît à Rouen, le 21 octobre 1737, de parents irlandais vivant en France. Elle se voit confiée dès sa petite enfance à un couvent près de Versailles. C'est là que la remarque un valet de chambre de Louis XV et elle devient, à quinze ans seulement, la maîtresse du roi. Il faut dire qu'elle est d'une beauté peu commune. Le peintre Boucher, qui en a fait tout de suite son modèle, l'a immortalisée dans plusieurs tableaux, couchée sur le ventre et exhibant sa chute de reins, le charme le plus remarquable de sa personne. La cour, quant à elle, est subjuguée, elle ne l'appelle plus que « La Belle Morphise » et le roi la surnomme affectueusement « Sirette ».

Marie-Louise lui donne une fille, mais elle a le tort de vouloir aller trop vite. Elle lui demande d'éloigner son ancienne maîtresse, Mme de Pompadour, ce qui entraîne sa disgrâce. Louis XV lui fait faire pourtant un riche mariage avec Jacques de Beaufranchet, un de ses anciens officiers, qui l'installe dans son château de Meaupertuis, près de Paulhaguet…

La Belle Morphise mourra en 1814, après avoir eu, comme beaucoup de femmes légères, une fin de vie édifiante. Et aujourd'hui, dans le château de Meaupertuis, un ensemble médiéval impressionnant aux tours élevées et aux douves profondes, son souvenir demeure. Un portrait de Louis XV par Van Loo et une esquisse de Boucher témoignent de son passage en ces lieux.

IL Y A 40 ANS, EN 1970 : Richard Nixon refuse de livrer des avions Phantom supplémentaires à Israël. Le prince Norodom Sihanouk, destitué le 18, appelle à la résistance contre le nouveau régime cambodgien. Coïncidant avec la visite de M. Gromyko en Tchécoslovaquie, M. Dubcek est suspendu du PC.

LUNDI 22 MARS

Sainte Léa

Bélier 1er décan

On choisit parmi les rêves ceux qui nous réchauffent le mieux l'âme (L.F. Céline).

Auprès de ma blonde,
Qu'il fait bon, fait bon, fait bon,
Auprès de ma blonde,
Qu'il fait bon dormir…

Ce ne fut pas toujours une ronde enfantine. On en trouve la trace à partir de 1704 sous le titre *Le Prisonnier de Hollande*. Elle fut vraisemblablement composée à la fin de la guerre qui opposait Louis XIV aux Pays-Bas et à l'Angleterre. Le 3 juillet 1674, l'amiral hollandais Corneille Tromp vint mouiller devant Noirmoutier avec une centaine de navires. La résistance fut héroïque mais brève. Les Hollandais pillèrent l'île pendant trois semaines. Puis les troupes rembarquèrent non sans demander une lourde rançon, en emmenant pour garantie des otages. Parmi eux, un certain André Joubert qui, à son retour, en aurait écrit les paroles sur un air populaire de Vendée. Elle entrera dans l'Histoire, en servant de chant de marche aux fantassins du maréchal de Villars qui emporta la bataille de Denain, en 1712.

★ LAPIN DIJONNAIS. Pour quatre personnes. Mélangez deux cuillerées à soupe de moutarde, une d'huile d'olive avec du thym en poudre, sel, poivre. Enveloppez quatre portions de râble de lapin d'une tranche fine de poitrine de porc fumé, puis badigeonnez chacune du mélange à la moutarde, et déposez-les dans une cocotte. Fermez et mettez à four préchauffé (th. 7-8) pendant 25 minutes, puis découvrez 10 minutes pour rendre la surface à la moutarde croustillante.

Chaque année, en moyenne, la France reçoit :
a. 200 000 coups de foudre ?
b. 700 000 coups de foudre ?
c. 1 000 000 coups de foudre ?

(Réponse : c.)

IL Y A 40 ANS, EN 1970 : Au Congo-Brazzaville, échec d'une tentative de coup d'État : les trente putschistes venus de Kinshasa sont tués dans l'immeuble de la Radio. On a volé dans le train à André Cayatte les documents pour son prochain film sur Gabrielle Russier.

Le seul menteur du Midi, s'il y en a un, c'est le soleil. Tout ce qu'il touche, il l'exagère (A. Daudet).

Saint Victorien

Bélier 1er décan

MARDI 23 MARS

Les drôles d'histoires de Pierre Bellemare

Portes ouvertes

Nous sommes dans une petite ville du sud-ouest de la France. Le commissaire et son équipe se sont mobilisés pour faire visiter leur lieu de travail, à l'occasion de la journée portes ouvertes décidée par la Police nationale. C'est l'occasion de se rapprocher de la population, de lui faire connaître les problèmes quotidiens et la manière de les traiter.

D'ailleurs, le public est venu nombreux et s'intéresse à tout : les bureaux, les ordinateurs, les armes, les uniformes. Des personnes demandent même s'il y a une prison. Le commissaire acquiesce :

« Oui, une salle de rétention provisoire, mais on ne peut pas la visiter. Il y a deux personnes actuellement. »

Effectivement la cellule du commissariat abrite des prisonniers, deux Marocains. Ils n'ont pas commis de délit à proprement parler, mais ils ont été pris en situation irrégulière et ils sont là en attendant une probable expulsion. Or, comme tous les policiers sont occupés à l'accueil, personne ne fait plus attention à eux. Ils décident d'en profiter et fracturent une cloison. Celle-ci donne sur une sorte de cagibi muni d'une fenêtre et, au prix d'un saut de quelques mètres, ils se retrouvent dehors… Leur évasion ne sera constatée qu'en fin de journée, après le départ du public et, malgré toutes les recherches, il sera impossible de remettre la main sur eux. C'était vraiment la journée portes ouvertes !

IL Y A 40 ANS, EN 1970 : Gérard Nicoud est gardé à vue par la gendarmerie de Bourgoin, après l'opération « Poisson d'avril » qui consistait à bloquer la circulation dans plusieurs villes. Le président Nixon fait appel à l'armée pour briser la grève des postiers.

MERCREDI 24 MARS — **Sainte Catherine de Suède**

Bélier 1er décan

La belle architecture, c'est celle qui fera de belles ruines (Auguste Perret).

POUR NETTOYER UN OUTIL DE JARDIN ANCIEN

Pour lisser le métal piqueté ou déformé par la rouille, il faut le passer à la brosse métallique, puis à la ponceuse, en prenant soin d'enfiler un masque de protection pour les yeux. Pour peaufiner, passer doucement une laine d'acier fine qui enlèvera les poussières et aspérités. Puis, chauffez de l'huile de lin dans une casserole jusqu'à ébullition, et appliquez-la pure à l'aide d'un pinceau plat. Il ne vous reste plus qu'à essuyer le surplus avec un chiffon.

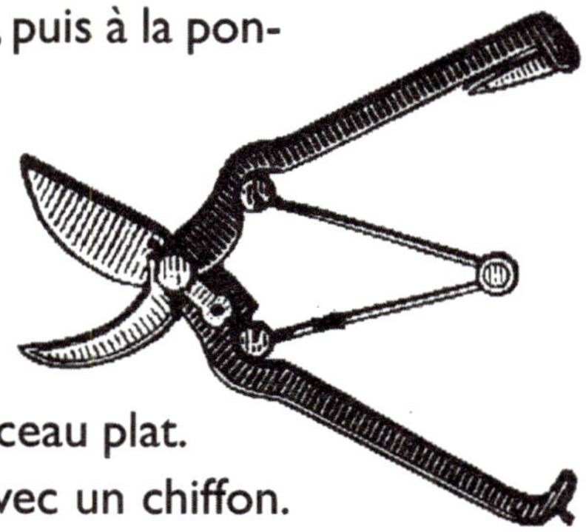

✰ BAR AU FENOUIL. Pour quatre personnes. Émincez trois têtes de fenouil que vous placez au fond d'une cocotte ovale huilée avec deux tomates coupées en dés, quatre gousses d'ail émincé et 100 grammes de coulis de tomates en brique. Assaisonnez de sel et poivre. Fermez et enfournez la cocotte pendant une demi-heure à four moyen, puis ajoutez 100 grammes de crème fraîche et deux bars de 400 à 500 grammes vidés que vous aurez fourrés de fenouil en branches et assaisonnés. Fermez et enfournez le tout pour vingt minutes (th. 8).

Un vin AOC est meilleur qu'un vin de pays

L'AOC est d'abord une garantie de provenance et non de qualité. Même sur un petit terroir, un vigneron passionné et consciencieux peut produire des vins délicieux.

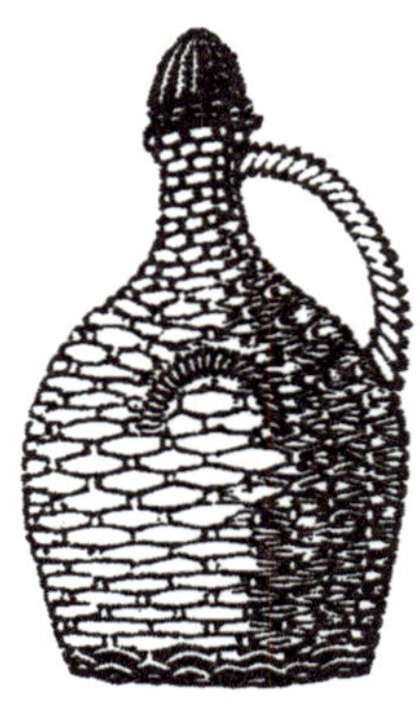

IL Y A 40 ANS, EN 1970 : Le tribunal des flagrants délits de Bourgoin condamne Gérard Nicoud à 6 mois de prison ferme pour l'opération « Poisson d'avril ». Le Conseil de Paris refuse le stationnement payant.

Dieu n'a fait qu'ébaucher l'homme, c'est sur terre que chacun se crée (proverbe africain).

Saint Humbert

Bélier 1er décan

JEUDI
25
MARS

Les drôles d'histoires de Pierre Bellemare

Le dernier combat du Che

Mario Teran, un sous-officier bolivien à la retraite, se présente dans un hôpital de Santa Cruz pour s'y faire opérer d'une double cataracte. Trop pauvre pour s'acquitter des frais de l'opération, il bénéficie des soins qu'une équipe d'ophtalmologistes cubains dispense gratuitement à travers l'Amérique latine. L'intervention se déroule à merveille et le vieil homme recouvre la vue. Le lendemain, son fils publie dans le journal local une lettre dans laquelle il remercie chaudement les chirurgiens. Et dévoile par la même occasion un secret qui fait aussitôt l'effet d'une bombe : son père n'est autre que le soldat qui, le 9 octobre 1967, avait été tiré à la courte paille par un officier de la CIA pour exécuter Ernesto Che Guevara, blessé et fait prisonnier dans la sierra bolivienne.

Quelques jours plus tard, *Granma*, le quotidien officiel cubain, relate l'affaire à sa manière : « Le Che gagne un nouveau combat ! Grâce à la générosité de nos médecins, Mario Teran peut à nouveau apprécier les couleurs du ciel et de la forêt, profiter des sourires de ses petits-enfants et regarder les matchs de football. Quatre décennies après sa mort, le Che remporte une nouvelle bataille ! »

L'histoire ne dit pas si, en l'échange de la vue, Mario Teran a restitué à ses bienfaiteurs la pipe du Che, que l'agent de la CIA lui avait donnée pour le récompenser de s'être acquitté à sa place du « sale boulot » !

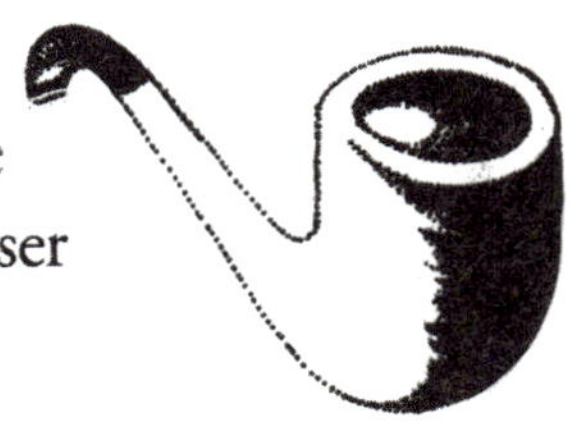

IL Y A 40 ANS, EN 1970 : À Phnom-Penh, le gouvernement Lon Nol propose des négociations immédiates au Nord-Vietnam et au FNL. Libération à Saint-Domingue de l'attaché militaire US, Donald Cowley, par les guérilleros, en échange de 21 prisonniers politiques. Mort du chirurgien Robert Monod.

VENDREDI 26 MARS

Sainte Larissa

Bélier 1er décan

Imagination : entrepôt d'idées, dont le poète et le menteur sont copropriétaires (Ambrose Bierce).

Ne bêchez plus au pied des arbres fruitiers, comme on le préconise en automne ou en hiver. La terre ainsi travaillée se refroidirait plus vite lors des gelées nocturnes. Traitez les pommes contre l'oïdium au soufre. Étalez de la glu arboricole autour des troncs : cette opération permet d'éviter une grande partie des traitements insecticides. L'apport d'engrais à dominante azotée, qui favorise le départ de la végétation et contribuera à la mise à fruits, doit intervenir au niveau de l'extrémité des racines principales. Il faudra donc disposer votre fertilisant à l'aplomb du bout des différentes branches.

PRINTANIÈRE DE LARDONS AU PERSIL. Pour quatre personnes. Épluchez 400 grammes de carottes et 400 grammes de navets nouveaux. Taillez-les en julienne. Mélangez-les avec 200 grammes d'allumettes de lardons et faites cuire au cuit-vapeur 8 minutes. Réservez dans un plat au chaud. Mixez une botte de persil avec 2 décilitres de crème fleurette. Chauffez cette sauce sans la faire bouillir, assaisonnez-la de poivre et d'un peu de sel et versez-la sur les légumes et les lardons.

% La rémunération des femmes françaises est inférieure de 27 % à celle des hommes.

IL Y A 40 ANS, EN 1970 : Ouverture à Athènes du procès des membres de l'organisation clandestine Défense démocratique. Beyrouth, après trois jours d'affrontements entre Palestiniens et phalangistes, est en état de siège. Près du canal de Suez, cinq Mig 21 égyptiens sont abattus par la chasse israélienne.

Saint Habib — **SAMEDI 27 MARS** — Bélier 1er décan

Entre dépenser du temps et le vivre, il y a un abîme (Philippe Sollers).

Saint Gontran — **DIMANCHE 28 MARS** — Bélier 1er décan

À l'origine de toute connaissance, nous rencontrons la curiosité ! Elle est une condition essentielle du progrès (Alexandra David-Néel).

La France mystérieuse

LA MESSE DES ANIMAUX

Paris

C'est un service religieux unique au monde qui se déroule deux fois par an, les premiers dimanches de mai et de novembre, en l'église Sainte-Rita, rue François-Bonvin, dans le XVe arrondissement de Paris. Lors de ces offices, chacun vient faire bénir ses animaux familiers.

Le mérite en revient à Mgr Dominique Philippe, un prélat original qui ne supportait plus de voir ses paroissiens attacher leur chien aux grilles de l'église le temps d'une prière. Il a décidé que les animaux eux aussi auraient droit à sa bénédiction. La hiérarchie catholique n'ayant jamais condamné formellement cette initiative, le succès a été immédiat dès la première messe, en 1994.

Les jours dits, on voit donc débarquer une nouvelle arche de Noé rue François-Bonvin, car si les animaux de compagnie, chiens, chats, cochons d'Inde, hamsters, sans oublier les poissons rouges, sont les plus nombreux, toutes les bêtes de la création ou presque sont représentées : lamas, boas, singes, zèbres, dromadaires ; on a même vu une girafe.

L'office est placé sous le patronage de saint François d'Assise, le grand ami des animaux et, contrairement à ce qu'on pourrait imaginer, il se déroule dans le plus grand recueillement. Toute cette ménagerie est étonnamment calme pendant les deux heures que dure le rituel.

À l'heure actuelle, la messe des animaux vient de fêter ses quinze ans. Le père Philippe est plus que jamais décidé à continuer : « On me traite parfois de loufoque, mais bénir des animaux n'est pas plus loufoque que bénir des canons comme le faisaient les papes ! »

IL Y A 40 ANS, EN 1970 : Le bilan du tremblement de terre à Gediz, en Anatolie orientale, est de 2 000 morts, 4 000 blessés, et 90 000 sans-abri. Phnom-Penh, après une série d'attaques vietcongs, place son armée en état d'alerte. L'Italie a un nouveau gouvernement, après quarante-neuf jours de crise.

LUNDI 29 MARS

Sainte Gladys

Bélier 1er décan

Je n'ai pas échoué. J'ai simplement trouvé dix mille solutions qui ne fonctionnent pas (Thomas Edison).

LE MONTREUR DE LANTERNE MAGIQUE

Au Moyen Âge, les pâtissiers exposaient des lanternes vives à la porte de leurs boutiques pour attirer les passants. Entre l'enveloppe ronde en papier huilé et la lumière, des silhouettes d'animaux tournaient sur un cercle mobile, créant des ombres mouvantes. Au XVIIe siècle, le jésuite Athanase Kircher fit de cette lanterne une distraction appréciée à la cour du Roi-Soleil, dans les salons et les foires. Les Savoyards en firent leur spécialité. Sébastien Mercier, dans son *Tableau de Paris*, rapporte : « Ils promènent la lanterne magique sur leur dos, et l'annoncent le soir au moyen d'un orgue nocturne dont les sons deviennent plus agréables et plus touchants parmi le silence et les ténèbres. » Ces spectacles naïfs disparurent ensuite, mais en 1886, le théâtre du Chat-Noir à Montmartre donna une nouvelle noblesse aux ombres chinoises. Le 25 décembre 1895, les frères Lumière projettent leurs premiers films sur l'écran du Grand-Café à Paris : il sera dès lors impossible de lutter longtemps contre l'attraction de l'image animée.

★★ COURGETTES EN ROULADES. Pour quatre personnes. Faites cuire 200 grammes de quinoa rouge et blanc dans deux fois son volume d'eau froide. Portez à ébullition, couvrez, laissez cuire 10 minutes. Taillez deux courgettes dans le sens de la longueur en lamelles de 2 millimètres d'épaisseur et faites-les cuire 2 minutes à l'eau bouillante, puis passez-les à l'eau froide. Mélangez 250 grammes de miettes de crabe en boîte au quinoa, avec un oignon blanc haché, 50 grammes de pignons de pin grillés, deux cuillerées à soupe de coriandre hachée, sel, poivre. Prévoyez deux lamelles de courgettes pour chaque convive, que vous mettez à plat sur votre planche de travail. Étalez dessus votre mélange, et roulez l'ensemble délicatement « en escargot ». Fixez avec un bâtonnet chacune des roulades et dressez-les debout sur le plat. Versez dessus juste avant de servir un jus de citron et de l'huile de sésame.

IL Y A 40 ANS, EN 1970 : Le général Lon Nol songe à faire appel à l'aide militaire américaine, en raison de l'importante avancée des forces communistes au Cambodge. En France, les associations de commerçants et artisans, le CID de Gérard Nicoud et l'UNATI se regroupent.

Le temps n'attend pas, la bonté est impuissante, la fortune inconstante et la méchanceté insatiable (Machiavel).

Les drôles d'histoires de Pierre Bellemare

Une petite tricheuse

« Papa, Maman, je suis qualifiée pour la finale ! » M. et Mme Goldhill ne sont pas peu fiers en entendant leur fille Sheila leur annoncer la nouvelle ! Celle-ci, âgé de quatorze ans, rêve d'être mannequin. Les Goldhill sont de modestes employés vivant dans une banlieue populaire de Londres et, si leur fille pouvait faire un jour une profession aussi prestigieuse, rien ne pourrait les flatter davantage. Aussi est-ce sans hésitation qu'ils lui ont donné leur accord pour participer au concours de beauté « Miss Teen Queen » sur Internet, destiné aux jeunes filles de son âge. Sheila a été convoquée à Londres pour se faire photographier par un photographe de mode, après quoi le cliché a été mis sur le site du concours et le public a été convié à voter par SMS. Elles n'étaient pas moins d'une centaine à se présenter aux suffrages, seules dix étaient retenues pour la finale et c'est ce qui motive la joie de Sheila et de ses parents.

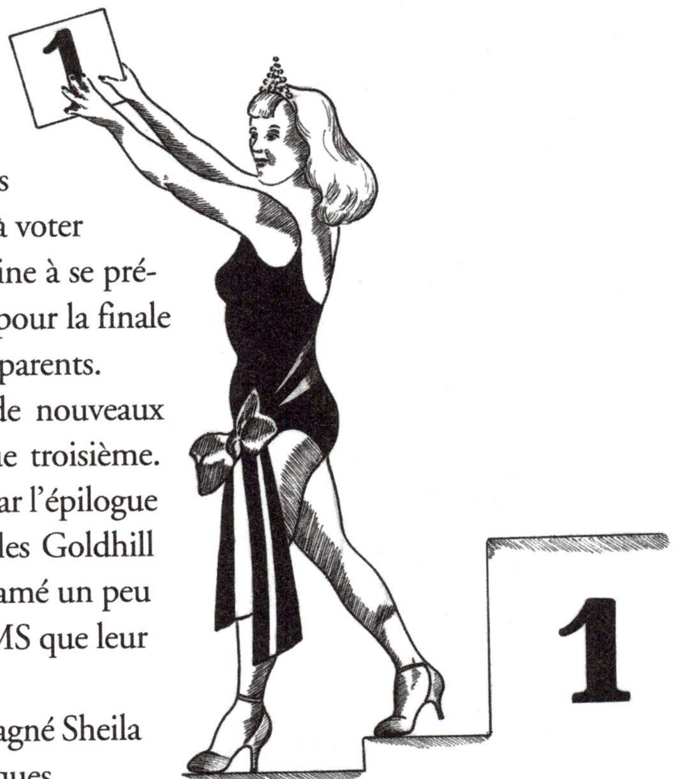

Seulement, là s'arrête le beau rêve : malgré de nouveaux votes en sa faveur, Sheila Goldhill ne finit que troisième. C'est la fin du rêve, mais pas celle de l'histoire, car l'épilogue survient quelques semaines plus tard, lorsque les Goldhill reçoivent leur note de téléphone. Il leur est réclamé un peu plus de 1 700 euros, en règlement des 2 000 SMS que leur fille a envoyés pour voter en sa faveur.

Par le même courrier est arrivé le prix qu'avait gagné Sheila pour sa troisième place : 150 euros de cosmétiques.

IL Y A 40 ANS, EN 1970 : À Séoul, 21 pirates de l'air du groupe nippon Armée rouge menacent de faire sauter un Boeing japonais et ses passagers, si on ne les conduit pas en Corée du Nord. Enlèvement au Guatemala de l'ambassadeur ouest-allemand par les Forces armées rebelles.

MERCREDI 31 MARS — **Saint Benjamin**

Bélier 1er décan

C'est très joli d'être innocent ;
il ne faut pas en abuser (Marcel Pagnol).

Taillez les rosiers avant que les bourgeons n'éclatent : coupez à trois yeux de la base. Traitez-les deux fois dans le mois d'avril avec un produit total contre les attaques de pucerons, d'oïdium et de taches noires. Faites des trous avec une bêche autour des pieds et versez un engrais complet spécial rosier contenant de la magnésie qui descendra ainsi directement vers les racines. Paillez le pied des rosiers buissons avec du compost ou de l'écorce de pin.

Les femmes ne peuvent réussir une mayonnaise certains jours du mois

Une vieille croyance, probablement d'origine misogyne, affirmait que le sang des femmes dans ces moments-là était impur, et par conséquent que tout irait de travers. Si l'œuf, l'huile, le vinaigre et la moutarde sont à une température identique, la mayonnaise sera parfaitement montée quel que soit le jour.

★★ PALERON EN FRICASSÉE. Pour six personnes. Faites dorer dans une poêle huilée 600 grammes de paleron émincé et laissez mijoter 5 minutes. Ajoutez un poivron coupé en lanières, deux carottes et une courgette taillées en tagliatelles à l'aide de l'économe, six quartiers de tomates confites coupées en deux, 200 grammes de haricots verts blanchis à l'eau bouillante. Saupoudrez de paprika, salez, poivrez. Faites cuire 8 à 10 minutes en retournant souvent. Répartissez le mélange dans six assiettes, parsemez de cerneaux de noix concassés et grillés à sec. Servez avec du boulgour.

IL Y A 40 ANS, EN 1970 : Le gouvernement français propose une négociation globale pour assurer en Indochine une zone de « neutralité et de paix ». Il y a 21 rescapés sur les 82 occupants de la Caravelle Agadir-Paris qui s'est écrasée peu avant l'escale de Casablanca.

Il est sans comparaison plus facile de faire ce que l'on est que d'imiter ce que l'on n'est pas (Louis XIV).

Les drôles d'histoires de Pierre Bellemare

Les points sur les i

Se chamailler de vive voix entre époux peut entraîner bris de vaisselle, plaies et bosses si les choses s'enveniment. Mais s'insulter par SMS interposés peut se révéler autrement plus dangereux. Ainsi peuvent en témoigner Emine et Ramazan, un couple de jeunes Turcs qui échangent des noms d'oiseaux sur leurs portables respectifs depuis qu'Emine a déserté le domicile conjugal pour aller se réfugier chez ses parents.

« Tu changes de sujet à chaque fois que tu es à court d'arguments », reproche Ramazan à sa femme dans son dernier message. Or, circonstance fatale, le téléphone d'Emine n'est pas configuré pour la langue turque. Ainsi les « i » sans point se transforment-ils sur l'écran en « i » avec point. Ce qui change radicalement la signification de la phrase, l'expression *sikisinca* – « à court d'argument » – se transformant en « en train de baiser ».

Folle de rage, Emine somme le malotru de venir s'expliquer sur-le-champ. Lorsque ce dernier se présente sans appréhension chez son beau-père, il est accueilli à coups de couteau. Parvenant à s'emparer de l'arme, il la retourne contre sa femme et lui tranche le cou.

Moralité : en cas de querelle conjugale, il n'est pas toujours conseillé de mettre les points sur les « i » !

IL Y A 40 ANS, EN 1970 : Les combats entre Israéliens et Syriens durent plus de 7 heures. À Séoul, les pirates japonais acceptent de libérer leurs otages du Boeing 727, en échange du vice-ministre japonais des Transports, Yamamura. Sortie du film *Airport* de George Seaton avec Burt Lancaster et Dean Martin.

VENDREDI 2 AVRIL — **Sainte Sandrine**

Bélier 2e décan

L'impossible, nous ne l'atteignons pas, mais il nous sert de lanterne (René Char).

✭ CAPRICE PÉTILLANT. Pour quatre personnes. Mélangez 200 grammes de fraises et 200 grammes de framboises dans un saladier avec 1 décilitre de sirop de sucre, 75 centilitres de rosé pétillant d'Anjou sec, une cuillerée à café de gingembre moulu. Mettez votre préparation 1 heure au réfrigérateur. Répartissez dans quatre assiettes à soupe. Éparpillez sur chacune au moment de servir quatre ou cinq macarons concassés.

POUR REDONNER UNE NOUVELLE JEUNESSE À VOTRE OURS EN PELUCHE

Il suffit de passer sur votre compagnon fétiche de la pulpe écrasée d'une pomme de terre cuite à l'eau. Laissez sécher une nuit, puis frottez avec une brosse en chiendent.

Le premier voyage maritime autour du monde, conduit par le navigateur portugais Magellan fut réalisé en :

a. 632 jours ?
b. 1 081 jours ?
c. 1 425 jours ?

(Réponse : b. – du 20 septembre 1519 au 6 septembre 1522.)

IL Y A 40 ANS, EN 1970 : Le Boeing piraté de la Japan Air Lines atterrit à Pyong Yang sans l'accord de la Corée du Nord. L'armée anglaise réagit sévèrement après une troisième nuit de violences en Irlande du Nord. Sortie du film *Reivers* de Mark Rydell avec Steve McQueen.

Je suis prêt à aller n'importe où, pourvu que ce soit en avant (David Livingstone).

Saint Richard — **SAMEDI 3 AVRIL** — Bélier 2e décan

Quand nous sommes jeunes, nous souhaitons de chastes épouses, sans savoir tout ce que nous coûtera leur vertu (André Gide).

Saint Isidore — **DIMANCHE 4 AVRIL** — Bélier 2e décan

La France mystérieuse

LE PETIT YVES

Ploumilliau (Côtes-d'Armor)

L'église de Ploumilliau est placée sous le patronage de Meliaw, roi de Cornouailles, qui fut assassiné au VIIIe siècle par son frère Riwod et considéré depuis comme un martyr.

Est-ce dû à cette histoire tragique, en tout cas l'église a longtemps abrité une statue de l'Ankou, la personnification de la mort chez les Bretons. L'effigie représentait un squelette, tenant d'une main une faux pour tuer les humains et, de l'autre, une bêche pour les enterrer. Elle était placée à côté du cercueil pendant les cérémonies funèbres et l'effet produit était particulièrement sinistre.

Un enfant de chœur s'étant évanoui au cours d'une de ces cérémonies, le curé de l'époque mit fin à cet usage et plaça la statue dans un coin de l'église, d'où elle ne bougea plus. Mais le squelette à la faux et à la bêche devint, dès lors, l'objet d'un culte très particulier. Son aspect effrayant en fit dans toute la région une sorte de divinité malfaisante. On venait des environs et même de fort loin lui adresser des prières, pour obtenir la mort de ses ennemis. On l'appelait Erwanig Plouillio, c'est-à-dire « Petit Yves de Ploumilliau », selon l'usage breton qui veut qu'on donne des noms amicaux aux êtres qui vous inspirent de la terreur – le diable était ainsi communément surnommé Guillaume.

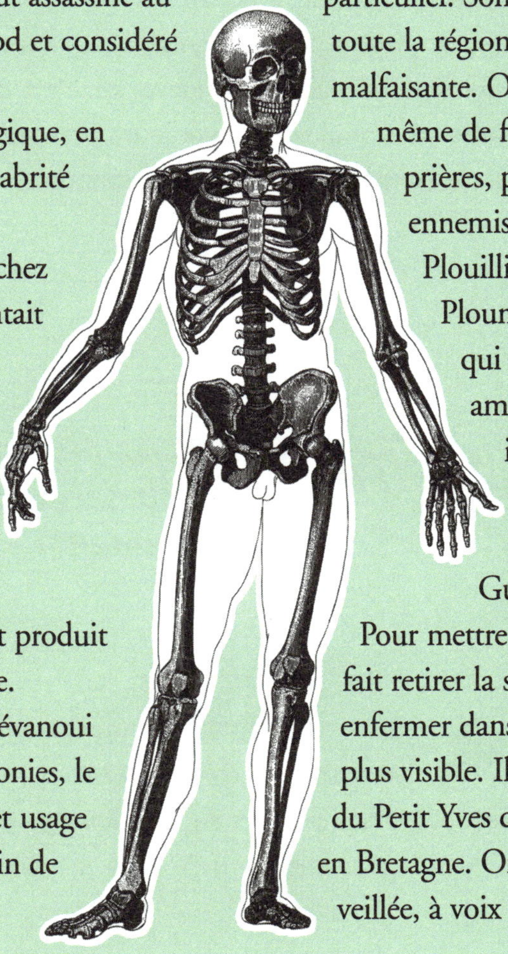

Pour mettre fin à ces pratiques, le clergé a fait retirer la statue de l'église et l'a fait enfermer dans la sacristie où elle n'était plus visible. Il n'empêche que le souvenir du Petit Yves de Ploumilliau est resté vivace en Bretagne. On l'a évoqué longtemps à la veillée, à voix basse, en se signant.

IL Y A 40 ANS, EN 1970 : Le gouvernement de Mme Golda Meir refuse le projet de rencontre au Caire de Nahum Goldmann, président du Congrès juif mondial, et du président Nasser. Découverte du cadavre de l'ambassadeur d'Allemagne fédérale enlevé par les guérilleros guatémaltèques.

LUNDI 5 AVRIL

Sainte Irène

Bélier 2e décan

L'eau que vous buvez a été pissée six fois par un diplodocus (Paul-Émile Victor).

LE MARCHAND DE COCO

À la fin du XVIIIe siècle, Sébastien Mercier, dans son *Tableau de Paris*, décrit un grand gaillard qui « porte une fontaine de fer-blanc sur son dos ; il a un bonnet garni de plaques et de plumes de héron ; il est ceint d'un tablier blanc », deux gobelets d'argent sont enchaînés à sa ceinture. Il arpente les Champs-Élysées ou la place de Grève, annonçant sa présence en faisant tinter une clochette et en criant : « À la fraîche ! Qui veut boire ? », Pour un liard, il offre un verre d'une boisson agréable, de l'eau dans laquelle a macéré du bois de réglisse avec du jus de citron, que les Parisiens baptiseront *coco* en raison de sa ressemblance avec le lait de la noix du cocotier et qui devient leur boisson favorite. Mais, dès 1865, l'ouverture des brasseries sur les boulevards, avec leurs orangeades et jus de groseilles, porte atteinte au métier, qui finit par disparaître.

57,2 % de Français sont propriétaires de leur logement.

Pour vos plantations nouvelles, évitez les végétaux exotiques ou nouvellement créés. Tenez-vous-en aux valeurs sûres et préférez les plantes proches du type sauvage, indigènes ou originaires d'une région au climat proche du nôtre. Vous ne risquerez pas d'être déçu.

IL Y A 40 ANS, EN 1970 : En raison de l'assassinat de son ambassadeur, l'ambassade d'Allemagne fédérale au Guatemala est fermée. La visite de Chou En-lai en Corée du Nord provoque un spectaculaire rapprochement entre Pékin et Pyong Yang.

L'homme est le seul animal à savoir quelque chose de son grand-père (Régis Debray).

Saint Marcellin

Bélier 2e décan

MARDI 6 AVRIL

Les drôles d'histoires de Pierre Bellemare

Braqueur, malgré lui

Wilber Grant, la cinquantaine distinguée, est le type même de l'homme sans histoire : bon père, bon époux, cadre modèle dans la compagnie d'assurances qui l'emploie. Cet habitant de Springfield, dans l'Illinois, est, semble-t-il, le dernier qui pourrait avoir affaire à la police. Et pourtant !

Ce samedi de fin octobre 2008, il se rend à sa banque pour retirer de l'argent de son compte. Il remplit le formulaire approprié, puis fait tranquillement la queue devant le guichet. Lorsque son tour arrive, il tend le bordereau à l'employé. Celui-ci considère le document et lui déclare :

« Voulez-vous attendre un instant, le temps de réunir l'argent ? »

Wilber Grant est un peu surpris, car 150 dollars n'est pas une somme si importante, mais il patiente sans faire de commentaire.

En réalité, un petit plaisantin avait écrit au dos du formulaire : « Ceci est un braquage. Je suis armé. Donnez-moi l'argent », et le caissier a appuyé sur une alarme silencieuse, reliée au commissariat tout proche.

Les policiers, remarquablement efficaces, arrivent peu après, armés jusqu'aux dents et le jettent à terre pour lui mettre les menottes…

Il faudra une bonne heure à Wilber Grant pour prouver sa bonne foi et repartir avec les excuses de la banque et ses 150 dollars.

IL Y A 40 ANS, EN 1970 : 6 600 faux billets de 500 francs sont découverts dans le canal Saint-Martin. Après avoir atterri près d'Udine en Italie, le pilote d'un Mig hongrois demande le droit d'asile. Le Grand Jury prononce un non-lieu dans l'affaire Mary-Jo Kopechne-Edward Kennedy.

MERCREDI 7 AVRIL

Saint Jean Baptiste de la Salle

Bélier 2e décan

Les hommes vieillissent, mais ne mûrissent pas (A. Daudet).

DES SOINS PARTICULIERS POUR LA DENTELLE ANCIENNE

Elle exige d'être toujours lavée à la main. Placez la pièce de dentelle dans un sac de tissu pour la protéger. Plongez le tout dans de l'eau savonneuse, rincez, et faites sécher. Pour redonner à la dentelle un blanc parfait, il faut la plier, repassée, dans une poche de toile blanche et faire tremper le tout pendant vingt-quatre heures dans de l'huile d'olive. Plongez ensuite le sac dans de l'eau bouillante, bien savonneuse, pendant une vingtaine de minutes. Rincez, immergez dans de l'amidon fondu, enlevez la dentelle du sac et repassez aussitôt.

Créez une prairie naturelle au pied des arbres en semant du trèfle incarnat, de la luzerne, ou du sainfoin. Cet engrais vert limitera l'entretien du sol en le fertilisant naturellement. Pour protéger vos arbres fruitiers, posez des pièges attractifs pour les insectes à base de sirop sucré, de confiture ou de phéromones.

SOUFFLÉ ALLEGRO. Pour quatre personnes. Incorporez dans un quart de litre de béchamel (brique) trois jaunes d'œufs, 100 grammes de gruyère râpé, puis les blancs battus en neige ferme et enfin 150 grammes de jambon haché et une petite boîte de champignons type grisets bien égouttés. Salez, poivrez. Versez la préparation dans un plat beurré que vous mettez à four chaud (th 7). Laissez monter 30 minutes et servez aussitôt.

IL Y A 40 ANS, EN 1970 : Le bilan du bombardement d'une école égyptienne par des Phantom israéliens est de 30 enfants tués et 46 blessés. À Hollywood, John Wayne reçoit l'Oscar du meilleur acteur, *Macadam Cowboy*, de John Schlesinger, celui du meilleur film, et *Z*, de Costa-Gavras, celui du meilleur film étranger.

On ne prend pas une femme par le raisonnement. On ne la prend pas par la prière. On la prend (Ninon de Lenclos).

Sainte Julie — **JEUDI 8 AVRIL**

Bélier 2e décan

Les drôles d'histoires de Pierre Bellemare

La cavale du gourmet

Pascal Henry, un coursier genevois célibataire et peu disert, décide de s'offrir une aventure hors du commun : consacrer ses économies à la réalisation d'un tour du monde gastronomique. Pour faciliter son périple, il choisit de limiter son choix aux 68 restaurants qui ont obtenu trois étoiles dans le classement du Guide Michelin. Commencé le 5 mai 2008 chez Paul Bocuse, le marathon doit se poursuivre dans plusieurs pays européens, aux États-Unis et au Japon, pour s'achever, deux mois plus tard, chez Alain Ducasse, à Paris. Henry écume donc les meilleures tables de l'Hexagone, puis il sillonne l'Allemagne et l'Italie. Le cœur léger mais la peau du ventre bien tendue (après son 40e festin, Henry a déjà grossi de 8 kilos !), il se retrouve en Espagne à l'El Bulli. Pour 165 euros vin non compris, Ferran Adria, le pape de la cuisine « techno-émotionnelle », lui propose la trentaine de bouchées de son menu dégustation. Le sorbet à l'ail blanc ou le quinoa de foie gras troublent-ils la sérénité de notre gourmet itinérant ? Quoi qu'il en soit, il s'éclipse en fin de repas sans payer l'addition et disparaît mystérieusement. La police espagnole puis Interpol se lancent sans succès à sa poursuite. À la fin de l'été, des caméras de vidéosurveillance l'identifient en train de retirer de l'argent dans une banque de Genève.

Pour quelle raison le gastronome a-t-il interrompu ainsi sa folle équipée ? Nul ne le sait. Mais Henry appréciait saint Augustin et le citait à l'occasion : « Celui qui se perd dans sa passion a moins perdu que celui qui a perdu sa passion ! »

IL Y A 40 ANS, EN 1970 : À Paris, pose de la première pierre de la tour Maine-Montparnasse par M. Robert-André Vivien, ministre d'État au Logement. À Orly, Air France reçoit son premier Jumbo, Boeing géant 747, qui inaugurera le nouveau service de la ligne Paris-New York.

VENDREDI 9 AVRIL — **Saint Gautier** — **Bélier** 2e décan

Quand on met le pied dans les idées géniales, on glisse (François Nourissier).

★ DÔMES DE CHAMPIGNONS FARCIS. Pour quatre personnes. Prévoyez deux ou trois champignons de Paris par personne. Retirez les pieds en éliminant la partie sableuse, hachez le reste lavé et séché avec deux gousses d'ail, un filet de poisson de 200 grammes (cru ou cuit vapeur), quinze feuilles d'oseille et mélangez avec un jaune d'œuf, 50 grammes de beurre, sel et poivre. Farcissez les têtes de champignons nettoyées à l'aide d'une serviette humide et citronnées de cette préparation en formant un dôme, saupoudrez de chapelure et faites cuire au four sur une plaque huilée pendant 20 minutes (th. 7).

POUR FAIRE DISPARAÎTRE LE CALCAIRE FIXÉ DANS UNE CARAFE EN CRISTAL

Remplissez la carafe de languettes de papier journal et d'eau tiède. Secouez le mélange et laissez agir douze heures. Le calcaire sera dissous par l'encre et la pâte à papier. Vous pouvez aussi y mettre du gros sel, ou du vinaigre d'alcool tiédi. Patientez pendant un jour ou deux, rincez à l'eau tiède et essuyez soigneusement.

Le poids moyen d'un téléphone portable est de :
a. 90 grammes ?
b. 125 grammes ?
c. 200 grammes ?

(Réponse : a.)

IL Y A 40 ANS, EN 1970 : Massacre d'une centaine de réfugiés vietnamiens, près du village de Prassaut, par des soldats cambodgiens. Première au Théâtre de l'Atelier du *Bal des Voleurs* de Jean Anouilh, dans une mise en scène d'André Barsacq et sur une musique de Darius Milhaud.

Rien n'est plus habile qu'une conduite irréprochable (Mme de Maintenon).

Saint Fulbert — SAMEDI 10 AVRIL — Bélier 3e décan

Dès ma première enfance, une flèche de la douleur s'est plantée dans mon cœur. Tant qu'elle y reste, je suis ironique – si on l'arrache, je meurs (Kierkegaard).

Saint Stanislas — DIMANCHE 11 AVRIL — Bélier 3e décan

La France mystérieuse

LA CONFRÉRIE DES CORNARDS

Le Puy (Haute-Loire)

Au 16 de la rue Charmalenc, dans la vieille ville du Puy, se dresse une ancienne demeure dont la façade s'orne d'une tête d'homme cornu, surmontant l'inscription : « Ah, que les cornes vont bien sur un front comme le mien ! » Il s'agit de « la maison des Cornards », siège d'une des plus étonnantes curiosités de la région. Fondée après les guerres de Religion, la confrérie des Cornards est restée en activité jusqu'au début du XXe siècle. Il s'agissait d'une assemblée de bons vivants, qui organisaient des cortèges pittoresques à travers la ville et allaient banqueter à Saint-Germain-la-Prade, de l'autre côté de la Loire. Avant le repas, ils s'arrêtaient sous un gros peuplier aux branches fourchues, qu'on appelait l'arbre aux Cornards. C'était là également qu'avaient lieu les cérémonies d'initiation.

Le Républicain de la Haute-Loire du 3 novembre 1887 raconte l'une d'elles :

« Un étranger passant récemment à Saint-Germain-la-Prade fut très surpris de voir plusieurs personnes bien mises danser autour d'un peuplier séculaire, à deux pas du village, et finalement l'embrasser plusieurs fois. Renseignements pris, c'étaient deux jeunes mariés avec leurs invités, qui allaient se faire enregistrer à l'arbre aux Cornards. »

C'était également sous cet arbre qu'était élu le grand maître de la confrérie. Il portait comme signe de sa fonction une épingle en pierreries jaunes représentant deux cornes…

Contrairement à ce qu'on pourrait penser, les Cornards n'avaient aucun rapport avec les maris trompés. C'était une réminiscence d'un très ancien culte païen, celui de Cernunnos, le dieu gaulois cornu, dispensateur d'éternité.

IL Y A 40 ANS, EN 1970 : À Athènes, pas de condamnation à mort au procès des « 34 » de l'organisation Défense démocratique, mais de lourdes peines de prison sont prononcées. Trente millions sont consacrés cette année à la suppression des bidonvilles. Eddy Merckx remporte le 68e Paris-Roubaix.

LUNDI 12 AVRIL

Saint Jules

Bélier 3e décan

Les États-Unis d'Amérique forment un pays qui est passé directement de la barbarie à la décadence sans jamais avoir connu la civilisation (Einstein).

★ DINDE À L'EFFILOCHÉE DE LÉGUMES. Pour quatre personnes. Coupez de fines lanières dans le blanc de trois poireaux et de trois côtes ou branches de céleri (après en avoir ôté les fils). Pelez deux carottes et débitez-les également en lanières à l'aide d'un couteau économe. Dans une sauteuse, mettez deux échalotes pelées et émincées avec 3 décilitres de vin blanc sec. Ajoutez les petits légumes, salez, poivrez, laissez frémir 10 minutes à feu modéré. Dans une poêle, faites sauter 5 minutes dans le beurre trois escalopes de dinde que vous aurez coupées en petits dés. Puis ajoutez-les aux légumes, avec 2 décilitres de crème fraîche et une demi-cuillerée à café de curry. Laissez frémir à feu doux 6 à 8 minutes en remuant.

Le revenu salarial annuel moyen des Français est de 17 715 euros.

Do, do, l'enfant do,
L'enfant dormira bien vite ;
Do, do, l'enfant do,
L'enfant dormira bientôt.

Qui n'a pas endormi son enfant, au moins une fois, avec cette célèbre berceuse ? Sa mélodie et ses paroles toutes simples ont un charme indémodable. Pourtant, elle n'a pas été improvisée par une tendre nourrice. À l'origine, ce fut un air de carillon, *L'Angélus*, lui-même variante de celui de *Vendôme, Orléans, Beaugency*, qui remonte au XVIe siècle. François Couperin, dit Couperin le Grand, composa sur ce thème un rondeau, paru en 1722. Son titre, *Le Dodo ou l'Amour au berceau*, paraît cacher une allusion galante. L'air reparut vers 1748 : il était devenu une contredanse, harmonisée par un certain Leclerc. Mais la mélodie quitta bientôt les soirées de fêtes, pour se retrouver chantée doucement dans la chambre des enfants qui cherchent le sommeil.

IL Y A 40 ANS, EN 1970 : Le compositeur Mikis Theodorakis, libéré des prisons des colonels sur intervention du Quai d'Orsay, est accueilli avec enthousiasme à l'aéroport du Bourget. Depuis quelques semaines, on peut acheter en Suisse les premières montres électroniques à quartz.

On ne fait rien de sérieux si on se soumet aux chimères, mais que faire de grand sans elles ? (Charles de Gaulle).

Sainte Ida — **Bélier** 3e décan — **MARDI 13 AVRIL**

Les drôles d'histoires de Pierre Bellemare

Un dieu pour les ivrognes

Matt Martin, un Australien de 35 ans, a décidé, pour ses vacances, de faire du camping dans la province du Queensland, au nord du pays. Cette nuit-là, il installe sa tente au bord d'une rivière, mais la solitude et l'inaction aidant, il commence à s'enivrer. Les canettes de bière se succèdent, il n'en boit pas moins de douze à la file.

« Après, j'ai eu envie de me baigner dans la rivière », raconte-t-il au journal *The Australian*, auquel il a confié son histoire. Il ne fait ni une ni deux, exécute un magnifique plongeon et retombe… sur le dos d'un crocodile. « On s'est battus pendant plusieurs minutes, continue Matt Martin, qui n'a pas un souvenir bien précis de ce qui s'est passé, mais j'ai quand même réussi à sortir de l'eau. »

Il était tellement ivre qu'au lieu de s'enfuir ou d'aller chercher du secours, il est retourné dans sa tente où il s'est endormi d'une masse. L'animal aurait très bien pu quitter la rivière et venir, cette fois, le dévorer pour de bon, mais rien de tel ne s'est produit et ce n'est que le lendemain que, couvert de sang et en proie à une formidable gueule de bois, il est monté dans sa voiture pour se rendre à l'hôpital le plus proche.

« Je n'avais jamais vu cela, dit le docteur qui l'a soigné, il était tailladé de partout. Nous avons bien reconnu les morsures caractéristiques du crocodile, il n'avait pas rêvé cela dans son ivresse. Nous lui avons mis quarante points de suture, mais aucun organe n'était atteint. Un vrai miracle ! » Matt Martin peut, effectivement, remercier le dieu des ivrognes. À moins que ce ne soit le crocodile qui n'ait pas supporté l'odeur des douze canettes de bière.

IL Y A 40 ANS, EN 1970 : Libération de 332 prisonniers politiques en Grèce. Le Grand Prix littéraire de la Ville de Paris est attribué à l'historien Charles Samaran. Claude, fils de Françoise Gillot et de Picasso, ne pourra pas porter le nom de son père par décision du Tribunal civil de Grasse.

MERCREDI 14 AVRIL — **Saint Maxime** — **Bélier** 3e décan

Un courtisan est semblable à ces plantes faites pour ramper qui s'attachent à tout ce qu'elles trouvent (Montesquieu).

Désherbez manuellement les massifs de vivaces. Pour soutenir les plantes à grand développement, tels que lupin, delphinium, ou phlox, plantez des tuteurs circulaires. Enfoncez-les d'une vingtaine de centimètres dans le sol et creusez une cuvette de 15 centimètres de profondeur au pied de vos plantes pour en améliorer l'arrosage.

L'ABOYEUR

À l'époque du théâtre forain, l'acteur à la voix de stentor annonçait l'heure et la composition du spectacle. Shakespeare aurait été aboyeur au Black-Friars Theatre à Londres. Molière, lui-même, veillait à la qualité de ses aboyeurs : le succès d'une pièce dépendait pour beaucoup de la qualité de la harangue du bonimenteur. Au milieu du XVIIIe siècle, le fameux entrepreneur de spectacles Nicolet (à la fois acteur, saltimbanque, marionnettiste, danseur de corde) en aurait fait une institution dans son théâtre de la Gaîté : l'aboyeur ne se contentait plus de raconter l'intrigue, mais colportait les potins, montait en épingle les cabales, dévoilait à mots couverts les liaisons des comédiens. Le Théâtre des ombres chinoises est une des dernières salles qui ait eu un aboyeur. Il y a une dizaine d'années, on pouvait encore entendre à Pigalle quelques bonimenteurs louer les charmes des effeuilleuses auprès de touristes en goguette. Malheureusement, ils n'avaient ni la gouaille ni le pittoresque des anciens aboyeurs !

Pour fabriquer un violon, il faut :

a. 17 pièces de bois ?
b. 52 pièces de bois ?
c. 80 pièces de bois ?

(Réponse : c – près de 80 pièces, issues de différentes essences de bois.)

IL Y A 40 ANS, EN 1970 : Au Cambodge, charriés par les eaux du Mékong, des centaines de cadavres de Vietnamiens exécutés sont découverts. À Strasbourg, le comité des ministres du Conseil de l'Europe condamne le régime d'Athènes pour violation de la Convention des droits de l'homme.

Il faut s'amuser à mentir aux femmes ; on a l'impression qu'on se rembourse (Sacha Guitry).

Saint Paterne

Bélier 3e décan

JEUDI 15 AVRIL

Les drôles d'histoires de Pierre Bellemare

Un habile bricoleur

Qui a dit que les chirurgiens étaient les bricoleurs de l'organisme ? En 2008, Henry Marsh, un éminent neurochirurgien anglais, se trouve en Ukraine dans le cadre d'un programme humanitaire. Ayant détecté une tumeur cervicale chez une patiente, il décide de l'extraire en pratiquant une trépanation. Une intervention relativement banale puisque des études paléontologiques prouvent qu'à l'aide de silex et de coquillages affûtés, elle était déjà pratiquée autour du bassin méditerranéen dès l'époque néolithique.

Comme les anesthésistes ont inopinément déserté le bloc opératoire, Marsh doit se contenter d'une anesthésie locale. Cette question réglée, il pratique un orifice dans l'os pariétal gauche. Soudain, une coupure d'électricité plonge la salle d'opération dans le noir complet. Sans se départir de son flegme, le praticien frotte une allumette et donne ses instructions à ses assistants : « Allez chercher des lampes à pétrole et la perceuse sans fil qui se trouve dans ma chambre d'hôtel. » Aussitôt dit, aussitôt fait. Quelques minutes plus tard, Marsh reprend l'opération à la lueur des lampes disposées de part et d'autre du champ opératoire, et achève la trépanation à l'aide de… sa perceuse personnelle. Aux dernières nouvelles, la patiente se porte comme un charme.

Espérons que cet exploit ne donne pas de grain à moudre à notre ministre de la Santé, dont la politique consiste déjà à réduire drastiquement les frais de fonctionnement des hôpitaux !

IL Y A 40 ANS, EN 1970 : En pleine nuit, un des bâtiments du sanatorium du plateau d'Assy est emporté par un glissement de terrain qui fait 72 victimes, en majorité des enfants, ensevelies sous des tonnes de boue, de neige et de rochers. Inauguration du pavillon français à l'exposition d'Osaka.

VENDREDI 16 AVRIL

Saints Benoît et Joseph

Bélier 3e décan

La liberté n'est pas la possibilité de réaliser tous ses caprices, elle est la possibilité de participer à la définition des contraintes qui s'imposeront à tous (Albert Jacquart).

☆☆ FLAN AUX POIRES. Pour quatre ou cinq personnes. Mélangez 100 grammes de farine, 60 grammes de sucre et un demi-paquet de levure, puis deux jaunes d'œufs et un quart de litre de lait. Versez sur la pâte encore un quart de litre de lait que vous avez porté à ébullition, puis 50 grammes de beurre. Remuez bien, ajoutez deux cuillerées de rhum et les deux blancs d'œufs battus en neige. Versez la pâte dans un plat à gratin bien beurré, couvrez de quartiers de poires (en boîte) et laissez cuire à four moyen (th. 5) pendant 40 minutes.

Faïenceries de Saint-Clément-Lunéville

À Lunéville, au XVIIIe siècle, Jacques Chambrette installe une manufacture de faïence de haute qualité. Il utilise une argile de Bretagne très blanche et réalise des décors pastel en camaïeux de roses et de violines. Mais, écrasé d'impôts en terre lorraine (duché souverain jusqu'à son rattachement à la France en 1766), il installe une autre manufacture à Saint-Clément, en terre française. Les mauvaises langues parlent de fraude fiscale : assiettes et sujets tels que les chiens de faïence en duo – à l'origine de l'expression « se regarder en chiens de faïence » – quittent Lunéville la nuit dans des sacs, pour être écoulés comme productions de Saint-Clément, moins taxées. Aucune marque ne les distingue à l'époque puisque leurs noms respectifs n'y sont inscrits qu'à partir de 1820.

Les faïences de Lunéville sont à leur apogée sous le roi Stanislas, celles de Saint-Clément sous Louis XVI. Lorsque Richard Mique prend possession de la manufacture en 1786, il donne une orientation aristocratique aux réalisations de Saint-Clément, qui connaît son âge d'or. Les pièces de style Louis XVI à l'émail brillant d'un blanc laiteux sont chargées de filets et de bords dorés avec les plus beaux modèles d'oiseaux. Mille cinq cents pots orneront le jardin du domaine de Marie-Antoinette, et Mique fournit le Trianon en pièces d'apparat avant de se faire couper la tête sur l'échafaud en 1794 pour les trop grandes faveurs reçues de la reine… La faïencerie de Saint-Clément est toujours en activité.

IL Y A 40 ANS, EN 1970 : Le monde entier est tenu en haleine par la rentrée périlleuse des trois cosmonautes de la mission *Apollo XIII* après l'explosion d'un réservoir d'oxygène. Brigitte Bardot inaugure le Gala de l'Union sous le chapiteau du cirque d'Hiver. La France remporte le Tournoi des Cinq Nations.

Dans quelques décennies, nous ne serons plus, mais nos atomes existeront toujours, poursuivant ailleurs l'élaboration du monde (Hubert Reeves).

Il faut se méfier des ingénieurs, ça commence par la machine à coudre, ça finit par la bombe atomique (Marcel Pagnol).

Saint Anicet — **SAMEDI 17 AVRIL** — Bélier 3e décan

Saint Parfait — **DIMANCHE 18 AVRIL** — Bélier 3e décan

La France mystérieuse

DES CHAMPIGNONS MORTELS

Cambrai (Nord)

Les archives judiciaires de Cambrai racontent la triste histoire de Mathieu Lemaire, un boulanger qui s'y installa au XVIe siècle. Il n'était pas de la ville et il rencontra une telle hostilité de la part de la corporation des boulangers, qu'il se résolut à exercer sa profession clandestinement. Il installa un four chez lui, fit son pain la nuit et alla le porter dans la journée à domicile. Comme il était excellent et qu'il le vendait beaucoup moins cher que ses collègues ayant pignon sur rue, il rencontra rapidement un vif succès, y compris auprès de la meilleure société. La corporation des boulangers tenta bien de lui interdire de pratiquer son activité, mais ses clients haut placés le protégeaient et tout alla bien jusqu'à ce que se produise la catastrophe.

Un beau matin, une ménagère découvrit couvert de sang un de ses pains, qui était normal la veille. Elle alla aussitôt porter plainte. Arrêté, le malheureux Mathieu Lemaire fut accusé d'avoir voulu empoisonner la ville par sorcellerie. Soumis à la torture, il avoua tout ce qu'on voulait : il avait passé un pacte avec le diable, qui lui avait remis une poudre mortelle, et il fut brûlé sur la place principale de Cambrai.

C'est à la fin du XIXe siècle, avec les progrès de la science, qu'on découvrit l'explication du phénomène. Dans certaines conditions de température et d'humidité, il peut se développer, un ou plusieurs jours après la cuisson, un champignon, le *penicillium* du froment. Il est parfaitement inoffensif mais donne au pain une coloration rouge exactement semblable à celle du sang.

IL Y A 40 ANS, EN 1970 : Journée d'affrontements à Rome et à Milan entre policiers et manifestants. En Irlande du Nord, l'élection du pasteur Paisley porte un coup à l'autorité du gouvernement Chichester Clark. Sortie du film *Elle boit pas, elle fume pas, elle drague pas mais… Elle cause* de Michel Audiard.

LUNDI 19 AVRIL

Sainte Emma

Bélier 3e décan

Aimer les braves gens qui m'entourent, fuir les méchants, jouir du bien, supporter le mal, et me souvenir d'oublier, voila mon optimisme (André Maurois).

⋆ SAUMON AUX AROMATES. Pour quatre personnes. Faites dorer dans l'huile d'olive quatre darnes de saumon, puis laissez-les cuire 6 à 8 minutes. Égouttez-les et mettez-les dans un plat creux ; faites chauffer un demi-verre d'huile d'olive dans une casserole. Mettez-y deux gousses d'ail épluchées, une branche de thym, cinq feuilles de laurier, cinq clous de girofle, une demi-botte de persil et de basilic, quelques grains de poivre. Versez sur ces ingrédients un verre de vinaigre, et laissez cuire doucement 10 minutes. Filtrez, versez cette sauce sur le saumon et laissez refroidir complètement avant de servir.

POUR ENLEVER LES TACHES D'ENCRE SUR DU BOIS

Si elles sont récentes, il faut utiliser de l'eau tiède, puis du jus de citron pur. Si la tache est ancienne, osez étaler dessus de l'acide sulfurique et laissez agir pendant quelques minutes. L'effet est magique et n'abîmera pas du tout le bois.

L'émail des dents peut se détériorer si on passe trop rapidement d'une boisson chaude à une boisson glacée

Il n'y a aucun risque, puisque la partie visible de la dent, la couronne dentaire est composée de dentine, certes assez tendre, mais recouverte d'émail très dur. Seuls la plaque dentaire, les caries, le manque d'hygiène seront responsables de l'attaque de l'émail.

IL Y A 40 ANS, EN 1970 : Le président Nixon se déclare décidé à poursuivre sa politique de désengagement en Asie du Sud-Est. Le latin ne sera plus obligatoire en seconde C. Mort du célèbre policier britannique Tommy Butler qui traqua les auteurs de l'attaque du train postal Glasgow-Londres.

L'indifférence qu'on porte à l'autre est sans doute la pire des raisons de lui être fidèle (Robert Mallet).

Les drôles d'histoires de Pierre Bellemare

Une intervention intempestive

Philippe Wouters vient de monter dans son train en gare d'Ostende. Le chef de gare donne le coup de sifflet du départ, les portes se referment, lorsqu'une vieille dame, sans doute très pressée, tente de monter quand même. Elle se retrouve coincée, la moitié du corps à l'intérieur, l'autre moitié à l'extérieur.

Alors que les autres voyageurs restent passifs, Philippe Wouters se précipite et, à la force des poignets, parvient à ouvrir suffisamment la porte pour que la dame se dégage. Mais quand on touche aux portières pendant la fermeture, cela arrête automatiquement le train et celui-ci stoppe peu après… Philippe Wouters est occupé à réconforter la passagère, lorsque le contrôleur arrive, son carnet à souches à la main.

« Vous avez mis le train en retard. Je vous mets une contravention de 60 euros. »

L'intéressé proteste avec indignation : il vient de sauver la vie de cette dame ! Rien n'y fait, il se retrouve verbalisé… L'affaire ne tarde pourtant pas à être connue du grand public. Elle suscite un tel tollé que la direction des chemins de fer belge fait marche arrière : elle retire sa contravention à Wouters et lui présente ses excuses. Mais goujat jusqu'au bout, le porte-parole précise devant la presse :

« En fait, c'est à la vieille dame que nous aurions dû mettre une contravention pour être montée après le coup de sifflet. »

IL Y A 40 ANS, EN 1970 : À Luxembourg, par un traité signé cette nuit, la Communauté européenne acquiert son autonomie financière. En Autriche, le cabinet minoritaire socialiste du chancelier Bruno Kreisky a prêté serment. Inauguration au Grand Palais de l'exposition rétrospective en hommage à Matisse.

MERCREDI 21 AVRIL — Saint Anselme

Taureau Ier décan

Celui qui n'a pas le goût de l'absolu se contente d'une médiocrité tranquille (Paul Cézanne).

★ ŒUFS POCHÉS MARIE. Pour quatre personnes. Faites chauffer deux cuillerées à soupe d'huile d'olive dans une grande cocotte. Jetez-y trois blancs de poireaux et deux oignons finement émincés, laissez dorer, puis ajoutez trois tomates pelées épépinées coupées en morceaux, cinq gousses d'ail écrasées, un bouquet garni. Couvrez d'eau froide et ajoutez une capsule de safran. Portez à ébullition et laissez cuire un quart d'heure. Retirez les légumes. Pochez quatre œufs dans le bouillon. Dans chacune des quatre assiettes creuses, mettez un œuf posé sur une tranche de pain rassis frotté d'ail, complétez avec le bouillon et les légumes.

Le bon roi Dagobert avait sa culotte à l'envers.
Le grand saint Éloi lui dit : « Ô mon roi,
Votre Majesté est mal culottée.
C'est vrai, lui dit le roi, je vais la remettre à l'endroit. »

Dagobert Ier, roi franc puissant et heureux, fut le dernier Mérovingien à exercer personnellement le pouvoir. Il s'entoura de conseillers exceptionnels, en particulier de l'orfèvre Éligius, le futur saint Éloi. Sa vie privée assez relâchée inspira probablement cette chanson burlesque. Le style, le rythme, l'air de chasse sur lequel elle se chante, démontrent qu'elle n'est pas aussi ancienne que l'on pourrait le croire. Il est établi qu'elle est antérieure à la Révolution française, sans doute écrite pour railler Louis XVI et Marie-Antoinette. Elle devint vraiment célèbre au printemps 1814, au moment de la Première Restauration, quand Louis XVIII rétablit la royauté. En y intercalant des couplets satiriques d'actualité, les royalistes se moquaient sans vergogne, sous le nom de Dagobert, de l'empereur déchu. Interdite pendant les Cent-Jours, elle se chanta de plus belle après Waterloo et le retour des Bourbons. Avec le temps, elle perdit son sens caricatural et cessa d'être à la mode. Heureusement, elle est restée dans les mémoires pour devenir une charmante chanson enfantine.

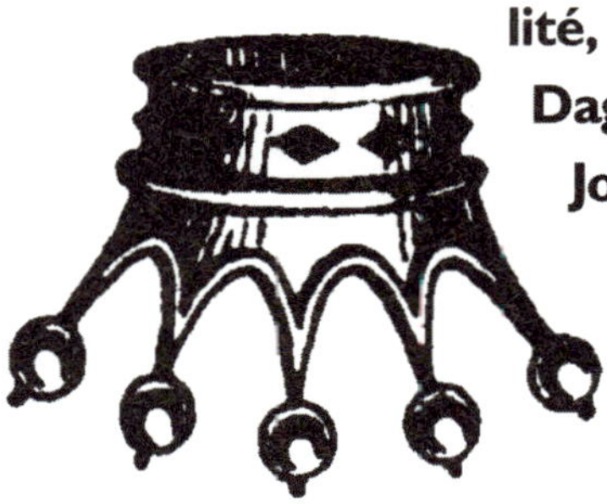

Les drôles d'histoires de Pierre Bellemare

Avec les moyens du bord

Quel point commun y a-t-il entre un chien et un soutien-gorge ? Tous deux dans certaines circonstances sont capables de sauver des vies. En Arizona, Sharon Wood, une septuagénaire souffrant d'une insuffisance cardiaque fait l'acquisition de Brutus, un jeune berger allemand. Six mois plus tard, la malade s'effondre au milieu de son salon, terrassée par un nouvel infarctus. Comme s'il mesurait aussitôt la gravité de la situation, le chien bondit vers le téléphone et appuie sa truffe sur la touche rouge qui relie la maison au 911, le numéro des services d'urgence. Sauvant ainsi in extremis la vie de sa maîtresse.

En Bavière, Jessica Brown, une touriste britannique de 24 ans, chute lourdement dans la montagne et se brise une jambe. Alors qu'elle commence à se déshydrater, la jeune femme s'aperçoit que, par chance, elle est immobilisée à proximité d'un câble que les bûcherons utilisent pour le transport du bois. Elle retire son soutien-gorge et, au prix d'efforts surhumains, le noue sur le filin. Lorsque le chariot suspendu redescend, chargé de grumes, il entraîne avec lui la pièce de tissu en dentelle. Des forestiers la récupèrent dans la vallée et préviennent les secours. Quelques heures plus tard, des gendarmes repèrent la blessée et l'évacuent en hélicoptère. « J'ai pensé tout d'abord utiliser l'une de mes vieilles chaussettes. Et puis, en y réfléchissant, j'ai estimé que mon soutien-gorge motiverait davantage les bûcherons à intervenir », a expliqué la miraculée sur un lit d'hôpital.

On n'attire pas les mouches avec du vinaigre !

IL Y A 40 ANS, EN 1970 : Saigon livre des armes à Phnom-Penh, avec l'approbation de Washington. La vitesse est limitée de 60 à 110 km/h sur 6 052 km de routes nationales. Début au Théâtre des Amandiers de Nanterre du cycle Shakespeare, avec *Le Roi Lear* mis en scène et joué par Pierre Debauche.

VENDREDI 23 AVRIL — **Saint Georges**

Taureau 1er décan

L'amour fait des fous, le mariage des cocus, le patriotisme des imbéciles malfaisants (Paul Léautaud).

☆ PORC A LA VÉNITIENNE. Pour quatre personnes. Faites réduire de moitié deux verres de vin de Madère ; ajoutez cinq cuillerées à soupe de sauce tomate épaisse, ciboulette et persil hachés, poivre, sel, une vingtaine de câpres pressées (pour en extraire le vinaigre) et hachées, et servez avec une palette de porc de 1,200 kilogrammes cuite à l'eau et bouquet garni.

Le tonneau français fait le tour du monde

Les Gaulois ont eu beaucoup d'imagination en pensant à faire tenir un liquide dans un délicat assemblage de morceaux de bois ! Le tonneau cerclé de fer est connu depuis deux mille ans en Europe. Il servait à conserver et transporter le vin, la bière, le cidre et l'eau, ainsi que des grains, des salaisons, des clous et même des pièces d'or ! D'abord appelés charpentiers de tonneaux, les maîtres tonneliers étaient déjà réunis en corporation au IXe siècle. Aujourd'hui, on compte une centaine d'entreprises de tonnellerie et quatre cents artisans, même si, dans les années 1980, les viticulteurs se sont tournés vers les cuves en inox, émail ou béton. Mais au pays des bons crus, on connaît les vertus du chêne : le fût participe à la richesse aromatique du vin. Le chêne rouvre a la faveur des tonneliers, mais il doit avoir 150 à 200 ans lorsqu'il est abattu ; le chêne pédonculé, de croissance plus rapide, est pourvoyeur de bois à grains plus gros. La fabrication des fûts reste traditionnelle. Les merrains (planches de chêne), séchés en plein air, sont travaillés pour en faire des douelles qui formeront le corps de la futaille. Le futur tonneau, avec une seule extrémité cerclée, présenté « en rose », est placé au-dessus d'une chaufferette. Le temps de chauffe (de 30 à 50 minutes) détermine l'intensité et les nuances des arômes de torréfaction. C'est tout un art, aucune norme n'existe pour ce type d'opération et le savoir-faire des ouvriers tonneliers, reconnu comme unique, s'exporte dans le monde entier.

IL Y A 40 ANS, EN 1970 : La Chine devient la 3e puissance spatiale avec le lancement du satellite China I, à bord duquel un émetteur diffuse le chant révolutionnaire *L'Orient est rouge*. Ouverture de la Foire de Paris.

Saint Fidèle — **SAMEDI 24 AVRIL** — Taureau 1er décan

Relativiser, il paraît que cela fait partie d'un processus qui s'appelle vieillir (Philippe Labro).

Saint Marc — **DIMANCHE 25 AVRIL** — Taureau 1er décan

Ayez les yeux bien ouverts avant de vous marier, et mi-clos quand vous serez mariés (Benjamin Franklin).

La France mystérieuse

LA MORT DE BONNOT

Choisy-le-Roi (Val-de-Marne)

C'est à Choisy-le-Roi, chez le garagiste Dubois, que Jules Bonnot se réfugie, après une dramatique tentative manquée d'arrestation au cours de laquelle il a tué le sous-directeur de la Sûreté, M. Jouin, et blessé grièvement l'inspecteur Colmar, qui l'accompagnait.

Le 28 avril 1912, la retraite de Bonnot est découverte et, le 29, le siège commence, sous la direction du chef de la Sûreté Xavier Guichard, puis du préfet de police Lépine en personne.

Le garagiste est tué dès les premiers échanges de coups de feu, il ne reste plus que Bonnot et, contre un homme seul, sont mis en action des moyens jamais employés jusque-là : pas moins de cinq cents soldats, plus des pompiers et des gardes républicains.

La nouvelle du siège se répandant comme une traînée de poudre dans la capitale, les curieux ne cessent d'affluer à Choisy-le-Roi. Bientôt, ils sont vingt mille pour assister à l'événement.

Après une fusillade qui dure des heures, la police décide de faire sauter le garage à la dynamite. Les deux premières tentatives ne donnent aucun résultat. À la troisième, le bâtiment s'écroule, tandis que des flammes s'élèvent, mais Bonnot tire toujours dans les décombres, enroulé dans un matelas.

On finit par le capturer couvert de sang. Il n'a pas été touché dans la fusillade, il s'est tiré deux balles dans la tête. Il est emporté à l'Hôtel-Dieu où il meurt à son arrivée. Sa disparition marque la fin de sa bande : ses complices seront abattus ou capturés le mois suivant.

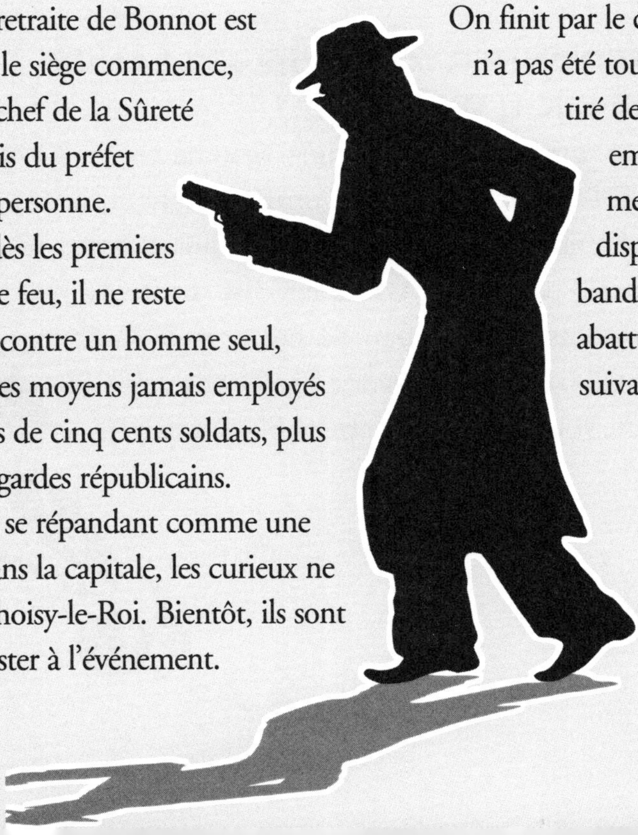

IL Y A 40 ANS, EN 1970 : À Haïti, le président Duvalier lance ses « tontons macoutes » pour maintenir l'ordre, après le bombardement de Port-au-Prince par des mutins. Sortie du film *Patton* réalisé par F.J. Schaffner avec George C. Scott. Mort à Buenos Aires de l'artiste de l'École de Paris Mariette Lydis.

LUNDI 26 AVRIL

Sainte Alida

Taureau 1er décan

Il n'y a pas de hasards… il n'y a que des rendez-vous qu'on ne sait pas lire (Jérôme Touzalin).

★★ *FAGOTS PETRUS. Pour quatre personnes. Éliminez 1 centimètre du bout de 1 kilogramme d'asperges vertes, faites-les cuire 8 à 10 minutes à la vapeur en les gardant fermes. Égouttez et laissez refroidir. Détaillez quatre tranches de saumon moyennes en trois lanières longues chacune ; formez quatre fagots d'asperges, nouez autour de chaque fagot trois lanières de saumon et un brin de ciboulette. Coupez la chair d'un pamplemousse en petits dés que vous répartissez sur les fagots. Accompagnez de crème fraîche citronnée, salée et poivrée.*

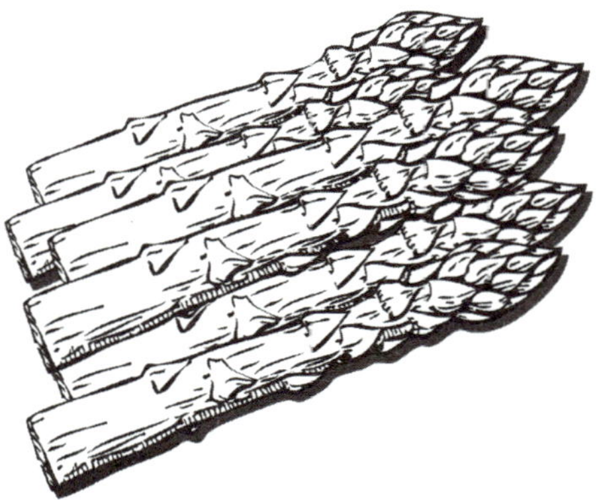

POUR REDONNER TOUTE SA BRILLANCE À VOTRE BIJOU D'AMBRE

Il se nettoie régulièrement avec une peau de chamois imprégnée d'eau légèrement alcoolisée. Si l'ambre se couvre d'un voile opaque, il faut le frotter avec une flanelle légèrement imbibée d'huile d'olive. Soyez sans crainte : votre bijou ne gardera aucune trace d'odeur ! Posez-le sur un papier absorbant, essuyez-le, et finissez en le polissant à la peau de chamois. Si l'ambre devient terne et mat, il faut alors le laver à l'eau tiède salée, le rincer abondamment sous l'eau courante et bien l'essuyer.

Les drôles d'histoires de Pierre Bellemare

Un enlèvement d'un genre nouveau

M. et Mme Ramirez, de riches retraités habitant une banlieue résidentielle de Bogotá, sont terrorisés lorsqu'ils voient quatre hommes armés et cagoulés faire irruption dans leur villa, un soir d'octobre 2008. Sous la menace des fusils, ils se retrouvent ligotés. Que vont faire les bandits ? Vont-ils tout piller ? Vont-ils les tuer ? Non, ils font une piqûre de tranquillisants à Aldo, le berger allemand de la maison, et disparaissent avec lui, après avoir lancé au couple : « Si vous voulez le revoir vivant, ne prévenez pas la police. Nous vous recontacterons. »

M. et Mme Ramirez adorent Aldo comme un enfant – d'ailleurs, ils n'ont pas d'enfant, ce qui explique peut-être pourquoi il occupe une telle place dans leur affection. Les bandits le savaient sans doute et c'est ce qui leur a inspiré ce rapt d'un nouveau genre : enlever un chien. Malgré tous les sentiments qu'ils ont pour lui, les Ramirez décident quand même de prévenir la police, qui prend l'affaire avec le plus grand sérieux et la traite exactement comme un rapt de personne. Elle est là le lendemain, quand le téléphone sonne dans la villa. Une voix maquillée réclame 350 000 dollars, sinon le chien sera renvoyé en petits morceaux.

Suit un itinéraire pour remettre la rançon… M. Ramirez s'y rend, mais les policiers aussi et, après un échange de coups de feu, au cours duquel deux malfaiteurs sont blessés, ils arrêtent la bande et libèrent Aldo sain et sauf. Une fin banalement heureuse pour un enlèvement inédit.

IL Y A 40 ANS, EN 1970: Pékin soutient les trois peuples indochinois en lutte contre l'impérialisme américain. Après huit jours de grève, le ramassage des ordures ménagères est de nouveau assuré à Paris. Le professeur Milliez s'offre en otage pour obtenir la libération des prisonniers politiques grecs malades.

MERCREDI 28 AVRIL — **Sainte Valérie**

Taureau 1er décan

L'amour est ce je ne sais quoi, qui vient de je ne sais où, et qui finit je ne sais comment (Madeleine de Scudéry).

SALADE DE SALSIFIS. Pour quatre personnes. Faites cuire à l'eau salée 300 grammes de salsifis surgelés le temps indiqué sur le sachet. Égouttez. Émincez 100 grammes de champignons de Paris que vous disposez sur les salsifis. Arrosez d'une vinaigrette à l'huile, au citron et à la moutarde. Parsemez de 150 grammes de lamelles de saumon fumé et garnissez de rondelles de citron.

Pensez à protéger vos plantations de la sécheresse de l'été en étalant à leurs pieds de la paille, de l'écorce de cacao ou de pin. Vous pouvez également utiliser de la sphaigne – partie vivante de la tourbière et biotope protégé en France, qu'il est interdit de prélever. Celle qui est en vente dans certaines jardineries provient du Chili où elle se régénère plus rapidement. Ce produit fibreux est un rétenteur d'eau qui a une capacité de réhydratation exceptionnelle et une durée de vie de plusieurs années, incorporé au sol.

Pour cueillir les premiers fruits d'un cerisier après sa plantation, il faut patienter :

a. 3 ans ?
b. 4 ans ?
c. 5 ans ?

(Réponse : a.)

Les drôles d'histoires de Pierre Bellemare

Un paradis perdu

Ultime possession de la Couronne britannique dans l'océan Pacifique, l'île de Pitcairn accueille depuis 1790 les descendants des mutins du *Bounty*. La cinquantaine d'habitants de ce territoire de 5 kilomètres carrés survivent paisiblement à l'écart du monde grâce à l'émission de timbres-poste pour collectionneurs, l'élevage et la pêche traditionnelle. Jusqu'à ce qu'une journaliste anglaise, Dea Birkett, décide de leur consacrer un livre. L'ouvrage, *Un serpent au paradis*, publié à Londres en 1997, révèle que l'îlot est devenu au fil du temps un sanctuaire de mœurs dépravées – ou idylliques selon l'idée que l'on se fait de la morale. Elle affirme en effet qu'à Pitcairn, « des sœurs se partagent le même mari, des adolescentes ont des relations avec des hommes mûrs, les femmes ont des enfants avec plus d'un partenaire, parfois dès l'âge de 15 ans », ce qui fait grand bruit en Angleterre. Une enquête est lancée, et sept hommes se retrouvent sur le banc des accusés. Bien que les îliennes prennent leur défense et clament leur innocence, la Haute Cour du Commonwealth reconnaît coupables six d'entre eux et les condamne, en octobre 2006, à des peines allant de travaux d'intérêt général à six ans de prison. Pour pallier la brusque pénurie de main-d'œuvre masculine, les autorités britanniques envoient des travailleurs sociaux et décident de doter le territoire d'un minimum d'infrastructures.

L'histoire ne dit pas si les Pitcairniens ont apprécié la modernisation de leur île. Ou s'ils envisagent, à l'instar de leurs ancêtres du *Bounty*, de se mutiner à leur tour contre la Couronne !

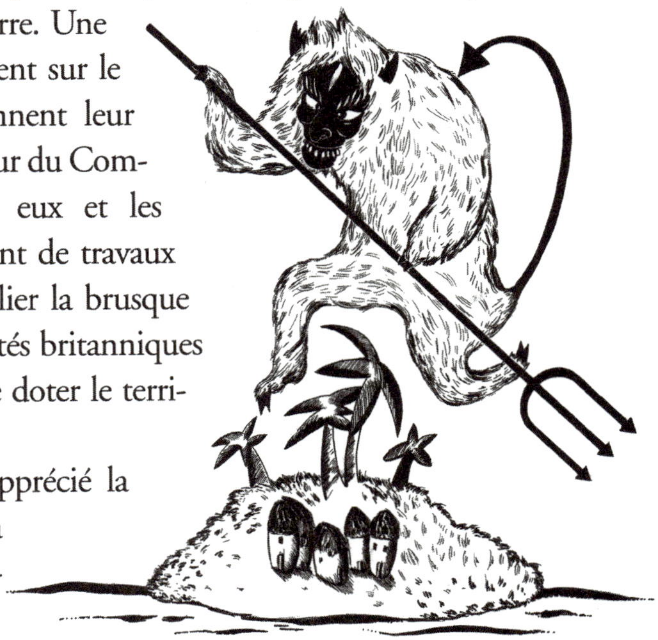

IL Y A 40 ANS, EN 1970 : Richard Nixon lance les troupes américaines dans la bataille du Cambodge. L'Assemblée nationale adopte le projet de loi anticasseurs, qui fait un délit de la participation à une manifestation interdite. Victoire des libéraux aux élections législatives au Québec.

VENDREDI 30 AVRIL — **Saint Robert** — **Taureau 1er décan**

Si vous ne pouvez expliquer un concept à un enfant de six ans, c'est que vous ne le comprenez pas complètement (Albert Einstein).

★ THON EN CHAUD-FROID. Pour quatre personnes. Faites cuire 250 grammes de pois gourmands 5 minutes à l'eau bouillante salée, et rafraîchissez-les à l'eau froide. Mélangez-les à 250 grammes de germes de soja. Coupez un pavé de thon de 250 grammes en dés que vous passez dans la farine, puis l'œuf battu, puis dans un mélange de graines de sésame et de coriandre concassées. Faites-les dorer en les tournant 4 minutes dans l'huile de sésame. Ajoutez-les aux légumes. Déglacez la poêle avec une cuillerée à soupe de sauce soja et un jus de citron. Rajoutez une cuillerée d'huile de sésame et arrosez de cette sauce votre mélange.

LE MARCHAND DE PEAUX DE LAPINS

Au Moyen Âge, les peaux de lapin d'origine française faisaient d'excellentes couvertures de lit. Les fourreurs se les procuraient auprès des cuisinières. Au XVIe siècle, le marchand parcourait les rues, en criant : « Peau de connin ! À moy venir n'arrestent guières ! » Au XVIIIe siècle, Sébastien Mercier, dans son *Tableau de Paris,* le décrit « surchargé de telle manière qu'on cherche sa tête et ses bras. On le sent avant d'entendre sa voix : il vit dans l'exhalaison infecte de ces peaux ». Le marchand, souvent d'origine auvergnate, les achetait au détail pour les revendre en gros aux maîtres chapeliers qui en faisaient des capes, des manchons, des couvre-pieds… Et ayant toujours sur lui un couteau aiguisé, il pouvait aussi châtrer les chats. « Pô-pô-pô, Pô-de-lapins ! Qui a des pô-pô-pô, Pô de lapins ? » Sa mauvaise réputation, ses manières grossières, ses tendances à chaparder, sa vie de vagabond inspirèrent des contes qui faisaient délicieusement peur aux enfants. On a pu l'entendre jusqu'au milieu du XXe siècle.

IL Y A 40 ANS, EN 1970 : À Paris, pour la première fois depuis 1947, syndicats et partis de gauche défilent ensemble. Dans la nuit du 1er Mai, des unités américaines entrent au Cambodge : c'est une opération limitée destinée à protéger la vie des soldats américains et alliés.

La langue qui fourche fait plus de mal que le pied qui trébuche (proverbe africain).

Fête du Travail — **SAMEDI 1 MAI** — Taureau 2ᵉ décan

La lucidité est la blessure la plus rapprochée du soleil (René Char).

Saint Boris — **DIMANCHE 2 MAI** — Taureau 2ᵉ décan

La France mystérieuse

LE MUSICIEN AU PARAPLUIE

Arcueil (Val-de-Marne)

Érik Satie était un personnage déconcertant, non seulement pour la critique bourgeoise, qu'il aimait provoquer et choquer, mais pour ses propres amis et disciples. Non content d'avoir publié sa première œuvre sous le nom d'*Opus 62* et d'avoir donné aux suivantes des titres extravagants : *Préludes flasques pour un chien, Effarements granitiques, Trois morceaux en forme de poire, Aperçus désagréables, Danses de travers, Airs à faire fuir,* etc., il manifestait le comportement le plus étrange dans la vie de tous les jours.

Il ne recevait jamais personne. Le pavillon qu'il habitait à Arcueil était fermé à tout le monde, même à ses intimes. En outre, toute sa vie, il s'est fait remarquer par ses manies vestimentaires. Francis Poulenc, le musicien le plus proche de lui, a écrit :

« Satie ne quittait jamais un chapeau melon qu'il respectait et un parapluie qu'il idolâtrait. Un pardessus houppelande rarement quitté, même pendant l'été, l'enveloppait comme un peignoir de bain. Une barbiche soigneusement taillée et des binocles qu'il réajustait sans cesse complétaient le personnage. »

Sa passion pour les parapluies dépassait même ce qu'on imaginait. Lorsque, à sa mort, on put enfin pénétrer dans le pavillon d'Arcueil, on n'en découvrit pas moins d'une centaine. Certains n'avaient même pas été sortis de leur emballage.

Ce maître du piano a composé, en outre, toutes ses œuvres dans des cafés d'Arcueil, sur un coin de table. Il ne s'est jamais servi du piano qu'on a retrouvé chez lui et qui était inutilisable.

Le peintre Braque l'a acheté comme souvenir.

IL Y A 40 ANS, EN 1970 : Un raid massif de bombardiers américains est lancé sur le Nord-Vietnam, pour la première fois depuis le 1er novembre 1968. Dans la région du lac de Tibériade, un violent accrochage a lieu entre l'armée jordanienne et des commandos palestiniens.

LUNDI 3 MAI

Saints Philippe et Jacques

Taureau 2e décan

Le moins que l'on puisse demander à une sculpture, c'est qu'elle ne bouge pas (Salvador Dalí).

★ TARTE AUX OLIVES. Pour cinq ou six personnes. Foncez un moule avec une pâte brisée. Répartissez dessus 120 grammes de gruyère coupé en fines lamelles. Pochez 100 grammes d'olives vertes et 100 grammes d'olives noires dénoyautées 5 à 10 minutes à l'eau bouillante. Parsemez-en la pâte. Versez dessus trois œufs battus avec 1 décilitre de lait. Saupoudrez-la de 40 grammes de gruyère râpé et de petits copeaux de beurre. Faites cuire à four chaud (th. 7) pendant 30 minutes.

FONDEURS DE CLOCHES

Les fonderies de cloches françaises sont une référence mondiale : les artisans d'Orléans, d'Annecy et de Villedieu-les-Poêles vendent leurs cloches bien au-delà des frontières. Ainsi, Paccard a créé à l'occasion du millénaire la plus grosse cloche en volée du monde, un bourdon de 33 tonnes, pour le Kentucky, et les cloches Bollée sonnent à la Martinique, à Dakar ou à Ottawa… Au Moyen Âge, fondre les cloches des églises et des chapelles était la tâche des moines. À partir du XVe siècle, des artisans prennent la relève, les fondeurs de « métail » itinérants, qui sillonnent d'abord les routes avant de se fixer au XVIIIe siècle. Grâce au mariage du métal brut et du feu ils font naître des pièces d'art uniques signées de leur nom et qui toutes ont un parrain ou une marraine. Elles indiquent l'heure aux villages, annoncent la fête quand elles sont carillons, ou le malheur quand elles sonnent le tocsin. Souvent elles font résonner l'histoire, comme celle de l'église reconstituée d'Oradour-sur-Glane rasé en 1944. La plus grosse cloche de France, la « Savoyarde » – 19 tonnes, 3,26 mètres de hauteur pour 9,60 mètres de circonférence –, est installée au Sacré-Cœur de Montmartre depuis 1891. Au savoir-faire technique métallurgique s'ajoute un sens particulier qui relève de l'art : le son et ses harmoniques exigent une recherche sur le plan musical. Transmises de père en fils, les fonderies sont aujourd'hui dirigées par les mêmes familles depuis près de trois cents ans !

Les drôles d'histoires de Pierre Bellemare

Fins stratèges

On peut s'interroger si, au-delà de certaines limites, la bêtise humaine n'atteint pas une forme de génie. Les exploits récents de malfrats amateurs confortent en tout cas cette hypothèse. Ainsi, à Chicago, un jeune homme entre dans un garage, braque l'employé avec un pistolet et réclame l'argent du coffre. Ce dernier prétend que seul le patron connaît la combinaison et qu'il est absent.

« Note le numéro de mon téléphone portable et appelle-moi quand il sera de retour », ordonne le braqueur qui sort sur le trottoir fumer une cigarette.

Quelques minutes plus tard, une patrouille de police, prévenue par l'employé, embarque le stratège.

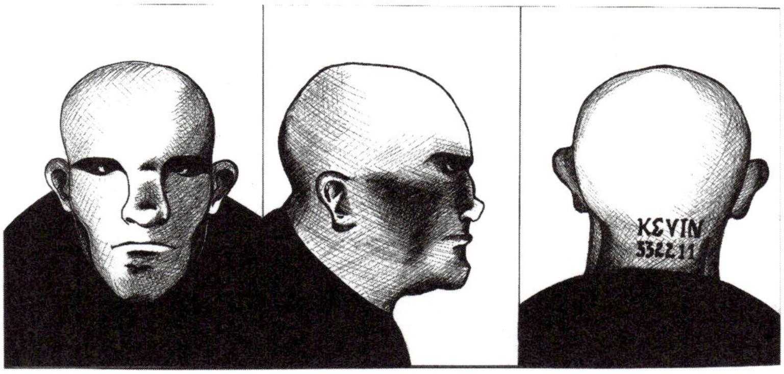

À Draguignan, un cambrioleur s'introduit, la nuit, dans une boulangerie. Il subtilise tout ce qui lui tombe sous la main et rentre chez lui, sans s'apercevoir qu'il a marché dans la farine. Au matin, les gendarmes n'ont qu'à suivre les traces de ses pas pour le localiser.

Les vols de voitures se multipliant dans une banlieue de Londres, la police dissémine le long des trottoirs plusieurs voitures banalisées équipées de caméras à infrarouge. Dès le lendemain, le coupable est arrêté. La caméra qui l'a filmé en train de fracturer des portières a enregistré son nom et sa date de naissance, tatoués sur sa nuque !

Pour finir, n'oublions pas de mentionner cet Américain qui n'avait pas trouvé meilleure idée que de se confectionner une omelette dans la cuisine du restaurant qu'il était en train de dévaliser. Et d'appeler la police à l'aide, après s'être brûlé la main !

IL Y A 40 ANS, EN 1970 : À Pékin, le prince Norodom Sihanouk forme un gouvernement cambodgien d'unité nationale en exil. Richard Nixon promet le retrait des forces américaines du Cambodge d'ici quelques semaines. Diffusion sur la chaîne 2 couleur du *Lys dans la vallée*, d'après Honoré de Balzac.

MERCREDI 5 MAI — **Sainte Judith** — **Taureau 2e décan**

Bien des gens seraient capables de tuer un homme pour prendre la graisse du mort et en frotter leurs bottes (Schopenhauer).

☆ LINGUINE MILA. Pour quatre ou cinq personnes. Faites cuire à l'eau quatre blancs de poireaux coupés dans leur longueur, égouttez. Dans une grande poêle mettez à cuire cinq échalotes finement hachées avec un grand verre de vin blanc jusqu'à évaporation. Ajoutez 40 grammes de beurre, un petit pot de crème, huit tranches de pancetta coupées en lamelles et les poireaux. Lorsque le tout est bien mélangé et chaud, incorporez 500 grammes de linguine cuits al dente.

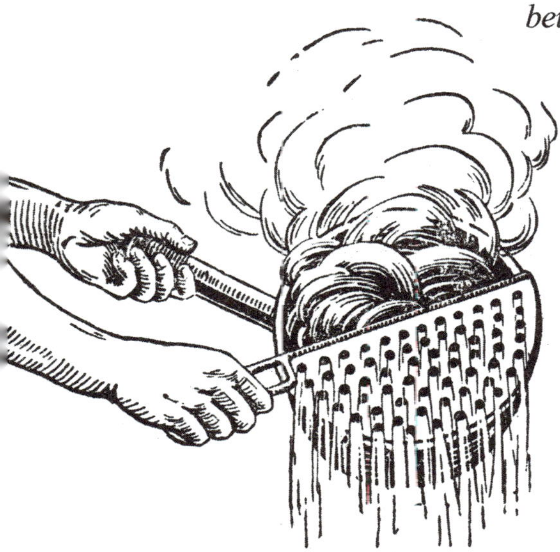

L'ENTRETIEN SI SIMPLE DES ROBINETS

Les robinets chromés, ou dorés, craignent les poudres abrasives. Un bon essuyage avec une peau de chamois ou un chiffon microfibres fera merveille. Une fois par semaine, astiquez les robinets avec de l'alcool à brûler.

Un Français âgé de 50 ans a une espérance de vie restante de 29,5 ans.

IL Y A 40 ANS, EN 1970 : À Paris, suspension de la conférence sur le Vietnam, la délégation d'Hanoi ayant refusé d'y participer pour protester contre les attaques aériennes américaines. Sortie du film *Love* de Ken Russell, avec Alan Bates, Oliver Reed et Glenda Jackson.

Avec un mensonge on va loin, mais sans espoir de retour (proverbe juif).

Sainte Prudence

Taureau 2e décan

JEUDI 6 MAI

Les drôles d'histoires de Pierre Bellemare

Échangistes malgré eux

Nés à un an d'intervalle, Eduardo et Carlos Lopez, des Cubains trentenaires, se ressemblent à s'y méprendre. En 1994, Eduardo, l'aîné, parvient à s'enfuir aux États-Unis sur un radeau de fortune. Après avoir obtenu le statut de réfugié politique, il devient chauffeur de taxi à Miami, se marie et fonde une famille. En 2007, il imagine un plan pour que son cadet puisse venir le rejoindre : il se rendra à La Havane via Mexico, et donnera à son frère sa carte de travail et son permis de conduire. Leur ressemblance physique et les documents officiels berneront les policiers. Une fois en sécurité sur le sol américain, Carlos renverra les papiers à Eduardo qui les utilisera à son tour pour quitter le pays, en toute légalité. La première partie du stratagème exécutée, le reste aurait sans doute fonctionné si les Lopez n'avaient pas voulu aller trop vite. Car, lorsque Eduardo se présente à l'aéroport, les policiers découvrent qu'un homonyme en tout point semblable a déjà pris l'avion pour le Mexique une semaine plus tôt. La supercherie démasquée, la sanction tombe : le vrai Eduardo paiera à la place du faux. Il purgera une peine de prison puis sera assigné à résidence jusqu'à la fin de ses jours.

Carlos et Eduardo vivent aujourd'hui sous le toit de leurs belles-sœurs respectives, l'un à Miami, l'autre à La Havane. Naturellement, il serait tendancieux de penser qu'après avoir malencontreusement échangé leurs lieux de résidence, ils ont aussi échangé leurs épouses !

IL Y A 40 ANS, EN 1970 : Très graves incidents aux frontières septentrionales d'Israël. Au Cambodge, deux capitales de province tombent aux mains des maquisards. Sortie du film *Le Dernier Saut*, d'Édouard Luntz, dialogues d'Antoine Blondin, avec Maurice Ronet et Michel Bouquet.

VENDREDI 7 MAI

Sainte Gisèle

Taureau 2e décan

La vieillesse est si longue qu'il ne faut pas la commencer trop tôt (Benoîte Groult).

*Pour votre appartement, adoptez des plantes succulentes appelées jadis plantes grasses, qui demandent peu de soins. Leur tissu végétal charnu gorgé de suc leur permet de pousser dans des milieux manquant d'eau. Il s'agit essentiellement de cactées. Il en existe différentes variétés. Originaire du Mexique, l'*Astrophytum *ou chapeau d'évêque produit en été à son sommet des fleurs jaunes ou orange rappelant cette coiffe. Peu d'arrosages en été, et que vous suspendez à partir de l'automne en plaçant les plantes à une température de 6-8 degrés.*

Le foie gras, fleuron de la gastronomie française

Au IIIe siècle avant J.-C., les Égyptiens, sachant que les oies avalent des quantités importantes de nourriture pour supporter les longues migrations, ont l'idée de les gaver pour obtenir de gros volatiles. Mais ce sont les Romains qui découvrent les qualités gustatives du foie des oies gavées de figues sèches gonflées dans un mélange de lait et de miel. En France, l'oie gavée est considérée comme une réserve de nourriture et sa graisse sert à conserver les aliments, s'éclairer et cuisiner. Introduit de Colombie au XVIe siècle, le maïs se révèle un aliment énergétique idéal pour l'engraissement. Cette pratique se répand dans le Sud-Ouest et en Alsace. Le foie gras gagne ses lettres de noblesse grâce à Jean-Pierre Clause, officier de bouche du gouverneur militaire de Strasbourg, qui honore les repas de prestige par un plat raffiné : un foie gras entier entouré d'une croûte ronde sur un hachis de lard et de veau, cuit au four dans une terrine. C'est un triomphe ! Le foie gras devient mets royal à la table de Louis XVI qui offre des terres au gouverneur et 20 pistoles à son officier de bouche ! Lors de la Révolution française, un cuisinier du Périgord s'installe à Strasbourg et s'associe à la création de Clause en y ajoutant les truffes.

IL Y A 40 ANS, EN 1970 : Un commando maoïste pille l'épicerie de luxe Fauchon à Paris afin d'en distribuer les produits dans les quartiers pauvres. Offensive des troupes sud-vietnamiennes vers Phnom-Penh. Première au Théâtre du Palais-Royal de *L'Amour masqué* de Sacha Guitry avec Jean Marais.

La valeur d'une idée dépend de son utilisation (Thomas Edison).

Victoire de 1945 — **SAMEDI 8 MAI** — Taureau 2e décan

Les visites font toujours plaisir, si ce n'est en arrivant, du moins en partant (La Bruyère).

Saint Pacôme — **DIMANCHE 9 MAI** — Taureau 2e décan

La France mystérieuse

LE TRIOMPHE DE L'AMOUR

Plouha (Côtes-d'Armor)

Le hameau de Kermaria, sur la commune de Plouha, possède, malgré ses modestes dimensions, une église remarquable, Notre-Dame de la Santé. Sa construction, débutée au XIIIe siècle n'a pas duré moins de cinq cents ans. Malgré cet étalement dans le temps, Notre-Dame de la Santé forme un ensemble cohérent, mais elle est surtout remarquable par la *Danse macabre* qui orne ses deux bas-côtés. La fresque comprend quarante-sept compartiments où sont représentés alternativement un vivant et un mort. Au-dessous de chacun des vivants, est inscrit un poème de huit vers, malheureusement pratiquement effacé de nos jours. On peut voir ainsi, alternant entre deux squelettes, sur le flanc droit de l'église : le pape, l'empereur, le cardinal, le roi, le connétable, le chevalier, l'écuyer, le bailli, le bourgeois. Sur le côté gauche, ont été peints dans des costumes du début de la Renaissance : un chartreux, un sergent, un moine jouant du biniou, un homme de loi, un pauvre. Ensuite, à la place normale du mort, on trouve un vivant : l'amoureux, puis une femme, puis un second amoureux, enfin un musicien jouant du luth.

Cette anomalie correspond à une intention. L'artiste a voulu terminer cette succession de tableaux tragiques par une note d'espoir. Tout est amené à disparaître : les grands de l'Église, les grands de ce monde, les gens du peuple, mais l'amour est éternel. Message d'optimisme tout à fait exceptionnel dans une danse macabre.

IL Y A 40 ANS, EN 1970 : À Washington, plus de 100 000 étudiants ont manifesté devant la Maison Blanche pour réclamer le retrait des forces armées en Indochine. Marie-Thérèse Couderc, nouvelle sainte française, est canonisée par Paul VI. L'Autrichien Jochen Rindt remporte le Grand Prix de Monaco.

LUNDI 10 MAI

Sainte Estelle

Taureau 3e décan

À trente ans, une femme doit choisir entre son derrière et son visage (Coco Chanel).

✯ JULIENNE AU CONCOMBRE. Pour quatre personnes. Dans une cocotte, versez deux verres de vin blanc et deux verres d'eau ainsi qu'un sachet de court-bouillon. Faites pocher quatre portions de filets de julienne pendant 5 minutes. Retirez-les et réservez-les couverts dans un plat au chaud. Faites réduire le bouillon sur feu vif des deux tiers, incorporez 30 centilitres de crème et ajoutez deux concombres pelés détaillés en bâtonnets, que vous faites cuire 5 minutes ; ajoutez-les aux filets de poisson. Liez la sauce avec 80 grammes de beurre que vous incorporez en petits morceaux en fouettant légèrement. Nappez-en les filets et les légumes et parsemez d'aneth.

Charentaises, les silencieuses

Il n'y a pas si longtemps, seuls les pépés et les mémés en portaient encore… elle est aujourd'hui le must de la pantoufle ! Elle est née au XVIIe siècle dans la région d'Angoulême, où le feutre de laine servait à presser les feuilles dans l'industrie papetière. Alors qu'il développe la Marine royale sous Louis XIV, Colbert donne une impulsion nouvelle à la production de feutre, pour confectionner des uniformes. Avec les rebuts, les savetiers fabriquent des chaussons sans pied droit ni gauche qui se portent dans la maison, ou se glissent dans les sabots en bois pour sortir. On les appelle les « silencieuses », car les valets qui les chaussent se déplacent grâce à elles dans les chambres sans faire de bruit. Un cordonnier de La Rochefoucauld a l'idée de leur poser une semelle rigide. Et le prototype presque achevé de la véritable charentaise apparaît en 1907 lorsque le docteur Jeva invente un procédé de collage du feutre et crée des modèles aux imprimés écossais. Grâce aux machines à coudre et aux presses à vulcaniser, les charentaises sont produites en série. Fabriquées aujourd'hui bien au-delà du département de la Charente, ces pantoufles nées d'une astucieuse récupération sont exportées dans le monde entier. Si vous voulez être tendance et avoir les pieds au chaud, portez-en !

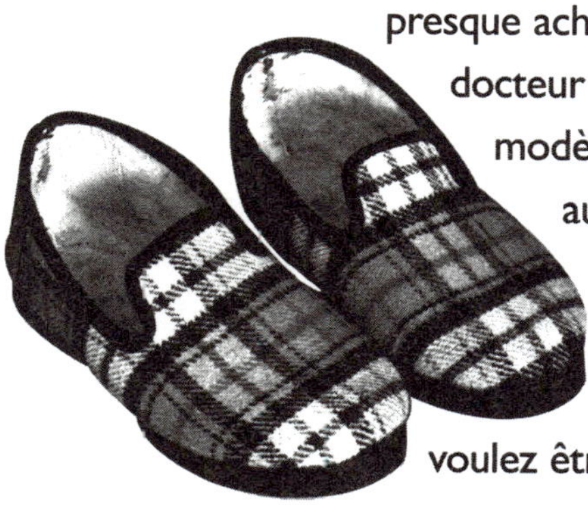

IL Y A 40 ANS, EN 1970 : 14 000 mètres carrés du magasin Carrefour à Vénissieux sont ravagés par un incendie où deux gardiens périssent. L'épouse de Mikis Theodorakis et ses deux enfants réussissent à leur tour à gagner Paris. Les piétons peuvent déjà utiliser la nouvelle passerelle de l'Île Saint-Louis.

La vraie tragédie de la vie, c'est qu'on devient vieux trop tôt et sage trop tard (B. Franklin).

Les drôles d'histoires de Pierre Bellemare

Femmes à vendre

La déclassification des archives diplomatiques fournit aux historiens une manne d'informations inédites qui éclairent d'un nouveau jour des événements majeurs. Ainsi vient-on d'apprendre la teneur de l'entretien que Mao Tsé-toung avait accordé, en 1973, à Henry Kissinger, le conseiller du président Nixon, alors que guerre froide et Révolution culturelle battaient leur plein.

Après avoir été forcé à ingurgiter dès potron-minet bières et alcool de riz, Kissinger, légèrement éméché, demande à son hôte s'il redoute une invasion soviétique.

« Pas de danger, nous nous sommes préparés à cette éventualité, le rassure Mao. Mon seul problème est qu'il n'y a pas assez de Chinoises qui savent combattre. Et puisque vous êtes ici pour que nous développions nos échanges commerciaux, je propose d'envoyer aux États-Unis dix millions de nos femmes. Ça les empêchera de se reproduire ici comme des lapines, et ça vous fera de la main-d'œuvre bon marché. »

Comme l'interprète chinoise s'étrangle d'indignation en traduisant ces propos, un conseiller, membre du comité central du Parti, exige de Mao qu'il lui présente des excuses sur-le-champ. Ce dernier s'exécute de bonne grâce. En retour, Kissinger promet qu'il retirera de son rapport officiel la proposition pour le moins sexiste du Grand Timonier. Jusqu'à ce que, trente-cinq ans plus tard, ses notes confidentielles soient rendues publiques !

IL Y A 40 ANS, EN 1970 : Opération éclair des forces israéliennes contre les « sanctuaires » palestiniens au Liban. À Paris, les célèbres ateliers du Bateau-Lavoir, qui venaient d'être sauvés des démolisseurs par l'État et la Ville de Paris, ont brûlé. À Londres, libération de l'espion des Soviétiques, Harry Hougton.

MERCREDI 12 MAI — **Saint Achille** — Taureau 3e décan

Quand les riches se font la guerre, ce sont les pauvres qui meurent (Jean-Paul Sartre).

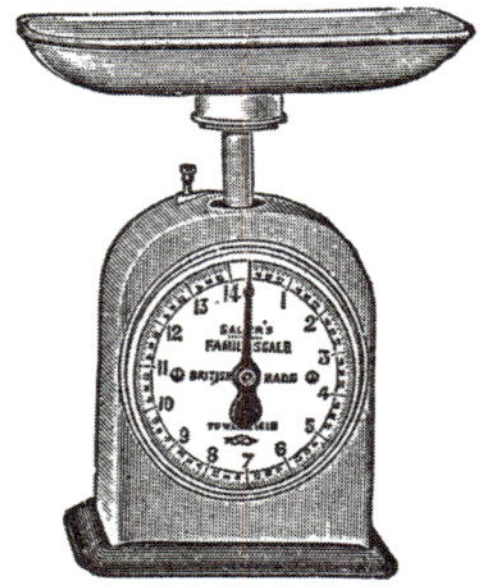

★★ TARTE LORRAINE. Pour six personnes. Creusez une fontaine dans 100 grammes de farine. Versez-y 10 centilitres d'eau, 50 grammes de sucre en poudre et 100 grammes de beurre mou en travaillant bien la pâte, ajoutez encore 100 grammes de farine, malaxez et laissez reposer avant de l'étendre dans un moule beurré. Étalez 150 grammes de confiture de mirabelles (avec une cuillerée à soupe d'alcool de mirabelles facultative) sur le fond. Battez en mousse deux jaunes et un œuf entier avec 100 grammes de sucre en poudre et ajoutez 125 grammes d'amandes moulues. Battez deux blancs d'œufs en neige ferme et incorporez-les à cette préparation avec 60 grammes de beurre mou. Versez le tout sur la tarte et cuisez à four moyen pendant 30 minutes.

18 % des élèves français du secondaire quittent l'école sans diplôme de type CAP, BEP ou baccalauréat.

Un cygne est recouvert de :
a. 7 500 plumes ?
b. 25 000 plumes ?
c. 40 000 plumes ?

(Réponse : b.)

IL Y A 40 ANS, EN 1970 : À Paris, la police fait évacuer le centre Assas dont l'entrée était contrôlée par des « gauchistes ». Sortie du film *Leo the Last* de John Boorman, avec Marcello Mastroianni. Mort du peintre cubiste d'origine polonaise Henri Hayden.

Dieu a inventé la calvitie pour rendre les hommes plus humbles (Bruce Willis).

Sainte Rolande
Taureau 3e décan

JEUDI 13 MAI

Les drôles d'histoires de Pierre Bellemare

Village global

En 1929, le mathématicien hongrois Frigyes Karinthy établit la théorie des six degrés de séparation, hypothèse selon laquelle chacun d'entre nous peut être relié à n'importe quelle autre personne sur Terre via cinq intermédiaires. En 1967, la théorie est mise en application par Stanley Milgram, de l'université Harvard, sur un groupe de 64 personnes.

En juin 2006, cette unité de « mesure sociale » est réactualisée, mais cette fois sur une grande échelle, par Eric Horvitz et Jure Leskovec. Ces chercheurs de Microsoft analysent 30 milliards de conversations électroniques sur un panel de 180 millions d'utilisateurs du logiciel Live Messenger, soit près de la moitié du trafic global des messageries instantanées. Naturellement, la majeure partie des internautes sont âgés d'une vingtaine d'années et se trouvent concentrés dans l'hémisphère Nord, mais le résultat de la nouvelle étude est stupéfiant : il suffit de créer des liens avec 6,6 contacts en moyenne avant de pouvoir dialoguer avec une personne particulière qui ne figure pas sur sa liste de contacts. Dans 78 % des cas, sept contacts intermédiaires sont nécessaires.

On ne sait de quoi faut-il davantage s'émerveiller ? Que Karinthy ait conçu sa théorie à une époque où les ordinateurs n'existaient que dans l'imagination des auteurs de science-fiction ? Ou, comme l'a démontré Horvitz, « qu'il existe effectivement une connectivité sociale constante dans l'humanité » ?

Qui a dit que notre planète était un « village global » ?

IL Y A 40 ANS, EN 1970 : À Sarrebruck, M. Willy Brandt est réélu président du parti social-démocrate. À New York, *Le Port de Caen,* peint par Winston Churchill est adjugé 40 000 dollars. Plus du quart de la population française vit sur 0,64 % du territoire.

VENDREDI 14 MAI **Saint Mathias**

Taureau 3e décan

Pour convaincre, la vérité ne peut suffire (Isaac Asimov).

☆ FOIE DE VEAU À l'ORANGE. Pour quatre personnes. Mettez à mousser dans une grande poêle bien chaude 30 grammes de beurre, ajoutez le zeste d'une orange râpée et saisissez quatre escalopes de foie de veau de 120 à 150 grammes sur chaque côté ; baissez le feu et laissez cuire selon votre goût 5 à 8 minutes. Retirez les escalopes et réservez-les au chaud ; déglacez la poêle au vinaigre de Xérès en grattant les sucs de cuisson. Ajoutez le jus d'une demi-orange, une noix de beurre. Salez, poivrez. Disposez les escalopes dans quatre assiettes avec une pomme vapeur et nappez du jus.

Veillez à ce que les plantes d'intérieur aient suffisamment de lumière et ne les éloignez jamais de plus de 1,50 mètre d'une fenêtre. Cette distance sera suffisante pour les protéger d'un soleil direct trop vif. Maintenez une température égale, aux alentours de 18°, et prenez en compte le taux d'hygrométrie ; installez des récipients contenant de l'eau qui compensera le déficit éventuel d'humidité. Pour l'arrosage, utilisez de préférence l'eau de pluie ou du moins une eau pauvre en calcaire.

IL Y A 40 ANS, EN 1970 : Il y a eu 15 fausses alertes à la bombe à Paris. À Jackson, dans le Mississippi, la police ouvre le feu sur des étudiants noirs. À Mururoa, ouverture de la quatrième campagne nucléaire française. Sortie du film *Le Lauréat* de Mike Nichols avec Dustin Hoffman et Anne Bancroft.

Les femmes ont permission d'être faibles, et elles se servent sans scrupule de ce privilège (Mme de Sévigné).

Sainte Denise
Taureau 3e décan
SAMEDI 15 MAI

Ce qui me bouleverse, ce n'est pas que tu m'aies menti, c'est que désormais, je ne pourrai plus te croire (Nietzsche).

Saint Honoré
Taureau 3e décan
DIMANCHE 16 MAI

La France mystérieuse

LE CHANT DES PINSONS

Marchiennes (Nord)

Les concours de pinsons ont été jusqu'au XXe siècle une des traditions les plus originales de la région du Nord. Les règles en étaient minutieuses. Les propriétaires d'oiseaux se tenaient devant leur cage, ainsi qu'un arbitre, qui notait chaque roulade d'un trait de craie sur une ardoise. La finale devait en être obligatoirement « thgithgiuwi ». Les gagnants émettaient jusqu'à six cent cinquante trilles à l'heure, mais certains champions faisaient mieux encore. Un pinson de Tourcoing aurait dépassé les huit cents… Émile Zola a décrit un de ces concours, se passant à Marchiennes, dans une page de Germinal.

« En arrivant devant le débit de la Tête coupée, Chaval eut l'idée d'y faire entrer son amoureuse, pour assister à un concours de pinsons, affiché sur la porte depuis huit jours. Quinze cloutiers des clouteries de Marchiennes s'étaient rendus à l'appel, chacun avec une douzaine de cages ; et les petites cages obscures où les pinsons aveuglés restaient immobiles se trouvaient déjà accrochées à une palissade dans la cour du cabaret […]

« Et les pinsons étaient partis, les "chichouïeux", au chant plus gras, les "batisecouics", d'une sonorité aiguë, tout d'abord timides, ne risquant que de rares phrases, puis, s'excitant les uns les autres, pressant le rythme, puis emportés enfin d'une telle rage d'émulation, qu'on en voyait tomber et mourir. Violemment, les cloutiers les fouettaient de la voix, leur criaient en wallon de chanter encore, encore un petit coup, tandis que les spectateurs, une centaine de personnes, demeuraient muets, passionnés, au milieu de cette musique infernale… Ce fut un "batisecouic" qui gagna le premier prix, une cafetière en fer battu. »

IL Y A 40 ANS, EN 1970 : *M.A.S.H.*, de Robert Altman reçoit le Grand Prix international du Festival de Cannes, et *Enquête sur un citoyen au-dessus de tout soupçon* d'Elio Petri, celui du Grand Prix spécial du jury. Premier titre de champion de France de rugby pour La Voulte et les Camberabero.

LUNDI 17 MAI — **Saint Pascal** — Taureau 3e décan

Dans la vie on ne regrette que ce qu'on n'a pas fait (Jean Cocteau).

★★ CHEVEUX D'ANGE AUX SUPIONS. Pour six personnes. Faites revenir dans l'huile d'olive 300 grammes de supions nettoyés, débarrassés du cartilage et rincés. Flambez-les au cognac (5 centilitres), assaisonnez, ajoutez deux gousses d'ail émincées et blanchies 2 minutes à l'eau bouillante, 200 grammes de jeunes épinards en julienne fine, la chair de deux tomates concassées. Laissez mijoter le tout 5 minutes et ajoutez deux pincées de safran. Faites cuire comme indiqué sur le paquet 400 grammes de cheveux d'ange que vous égouttez et ajoutez à la sauce. Faites sauter 2 minutes.

% **Une Française ayant passé le cap des 50 ans peut espérer atteindre 85,3 ans.**

Il ne faut jamais réveiller un somnambule, cela pourrait mettre sa vie en danger

Autrefois, on croyait qu'un somnambule pouvait se promener sur les toits, les bras à l'horizontale, les yeux grands ouverts… Il était interdit de le réveiller, de peur de le voir tomber sous l'effet de la surprise. En réalité, il ne va pas sur les toits, et il n'y a aucun danger à le réveiller. Mais, vous devrez appréhender chez certains, une réaction belliqueuse provoquée probablement par la peur.

IL Y A 40 ANS, EN 1970 : Pour protester contre l'intervention des forces US au Cambodge, Pékin annule les rencontres sino-américaines renouées à Varsovie. La Roumanie est sous le coup de la plus grande inondation qui l'ait frappée depuis plusieurs siècles, à la suite de pluies continuelles et torrentielles.

Fais du bien à ton corps pour que ton âme ait envie d'y rester (proverbe indien).

Trinité

Taureau 3e décan

MARDI 18 MAI

Les drôles d'histoires de Pierre Bellemare

Choc linguistique

Lors d'une compétition sur un circuit britannique, le motard professionnel tchèque Matej Kus, 18 ans, chute lourdement dans un virage. Incapable de l'éviter, la moto du concurrent suivant lui roule sur la tête. Aussitôt évacué de la piste et transporté à l'hôpital par hélicoptère, le jeune champion est plongé dans un profond coma. Quand il reprend conscience au bout de quarante-cinq minutes, les médecins constatent avec stupeur qu'il s'exprime couramment en anglais, alors qu'avant son accident il ne possédait pas dix mots de vocabulaire dans cette langue. « Le patient parlait d'une façon absolument parfaite, sans la moindre trace d'accent étranger. On aurait dit l'un de ces types qui lisent les nouvelles à la radio », a témoigné une infirmière.

Le miracle ne dure que quarante-huit heures. Alors qu'il reprend des forces, Kus perd progressivement l'usage de la langue des Beatles jusqu'à devenir incapable de bredouiller autre chose que *yes* ou *no*. Selon des neurologues, le motard pourrait avoir été atteint du « syndrome de l'accent étranger », qui touche parfois les victimes d'accident ou d'attaque touchant la partie du cerveau qui contrôle la parole. « J'espère pouvoir continuer l'apprentissage de l'anglais, a déclaré en tchèque le blessé en quittant l'hôpital. Mais sans avoir besoin qu'une moto de 180 kilos me passe une nouvelle fois sur la tête, à 130 km/h ! »

IL Y A 40 ANS, EN 1970 : Au Conseil de sécurité, Israël est condamné pour son action préméditée au Liban. Grève générale et nationale pour 48 heures en Italie. Un riche collectionneur américain vient d'acquérir pour 15 000 dollars, les chaussures rouges que portait Judy Garland dans le film *Le Magicien d'Oz.*

MERCREDI 19 MAI — **Saint Yves**

Taureau 3e décan

Quand on connaît un être à travers son œuvre, on a l'impression qu'il vivra éternellement (Anaïs Nin).

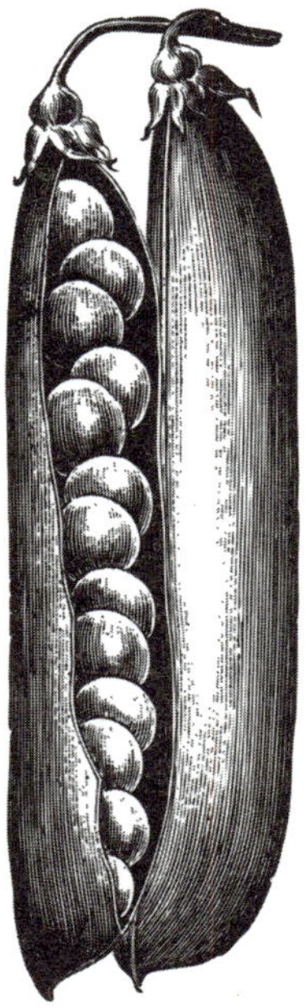

★★ PRIMEURS EN RISOTTO. Pour quatre personnes. Faites chauffer 1 litre de bouillon de volaille. Dans une sauteuse, faites blondir dans le beurre deux oignons nouveaux émincés, deux gousses d'ail écrasé, et 100 grammes de coppa détaillée en fins lardons. Ajoutez 250 grammes de riz arborio dont les grains doivent devenir nacrés. Versez un verre de vin blanc et mélangez jusqu'à absorption complète du liquide. Rajoutez ensuite régulièrement du bouillon de volaille sans cesser de mélanger. Au bout de 10 minutes de cuisson, ajoutez 100 grammes. de petits pois, 100 grammes de carottes nouvelles en dés et 150 grammes de petits cœurs d'artichauts (bocal). Au bout de 20 minutes le riz est cuit « al dente ». Ajoutez 2 noix de beurre et mélangez bien.

Pour garnir vos jardinières d'été, évitez d'acheter des géraniums déjà couverts de fleurs. Préférez les pieds tout juste en boutons. Ils rattrapent vite leur retard et se montrent en général beaucoup plus vigoureux. Ceci est valable pour toutes les barquettes d'annuelles. Quant à vos géraniums de l'an passé, n'hésitez pas à supprimer les tiges malingres, ce qui leur donnera une meilleure allure et une croissance plus vigoureuse. Ne leur apportez jamais trop d'eau, ils auraient tendance à beaucoup moins fleurir, à l'avantage d'un développement prioritaire du feuillage.

Les drôles d'histoires de Pierre Bellemare

Voyages immobiles

Certains Russes sont-ils enclins à étaler leur train de vie avec ostentation, comme de mauvaises langues le prétendent parfois ? Convaincu que ce travers gagne toutes les couches de la société, Dimitri Popov a créé Persée-Tour, une agence de voyages unique en son genre. Son principe est simple : procurer aux futurs nouveaux riches les « preuves » qu'ils se sont offert un voyage de rêve à l'autre bout du monde. Ainsi pour environ 400 euros l'agence leur fournit tickets d'excursion, photos truquées, souvenirs pittoresques et récit détaillé d'aventures imaginaires. Doté de ce matériel fabriqué de toutes pièces, le voyageur peut faire état auprès de son entourage d'un séjour au Brésil ou au Kenya, alors qu'en réalité il s'est morfondu dans un hôtel minable d'une banlieue de Moscou.

Ioulia, vingt-trois ans, raconte s'être offert un « voyage » en Argentine pour se faire remarquer de son chef de service. En échange de quelques centaines d'euros, Persée-Tour lui a remis cinq photographies d'elle sur fond de pampa et de cordillère, une calebasse pour préparer le maté, des aimants pour décorer son réfrigérateur et un topo dans lequel étaient consignés ses « souvenirs ». Son chef, impressionné par son sens de l'initiative, lui a offert une promotion. La palme de la supercherie revient à un Sibérien qui, voulant épater ses amis, a prétendu avoir effectué un voyage dans l'espace. Pour satisfaire sa demande, Persée-Tour lui a acheté un scaphandre et l'a photographié flottant en apesanteur autour d'une station orbitale en carton-pâte !

IL Y A 40 ANS, EN 1970 : Grève du métro parisien. Le Sénat repousse les dispositions essentielles du texte gouvernemental de la loi anti-casseurs. M. Stoph voudrait imposer à M. Willy Brandt la reconnaissance de la République démocratique allemande, avant une troisième rencontre entre les deux Allemagne.

VENDREDI 21 MAI

Saint Constantin

Gémeaux 1er décan

La plupart des gens ne meurent qu'au dernier moment ; d'autres commencent et s'y prennent vingt ans à l'avance et parfois davantage (L.F. Céline).

Manger de la dinde rend somnolent

Certes ce gros volatile contient du tryptophane, un acide aminé qui provoque le sommeil. Mais, sa viande n'en contient pas plus que le poulet et le bœuf, et moins que le porc et certains fromages à pâte cuite. Dans tous les cas, la quantité est vraisemblablement insuffisante pour causer la moindre somnolence. Mais n'importe quel repas de fête trop copieux provoquera cet état !

Le savon de Marseille

Depuis des milliers d'années, les Syriens utilisent le savon d'Alep, à base d'huile d'olive et de laurier. Sa fabrication, introduite en France par les Croisés au XVe siècle, trouve à Marseille le terrain propice à son développement grâce à l'activité portuaire de la ville et ses oliveraies. La méthode de fabrication est toujours la même : les huiles sont bouillies à plusieurs reprises avec de la soude dans des chaudrons, les eaux, soutirées au fur et à mesure, et la pâte, de plus en plus concentrée, débarrassée des impuretés, est refroidie, coulée dans des bacs où elle se solidifie avant d'être découpée en cubes et estampillée sur les six faces. Jadis, la soude provenait des cendres de la combustion de la salicorne et seule l'huile d'olive de la région était utilisée, mais en 1820 de nouvelles matières grasses sont importées (huile de palme, d'arachide, de coco, de sésame). Au milieu du XVIIe siècle, Marseille compte sept fabriques et Louis XIV, par l'édit de Colbert (1688), accorde à la ville le monopole de sa production. Une stricte réglementation en fait la renommée : pas de mélange de graisses, cessation de l'activité l'été (la chaleur nuit à la qualité du savon). Au début du XIXe siècle, cette industrie est au sommet de sa production. Avec l'arrivée des détergents de synthèse et des poudres à laver, la plupart des savonneries ferment, mais avec la mode des produits naturels, le savon de Marseille retrouve aujourd'hui les faveurs du public.

IL Y A 40 ANS, EN 1970 : À quelques centaines de mètres de la frontière libanaise, le FPLP tend une embuscade à un car scolaire israélien. Israël en signe de représailles pilonne quatre villages libanais. L'hôtel de Savourny est le premier bâtiment restauré à Paris depuis la loi sur la protection de notre patrimoine.

Je crains les cœurs flâneurs : ils confondent le temps de voir avec le temps d'aimer (Robert Mallet).

Saint Émile — SAMEDI 22 MAI — Gémeaux 1er décan

On passe sa vie à romancer les motifs et à simplifier les faits (Boris Vian).

Saint Didier — DIMANCHE 23 MAI — Gémeaux 1er décan

La France mystérieuse

LA PLUS GROSSE PÉPITE

Les Avols (Ardèche)

C'est sur la commune de Gravières, au hameau des Avols, dans le sud du département de l'Ardèche, qu'a été découverte la plus grosse pépite d'or jamais trouvée en France.

Le 1er juillet 1889, le berger Clément Trouillas était en train de garder ses chèvres, lorsqu'il vit l'une d'elles s'éloigner du troupeau. Pour la rappeler à l'ordre, il prit une pierre, qu'il lança dans sa direction. L'animal revint à sa place et il n'y pensa plus. Mais quelques jours plus tard, son beau-frère Adrien Noël, ramassant du bois au même endroit, fut attiré par un objet qui brillait sur le sol. Il s'agissait d'une pépite d'une taille jamais vue : 94 millimètres de long, sur 50 millimètres de large et 8 millimètres d'épaisseur, soit en tout 543 grammes.

Un bijoutier de Vans, la localité voisine, lui en proposa 1 200 francs, mais Clément Trouillas protesta, disant, certainement à raison, qu'il s'agissait de la pierre qu'il avait lancée. Celle-ci avait éclaté sous le choc, dégageant l'or qui se trouvait à l'intérieur. Un conflit éclata entre les deux beaux-frères et il fallut que le maire et le curé interviennent pour qu'ils se partagent la somme.

Ce n'était pas la première fois que de l'or était trouvé dans la région. Au cours du XIXe siècle, trois autres pépites, de plus petite taille, il est vrai, avaient été découvertes dans un rayon de quelques kilomètres… Alors, si le cœur vous en dit, rien ne vous empêche d'aller prospecter dans cette région sauvage et belle. Après, toutefois, avoir rempli les formalités administratives, car l'orpaillage, la recherche de l'or, nécessite une déclaration à la préfecture.

IL Y A 40 ANS, EN 1970 : Exode massif de la population libanaise du Sud qui redoute de nouvelles représailles israéliennes. À Tunis, la Haute Cour condamne Ahmed Ben Salah, ancien responsable de l'économie, à dix ans de travaux forcés pour trahison. Mort de l'ancien garde des Sceaux, René Capitant.

LUNDI 24 MAI

Saint Donatien

Gémeaux 1er décan

Ce qu'il y a de meilleur à l'étranger ce sont les compatriotes qu'on y rencontre (Paul-Jean Toulet).

⭑ GRENAILLES AU RAIFORT. Pour quatre personnes. Faites cuire à la vapeur 1 kilogramme de pommes de terre grenailles avec leur peau, bien nettoyées. Préparez 100 grammes de beurre mélangé à une cuillerée de raifort râpé en bocal que vous réservez au frais jusqu'au moment de passer à table. Servez les pommes de terre au gros sel de Guérande, avec le beurre au raifort, parsemées de pousses de moutarde (en barquette au rayon bio des grandes surfaces).

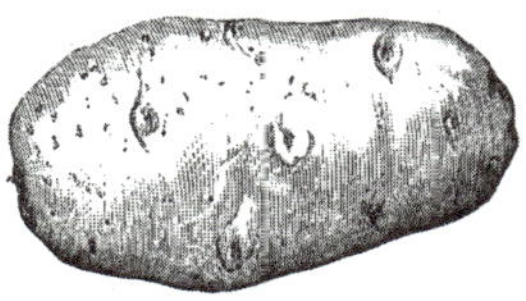

La tarte des demoiselles Tatin

En 1926, Curnonsky, prince des gastronomes, présente à Paris la tarte des demoiselles Tatin, et la fait entrer dans le patrimoine culinaire français : elle figure dans tous les livres de recettes et les menus des meilleurs établissements. Pour que ce patrimoine soit préservé dans les règles, il existe même une confrérie : « Les Lichonneux de la tarte Tatin ». On ne connaîtra sans doute jamais la vérité sur la création de ce grand classique. À Lamotte-Beuvron, à la fin du XIXe siècle, les sœurs Tatin tenaient un restaurant rendu prospère grâce au chemin de fer, qui reliait leur commune à Paris, ce qui avait renforcé l'attractivité de la Sologne. Bourgeois, hommes d'affaires et politiques venaient chasser le dimanche et se restaurer à Lamotte-Beuvron. L'aînée, Stéphanie, dite Fanny, était un fin cordon-bleu, mais avait la réputation d'être étourdie. Un jour, par distraction, après avoir garni un moule de beurre et de sucre, elle y jette les pommes épluchées et enfourne. Les pommes commencent à cuire, l'odeur de caramel se répand, et elle se rend compte de son erreur. Elle recouvre les fruits avec la pâte et remet le tout au four. À moins – deuxième version – qu'elle n'ait enfourné sa tarte à l'envers… Ou encore – troisième version, plus terre à terre : dans un souci d'économie, elle aurait trouvé ce procédé pour utiliser les pommes tardives de leur verger en masquant leur goût moins savoureux par le caramel… Seul le résultat importe : lorsqu'elle retourne le tout sur un plat, ses hôtes s'en délectent !

IL Y A 40 ANS, EN 1970 : Les blindés de Tsahal lancent plusieurs incursions dans les régions sud du Liban. Libération de Gérard Nicoud. Alexandre Parodi, vice-président du Conseil d'État, est élu à l'Académie des Sciences morales et politiques.

En amour, on plaît plutôt par d'agréables défauts que par des qualités essentielles (Ninon de Lenclos).

Sainte Sophie

Gémeaux 1er décan

MARDI 25 MAI

Les drôles d'histoires de Pierre Bellemare

Chasse à l'homme

Directives européennes obligent, certaines pratiques traditionnelles ont été progressivement frappées d'interdit. Ainsi, en Grande-Bretagne, la vénérable chasse au renard, jugée cruelle, a-t-elle été mise hors la loi en 2004.

Néanmoins, pour ne pas avoir à renoncer à leur passion, quelques inconditionnels de ce sport, tel Clive Richardson, maître d'équipage, en ont adapté les règles. Voici la recette de cette chasse new look : en guise de renard, prenez un jeune sportif, endurant et courageux. Mettez-le en présence des chiens de la meute, afin qu'ils s'imprègnent de son odeur. Accordez-lui cinq minutes d'avance. Puis, au son des cors et des aboiements, lancez l'équipage à sa poursuite. Le gibier franchira des haies, enjambera des fossés, cavalera à travers champs, s'essoufflera sur un parcours de 12,5 kilomètres, divisé en cinq tronçons préalablement jalonnés. Dès lors, une question angoissante se pose : qu'adviendra-il de lui si chiens et cavaliers parviennent à l'attraper ?

« Lorsqu'un fox-hound vous arrache un bras, ça ne saigne pas tant que ça », plaisante Richardson. Avant d'expliquer plus sérieusement : « J'ai expérimenté ce divertissement avec mes fils. Le seul risque encouru par l'homme-renard est de se faire lécher de la tête aux pieds par les chiens. » La chasse à l'homme procure-t-elle des sensations analogues à celle d'autrefois ? Les avis sont partagés. « La montée d'adrénaline est la même », affirme Richardson. « Poursuivre un coureur sans pouvoir le mettre à mort, c'est trop aseptisé », regrette pour sa part un aristocrate, déçu par l'expérience.

IL Y A 40 ANS, EN 1970 : À Paris, devant 15 000 personnes, Mgr Helder Camara, archevêque de Recife, dénonce la torture au Brésil. La marque britannique Frigidaire abandonne la fabrication des réfrigérateurs. Inauguration au musée d'Art moderne à Paris, de l'exposition sur « L'Expressionnisme européen ».

MERCREDI 26 MAI — Saint Béranger

Gémeaux 1er décan

Pour enchaîner les peuples, on commence par les endormir (Marat).

Les pipiers de Saint-Claude

La pipe existait déjà au temps des Romains qui fumaient toutes sortes d'herbes médicinales pour se soigner. Les pipes à tabac n'apparaissent qu'au XVIIe siècle, lorsque le tabac, arrivé en France au XVIe siècle, n'est plus prisé, mais fumé. Les premières sont en terre, en fer, en porcelaine, puis en « écume de mer » – minéral poreux fragile et cher provenant d'Anatolie, donnant une bouffée très douce – et enfin en bois. À Saint-Claude, étape jurassienne sur le chemin de Saint-Jacques de Compostelle et lieu de pèlerinage, les artisans proposaient depuis le XIIe siècle aux pèlerins des chapelets et autres objets de piété en buis. L'arrivée du tabac leur permet de diversifier leur activité en tournant des tuyaux de pipes, puis des pipes. Mais le buis donne une fumée âcre. Les pipiers découvrent vers 1850, grâce à un négociant venant du Midi, la racine de bruyère dont le bois dur et dense résiste au feu et l'arôme enrichit celui du tabac. Les artisans de Saint-Claude se font une spécialité de son travail. Des millions de pipes sont produites chaque année. Les hommes sont employés aux tâches mécaniques, les femmes au polissage. L'arrivée de la cigarette a mis fin à l'âge d'or de la pipe, mais il existe encore une centaine d'artisans pipiers à Saint-Claude.

★ RAVIGOTE POLONAISE. Pour six personnes. Épluchez et coupez en morceaux un concombre et un gros oignon rouge. Passez-les au mixer avec une cuillerée à soupe de câpres, deux gros cornichons aigres-doux en morceaux, et une cuillerée à soupe de menthe séchée. Écalez deux œufs durs. Écrasez les jaunes à la fourchette dans un bol, incorporez trois cuillerées à soupe d'huile, puis un jus de citron et du poivre. Mélangez le tout dans une jatte en ajoutant les blancs d'œufs grossièrement hachés. Servez cette préparation avec un rôti de porc froid de 1 kilogramme et des tranches de pain de campagne grillé.

Ce n'est pas tant l'aide de nos amis qui nous aide que notre confiance dans cette aide (Épicure).

Les drôles d'histoires de Pierre Bellemare

L'eau à la bouche

Tandis que Restos du cœur et banques alimentaires ne désemplissent pas, tant les effets de la crise économique pèsent sur le porte-monnaie des ménagères les plus modestes, il est bon parfois de se délecter à distance de mets d'exception. Aussi ai-je sélectionné à votre intention quelques chefs-d'œuvre gastronomiques qui vous confirmeront que nous vivons une époque formidable.

La chaîne de fast-food Burger King propose à sa clientèle le sandwich le plus cher du monde. Confectionné à base de viande de bœuf japonaise, de foie gras et de Roquefort, il se présente sous la forme d'un hamburger traditionnel et s'acquiert sur commande pour la modique somme de 110 euros.

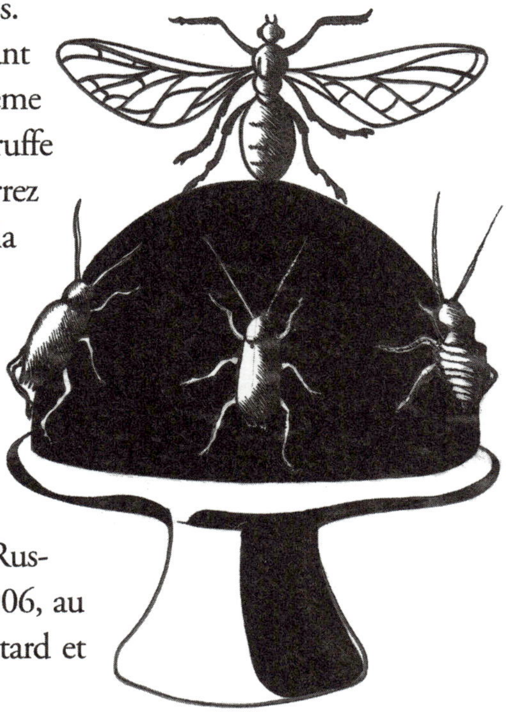

Beaucoup plus alléchant est le gâteau servi dans un restaurant new-yorkais. Pour 25 000 dollars, vous aurez droit à une crème fouettée saupoudrée de poussière d'or et surmontée d'une truffe chocolatée. Il est vrai qu'après dégustation, vous pourrez emporter en souvenir la petite cuillère en or massif et la coupe rehaussée d'un diamant. Seul inconvénient : lors d'un contrôle sanitaire effectué dans l'établissement, les services de l'hygiène ont relevé la présence de mouches, de cafards et de quelques souris…

Sachez encore que le Carlton Ritz de Moscou propose des bouteilles de champagne à 20 000 euros l'unité. Explication : les flacons, destinés à l'origine à la cour impériale de Russie, se trouvaient à bord d'un navire qui avait coulé, en 1906, au large de la Finlande. Avant d'être repêchés un siècle plus tard et précieusement entreposés dans les caves du palace.

IL Y A 40 ANS, EN 1970 : Nouvelle journée d'incidents au Quartier latin : les centres universitaires de Censier et de la Halle aux vins sont fermés. Un accord est signé entre le roi Hassan II et le président Boumediene pour libérer le Sahara espagnol et fixer définitivement la frontière algéro-marocaine du Sud.

VENDREDI 28 MAI — Saint Germain — Gémeaux 1er décan

Avec tes défauts, pas de hâte. Ne va pas à la légère les corriger. Qu'irais-tu mettre à la place ? (Henri Michaux).

☆ ESCALOPES DE DINDE HONGROISES. Pour quatre personnes. Faites dorer des deux côtés et cuire 8 minutes quatre escalopes de dinde farinées dans un mélange d'huile et de beurre. Réservez-les au chaud. Versez un demi-litre de bouillon de bœuf dans la poêle. Remuez et portez à ébullition. Salez, ajoutez une cuillerée à café de paprika et une cuillerée à soupe de concentré de tomate. Laissez cuire 5 minutes et complétez par deux cuillerées de crème épaisse. Versez la sauce sur les escalopes. Servez avec des pâtes.

Que ce soit dans le jardin ou sur le balcon, les conifères de toutes tailles peuvent souffrir de dépérissement, surtout lorsque le temps est sec : les aiguilles prennent une couleur brun clair, puis tombent. Les responsables en sont la plupart du temps les araignées rouges. Ces parasites sont pratiquement invisibles à l'œil nu. Pulvérisez les arbustes régulièrement avec l'insecticide adapté.

Nous n'utilisons que 10 % de notre cerveau
Cette contre-vérité circule depuis des dizaines d'années et persiste encore aujourd'hui. Pourtant, les examens d'imagerie médicale montrent qu'aucune zone du cerveau n'est complètement silencieuse ou inactive.

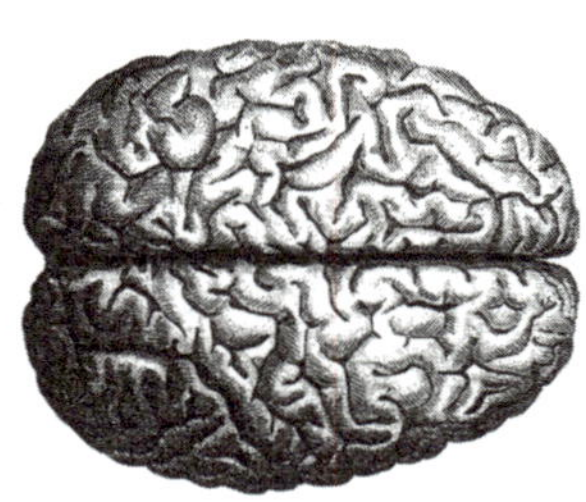

IL Y A 40 ANS, EN 1970 : En France, les moins de 16 ans ne pourront plus faire l'objet d'une détention préventive. M. Malfatti, ministre italien des PTT, est élu président de la commission exécutive du Marché commun. Enlèvement à Buenos Aires de l'ex-président de la République d'Argentine, M. Aramburu.

Saint Aymard — SAMEDI 29 MAI — Gémeaux 1er décan

En politique, ce qu'il y a souvent de plus difficile à apprécier et à comprendre, c'est ce qui se passe sous nos yeux (A. de Tocqueville).

Saint Ferdinand — DIMANCHE 30 MAI — Gémeaux 1er décan

Le plus étrange, c'est que les choses dont nous parlons le moins sont celles auxquelles nous pensons le plus (Charles Lindbergh).

La France mystérieuse

UN SUPPOSITOIRE CRIBLÉ DE TROUS

Paris

On imagine mal aujourd'hui l'hostilité que rencontra la tour Eiffel lors de sa construction. Le 14 février 1887, alors que seul le premier étage s'élevait encore, un groupe d'artistes exigea, dans le journal *Le Temps*, sa démolition immédiate. Le texte disait entre autres :

« Nous venons, écrivains, peintres, sculpteurs, architectes, amateurs passionnés de la beauté jusque-là intacte de Paris, protester de toutes nos forces, de toute notre indignation, au nom du goût français, au nom de l'art et de l'histoire, contre l'érection, en plein cœur de notre capitale, de l'inutile et monstrueuse tour Eiffel…

« Car la tour Eiffel, dont la commerciale Amérique elle-même ne voudrait pas, c'est, n'en doutez point, le déshonneur de Paris. Chacun le sent, chacun le dit, chacun s'en afflige profondément et nous ne sommes qu'un faible écho de l'opinion universelle si légitimement alarmée. »

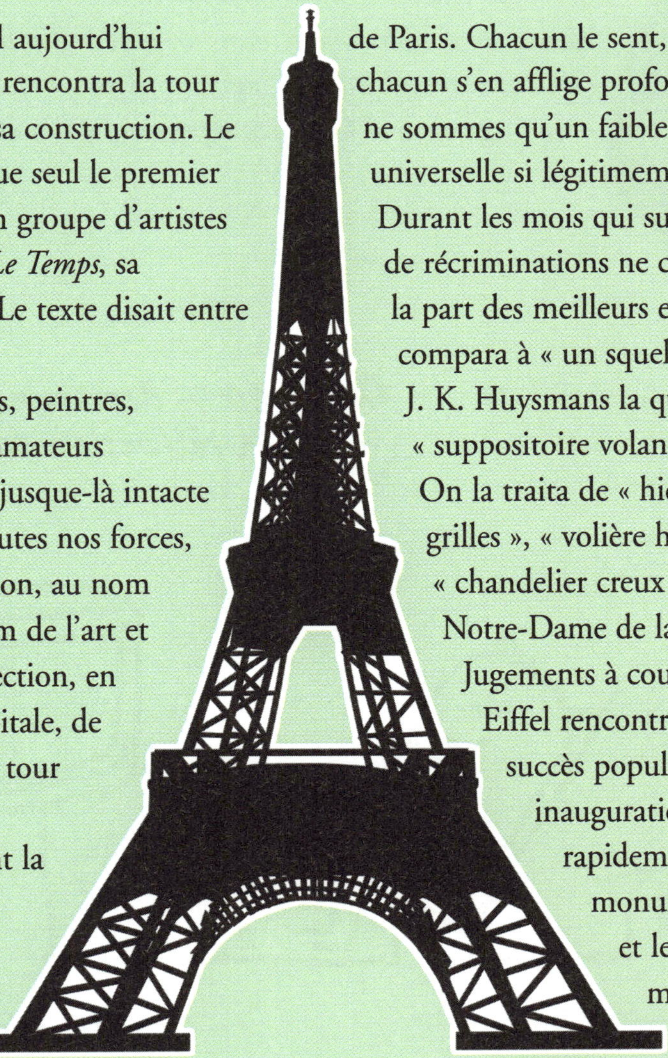

Durant les mois qui suivirent, le concert de récriminations ne cessa pas, même de la part des meilleurs esprits. Verlaine la compara à « un squelette de beffroi » et J. K. Huysmans la qualifia de « suppositoire volant criblé de trous ». On la traita de « hideux pylône à grilles », « volière horrible », « chandelier creux », « flèche de Notre-Dame de la brocante ».

Jugements à courte vue. La tour Eiffel rencontra un immense succès populaire dès son inauguration et elle est rapidement devenue le monument le plus célèbre et le plus visité du monde.

IL Y A 40 ANS, EN 1970 : 16 soldats israéliens sont tués au cours de deux embuscades de commandos égyptiens dans le Sinaï. Au stade de Colombes, Saint-Étienne gagne la Coupe de France de football pour la troisième fois en battant Nantes par 5-0.

LUNDI 31 MAI

Pentecôte

Gémeaux 1er décan

Qu'il faut donc aimer quelqu'un pour le préférer à son absence !
(Jean Rostand).

☆ FONDUE JARDINIÈRE. Pour cinq ou six personnes. Lavez, épluchez et coupez en gros morceaux un petit chou-fleur, 400 grammes de brocoli, quatre carottes, quatre navets, une botte de petits oignons blancs ; faites-les cuire à la vapeur 8 à 10 minutes. Dans une casserole épaisse faites fondre à feu doux, dans 3 décilitres de vin blanc, 150 grammes de gruyère et 150 grammes de raclette coupés en petits morceaux. Quand le mélange devient crémeux, salez, poivrez. Versez un peu de fondue dans un plat à gratin beurré. Étalez dessus les morceaux de légumes. Recouvrez du reste de fondue. Faites gratiner à four chaud pendant 15 minutes environ.

% 80 % des Français regardent la télévision durant les repas

Les drôles d'histoires de Pierre Bellemare

Pays de cocagne

Digne de figurer dans une aventure de Tintin et Milou, la Valachie est un petit pays situé dans une région montagneuse du sud-est de la République tchèque. Imaginé en 1997 par le photographe Tomas Harabis pour attirer les touristes, ce royaume fictif remporte un franc succès. L'humoriste Bolek Polivka accède au trône sous le nom de Boleslav le Gracieux, tandis que Harabis occupe les fonctions de ministre des Affaires étrangères. Une monnaie de singe est émise par une imprimerie locale, la voiture officielle du souverain est une Trabant jaune de l'époque soviétique, et un seul diplôme est reconnu par l'université : celui de distillateur d'eau-de-vie. Mais l'état de grâce est de courte durée. Confondant peu à peu fiction et réalité, Boleslav le Gracieux entend gouverner seul. En 2001, Harabis organise un coup d'État et révoque le despote au profit d'une chanteuse folklorique, qu'il nomme régente. Le roi déchu contre-attaque devant les tribunaux tchèques, bien réels cette fois, exigeant un dédommagement de 40 000 euros pour services rendus. Il n'obtient pas satisfaction. Un concours mêlant chants, danses et jeux valaques est organisé pour doter le royaume d'un nouveau chef. Un ingénieur l'emporte et entre dans l'histoire de la Valachie sous le nom de Vladimir II. « La monarchie dégénère dans le despotisme d'un seul ; l'aristocratie dans le despotisme de plusieurs ; la démocratie dans le despotisme du peuple », écrivait Montesquieu…

IL Y A 40 ANS, EN 1970 : Lors de la visite de M. Gromyko à Paris, la décision est prise d'une concertation franco-soviétique régulière sur le Sud-Est asiatique. Inauguration à l'Orangerie des Tuileries d'une grande exposition sur Maurice Denis. Mort du cinéaste Albert Lamorisse.

MERCREDI 2 JUIN **Sainte Blandine**

Gémeaux 2e décan

Lorsqu'on souffre d'une vraie souffrance, comme on regrette même un faux bonheur ! (Armand Salacrou).

Le couteau de Laguiole

Dans les années 1980, la ville de Thiers s'est emparée de la fabrication du couteau Laguiole, mais aujourd'hui, cette activité artisanale de prestige a regagné le « pays » dont il porte le nom. Jadis, certains fermiers de l'Aubrac louaient, à la mauvaise saison, leurs bras comme scieurs de long en Catalogne. Ils revenaient avec, dans leur poche, la *navaja*, couteau espagnol pliant à cran d'arrêt. En 1829, un enfant du pays, Pierre-Jean Calmels, s'en inspire et l'associe au *capuchadou*, couteau local rustique à lame fixe, en forme de poignard, créant le fameux Laguiole. Essentiellement fabriqué par les forgerons du village, il se compose à l'origine d'un manche façonné dans la corne de bœuf, d'une lame en acier carbone, et pour la plier, d'un ressort au sommet duquel figure une excroissance (une mouche en langage de coutellerie) représentant une abeille – il s'agirait du sceau impérial de Napoléon Ier offert à la ville en signe de reconnaissance pour la bravoure au combat de ses hommes. Cet outil évolue en fonction du besoin de ses utilisateurs : en 1840, il est doté d'un poinçon destiné aux éleveurs de la région pour percer les panses des bovins gonflées par les gaz dus à la fermentation du foin, ou pour travailler le cuir des courroies et attelages ; vers 1880, quand les Aveyronnais montent à Paris pour être limonadiers, le tire-bouchon est ajouté pour qu'ils puissent décacheter et ouvrir les bouteilles. Les matières se sont diversifiées mais la ligne du couteau reste la même. La tradition veut qu'un Laguiole s'offre en échange d'une pièce pour ne pas rompre l'amitié ou l'amour.

On a marché sur la Lune pour première fois, le :

a. Le 14 juillet 1969 ?
b. Le 21 juillet 1969 ?
c. Le 25 juillet 1969 ?

(Réponse : b.)

IL Y A 40 ANS, EN 1970 : La Régie Renault distribue 540 000 actions à ses 45 000 salariés, le conseil des ministres ayant décidé la distribution de 4, 5 % du capital. La peine de mort est rétablie en Argentine. La sortie du film *La Bataille d'Alger* de Gillo Pontecorvo est ajourné *sine die*.

Telle est la vie des hommes. Quelques joies, très vite effacées par d'inoubliables chagrins. Il n'est pas nécessaire de le dire aux enfants (Marcel Pagnol).

Saint Kevin

Gémeaux 2e décan

JEUDI 3 JUIN

Les drôles d'histoires de Pierre Bellemare

Carburant bio

À la fin de ce siècle, les énergies fossiles auront probablement disparu de la surface de la planète, et la plupart des pays n'auront pas eu le temps ou les moyens de trouver des carburants de substitution. À moins que les futurologues ne s'inspirent de l'expérience réalisée avec succès par M. Korchevnikov, un ancien ingénieur de la Défense soviétique.

En juin 2008, M. et Mme Korchevnikov doivent se rendre en voiture à Astana, la capitale du Kazakhstan, auprès de leur fille unique qui vient d'accoucher. Or, deux obstacles s'opposent radicalement à ce projet : le couple n'a plus un sou vaillant, ayant englouti toutes ses économies pour payer les frais de maternité ; et il n'y a plus une goutte d'essence à la station-service du village. L'ingénieur réfléchit longuement. Puis il s'empare d'un seau et d'une corde, et se rend dans les toilettes publiques. Flageolant sur la margelle du trou nauséabond, il plonge son récipient et le remplit de la couche supérieure des matières fermentées. Après avoir filtré le contenu de son seau et l'avoir dilué avec de l'alcool à 90°, il bricole le carburateur de sa voiture. Miracle ! Non seulement le tacot démarre, mais il parcourt vaillamment une trentaine de kilomètres, ne tombant en panne qu'à l'approche de l'hôpital. L'ingénieur à la retraite s'est expliqué dans un journal kazakh : « Seule la couche supérieure du mélange fait office de carburant, le reste n'est que de l'eau. » Aujourd'hui, une rumeur prétend que nombre d'automobilistes rôdent avec convoitise autour des toilettes publiques du village des Korchevnikov !

IL Y A 40 ANS, EN 1970 : La loi anti-casseurs est définitivement votée. Selon l'INSEE, 68 % des entreprises du bâtiment éprouvent des difficultés de trésorerie. Le Grand Prix de littérature de l'Académie française est remis à Julien Green, celui de la poésie à Jean Follain.

VENDREDI 4 JUIN — Sainte Clotilde

Gémeaux 2e décan

Les choses les plus belles sont celles que souffle la folie et qu'écrit la raison (André Gide).

Armagnac, l'eau ardente des Gascons

Vigne, alambic et tonneau : de cette union naît la plus ancienne des eaux-de-vie. La « recette » en serait due à la maladresse de deux moines trop gourmands. Dérangés dans leurs expériences de distillation, ils auraient abandonné et oublié du vin blanc bouilli dans un vieux tonneau. Quelques années plus tard, un moine s'en serait servi un verre, goûtant la première gorgée d'armagnac ou aygue ardente, qui fait ainsi son apparition vers la fin du XIVe siècle. Utilisé dans les monastères comme produit de la pharmacopée, on lui attribue quarante vertus médicinales. Il rencontre un tel succès que les alambics se multiplient et que l'État instaure une taxe. Au XVIIe siècle, son commerce se développe grâce aux Hollandais qui, pour braver l'embargo anglais sur les vins du Bordelais, l'achètent en grande quantité et encouragent les Gascons à le distiller. Mis à vieillir dans des fûts de chêne neufs, il s'imprègne de matières tanniques colorantes et aromatiques. Après transfert dans des fûts dits « épuisés » (en tanin), le maître de chai procède à des coupes et mélanges pour obtenir une qualité constante. La « queue de paon » est la plus recherchée : ampleur et souplesse se prolongent en bouche dans un déploiement harmonieux de tous les arômes.

La topiaire est l'art de tailler les arbustes selon des formes variées, simples, géométriques, en cônes, pyramides, boules ou cubes ; ou plus élaborées, par exemple des formes animalières. Certains arbustes ou arbres à feuillage persistant se prêtent particulièrement à cet exercice : buis, lauriers, cyprès, ifs. En jardinerie, il existe des armatures métalliques à installer sur l'arbrisseau que vous désirez transformer. Ou bien fabriquez-en vous-même à votre goût. Il ne vous restera plus qu'à tailler, deux fois par an, en avril-mai puis à l'automne, tout ce qui dépasse du gabarit.

IL Y A 40 ANS, EN 1970 : Le bilan du terrible séisme qui a eu lieu au Pérou le 1er juin, est de plus de 50 000 victimes et de 1 700 000 sans-abri. Mme Pompidou inaugure le musée Vasarely au château de Gordes. La course rallye Londres-Mexico est remportée par Hannu Mikkola et Gunnar Palm.

Dans toutes les larmes s'attarde un espoir (Simone de Beauvoir).

Saint Igor — SAMEDI 5 JUIN — Gémeaux 2e décan

C'est le temps que tu as perdu pour ta rose qui fait ta rose si importante (Saint-Exupéry).

Saint Norbert — DIMANCHE 6 JUIN — Gémeaux 2e décan

La France mystérieuse

LE NOM D'UN DÉPARTEMENT

Vendée

La guerre civile qui a opposé royalistes et républicains a donné une telle célébrité à la Vendée qu'on s'imagine souvent qu'il s'agit d'une province, alors que c'est un département, issu de ce qui était, avant la Révolution, le Poitou. Mais ce que tout le monde ignore ou presque, c'est que la Vendée ne s'est appelée ainsi qu'en raison d'une circonstance tout à fait extraordinaire.

Quand l'Assemblée constituante a décidé de remplacer les provinces par les départements, elle a choisi le plus souvent de donner à ces derniers des noms de cours d'eau ou de montagne. Quand est arrivé le tour du Poitou, les Constituants ont tout naturellement nommé « Vienne », du nom de la rivière la plus importante qui le traverse, le département qui a pour chef-lieu Poitiers. De même, ils ont appelé Deux-Sèvres celui de Niort, la Sèvre nantaise et la Sèvre niortaise étant les deux principaux cours d'eau de la région. Pour le département dont La-Roche-sur-Yon est aujourd'hui le chef-lieu, il a été proposé, sur le même modèle, de l'appeler les « Deux-Lays », d'après ses plus importantes rivières. Mais Buron et Mercier, les députés de la région, ont vivement protesté. Ils étaient tous deux particulièrement disgraciés par la nature et ils ont fait valoir qu'on ne manquerait pas d'appeler leur département les « Deux-Laids », pour les tourner en dérision. Compatissante et amusée, l'Assemblée a changé le nom en celui de Vendée, rivière insignifiante, asséchée les deux tiers de l'année. Et c'est ainsi, à cause de la laideur de deux députés, que la Vendée est entrée dans l'histoire.

IL Y A 40 ANS, EN 1970 : La détérioration de la situation au Cambodge s'accélère en dépit de l'optimisme officiel de Saigon. En Suisse, le projet visant à réduire de 10 % le nombre d'immigrés est rejeté par référendum. Le pilote Pancho Rodriguez remporte le Grand Prix de Francorchamps, en Belgique.

LUNDI 7 JUIN — **Saint Gilbert** — **Gémeaux** 2ᵉ décan

L'amour ! alors on aime un appareil respiratoire, un tube digestif, des intestins, des organes d'évacuation, un nez qu'on mouche, une bouche qui mange, une odeur corporelle ? Si on pensait à cela, comme on serait moins fou ! (Paul Léautaud).

☆ VEAU ARTHÉMISE. Pour quatre personnes. Mettez du beurre dans un grand sautoir, faites-le blondir. Disposez quatre côtes de veau dans ce beurre chaud, assaisonnez de sel, poivre, romarin et thym en poudre. Faites cuire à feu vif en retournant les côtes lorsque la première face est bien dorée, ajoutez 250 grammes de girolles nettoyées et laissez-les cuire avec la viande une dizaine de minutes. Disposez les côtes et les champignons sur le plat de service. Versez un verre de vermouth blanc et deux cuillerées de jus d'orange dans le sautoir. Déglacez à l'aide d'une cuillère en bois. Ajoutez deux cuillerées à soupe de crème. Versez cette sauce sur les côtes et les champignons.

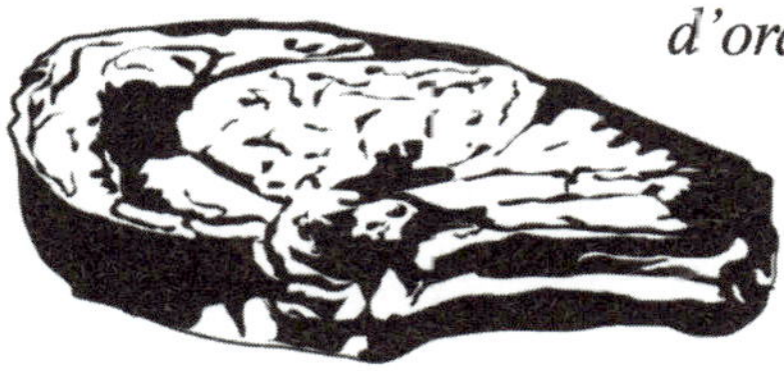

Pour ne pas échanger ses microbes,
il vaut mieux se serrer la main plutôt que de se faire la bise

C'est exactement le contraire. En effet, 80 % des maladies se propagent par les mains. Il faut donc se les laver plusieurs fois par jour, à l'eau et au savon, en toute occasion.

Les drôles d'histoires de Pierre Bellemare

Le divin régime

On ne cesse de le dire et de le répéter : l'obésité est le fléau du siècle. À preuve, l'Organisation mondiale de la santé la considère comme une épidémie, estimant que, dans le monde, 300 millions d'adultes sont en surcharge pondérale. Ainsi, par exemple, la masse corporelle globale des Californiens a-t-elle augmenté de 180 000 tonnes durant la dernière décennie !

À l'intention des déçus des régimes amaigrissants traditionnels, une poignée de nutritionnistes américains font aujourd'hui appel aux valeurs chrétiennes pour inciter leurs patients à perdre du poids. Sur le thème « Adoptez la silhouette Jésus », Jordan Rubin a vendu plus de un million d'exemplaires de son livre *Le Régime du Créateur*, dans lequel il recommande de consommer une nourriture proche de celle dont aurait pu se nourrir le Christ. Et dans *Les Sept Piliers de la santé*, Don Colbert pose la question suivante : « Avant de vous mettre à table, demandez-vous si Jésus aurait partagé votre repas ? » Si on conçoit sans peine que ce dernier ait rarement eu l'occasion de s'empiffrer de pizzas et de hamburgers, il est tout aussi malaisé d'imaginer des Américains se délecter de criquets et de sauterelles, aliments bibliques riches en protéines. En fait, associant obésité à vie de péchés et taille fine à spiritualité, les auteurs se contentent de recycler le bon vieux « régime crétois », à base de céréales, de poissons, d'olives et d'un verre de vin.

Selon les évangélistes, Jésus a accompli le miracle de multiplier les pains. Selon les éditeurs, les nutritionnistes se font du blé avec des recettes miracles.

IL Y A 40 ANS, EN 1970 : Le roi Hussein de Jordanie échappe à un attentat. Les Six, réunis à Luxembourg, se sont mis d'accord pour qu'il y ait, d'ici dix ans, les mêmes billets de banque dans toute la communauté européenne. Premier de la série de concerts donnés par Samson François à la Salle Pleyel.

MERCREDI 9 JUIN — **Sainte Diane** — **Gémeaux** 2e décan

C'est une chose extraordinaire que toute philosophie consiste dans ces trois mots : « Je m'en fous » (Montesquieu).

Pâtenotriers, du chapelet à la médaille

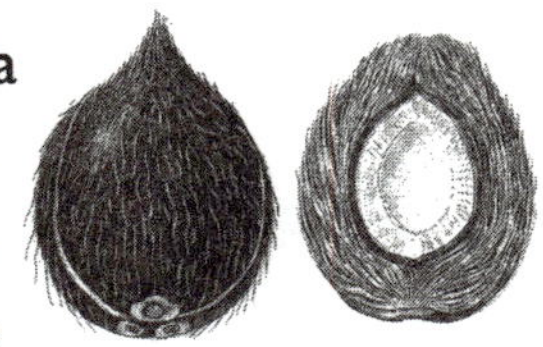

La découverte au XVIe siècle d'une statue miraculeuse de la Vierge a donné naissance à Saumur au métier de patenôtriers (en référence à la prière *pater noster*). La chapelle des Ardilliers devient un lieu de pèlerinage très fréquenté autour duquel les artisans fabriquent des chapelets à grains en bois ou en verre, et divers objets de piété. Saumur acquiert ainsi une belle réputation dans la bijouterie religieuse. On y importe, acheminées depuis Nantes par la Loire, des noix de coco vidées, faciles à travailler et qui fournissent des grains de chapelet d'une texture et d'une couleur proches de l'ivoire. Les artisans souvent travaillent à domicile, les hommes tournant les grains et les croix, les femmes les enfilant sur des ficelles. La moitié des habitants vivent de cette activité. Hélas, en 1789, les Révolutionnaires condamnent ces joyaux, privant des familles entières de leur gagne-pain. Au retour de la liberté des cultes, et grâce à la mécanisation au milieu du XIXe siècle, la réalisation de médailles religieuses s'ajoute à celle des chapelets. Saumur est en 1860 première ville de France à recevoir l'autorisation de frappe de médailles, jusqu'alors réservée à la Monnaie de Paris. L'évolution des croyances et la concurrence ont réduit considérablement la production, mais patenôtriers et médaillistes ont su se diversifier vers la bijouterie, avec une fabrication de produits de luxe artisanale toujours compétitive.

QUE FAIRE EN CAS DE TACHES GRASSES SUR UN PARQUET CIRÉ, UN SOL EN MARBRE OU EN PIERRE

Elles disparaîtront si vous les absorbez rapidement en tamponnant la zone tachée de votre sol avec un mélange de talc et de terre de Sommières, ou de plâtre, avec du trichloréthylène. Au bout de quelques heures, il vous suffira d'aspirer, et de cirer si nécessaire votre parquet.

IL Y A 40 ANS, EN 1967 : Les combats font rage à Amman, la capitale jordanienne, la Syrie soutenant officiellement les feddayins. Le temple d'Angkor est occupé par les maquisards vietcong. À Galliera, une nature morte cubiste de Braque, *Clarinette et bouteille de rhum*, 1911, a été adjugée 1 260 000 francs.

Le vrai est trop simple, il faut y arriver toujours par le compliqué (George Sand).

Les drôles d'histoires de Pierre Bellemare

Bonjour les dégâts !

Un peu partout dans le monde, des campagnes de sécurité routière tentent de combattre l'alcoolisation des conducteurs. À Vienne, en Autriche, depuis que le cocher d'un fiacre pris de boisson a entraîné une touriste et ses enfants dans une course folle, les autorités s'interrogent sur l'opportunité de soumettre les postillons de la capitale à des contrôles d'alcoolémie inopinés.

Plus prosaïque, l'Irlande envisage de ramener à 0,5 gramme d'alcool par litre de sang le taux autorisé. Une mesure qui n'est pas sans conséquences dans ce pays très catholique. En effet, le manque de prêtres dans les zones rurales les oblige à célébrer cinq ou six messes chaque jour dans des églises distantes de plusieurs kilomètres. Or, après avoir lampé moult calices, les curés ne vont-ils pas se trouver en infraction ? « Ne pas boire le vin de messe est un blasphème », argumentent les intéressés. Obliger les officiants à se faire véhiculer par leurs ouailles ou leur accorder des dérogations : le gouvernement de Dublin n'a pas tranché.

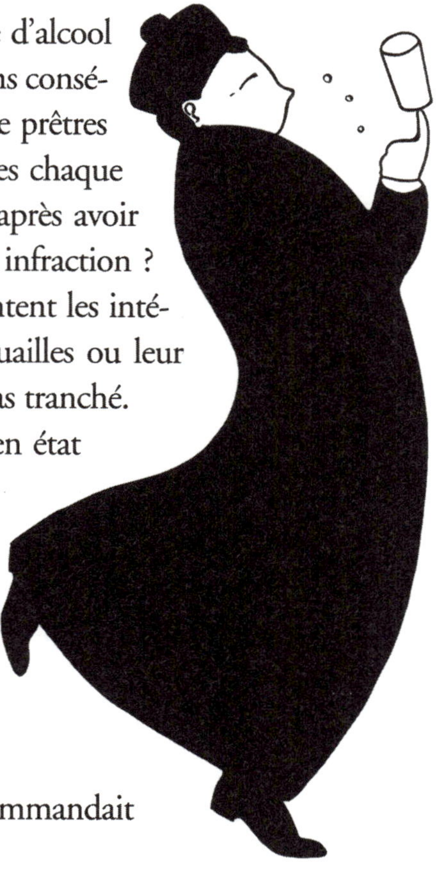

Enfin, sachant que les vendredi et samedi soir, les piétons en état d'ébriété ralentissent la circulation des passants sobres de 10 à 40 %, la municipalité de Cardiff a demandé à une équipe scientifique de réaliser une modélisation informatique du centre-ville. « Pour réduire l'agressivité des uns et des autres, nous cherchons à supprimer les obstacles qui entravent le flux des buveurs, comme certaines pièces de mobilier urbain », a indiqué le responsable de l'étude.

« Servez-leur du bon vin, ils vous feront de bonnes lois », recommandait pour sa part le bon Montaigne.

IL Y A 40 ANS, EN 1970 : À Rio de Janeiro, enlèvement de l'ambassadeur ouest-allemand, M. von Holleben, contre la libération de 25 prisonniers politiques. À Rome, la place Farnèse est désormais réservée aux piétons. Mort à New York du chef du gouvernement russe en 1917, Alexandre Kerenski.

VENDREDI 11 JUIN **Saint Barnabé**

Gémeaux 3e décan

La fève de cacao est un phénomène que la nature n'a jamais répété ; on n'a jamais trouvé autant de qualités réunies dans un aussi petit fruit (A. von Humboldt).

★★ *ŒUFS FRITS AUX CHIPS DE LARDONS. Pour 4 personnes. Coupez des lamelles carrées dans 200 grammes de lard en tranches et faites-les griller jusqu'à les rendre croustillantes. Rangez deux très grosses tomates coupées en deux, salées, poivrées dans un plat huilé, et faites-les cuire au four une vingtaine de minutes. Faites frire un à un quatre œufs. Pour cela, cassez chaque œuf dans un bol. Faites-le glisser dans la poêle bien chaude copieusement huilée et inclinée. Ramenez le blanc autour du jaune à l'aide d'une cuillère et laissez-le rapidement dorer. Égouttez. Mettez-le en réserve au chaud. Garnissez le centre du plat de service avec une salade de cresson au vinaigre et à l'huile, garnie des chips de lardons, disposez autour les quatre demi-tomates et posez un œuf sur chacune d'elles. Parsemez de coriandre.*

Si les tiges des lauriers-roses se couvrent de poussière noirâtre, ou fumagine – petit champignon microscopique –, vous observerez des espèces de petits boucliers retournés qui se collent aux tiges et secrètent un miellat fort désagréable ; il s'agit de cochenilles que vous traiterez avec un insecticide anti-cochenilles tous les mois durant la belle saison. Brûlez les rameaux desséchés.

Le surmulot, appelé aussi rat d'égout, a une durée de vie de :

a. 1 an ?
b. 18 mois ?
c. 2 ans ?

(Réponse : c.)

IL Y A 40 ANS, EN 1970 : Après de lourdes pertes des deux côtés, le roi Hussein de Jordanie fait un geste en faveur des Palestiniens en décrétant l'arrêt des combats. Adoption du projet de loi qui indemnise jusqu'à 40 000 francs par ménage les rapatriés d'Algérie.

Saint Guy — SAMEDI 12 JUIN — Gémeaux 3e décan

Je suis un fervent contemplateur de l'effort d'autrui (Tristan Bernard).

Saint Antoine de Padoue — DIMANCHE 13 JUIN — Gémeaux 3e décan

Les préjugés occupent une partie de l'esprit et en infectent tout le reste (Nicolas de Malebranche).

La France mystérieuse

L'ENFANT ET L'INQUISITEUR

Courances (Essonne)

Agrippa d'Aubigné, poète engagé dans le camp protestant, dont l'œuvre témoigne des tragiques moments que connut la France durant les guerres de Religion, faillit en être victime lui-même, alors qu'il était tout jeune encore.

En 1552, quittant Paris pour rejoindre son père qui se trouvait à Orléans, il fut arrêté à Courances, en compagnie de son précepteur et d'autres compagnons, tous protestants, par le chevalier d'Apchon, un catholique fanatique. Agrippa, âgé de seulement douze ans, comparut devant l'inquisiteur. Ce dernier n'était autre que le terrible Mouchy qui avait couvert la France d'un réseau d'espions surnommés par les contemporains « mouchards », terme qui est ensuite passé dans la langue. L'enfant, sans se troubler, soutint courageusement devant lui sa foi protestante. À la suite de quoi, l'ecclésiastique le condamna au bûcher, ainsi que tous ses compagnons.

Reconduits en prison, le bourreau vint les voir peu après, pour leur annoncer que leur supplice aurait lieu le lendemain au début de la matinée. Mais un gentilhomme au service du chevalier d'Apchon vint les trouver à son tour. Il avait été ému par le courage du jeune Agrippa d'Aubigné et il leur proposa de les faire évader contre soixante écus, non pour lui-même, dit-il, mais pour acheter les consciences indispensables à l'opération. Les prisonniers avaient caché de l'argent dans leurs souliers. Ils lui donnèrent la somme. Ils purent s'enfuir dans la nuit et les bûchers que le bourreau avait préparés les attendirent en vain.

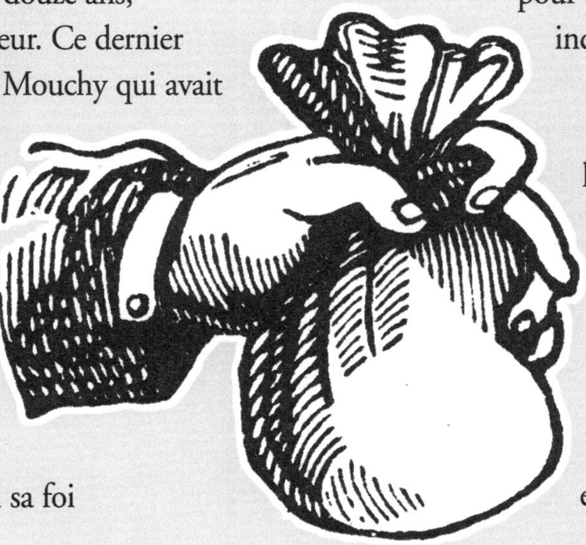

IL Y A 40 ANS, EN 1970 : Désignation par la junte militaire du général Roberto Levingston à la présidence de la République argentine. Grandes manifestations à Tokyo contre la reconduction du traité de sécurité entre les États-Unis et le Japon. Les 24 Heures du Mans sont remportées par une Porsche.

LUNDI 14 JUIN

Saint Élisée

Gémeaux 3e décan

La parole n'a pas été donnée à l'homme, il l'a prise (Louis Aragon).

Vous avez envie de pelouse sans souci d'entretien ? Optez pour un gazon synthétique, qui ressemble à l'herbe naturelle, à installer dans le jardin ou sur votre terrasse. Pas d'arrosage, pas de tonte, pas de traitement contre les mousses… Ce tapis toujours vert laisse passer l'eau.

15 % des couples français vivent en concubinage.

FARFALLE AUX PETITS POIS.

Pour trois ou quatre personnes.

Cuisez 250 grammes de farfalle dans l'eau bouillante salée al dente, et rafraîchissez-les à l'eau froide. Épluchez douze petits oignons nouveaux, faites-les dorer dans le beurre avec 150 grammes de lardons et laissez cuire 10 minutes à feu doux. Égouttez une demi-boîte de petits pois de bonne qualité. Mélangez le tout sur feu doux quelques minutes avant de servir.

IL Y A 40 ANS, EN 1970 : Premiers entretiens politiques à l'Élysée, entre le président Pompidou et le chef de l'État roumain, M. Ceausescu. À Bobino, début du *Show à la française* de Georges Guétary, avec des musiques originales d'Henri Salvador. Mort de l'ancien président du Conseil Henri Queuille.

Non seulement Dieu joue aux dés mais il les jette parfois là où on ne peut les voir (Stephen Hawking).

Sainte Germaine

Gémeaux 3e décan

MARDI 15 JUIN

Les drôles d'histoires de Pierre Bellemare

L'autre moitié du Ciel

Luo Cuifen, une Chinoise pauvre de 30 ans, souffre depuis l'enfance d'un mal mystérieux. Névralgies, douleurs cervicales, pointes de feu dans les reins et la poitrine la clouent au lit une partie de l'année. En 2004, elle passe enfin une visite médicale gratuite à Kunming, le chef-lieu de sa province. Stupeur des médecins. Vingt-six traits blancs sont visibles sur les radiographies du ventre, de la tête, du dos et des poumons. Ce sont des aiguilles à coudre, longues de 4 à 5 centimètres.

De quelle manière ont-elles pénétré et envahi l'organisme de la patiente? Après enquête, les policiers découvrent que ce sont ses grands-parents paternels qui les lui ont glissées sous la peau, à l'insu de sa mère, dans le but de la tuer au berceau. Depuis qu'en Chine une loi limite la fécondité des femmes à un enfant unique, l'élimination des bébés de sexe féminin est monnaie courante. Car donner naissance à une fille, dit-on dans les campagnes, c'est cultiver « une terre sans semis », puisque, une fois mariée, elle appartiendra à sa belle-famille et délaissera ses vieux parents, souvent privés de ressources.

Comment Cuifen a-t-elle survécu à ce traitement barbare? Les médecins ne se l'expliquent pas. Par contre, les démographes estiment que plus de 30 millions de petites filles ont été sacrifiées depuis la promulgation de la loi. Conséquence de cette hécatombe: en 2020 le ratio homme-femme accusera un déficit de 40 %, la Chine comptant 140 garçons en âge de se marier pour 100 filles nubiles. En qualifiant autrefois les femmes d'« autre moitié du Ciel », Mao Tsé-toung avait-il imaginé que son slogan serait tragiquement pris au pied de la lettre?

IL Y A 40 ANS, EN 1970 : Des unités de l'armée israélienne pénètrent profondément en Syrie. Au Sénat, M. Maurice Schuman explique à M. Gaston Monnerville pourquoi la France ne peut ratifier la Convention européenne des droits de l'homme. Mort d'Elsa Triolet, épouse de Louis Aragon.

MERCREDI 16 JUIN — **Saint Jean-François Régis**

Gémeaux 3e décan

Il n'y a pas de preuve que la puce, qui vit sur la souris, craigne le chat (Henri Michaux).

Deux inventeurs pour une bêtise ?

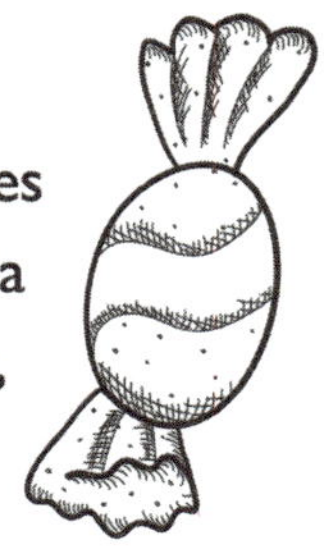

Il est admis que la bêtise de Cambrai est née vers 1830, mais les historiens rappellent que les bonbons se fabriquent dans la région depuis le XIIIe siècle. La recette est traditionnelle : le sucre est cuit, puis battu, la masse obtenue est blanchie lors de l'étirage et aromatisée à la menthe. C'est au cours du battage que l'apprenti Afchain, travaillant pour la maison Despinoy, aurait commis une erreur dont deux maisons, Afchain et Despinoy, se sont ensuite disputé la paternité. Il se serait trompé dans le dosage du sucre et du parfum et aurait allégé la pâte par brassage. Erreur qui lui fut reprochée, mais, comme à l'époque on ne jetait rien, les « bêtises » de l'apprenti furent vendues au rayon des friandises cassées achetées au poids. Ce fut un tel succès que tous en réclamèrent. Afchain en aurait fait des bonbons plus élaborés, parfumés à la menthe anglaise Mitcham, et incrustés d'une rayure de sucre caramélisé. Plus simplement, une autre histoire rapporte que les hommes qui se rendaient tous les mois au marché de Cambrai pour acheter leurs bêtes en profitaient pour se régaler de ces pâtes de bonbons s'étirant sous le regard des passants et coupées aux ciseaux. Dépenses jugées superflues mais « bêtises » bien innocentes. Depuis 1992, la bêtise est à l'inventaire du patrimoine culinaire du Pas-de-Calais.

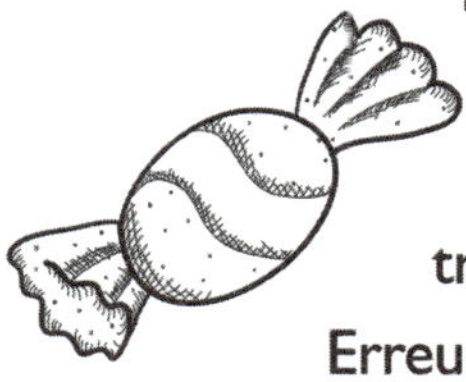

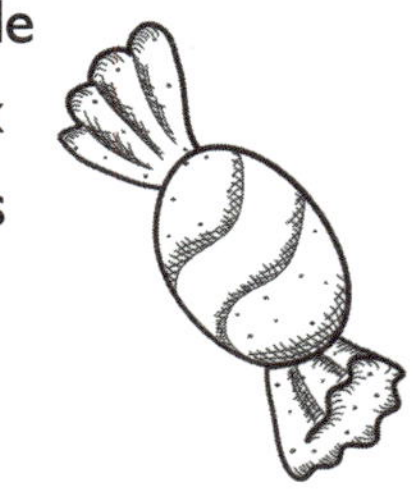

⋆ RÉGAL DE PISSENLITS. Pour 4 personnes. Coupez en tranches fines six kumquats, et faites-les macérer 2 heures dans le vinaigre de xérès. Nettoyez 400 grammes de pissenlit, mélangez-le avec 120 grammes de magret de canard fumé en tranches, douze œufs de cailles coupés en deux, les tranches de kumquats, une cuillerée de vinaigre de xérès, trois cuillerées d'huile de tournesol, sel, poivre.

IL Y A 40 ANS, EN 1970 : À Rio de Janeiro, l'ambassadeur ouest-allemand M. von Holleben est libéré, après 123 heures de séquestration. Libération du biologiste et généticien Jaurès Medvedev qui avait été interné le 29 mai dans un hôpital psychiatrique de Kalouga. Sortie du film *Woodstock* de Michael Wadleigh.

Les hommes naissent ignorants et non stupides. C'est l'éducation qui les rend stupides (Bertrand Russell).

Les drôles d'histoires de Pierre Bellemare

Un poids sur l'estomac

Amarendranath Ghosh, un malfrat indien, compte à son actif les braquages de plusieurs grandes banques de son pays. Avoir les avoir délestées de plus de 5 millions d'euros, il s'enfuit à Dubaï puis au Vanuatu où il se lie d'amitié avec le Premier ministre, qu'il escroque à son tour en détournant à son profit des milliers d'obligations de la banque centrale. Rapidement démasqué, Ghosh se réfugie en Allemagne et y coule des jours heureux, avant d'être interpellé par Interpole. Afin d'éviter d'être expulsé vers son pays d'origine, il avale un couteau à pain long de dix centimètres. Refusant obstinément toute intervention chirurgicale, il est jugé intransportable. Après quatre ans de tergiversations, les autorités allemandes décident néanmoins de le rapatrier en avion sanitaire, sous la garde d'un médecin, de deux chirurgiens et de policiers.

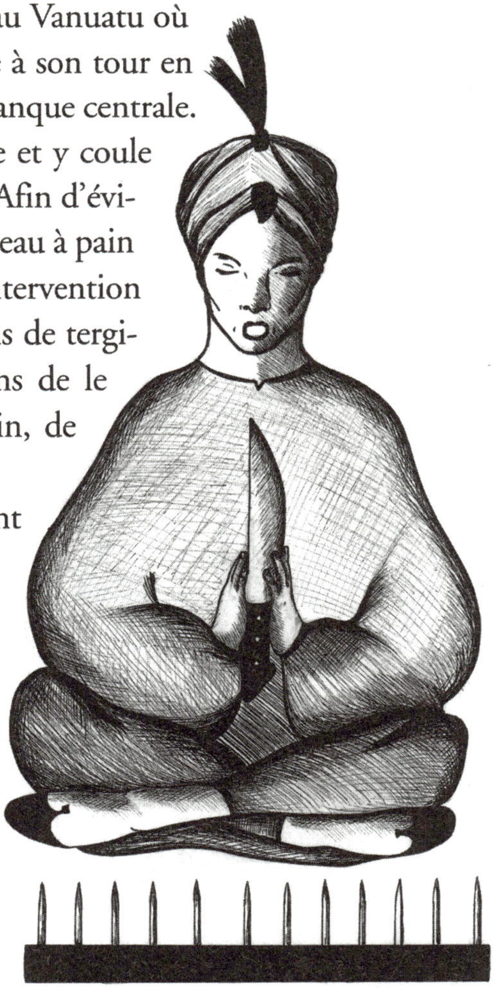

Une question récurrente se pose désormais : comment l'aigrefin, qui croupit maintenant dans une prison de New Delhi, parvient-il à s'accommoder du couteau qui lui pèse sur l'estomac depuis des années ? « C'est très simple, explique l'intéressé, je pratique le pranayama tous les matins dans ma cellule. » Cette technique de yoga, basée notamment sur le contrôle de la respiration, semble efficace. Puisque, non content de survivre, Ghosh affiche un sourire radieux à chacune de ses comparutions devant le tribunal.

IL Y A 40 ANS, EN 1970 : L'Assemblée nationale approuve les grandes options du VIe Plan qui invite la nation à un effort majeur d'industrialisation. Coup de théâtre en Grande-Bretagne, où les conservateurs, dirigés par M. Edward Heath, l'emportent aux élections législatives.

VENDREDI 18 JUIN — **Saint Léonce**

Gémeaux 3e décan

Il y a deux espèces de sots : ceux qui ne doutent de rien et ceux qui doutent de tout (Prince de Ligne).

★ COQUILLETTES SAUCE VERTE. Pour quatre personnes. Blanchissez successivement à l'eau bouillante 150 grammes de haricots verts coupés en deux, 100 grammes de petits pois, 150 grammes de févettes. Chauffez 30 centilitres de crème fleurette dans une sauteuse, plongez-y les légumes blanchis, une botte de persil plat ciselé, quatre tranches de jambon blanc coupé en fines lanières, une cuillerée à soupe de coriandre, une pincée de noix de muscade râpée. Salez, poivrez. Portez à ébullition et laissez frémir quelques minutes à feu doux.

Faites cuire 250 grammes de farfalle à l'eau bouillante salée. Égouttez et mélangez délicatement à la sauce.

Il faut se donner cent coups de brosse, chaque soir, pour avoir de beaux cheveux

Nos grand-mères étaient persuadées que cela rendait la chevelure plus vigoureuse. Cela n'a en réalité aucune incidence sur la beauté et la santé des cheveux. Les brosser avec trop d'énergie peut leur faire plus de mal que de bien, en particulier si la brosse utilisée, trop dure, les arrache. Il vaut bien mieux pratiquer un brossage doux avec une brosse en soie ou en poils de sanglier.

IL Y A 40 ANS, EN 1970 : Soyouz 9 regagne la Terre, après 17 jours, 16 heures, 59 minutes de vol dans l'espace. Sortie du film *Kes* de Ken Loach. Mort de l'un des grands animateurs de théâtre Jacques Hébertot.

L'amour, c'est d'être toujours inquiet de l'autre (Marcel Achard).

Saint Romuald — SAMEDI 19 JUIN — Gémeaux 3e décan

Être bête, égoïste et avoir une bonne santé, voilà les trois conditions voulues pour être heureux. Mais si la première vous manque, tout est perdu (Gustave Flaubert).

Saint Silvère — DIMANCHE 20 JUIN — Cancer 1er décan

La France mystérieuse

L'HÉROÏQUE MADAME PILON

Beauvais (Oise)

On sait peu de chose sur la femme guerrière la plus célèbre de France après Jeanne d'Arc. La tradition la plus courante en fait la fille d'un officier, qu'a recueillie et adoptée une dame Lainé, sous le nom de Jeanne Lainé. La petite Jeanne, née le 14 novembre 1454 à Beauvais, semblait appelée à vivre une existence ordinaire, mais l'histoire allait changer le cours de sa vie. Charles le Téméraire est alors en guerre avec Louis XI et il met le siège devant Beauvais, en 1472. Le samedi 27 juin, il fait donner l'assaut qui doit emporter la ville. Les femmes de Beauvais participent avec acharnement à la défense, repoussant les échelles, jetant des pierres et de l'huile bouillante. Malgré cela, un Bourguignon parvient au sommet et plante son étendard sur les remparts en criant : « Ville gagnée ! » C'est compter sans Jeanne Lainé qui, d'un coup de hache, le rejette dans le fossé. Son geste galvanise tous les défenseurs, les assaillants sont repoussés et le siège est levé.

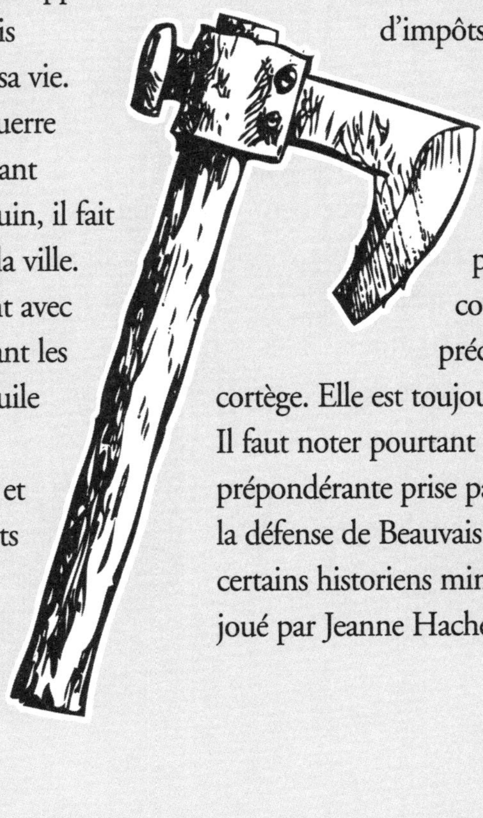

Louis XI, ravi de cet exploit, a couvert d'honneurs celle qu'on a surnommée immédiatement Jeanne Hachette et qui est devenue peu après Mme Pilon, en épousant l'élu de son cœur, Colin Pilon. Le roi l'a exonérée d'impôts, elle et toute sa descendance, et a institué en son honneur, chaque dernier dimanche de juin, la procession de l'Assaut, au cours de laquelle les femmes précèdent les hommes dans le cortège. Elle est toujours célébrée aujourd'hui. Il faut noter pourtant que, si la part prépondérante prise par les femmes au cours de la défense de Beauvais est un fait incontesté, certains historiens minimisent le rôle personnel joué par Jeanne Hachette dans l'événement.

Été

CHALEUR

Tout luit, tout bleuit, tout bruit,
Le jour est brûlant comme un fruit
Que le soleil fendille et cuit.
Chaque petite feuille est chaude
Et miroite dans l'air où rôde
Comme un parfum de reine-claude.
Du soleil comme de l'eau pleut
Sur tout le pays jaune et bleu
Qui grésille et oscille un peu.
Un infini plaisir de vivre
S'élance de la forêt ivre,
Des blés roses comme du cuivre.

Anna de NOAILLES

La mémoire, c'est l'imagination à l'envers
(Daniel Pennac).

Tentez l'originalité en matière de géraniums : parmi les lierres doubles le coloris bordeaux foncé presque noir, et parmi les droits par exemple les fleurs blanches au cœur magenta. Les variétés de géraniums vivaces pour le jardin ou les potées vous offrent des couleurs rares comme le bleu (johnson's blue) ou des formes semblables aux fleurs de pensées. Pour faire fuir les moustiques, installez sur la terrasse ou le rebord de la fenêtre des géraniums odorants – citron, orange, rose, ou pin ; le parfum fort et agréable qu'ils dégagent par leurs feuillages est un véritable barrage à ces insectes.

FONDS D'ARTICHAUTS TARA. Pour quatre personnes. Préparez comme indiqué sur le paquet six gros fonds d'artichauts congelés. Coupez-en deux en morceaux et mixez-les avec 150 grammes de saumon fumé, 60 grammes de fromage blanc, le jus d'un demi-citron, une cuillerée à soupe de pastis et deux gouttes de tabasco, sel. Garnissez les quatre fonds d'artichauts de la préparation, et décorez chacun de trois crevettes roses cuites.

IL Y A 40 ANS, EN 1970 : Le Pentagone reconnaît qu'au Cambodge l'aviation US est intervenue au-delà des limites fixées. Signature à Madrid d'un accord franco-espagnol de coopération militaire, signé par MM. Debré et Lopez Bravo. Les feux de croisement sont maintenant obligatoires en cas de brouillard.

L'encre la plus pâle vaut mieux que la meilleure mémoire (proverbe chinois).

Saint Alban

Cancer 1er décan

MARDI 22 JUIN

Les drôles d'histoires de Pierre Bellemare

Yacht coulé !

En ce début 2009, c'est la crise pour tout le monde et pas seulement pour les plus défavorisés. Klaus Dietrich, cadre supérieur dans une importante fabrique de mécanique allemande, a investi une bonne partie de ses économies en actions et celles-ci se sont dépréciées à toute vitesse. Comme un malheur ne vient jamais seul, son entreprise elle aussi éprouve des difficultés. Elle est contrainte de mettre une partie de son personnel en chômage technique. Et Klaus fait partie du lot.

Comme il avait contracté d'importants emprunts pour s'installer dans le bel appartement qu'il occupe à Francfort, il ne peut plus faire face aux échéances et il n'a d'autre moyen que de vendre l'un ou l'autre de ses biens… Ses actions, Klaus Dietrich s'y refuse, étant donné l'état du marché. Son appartement, il n'en est pas question non plus. Mais il se trouve qu'il possède un bateau, un joli yacht presque neuf. Il décide de s'en séparer et, pour faire plus vite, le met en vente sur Internet, espérant en tirer au moins 15 000 euros. Malheureusement, peu au courant des procédures sur le Net, il oublie d'indiquer un prix de réserve, c'est-à-dire une somme minimale pour la vente et, en ouvrant son ordinateur le lendemain, il a la surprise horrifiée de découvrir que son yacht de luxe a été adjugé pour 25 euros !

Son action judiciaire devant le tribunal de Francfort n'y change rien : les juges se prononcent en faveur de l'acheteur… Aux dernières nouvelles Klaus Dietrich va mettre en vente son appartement. Mais une chose est certaine : ce ne sera pas sur Internet.

IL Y A 40 ANS, EN 1970 : Une opération héliportée de commandos israéliens a lieu à 75 kilomètres à l'intérieur de l'Égypte. Le mi-temps est enfin possible pour les infirmières, ce qui pourrait permettre de combler la pénurie de personnel qualifié dans les hôpitaux publics.

MERCREDI 23 JUIN Sainte Audrey

Cancer 1er décan

Surtout n'ayez pas peur du peuple, il est plus conservateur que vous ! (Napoléon III).

★★ CAKE MARGARITA. Pour cinq ou six personnes. Mélangez 200 grammes de farine avec trois œufs ajoutés un par un, 10 centilitres d'huile, un sachet de levure chimique et 120 grammes de gruyère. Ajoutez à un tiers de la pâte deux cuillerées à soupe de concentré de tomates, à un autre tiers deux cuillerées à soupe de pesto au basilic, préparez 100 grammes de dés de parmesan farinés que vous disposerez au fur et à mesure que vous remplirez le moule à cake anti-adhésif, successivement de pâte verte, de pâte blanche et de pâte rouge. Faites cuire au four th. 7 pendant 35 minutes.

COMMENT NETTOYER UN OBJET EN BOIS DORÉ

Commencez par utiliser une brosse sèche pour enlever la poussière sur un cadre en bois doré, par exemple. L'alcool ordinaire, tamponné avec un petit chiffon, élimine la saleté superficielle. Mieux encore, un pinceau à poils courts, imbibé d'une préparation de deux blancs d'œufs battus en neige additionnés d'une cuillerée d'eau de Javel, passé sur le bois doré, fera des merveilles. Il se formera en séchant une fine pellicule. Les saletés s'en iront en décollant délicatement cette fine couche avec une petite spatule. Finir en polissant avec une brosse en soie ou un chiffon doux.

IL Y A 40 ANS, EN 1970 : 94 morts et 2 000 blessés : c'est la conséquence du délire populaire au Brésil pour le retour des champions du monde de football. Alexandre Dubcek, l'ex-Premier secrétaire du PC tchécoslovaque, est relevé de son poste d'ambassadeur à Ankara.

Les femmes et les montres ne sont jamais à l'heure qu'on voudrait (Paul-Jean Toulet).

Saint Jean-Baptiste

Cancer 1er décan

JEUDI 24 JUIN

Les drôles d'histoires de Pierre Bellemare

Plus d'élus que d'habitants

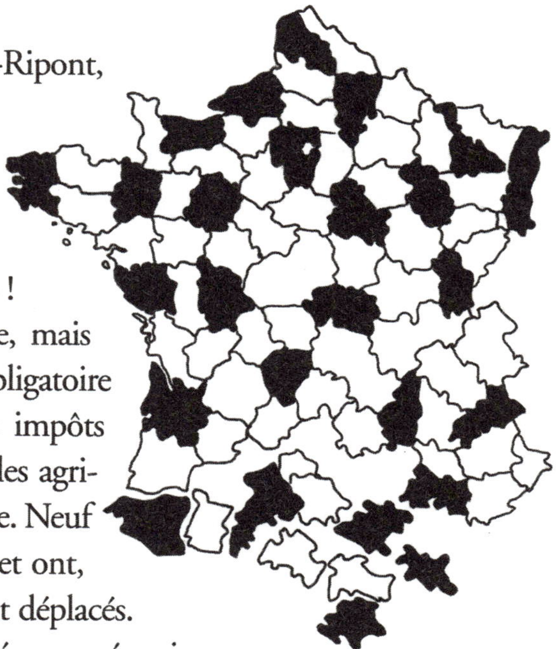

Le problème qui s'est posé à Rouvroy-Ripont, dans la Marne, lors des dernières élections municipales, n'était pas banal. La loi stipule que les communes inférieures à cinq cents habitants doivent avoir neuf élus et Rouvroy-Ripont ne compte que deux habitants !
En apparence, la difficulté était insurmontable, mais heureusement, pour être électeur, il n'est pas obligatoire de résider sur les lieux, il suffit de payer des impôts locaux. Or, à Rouvroy-Ripont, plusieurs parcelles agricoles appartiennent à des étrangers à la commune. Neuf d'entre eux ont accepté de se porter candidats, et ont, bien sûr, été élus, par les cinq votants qui se sont déplacés.
C'est ainsi que Pierre Collot, sans étiquette, a été nommé maire.
Le poste relève plus du sens du devoir civique que de l'ambition, la rémunération n'étant que de 40 euros par mois. Quant aux élus qui résident à l'extérieur de la commune, ils n'auront pas trop de mal pour assister aux délibérations, car le conseil municipal ne se réunit qu'une fois par an. De même, il n'est pas besoin d'être comptable professionnel pour gérer le budget, qui se limite à 5 000 euros.
Les responsables politiques se sont évidemment interrogés devant des cas semblables. Faut-il supprimer quelques-unes des 36 678 communes de France ? À l'heure actuelle, rien de tel n'est envisagé, afin de ne pas toucher aux particularismes locaux. Il est simplement question de ramener de neuf à sept le nombre de conseillers des plus petites communes, ce qui soulagerait quand même le problème de Rouvroy-Ripont.

IL Y A 40 ANS, EN 1970 : Le dirigeant de la « Gauche prolétarienne », Alain Geismar, est arrêté à Paris. La Corée du Sud est opposée à une réduction des troupes américaines stationnées chez elle. D'après une enquête de l'INSEE, six Français sur dix, un enfant sur deux, ne partiront pas en vacances cet été.

VENDREDI 25 JUIN

Sainte Éléonore

Cancer 1er décan

Je vais rendre l'électricité si bon marché que seuls les riches pourront se payer le luxe d'utiliser des bougies (Thomas Edison).

Le plus beau papier d'Europe

Pendant des siècles, les Chinois avaient gardé le secret de la fabrication du papier. Transitant par le Moyen-Orient, il fut sans doute rapporté en Europe par des chevaliers auvergnats partis en croisade avec Saint Louis en 1270. À l'origine, le papier est composé de débris de lin et de chanvre, macérés dans de l'eau de chaux et écrasés dans des meules grâce à l'énergie hydraulique de moulins importée en France au XIVe siècle par les maîtres papetiers italiens. La qualité du papier dépend de celle des chiffons de lin, chanvre, et coton, triés, découpés, et broyés par les maillets, transformés en onctueuse pâte. Puis vient le brassage avec la colle, l'égouttage avant qu'une feuille soit couchée sur un tapis de feutre de laine. L'étendage se fait à l'extérieur du moulin. La qualité de l'eau est aussi primordiale pour fabriquer un beau papier. Près d'Ambert, dans le Massif central, le ruisseau de Valeyre fait, aujourd'hui encore, tourner le moulin de Richard de Bas, le dernier des trois cents moulins à papier de la vallée d'Ambert, dont l'activité ne s'est interrompue qu'une seule fois depuis 1326, lors de la dernière guerre mondiale. On y répète depuis le Moyen Âge les gestes qui ont permis au livre de naître et de fleurir en Occident et on y fabrique encore le plus beau papier d'Europe, celui qui reçut la dictée des *Mémoires* de Louis XIV, l'impression des *Pensées* de Pascal et des œuvres de Molière.

★ PAPILLOTES DE DINDE AUX ÉPICES. Pour quatre personnes. Dans une assiette creuse, mettez deux cuillerées d'huile d'olive, deux cuillerées à café de cumin, deux cuillerées à café de piment doux, sel, poivre. Coupez les quatre escalopes de dinde en trois parties dans le sens de la longueur. Passez-les dans ce mélange et répartissez-les sur quatre rectangles d'aluminium avec une demi-gousse d'ail. Fermez soigneusement chaque rectangle. Glissez au four chaud th. 8 et laissez cuire 10 minutes. Servez dans les papillotes, accompagnez de pâtes.

IL Y A 40 ANS, EN 1970 : Les blindés de Tel-Aviv ont franchi la ligne de cessez-le-feu et l'aviation de Damas a contre-attaqué. Alexandre Dubcek est exclu du PC tchécoslovaque. Sortie du film *Let It Be* de Michael Lindsay, avec les Beatles. Disparition du grand écrivain Pierre Mac Orlan.

L'âge ne vous protège pas des dangers de l'amour. Mais l'amour, dans une certaine mesure, vous protège des dangers de l'âge (Jeanne Moreau).

Saint Anthelme — SAMEDI 26 JUIN — Cancer 1er décan

Dans l'Histoire des temps la vie n'est qu'une ivresse, la Vérité, c'est la Mort (L.F. Céline).

Saint Fernand — DIMANCHE 27 JUIN — Cancer 1er décan

La France mystérieuse
MOULINS ET FONTAINES
(Paris)

En raison de sa position élevée, Montmartre était autrefois couvert de moulins à vent. Au XVIIIe siècle, on pouvait en voir encore un grand nombre : le moulin Neuf et le moulin Vieux, les moulins de la Poule, de la Lancette, de la Grande-Tour, de la Vieille-Tour, du Palais, de la Béquille et, bien sûr, le moulin de la Galette. Ils ne servaient pas qu'à moudre le blé, ils étaient aussi employés pour presser les vendanges ou concasser les matériaux nécessaires aux manufactures. Notons que le plus connu de tous, le Moulin rouge, n'a jamais existé en tant que tel. C'est un cabaret construit et inauguré en 1889, sur le boulevard Clichy, au pied de la Butte. Montmartre était également célèbre pour ses fontaines. On en comptait quatre : la Bonne, la Fontenelle, la fontaine de But et la plus importante d'entre elles, la rivière Saint-Denis, qui était en fait un petit cours d'eau. Elle tirait son nom du fait que, selon la légende, saint Denis s'y était lavé la tête après sa décollation. Ses eaux étaient renommées pour leurs vertus curatives et aussi pour un autre pouvoir plus inattendu. Un dicton prétendait, en effet : « Jeune fille qui a bu l'eau de Saint-Denis reste fidèle à son mari. » Pendant longtemps, aux siècles passés, on a vu des jeunes époux s'y rendre quelques jours après leur mariage et les maris obligeaient leurs femmes à y boire. L'histoire ne dit pas si le dicton se vérifiait tout au long de leur vie conjugale.

IL Y A 40 ANS, EN 1970 : De nouvelles émeutes en Irlande du Nord, après l'arrestation de Bernadette Devlin, font 8 morts et une centaine de blessés. Jean-Jacques Servan-Schreiber est élu député de Nancy. Herbert Von Karajan démissionne de l'Orchestre de Paris.

LUNDI 28 JUIN

Saint Irénée

Cancer 1er décan

Les amants inventent leur propre vocabulaire, mais il n'a de signification que pour eux (René Barjavel).

CANETTE MONTMORENCY AUX BLINIS. Pour cinq ou six personnes. Chauffez votre four (th. 8). Huilez votre canette. Mettez-la à rôtir 15 minutes puis baissez le thermostat à 6. Tournez souvent la viande pour qu'elle dore de tous côtés. Lavez 750 grammes de cerises acides et dénoyautez-les. Passez-en la moitié au moulin à légumes. Ajoutez à la purée de fruits deux cuillerées à soupe de kirsch. Lorsque la canette est presque cuite, ajoutez la purée et le reste des cerises dénoyautées. Salez, poivrez, arrosez la volaille qui termine sa cuisson dans le jus. Présentez-la découpée, arrosée de sa sauce aux cerises. Servez avec des blinis chauds.

Ah ! ça ira, ça ira, ça ira,
Le peuple en ce jour sans cesse répète :
Ah ! ça ira, ça ira, ça ira,
Malgré les mutins tout réussira !

Au Champ-de-Mars, des milliers d'hommes et de femmes s'activent pour les préparatifs du premier anniversaire de la prise de la Bastille. Une contredanse, *Le Carillon national*, composée par un violoniste du théâtre Beaujolais, est adoptée pour se donner du cœur à l'ouvrage. Les paroles sont le fruit d'une improvisation collective. Mais, le 14 juillet, en présence de la famille royale, de l'évêque Talleyrand, et de La Fayette, alors que trois cent mille spectateurs saluent la concorde retrouvée, on entend un nouveau couplet :

Ah ! ça ira, ça ira, ça ira,
Les aristocrates à la lanterne !
Ah ! ça ira, ça ira, ça ira,
Les aristocrates on les pendra !

Des années bien cruelles se préparent en effet pour eux.

Les drôles d'histoires de Pierre Bellemare

Les surprises d'Internet

Thomas Montgomery, un habitant de Buffalo, dans l'État de New York, voudrait bien trouver l'âme sœur. Mais jusque-là toutes ses tentatives se sont soldées par des échecs piteux, ce qui fait qu'à trente-huit ans il est toujours célibataire. Il n'est pas laid à proprement parler, mais il est timide, maladroit, il a quelque chose d'antipathique malgré lui. Bref, il a toujours fait fuir les femmes.

Aussi décide-t-il de recourir à Internet. Derrière son écran, il se sent plus à l'aise et il entre en contact avec Patricia, une étudiante de vingt-deux ans. Lui-même se rajeunit de dix ans, n'en avouant que vingt-huit, et une conversation électronique s'engage entre eux qui, au fil des jours, devient plus amicale et, bientôt, presque tendre. Thomas est aux anges !

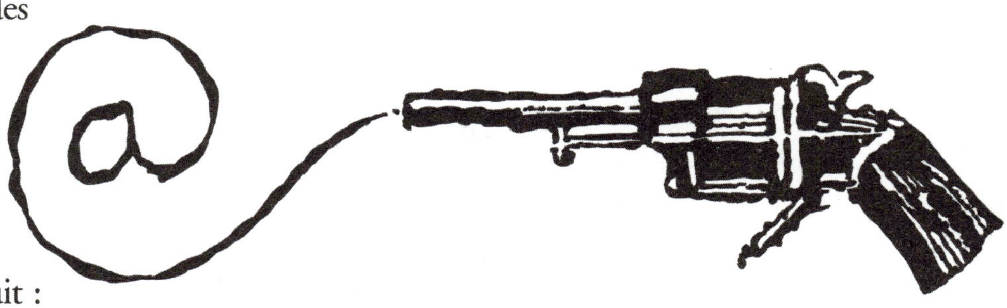

Mais c'est alors que le coup de théâtre se produit : un internaute rival, Brian Barrett, fait son apparition. Lui aussi se met à courtiser Patricia. Il a beaucoup plus de facilité à s'exprimer et beaucoup plus d'humour et bientôt la jeune fille lui donne la préférence. Elle lui fixe rendez-vous.

Que se passe-t-il alors dans l'esprit de Thomas Montgomery ? Il se rend lui aussi au rendez-vous, armé d'un revolver, et lorsqu'il voit arriver le jeune homme, il l'abat sans hésiter. Arrêté, il est inculpé d'homicide et c'est au cours de l'instruction qu'il découvre celle pour qui il est devenu un meurtrier : Patricia s'était, elle, rajeunie de trente ans, puisqu'elle en avait cinquante-deux, elle n'avait jamais été étudiante, elle était caissière dans un drugstore et elle était loin d'être une beauté.

IL Y A 40 ANS, EN 1970 : Le président Nixon lance un nouvel appel à Hanoi pour un règlement négocié. Les Français estiment les religieuses « utiles », mais ne comprennent pas le sens de la vie contemplative.

MERCREDI 30 JUIN — **Saint Martial**

Cancer 1er décan

Apprends à te connaître : tu t'aimeras moins, et à connaître les autres : tu ne les aimeras plus (Paul-Jean Toulet).

Pour égayer un mur, placez au pied de celui-ci, en arrière-plan de massif, une rangée de roses trémières aux grandes hampes florales garnies de gros pompons colorés. Vous les trouverez en barquettes. Elles peuvent monter jusqu'à 2 mètres et il faut les tuteurer. La floraison est continue jusqu'à fin septembre. Vous pourrez ensuite récolter les graines pour les semer au printemps prochain, mais vous n'obtiendrez pas forcément des coloris parfaitement identiques.

La chaîne du secret pour un bonbon

Près de Fontainebleau, la petite ville de Moret-sur-Loing, qui s'est développée au XIe siècle grâce aux rois capétiens, garde aujourd'hui encore son charme d'ancienne résidence royale, cité médiévale fortifiée qui a inspiré de nombreux peintres, dont Sisley. Les sœurs bénédictines qui s'y installèrent en 1638 composaient des médications pour alléger les souffrances de leurs malades, associant décoctions d'orge et sucre de canne, le tout cuit dans un chaudron en cuivre, et additionné de vinaigre pour empêcher la cristallisation. Ce « sucre d'orge » fut très vite réputé auprès des rois de France pour ses propriétés adoucissantes sur les maux de gorge ; les orateurs, comme Bossuet, ne purent bientôt plus s'en passer. Également appréciée pour son goût, cette friandise prospéra pendant plus d'un siècle. À la Révolution, les religieuses furent chassées et les sucres d'orge semblèrent condamnés à disparaître. Mais une des sœurs revint après les bouleversements politiques et put donner la recette à une amie ; celle-ci la transmit à son tour aux religieuses venues s'installer par la suite à Moret et qui reprirent donc cette ancienne activité. Dans la première moitié du XXe siècle, leur bonbon connut la prospérité et une renommée internationale, devenant un attrait touristique pour la ville. Lorsque, très âgées, elles se trouvèrent dépassées par cette activité artisanale, la dernière dépositaire du secret le révéla à un confiseur de la ville digne de confiance, qui le légua à son fils. Ainsi se perpétue cette spécialité, restée artisanale, qui garde tout son mystère.

IL Y A 40 ANS, EN 1970 : Les loyers augmentent de 6 à 15 %, et le SMIC est porté de 3, 36 à 3,50 francs l'heure. Sortie du film *Le Bal du comte d'Orgel* de Marc Allégret, d'après Raymond Radiguet, avec Jean-Claude Brialy et Micheline Presle.

Pour explorer le champ des possibles, le bricolage est la méthode la plus efficace (Hubert Reeves).

Saint Thierry

Cancer 1er décan

JEUDI 1 JUILLET

Les drôles d'histoires de Pierre Bellemare

Un butin bien léger

La scène se passe dans le nord de Marseille, sur une voie ferroviaire réservée au trafic des marchandises. C'est la tombée de la nuit. Un convoi de fret en provenance du port autonome arrive à vitesse réduite. Il est particulièrement important : des dizaines et des dizaines de wagons, en tout 700 mètres de long. Et c'est alors que le conducteur croit être victime d'une hallucination.

Là, devant lui, des madriers ont été empilés sur la voie et, exactement comme dans les westerns, plusieurs individus se tiennent à côté, avec un pistolet à la main et un foulard noué sur la figure. Il voudrait croire à une plaisanterie, mais ce n'en est pas une. Il freine en catastrophe et le lourd convoi s'immobilise juste à temps pour ne pas dérailler.

Il court verrouiller sa cabine, en espérant qu'ils ne viendront pas faire sauter la serrure d'un coup de feu, voire tirer à travers les vitres. Mais rien de tel ne se produit. Il voit, au contraire, les malfaiteurs disparaître en direction des wagons. Il appelle alors la police sur son portable…

Le résultat ne tarde pas. Quelques minutes seulement après, une sirène retentit. Les auteurs du hold-up décident de ne pas insister. Le conducteur les aperçoit avec un gros conteneur, qu'ils installent dans une camionnette garée à proximité. Après quoi, ils prennent la fuite.

L'épilogue survient peu après, quand les agents de la SNCF font l'estimation du butin. Il n'est pas lourd, au propre comme au figuré : la caisse volée contenait cinq cents coussins publicitaires pour *Playboy*, ornés du célèbre lapin rose de la marque.

IL Y A 40 ANS, EN 1970 : Grève des officiers contrôleurs de la navigation aérienne à Orly. Sortie du film *Jules César* de Joseph Mankiewicz avec Marlon Brando et James Mason. Mort de la comédienne Alice Cocéa.

VENDREDI 2 JUILLET

Saint Martinien

Cancer 2e décan

Si on enlevait l'air, tous les oiseaux tomberaient par terre et les avions aussi (Jean-Claude Vandamme).

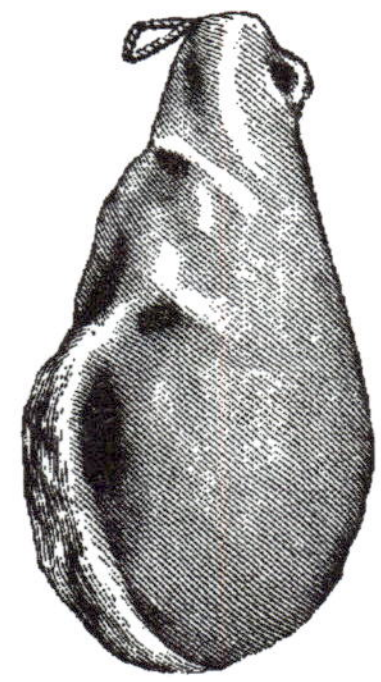

★ *TOAST DU SOLITAIRE. Pour une personne.*

Tartinez une tranche de pain grillé longue (en paquet) de coulis de tomate épais. Disposez successivement un jaune d'œuf cuit écrasé avec de l'oignon nouveau haché, une tranche de jambon cru, des feuilles de roquette, et terminez par une tranche de cheddar. Passez au four préchauffé (th. 10) juste le temps de faire fondre le fromage.

Lire dans la pénombre endommage la vue

Il n'y a aucun danger. Certes, la vision est moins efficace dans la pénombre. La faible luminosité impose un effort d'accommodation qui peut provoquer des sensations d'inconfort pendant la lecture. Heureusement, ces effets négatifs ne seront que temporaires.

La Galerie des Glaces du château de Versailles mesure :

a. 73 mètres de long, 10,50 mètres de large, 12,30 mètres de haut ?
b. 85 mètres de long, 12,20 mètres de large, 14 mètres de haut ?
c. 67 mètres de long, 8,30 mètres de large, 9,50 mètres de haut ?

(Réponse : a.)

IL Y A 40 ANS, EN 1970 : La nuit d'émeutes à Belfast fait trois morts, et le quartier catholique est pris d'assaut par l'armée. Dans le Pacifique, à 50 kilomètres au large de Mururoa, Michel Debré assiste à l'explosion de la bombe thermonucléaire « Licorne ».

Saint Thomas — SAMEDI 3 JUILLET — Cancer 2e décan

La mémoire est toujours aux ordres du cœur (Rivarol).

Saint Florent — DIMANCHE 4 JUILLET — Cancer 2e décan

Ce que je ferai ici aura au moins le mérite de ne ressembler à personne, pace que ce sera l'impression de ce que j'aurai ressenti, moi tout seul (Claude Monet).

La France mystérieuse

UNE TRÈS ANCIENNE INDUSTRIE

Marseille (Bouches-du-Rhône)

Pline écrit au Ier siècle de notre ère que « le savon est une invention des Gaulois, qui s'en servaient pour rendre les cheveux blonds ». Plus loin, il précise que ses inventeurs sont les Gaulois du Sud et plus précisément les Massaliotes. L'affirmation n'est pas exacte : les Égyptiens connaissaient le savon et il en est fait mention dans la Bible, mais elle témoigne de l'importance qu'avait déjà la savonnerie à Marseille.

Après la chute de l'Empire romain, celle-ci poursuit son activité, avec une amélioration notable au VIIIe siècle : la graisse est remplacée par l'huile d'olive, ce qui donne un produit de meilleure qualité et plus agréable. De nombreuses fabriques apparaissent dans la ville, qui exporte dans toute la Méditerranée.

À la Renaissance, une concurrence se fait jour pour la première fois, avec les villes de Venise et surtout de Savone – dont le nom n'a rien à voir avec le savon, ce n'est qu'une coïncidence –, mais Marseille tient bon quand même et, au début du XIXe siècle, elle compte pas moins de 88 fabriques.

C'est à partir de cette époque que les véritables difficultés apparaissent. Si le pouvoir nettoyant du savon de Marseille est remarquable, il commence à subir la concurrence des savonnettes de toilette fabriquées à Paris, auprès desquelles il paraît grossier. Le XXe siècle, avec les progrès de la chimie et l'apparition des détergents de synthèse, lui porte le coup fatal. Il ne reste plus aujourd'hui à Marseille qu'une poignée de fabricants.

IL Y A 40 ANS, EN 1970 : Le prince Sihanouk est condamné à mort par contumace par le Tribunal militaire de Phnom-Penh. Luis Echeverría Álvarez est élu président de la République mexicaine. C'est l'Australien John Newcombe qui remporte le simple messieurs au tournoi de Wimbledon.

LUNDI 5 JUILLET

Saint Antoine

Cancer 2e décan

La plupart des gens préféreraient mourir que de réfléchir. C'est ce qu'ils font d'ailleurs. (Bertrand Russell).

☆ CATALANE. Pour quatre ou cinq personnes. Faites cuire 10 minutes à l'eau salée trois têtes de fenouil. Égouttez. Taillez-les en dés et faites-les revenir 5 à 6 minutes à l'huile d'olive. Ajoutez 200 grammes de crevettes décortiquées, puis six gousses d'ail hachées et 150 grammes de concassée de tomates (en boîte). Laissez cuire 10 minutes. Dressez dans un plat creux et parsemez de basilic haché. Réservez 2 heures au réfrigérateur, servez en coupelles, parsemez de basilic.

POUR QU'UNE STATUETTE EN PLÂTRE RETROUVE SA BLANCHEUR

Il suffit de la badigeonner à l'aide d'un pinceau plat trempé dans un mélange de deux cuillerées à soupe d'amidon pour un litre d'eau froide. En séchant, l'amidon tombera en s'écaillant. Finir avec une brosse très douce.

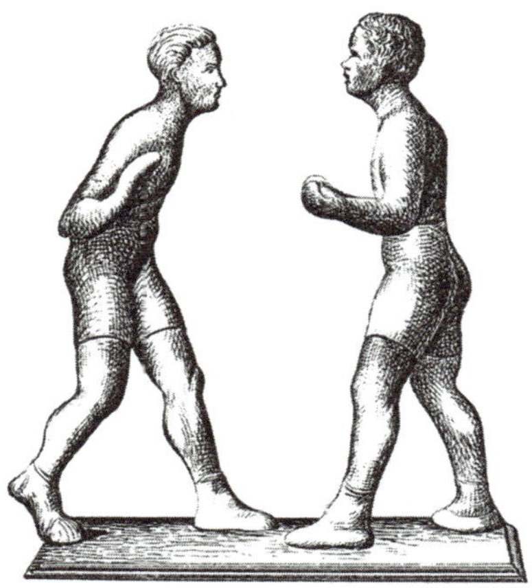

% *Le Français se marie à 31, 3 ans en moyenne.*

IL Y A 40 ANS, EN 1970 : À l'appel du mouvement de Gérard Nicoud, de nombreuses chambres de commerce sont occupées par des commerçants contestataires. M. Rumor remet la démission de son gouvernement de coalition au président italien, M. Saragat.

Le temps passe. Ah, si on pouvait le regarder passer ! Mais hélas, on passe avec lui (Paul-Jean Toulet).

Les drôles d'histoires de Pierre Bellemare

La cafetière de jouvence

Mme Leroy met à profit ce dimanche de printemps pour aller à la brocante qui se tient comme chaque année dans sa ville, sans avoir vraiment l'intention d'acheter. Après avoir passé une heure ou deux à regarder les marchandises, elle se dispose à rentrer chez elle lorsqu'elle tombe sur une cafetière ancienne qui lui plaît. En plus, elle ne coûte que 7 euros. Elle donne la somme au vendeur et s'en revient satisfaite.

Une fois à la maison, elle décide de donner un coup de neuf à son emplette et c'est en l'astiquant qu'elle découvre un curieux mécanisme à l'intérieur. Elle croit lire le mot « radium ». Intriguée, elle a l'idée de faire des recherches sur Internet et ce qu'elle découvre la stupéfie ! Dans les années 1900, après la découverte de Pierre et Marie Curie, on s'est imaginé que le rayonnement atomique avait des effets rajeunissants sur l'organisme. On a alors fabriqué des « cafetières de jouvence », contenant une parcelle de radium, qui permettaient de se verser une bonne tasse de café radioactif. Quand la réalité scientifique a été connue, la fabrication a évidemment cessé, mais on peut encore trouver ce genre d'objet dans les brocantes.

Mme Leroy a prévenu les pompiers, qui ont enlevé la cafetière. D'après l'ANDRA (Agence nationale des déchets radioactifs), ces objets sont encore nombreux. On trouve aussi des fontaines et des produits de beauté.

IL Y A 40 ANS, EN 1970 : Washington veut rassurer le chef d'état-major de l'armée israélienne, le général Bar Lev, persuadé que les Soviétiques et les Égyptiens ont réussi à installer des bases de missiles dans la zone du canal de Suez. Sortie du film *Heureux qui comme Ulysse* d'Henri Colpi avec Fernandel.

MERCREDI 7 JUILLET

Saint Raoul

Cancer 2e décan

Du sublime au ridicule, il n'y a qu'un pas (Napoléon Ier).

TOASTS AUX FRAMBOISES. Pour quatre personnes. Passez rapidement sous le gril quatre toasts ronds briochés légèrement beurrés et sucrés pour obtenir une fine couche caramélisée. Dressez sur chaque toast une boule de fromage frais de chèvre et nappez de confiture de framboise de qualité.

Plumassiers pour les atours

La haute couture est liée au travail artisanal des paruriers. Parmi eux, les plumassiers qui, chaque saison, créent les atours de l'exception. Les plumes sont coupées, teintes, collées, montées en parure aérienne : oiseau de paradis, aigrette, ou coq, oie, vautour… Transformées, elles deviennent des œuvres d'art, des produits de luxe. Au Moyen Âge, elles étaient réservées au costume masculin. Au XVIe siècle, la corporation des plumassiers, panachers, bouquetiers, enjoliveurs de Paris, était si importante qu'elle fut élevée au troisième rang des arts et métiers. Même les casques militaires s'ornaient de majestueux panaches ! Lorsque Louis XVI fut immortalisé en tenue de sacre par le peintre Callet, son couvre-chef était orné de plumes de héron, les plus chères, *nec plus ultra* de l'élégance. Cette mode gagna la gent féminine grâce à Marie-Antoinette qui ornait ses coiffures de « plumasseries » excentriques et faisait ainsi le bonheur des caricaturistes. À la Belle Époque, les extravagances n'avaient plus de limites. Surchargés, les chapeaux étaient même ornés de têtes d'oiseaux empaillés ! Au tournant de la première guerre mondiale, les plumes devinrent plus discrètes et se portaient en aigrette, avant de tomber en désuétude. Aujourd'hui, cet artisanat est valorisé par le savoir-faire des professionnels de la haute couture et du spectacle. Il existe deux ateliers de plumassiers réputés, qui créent également des fleurs en tissu.

Les drôles d'histoires de Pierre Bellemare

La ville dont le maire est lycéen

Pourquoi, dans la classe de terminale du lycée de Hillsdale, une bourgade du Michigan de 8 500 habitants, un professeur interroge-t-il l'un de ses élèves avec un brin de déférence ?

Parce que Michael Sessions, dix-huit ans, n'est autre que le maire de la ville !

Le 22 septembre 2005, Michael accède à la majorité légale. Le jour même, il s'inscrit in extremis sur les listes électorales. Et décide du même coup de déposer sa candidature aux élections pour le poste de maire. N'ayant pas les moyens de s'offrir affiches et espaces publicitaires dans la presse locale, il se contente d'investir ses économies – 700 dollars durement gagnés en vendant des glaces après les cours –, dans l'impression de cartes de visite, qu'il distribue sans compter pendant les sept semaines que dure la campagne.

À la surprise générale, Michael remporte les élections avec 64 voix d'avance sur son rival, Doug Ingles, cinquante et un ans, le maire sortant. « Les habitants de Hillsdale subissent de plein fouet la crise qui frappe l'industrie automobile, explique un journaliste. Avec des mots simples et beaucoup de bon sens, Michael a su convaincre les électeurs de voter pour lui. »

Bien que, à peine élu, le lycéen n'ait rien changé à son rythme de vie, sa mère s'inquiète de le voir quitter la maison, tard le soir, pour présider le conseil municipal. « En hiver, je vérifie que mon fils n'oublie pas ses gants et son écharpe. Il ne manquerait plus que le premier magistrat de la ville attrape un mauvais rhume ! »

IL Y A 40 ANS, EN 1970 : 80 journalistes prennent place à bord de l'aérotrain et parcourent les 18 kilomètres de la voie expérimentale à 290 km/h. En France, un accord patronat-syndicats sur la formation professionnelle et la mensualisation des ouvriers de la métallurgie est signé.

VENDREDI 9 JUILLET Sainte Amandine

Cancer 2e décan

Si Dieu m'avait fait l'honneur de me consulter, je lui aurais conseillé de placer les rides sous le talon (Ninon de Lenclos).

★★ LOTTE AU VERT. Pour quatre personnes. Coupez en quatre tronçons 500 grammes de lotte et faites-les revenir à la poêle dans l'huile d'olive. Assaisonnez. Ajoutez 200 grammes d'épinards et 80 grammes d'oseille hachés. Étuvez 3 minutes puis mouillez avec 2 décilitres de vin blanc. Laissez cuire 6 minutes. Dorez à la poêle quatre tranches de pain de mie légèrement beurrées. Dressez les tronçons de lotte sur les tranches de pain. Liez le fond de cuisson vert avec deux jaunes d'œufs délayés et le jus d'un demi-citron sans faire bouillir. Versez aussitôt sur la lotte.

Il n'est pas trop tard pour vous offrir un mini-carré de légumes. Si vous aviez déjà semé quelques laitues, vous allez les repiquer. Sinon offrez-vous une barquette de plants qui auront quatre ou cinq feuilles, et plantez-les en les espaçant de 25 à 30 centimètres. N'enterrez pas le col, c'est-à-dire la démarcation entre la racine et le feuillage. Aérez souvent le sol en le binant en cours de culture. Et semez quelques radis qui pousseront même dans une jardinière.

IL Y A 40 ANS, EN 1970 : Une « formule de paix » est enfin acceptée par les Palestiniens et les Jordaniens. Mise en service du tunnel entre Aragnouet, France et Bielsa, Espagne. À La Baule, le cavalier britannique David Broome est champion du monde du saut d'obstacles.

La gloire, c'est comme un cigare qu'on mettrait dans la bouche par le bout allumé. D'abord ça brûle, et puis, on ne sent plus que la cendre (A. Daudet).

Saint Ulrich — SAMEDI 10 JUILLET — Cancer 2e décan

On fait du théâtre parce qu'on a l'impression de n'avoir jamais été soi-même et qu'enfin on va pouvoir l'être (Louis Jouvet).

Saint Benoît — DIMANCHE 11 JUILLET — Cancer 2e décan

La France mystérieuse

LA ROSIÈRE

Salency (Oise)

Selon la tradition, c'est saint Médard, évêque de Noyon et seigneur de Salency, qui institua au VIe siècle la fête de la Rosière. Il s'agissait de récompenser chaque année la jeune fille jouissant de la meilleure réputation. La cérémonie aurait lieu le 8 juin (devenu par la suite la Saint-Médard), l'élue recevrait une couronne de roses, ainsi qu'une dotation de 25 livres. Toujours selon la tradition, Médard aurait détaché de ses domaines une terre de douze arpents, dont les revenus seraient affectés à la fête de la Rosière et il aurait désigné l'une de ses sœurs comme la première élue.

Ce qui est certain, c'est que la fête de la Rosière s'est poursuivie au fil des siècles à Salency et que son succès ne s'est jamais démenti… Le premier dimanche de mai, les habitants de la paroisse se rassemblaient pour désigner trois jeunes filles d'au moins dix-huit ans, parmi lesquelles le seigneur de Salency choisissait la gagnante.

La fête avait lieu le 8 juin. La rosière se rendait au château, tout habillée de blanc et escortée de douze jeunes filles, en blanc également. Le seigneur lui remettait sa couronne de roses et son prix. Après quoi, le cortège revenait au village où avait lieu une messe, suivie de réjouissances qui duraient toute la journée.

Devant le côté charmant de cette cérémonie, beaucoup de villages imitèrent Salency et la fête de la Rosière se répandit un peu partout en France. On peut ajouter que Maupassant a écrit une nouvelle : « Le rosier de Mme Husson », dans lequel « rosier » doit s'entendre comme le masculin de rosière.

IL Y A 40 ANS, EN 1970 : Giulio Andreotti est chargé par le président Saragat de former le gouvernement italien. À Pé<in, Mao Tsé-toung reçoit le ministre français du Plan et de l'Aménagement, M. André Bettencourt. Décès de Wolfe Gilbert, auteur de la célèbre chanson « Ramona ».

LUNDI 12 JUILLET

Saint Olivier

Cette même égalité qui rend l'individu indépendant de chacun de ses concitoyens en particulier, le livre isolé et sans défense à l'action du plus grand nombre (A. de Tocqueville).

☆ VEAU AU CITRON. Pour quatre ou cinq personnes.
Faites dorer à l'huile un quasi de veau de 800 grammes dans une grande cocotte. Puis entourez-le de 1 livre de carottes nouvelles avec 1 centimètre de fanes, une quinzaine d'oignons grelots, et six à huit fonds d'artichaut (surgelés) coupés en deux. Salez, poivrez. Répartissez sur le rôti les légumes et trois citrons coupés en rondelles. Diluez quatre cuillerées à café de fond pour rôtis dans l'eau, et arrosez-en le plat. Couvrez et mettez au four (th. 7) pendant 50 minutes.

Les sardines de Douarnenez

La sardine en boîte est une invention française. À la fin du XVIIIe siècle, la découverte par Nicolas Appert d'une méthode de conservation des aliments (soixante ans avant Pasteur !) a changé le cours de l'histoire de Douarnenez, aujourd'hui encore capitale européenne de la conserve de poissons. Appert traite les aliments par la chaleur et les abrite de l'air dans des contenants hermétiques en verre, avant d'utiliser les boîtes de fer-blanc inventées par les Anglais. Sa technique arrive à Douarnenez, petit port dédié à la pêche, où la première conserverie est ouverte en 1853, et où, en vingt ans, la révolution industrielle fait naître une quarantaine d'usines. La sardine, parce que de chair grasse, est un poisson idéal pour être mis en boîte. Pendant que les hommes sont en mer, les femmes y travaillent, dans des conditions difficiles qui feront naître manifestations et grèves. Devenue communiste en 1921, Douarnenez sera la première ville de France à élire une femme au conseil municipal, mais le scrutin sera invalidé, les femmes n'ayant pas, en 1925, le droit de vote. Depuis la seconde guerre mondiale, la fabrication s'est expatriée au Portugal et au Maroc, mais les conserves de sardines haut de gamme, frites et conservées dans l'huile d'olive, tirent leur épingle du jeu.

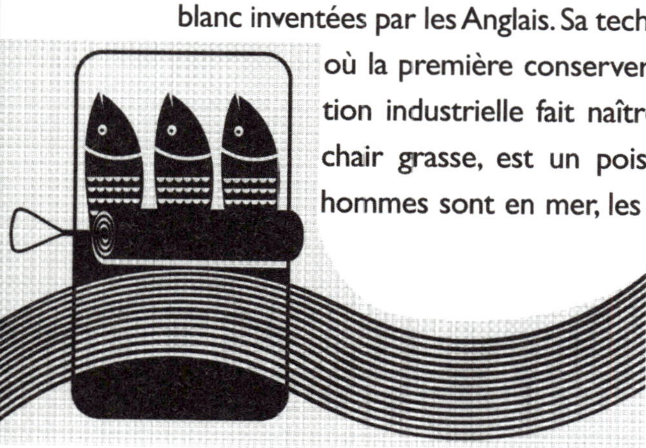

IL Y A 40 ANS, EN 1970 : En Irlande du Nord, 100 000 personnes participent aux cortèges orangistes. À Bruxelles, les Six acceptent une première augmentation des prix agricoles français. Arrivée de Thor Heyerdahl, parti le 17 mai du Maroc à bord du radeau en papyrus *Râ II*, à la Barbade.

Il y a toujours un moment où la curiosité devient un péché, et le diable s'est toujours mis du côté des savants (Anatole France).

Saint Henri - Saint Joel

Cancer 3e décan

MARDI 13 JUILLET

Les drôles d'histoires de Pierre Bellemare

Ô temps, suspends ton vol

À Londres, en 1943, une fillette de quatre ans, Elizabeth Hyde, est blessée par une bombe allemande. Elle est conduite à l'hôpital où elle reçoit la visite de la reine Elizabeth, surnommée *Queen Mum,* la mère de l'actuelle souveraine britannique. La « reine maman » s'apitoie sur le sort de la petite patiente et lui offre deux bananes, des fruits d'une extrême rareté à l'époque.

Le temps passe. Naturellement, Mme Hyde n'a pas oublié ce « quart d'heure de gloire » qui a marqué sa vie. Soixante-cinq ans plus tard, elle apprend que, par le plus grand hasard, Elizabeth II, descendante de sa bienfaitrice, doit visiter l'hôpital dans lequel elle a été admise pour soigner un cancer. Elle demande aussitôt à sa fille de faire un saut à l'épicerie du coin et d'acheter… deux bananes, qu'elle offre à la souveraine. Si tous les sujets de la reine d'Angleterre lui restituent ce qu'ils ont reçu un jour du Royaume, il n'est pas étonnant qu'elle soit si riche !

Autre histoire qui défie le temps. En 1941, un croiseur de la Royal Navy entre dans le port de Gibraltar. Au cours de la manœuvre d'accostage, la montre du lieutenant Teddy Bacon se détache de son poignet et tombe à l'eau. En 2007, soixante-six ans plus tard, une pelleteuse qui drague le port remonte l'objet à la surface. On retrouve dans les archives de la capitainerie la déclaration de perte de Bacon, et, après avoir transité d'adresse en adresse, la toquante lui est enfin restituée. Bonne surprise : une fois son ressort remonté, elle marche encore !

IL Y A 40 ANS, EN 1970: Le vent et le froid ont gâché les bals de la Fête nationale. Plus de 22 000 dockers britanniques refusent de travailler et accusent leurs représentants syndicaux de trahison. Mort du prince du répertoire lyrique populaire Luis Mariano, d'une hémorragie cérébrale, à 50 ans.

MERCREDI 14 JUILLET

Saint Camille - Fête Nationale

Cancer 3e décan

Le borgne n'a qu'un œil, mais il pleure quand même (proverbe africain).

Il faut boire huit verres d'eau par jour

Pour être bien hydraté, notre corps doit absorber en moyenne 1,5 litre de liquide par jour, sous forme d'eau, de lait, de thé, de café, de soupe, de fruits, de légumes… Notre alimentation courante couvre en principe nos besoins. Il n'est donc pas utile de boire cette énorme quantité d'eau supplémentaire. Mais il est recommandé de boire davantage d'eau, même sans soif, en cas de grosses chaleurs ou de pratique de sports.

Si vous voyez une nuée de tous petits insectes qui s'envolent des géraniums, des fuchsias ou des lantanas dès que vous les effleurez, ces derniers sont envahis par les mouches blanches. Il est difficile de se débarrasser de ces parasites ailés se multipliant à grande vitesse, qui risquent de faire mourir vos plantes. Essayez de vous en apercevoir rapidement et répétez des pulvérisations de produits adaptés dès le début de végétation. Insistez surtout sur la face inférieure des feuilles où ils s'agglutinent particulièrement. Soyez très prudent lors de l'application de ces produits qui sont dangereux pour l'utilisateur.

IL Y A 40 ANS, EN 1970 : Après la visite du ministre des Affaires étrangères Sir Alec à Paris, la confiance est restaurée entre la France et la Grande-Bretagne. Un rapport du Congrès révèle comment l'affaire du massacre de My Lai, le 16 mars 1968, fut étouffée par un représentant du département d'État.

Les hommes charmeurs font du charme à tout le monde, même à une porte (Catherine Deneuve).

Les drôles d'histoires de Pierre Bellemare

Aux grands maux, les grands remèdes

Halit et Selma Terzi occupent un appartement au cinquième étage d'un immeuble de Cinarcik, un port niché dans une crique de la mer de Marmara, en Turquie. Dans la nuit du 17 août 1999, le couple est profondément endormi lorsqu'une secousse d'une formidable violence le réveille en sursaut. C'est un tremblement de terre d'une telle ampleur que, quelques minutes plus tard, l'immeuble s'écroule, entraînant dans sa chute les époux sur leur matelas. « J'ai compté dans ma tête les étages qui nous séparaient du sol, a raconté plus tard Selma. Quand j'ai ouvert les yeux, j'étais vivante et mon mari était couché à mes côtés. On n'était même pas blessés. »

Le couple est sain et sauf, mais coincé sous les décombres. L'obscurité est totale. L'espace réduit à une poche d'air surchauffée. « Nous étions sûrs que les sauveteurs ne nous trouveraient pas à temps, poursuit Selma. Alors, on a parlé. On s'est raconté toutes les bêtises et les méchancetés que l'on avait pu faire et se dire en trente ans de mariage. On s'est tout pardonné. On a prié et attendu la mort en paix. »

Dix-huit heures plus tard, un miracle se produit. Le visage d'un voisin apparaît à la lumière d'une lampe de poche. Sauvés ! Les Terzi sont extraits de leur trou et conduits sur un navire-hôpital. « Avant la catastrophe, notre couple battait de l'aile, confesse Halit. Aujourd'hui, Selma et moi, nous ne nous quittons plus d'une semelle. »

Aux grands maux, les grands remèdes !

IL Y A 40 ANS, EN 1970 : L'état d'urgence est décrété par le cabinet de M. Heath en Grande-Bretagne, à la suite de la grève générale des dockers. À Lisbonne, l'état de santé de M. Salazar s'est brusquement aggravé. Crédit trop cher et prix trop élevés sont les deux causes de la mévente des logements neufs en France.

VENDREDI 16 JUILLET

Notre-Dame de Mont Carmel

Cancer 3e décan

On peut fendre un rocher ; on ne peut pas toujours attendrir un cœur (proverbe indien).

★★ TIÉDEUR DE ROUGETS. Pour quatre personnes. Préparez la sauce : taillez deux tomates en dés, hachez une demi-botte de chaque herbe – ciboulette, persil et cerfeuil –, ciselez deux échalotes, mélangez à 10 centilitres d'huile d'olive et au jus d'un citron. Faites dorer à la poêle 5 minutes côté peau, à feu doux, huit filets de rouget salés, poivrés, nappés d'huile d'olive et de grains de fenouil, retirez-les et réservez au chaud. Remplacez-les par deux courgettes taillées à l'économe en tagliatelles que vous laissez cuire 5 minutes en remuant. Salez, poivrez, disposez-les sur un plat, ajoutez les filets de rouget et la sauce.

LE PORTEUR D'EAU

Pour les habitants des villes, l'eau était une priorité et devint très tôt une marchandise. Dès la fin du XIIIe siècle, on recense cinquante-huit porteurs d'eau. Au XVIe siècle, ils parcouraient les rues, la courge maintenue en équilibre, avec un seau aux deux extrémités, en criant : « Qui veut de l'eau ? À chacun duit [convient]. C'est un des quatre éléments. » Comme il leur était interdit de puiser dans la Seine, entre la place Maubert et le pont Neuf, « à cause de l'infection et impureté qui y croupissent », ils se servaient aux fontaines où ils rencontraient la concurrence des servantes. Au XVIIIe siècle, on en comptait vingt mille. Placée en diagonale sur les épaules, une sangle de cuir assez large remplacera la courge, avec à chaque extrémité, un crochet de fer, pour suspendre le seau de hêtre. Pour monter deux seaux, il en coûtait deux sous du premier au second étage, trois aux suivants. Les plus robustes, des Normands ou des Auvergnats, faisaient jusqu'à trente voyages par jour. Puis ils se servirent d'attelage pour transporter l'eau en tonneaux. À partir du Second Empire, l'eau courante sera à tous les étages, mais le métier eut encore quelques belles heures, en livrant baignoire et eau chaude aux clientes !

IL Y A 40 ANS, EN 1970 : Inquiétante reprise des feux de forêt dans le Midi de la France. Difficile négociation entre Washington et Séoul sur le retrait de 20 000 GI de Corée du Sud. Le corps du général Pedro Aramburu, enlevé le 29 mai dernier, a été retrouvé à 380 kilomètres de Buenos Aires.

Si l'homme descend du singe, il peut aussi y remonter (Buster Keaton).

Sainte Charlotte — SAMEDI 17 JUILLET — Cancer 3e décan

Le bonheur est un rêve d'enfant réalisé dans l'âge adulte (Freud).

Saint Frédéric — DIMANCHE 18 JUILLET — Cancer 3e décan

La France mystérieuse

LA FÊTE DES INSULTES

Bron (Rhône)

Le 9 octobre, à la Saint-Denis, avait lieu à Bron, près de Lyon, un événement exceptionnel, la Fête des insultes. Nul ne sait pourquoi elle se passait le jour dédié à cet évêque martyrisé en région parisienne, mais c'était un rendez-vous à ne pas manquer dans tout le Lyonnais. Ce jour-là, il était permis à qui se trouvait à Bron de dire tout ce qu'il pensait de n'importe qui. Pendant vingt-quatre heures, toutes les lois punissant, dans certains cas de mort, l'outrage et le blasphème cessaient de s'appliquer sur le territoire de la commune. C'est dire que, dès l'aube, en provenance de Lyon, mais aussi de toutes les campagnes alentour, la foule convergeait en rangs serrés. C'était l'occasion pour chacun de mettre en cause impunément le roi, son seigneur, son parent, son voisin ou sa voisine et, pour employer un mot qui n'existait pas encore, de se « défouler ». Des personnes de qualité ne manquaient pas de se mêler à la foule, pour profiter du spectacle, quitte à être elles-mêmes prises à partie, les dames pour leur manque de vertu, les seigneurs pour leur rapacité.

En 1711, un drame devait malheureusement endeuiller la Fête des insultes. Comme, au soir, les Lyonnais rentraient chez eux par le pont de la Guillotière, une affreuse bousculade fit plusieurs centaines de victimes, piétinées, étouffées ou jetées et noyées dans le Rhône. La Fête des insultes continua cependant et, les années suivantes, des têtes de mort furent placées sur le pont pour rappeler cette tragédie. Mais le cœur n'y était plus vraiment et personne ne protesta quand elle fut supprimée à la Révolution.

IL Y A 40 ANS, EN 1970 : Un réservoir de pétrole de 8 000 mètres cubes est descendu par 100 mètres de fond dans le golfe de Gascogne. Eddy Merckx remporte le 57e Tour de France cycliste. Décès de M. Panayiotis Pipinelis, ministre grec des Affaires étrangères.

LUNDI 19 JUILLET

Saint Arsen

Cancer 3e décan

Qu'est-ce qu'un amant ?.. C'est celui qui s'attache aux femmes qui se détachent (Jérôme Touzalin).

Dans votre coin d'aromatiques, le basilic a tendance à développer des fleurs. Veillez à couper les boutons floraux qui empêcheraient aux feuilles d'exhaler toute leur saveur. Faites de même pour la ciboulette, ce qui permettra au feuillage de mieux pousser ; en fin d'été vous en rabattrez les plants à 5-8 centimètres du sol si vous ne comptez pas en consommer toutes les tiges, cette opération favorisant la production de nouvelles pousses.

La sauge officinale présente des vertus culinaires et médicinales incontestables. Mais elle est également un arbrisseau de 30 à 80 centimètres très décoratif par ses feuilles persistantes finement dentées, duvetées et d'un vert grisâtre. Elle présente une action répulsive sur les aoûtats.

33 % des Français estiment qu'il y a trop de commerces à la périphérie des villes.

Le président des États-Unis, Barack Obama, est le :

a. Le 41e président ?

b. Le 44e président ?

c. Le 46e président ?

(Réponse : b.)

Les drôles d'histoires de Pierre Bellemare

Lenteur administrative

L'administration indienne serait-elle la plus lente et labyrinthique du monde ? Le calvaire enduré par Mrinal Singh, un paysan du Kerala, nous encourage à le penser. En 1951, alors qu'il est âgé de vingt-deux ans, la police l'arrête et le jette en prison, l'accusant d'être coupable de « coups et blessures ». Comme Singh nie farouchement les faits, un juge l'expédie dans un hôpital psychiatrique. Il y croupit pendant seize ans. En 1967, les médecins, qui n'ont détecté aucune anomalie dans son comportement, le relâchent afin que la justice puisse suivre son cours. Cependant, faute de procès-verbal et de dossier à instruire, il est renvoyé à l'asile où il trompe trente nouvelles années d'ennui en soignant les massifs de fleurs qui embellissent l'établissement. En 2005, le cas du malheureux attire enfin l'attention d'un inspecteur de la Commission nationale indienne des droits de l'homme. Singh est remis en liberté à la condition expresse qu'il s'acquitte d'une caution de 2 centimes d'euro, puisque, au regard de la loi, il est toujours inculpé. Un an plus tard, la Cour suprême annule l'accusation sous la pression d'une campagne de presse. Singh reçoit 6 000 euros en compensation des cinquante-quatre ans passés en détention et 20 euros de pension mensuelle. Ayant regagné son village, l'ex-détenu coule aujourd'hui des jours heureux. Et ne semble pas tenir rigueur aux policiers d'avoir brisé sa vie.

À la lumière de cette histoire, aurons-nous encore le cœur de nous plaindre des pesanteurs de nos services administratifs ?

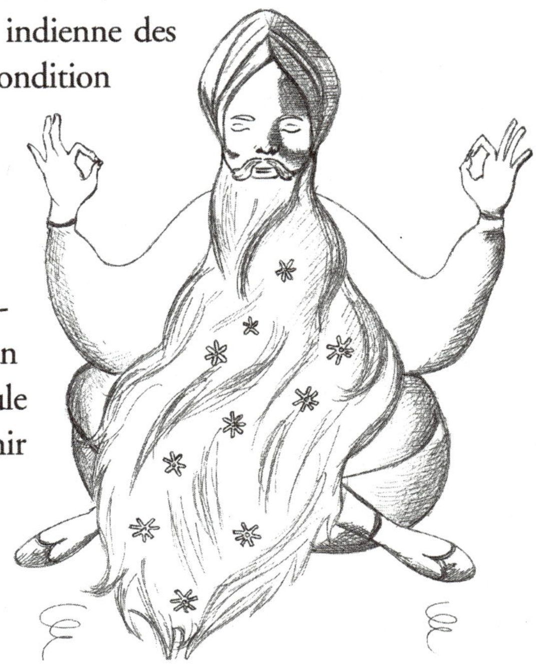

IL Y A 40 ANS, EN 1970 : L'Algérie veut imposer aux compagnies pétrolières françaises installées sur son territoire une charge fiscale accrue de 40 %. Réaffirmation du monopole d'État pour l'ORTF et projet d'une troisième chaîne régionale.

MERCREDI 21 JUILLET — Saint Victor

Cancer 3e décan

Chacun a son penchant qui l'entraîne (Virgile).

★ RILLETTES DE LAPIN. Pour six à huit personnes. Mettez un lapin coupé en morceaux à mariner pendant 24 heures dans une terrine avec 10 centilitres de cognac, six baies de genièvre, deux brins de romarin, trois carottes et trois oignons coupés en rondelles. Couvrez d'huile et fermez le couvercle. Cuisez au four th. 4 pendant trois heures. Désossez le lapin, émiettez la viande et disposez-la dans une terrine. Filtrez le jus de cuisson, ajoutez-en la moitié sur la viande, tassez bien et conservez au frais.

Le nougat de Montélimar

Au XVIIe siècle, tante Manon avait inventé une délicieuse friandise. « Tante Manon, tu nous gâtes, tu nous gâtes ! » criaient les enfants. C'est une des légendes liées au « nougat » de Montélimar. Mais on se régale de gâteaux au miel et aux noix depuis l'Antiquité. Les Phéniciens propagèrent la recette au nord de la Méditerranée. Au XVIIe siècle, une partie du miel de lavande fut remplacée par le sucre, que seuls les apothicaires confiseurs savaient traiter, et les noix par les amandes. Pour parfaire la recette, on y ajouta du blanc d'œuf qui aère la pâte et lui donne sa couleur blanche. La réputation de cette friandise fut établie en 1701, lorsque les ducs de Bourgogne et de Berry, ayant fait une halte à Montélimar, se virent offrir un quintal de nougat. Mais elle restait une douceur domestique. En Provence, elle faisait partie des treize traditionnels desserts de Noël. Quelques confiseurs montiliens en fabriquèrent enfin, avant guerre, au temps où les trains de la compagnie PLM s'arrêtaient dans la ville, pour en proposer sur le quai aux voyageurs. Et l'âge d'or commença en 1957, grâce aux interminables bouchons sur la route des vacances estivales ! La traversée de la ville bénéficia aux confiseurs. Hélas, avec l'ouverture de l'autoroute en 1968, la consommation a baissé, mais l'expression « nougat de Montélimar » reste célèbre, et les fabricants tentent d'obtenir une IGP (indication géographique protégée).

IL Y A 40 ANS, EN 1970 : Un commando palestinien s'empare à Athènes d'un appareil de ligne grec, et libère les passagers après des promesses de grâce pour des camarades détenus sur place. Malmené par la houle, le réservoir à pétrole immergé au large de Biscarosse implose avant d'atteindre le fond.

Le temps vole et m'emporte malgré moi ; j'ai beau vouloir le retenir, c'est lui qui m'entraîne (Mme de Sévigné).

Sainte Marie-Maledeine

Cancer 3e décan

JEUDI 22 JUILLET

Les drôles d'histoires de Pierre Bellemare

La clé du drame ?

Alors que l'on s'apprête à célébrer tristement le centenaire du naufrage du *Titanic,* des questions récurrentes sur les causes de la catastrophe hantent toujours les esprits.

Une petite clé, mise en vente aux enchères en 2007, a relancé la polémique. Cette clé permettait d'ouvrir le coffre renfermant la paire de jumelles du poste de vigie, un instrument indispensable pour détecter les obstacles qui menaçaient le navire, le sonar n'existant pas en 1912. Confiée aux bons soins de David Blair, le 2e officier de pont, la clé devait impérativement se trouver à bord lors du voyage inaugural. Or, à la veille du départ, la White Star Line préféra remplacer Blair par Charles Lightoller, un officier plus aguerri. Dans la précipitation, Blair oublia de lui remettre la précieuse clé. Privés de la paire de jumelles, les hommes de quart du Titanic avaient été incapables de détecter l'iceberg à temps pour faire une manœuvre d'évitement. Lors de l'enquête officielle, Fred Fleet, l'un des veilleurs qui survécut à la tragédie, confirma le fait.

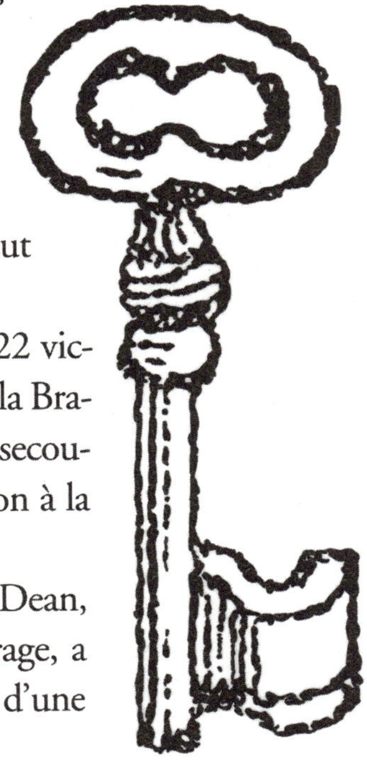

Charles Lightoller, l'officier remplaçant, figura au nombre des 1 522 victimes. Quelques années plus tard, David Blair obtint la médaille de la Bravoure pour s'être jeté à l'eau au beau milieu de l'Atlantique, afin de secourir un homme d'équipage. Puis il légua la clé à sa fille qui en fit don à la Société des gens de mer britannique.

En 2008, pour payer les frais de sa maison de retraite, Millvina Dean, âgée de quatre-vingt-dix-sept ans, la dernière survivante du naufrage, a mis aux enchères la valise de vêtements que sa famille avait reçue d'une association caritative américaine.

IL Y A 40 ANS, EN 1970 : En Italie, M. Andreotti renonce à former un gouvernement de coalition. Le ministère de l'Agriculture veut relancer l'élevage du mouton, la France étant soumises à des importations trop coûteuses. Jean Wadoux améliore de 2"3 le record européen du 1 500 mètres établi en 1966 par Jazy.

VENDREDI 23 JUILLET — **Sainte Brigitte**

Cancer 3e décan

Les hommes ne savent être ni entièrement bons, ni entièrement mauvais (Machiavel).

** SALADE AUX POIS CHICHES ET AUX FOIES. Pour cinq personnes. Faites griller sous le grill du four 300 grammes de champignons de Paris moyens coupés en quatre et légèrement huilés. Escalopez 400 grammes de foies de volaille et enduisez-les de jus de citron avant de les faire sauter rapidement des deux côtés dans l'huile. Pilez deux gousses d'ail avec une demi-botte de coriandre et de feuilles de menthe. Mélangez-les à deux jus de citron, six cuillerées d'huile d'olive, sel, poivre. Ouvrez une grande boîte de pois chiches que vous passez à l'eau et égouttez bien. Mettez-les dans un saladier avec les champignons et les foies, mélangez avec la sauce.*

POUR NETTOYER LA RELIURE D'UN LIVRE EN CUIR, ET LA GAINE D'UN BUREAU

Le cuir a trois ennemis : l'humidité qui provoque des moisissures, la chaleur qui durcit le cuir et dessèche la colle, et la poussière. Dépoussiérez les livres au moins quatre fois par an et passer sur la reliure de la cire d'abeille blanche ou un produit à la lanoline. Attendez quarante-huit heures afin que le cuir se nourrisse bien et frottez délicatement avec un chiffon doux. Pour les cuirs collés sur les meubles, passez dessus un chiffon imbibé d'eau savonneuse allongée de deux cuillerées à soupe d'ammoniaque. Un blanc d'œuf battu en neige additionné de quelques gouttes de vinaigre blanc ou d'eau de Javel aidera aussi à les rafraîchir. Séchez et polissez avec un chiffon de flanelle. Enfin nourrissez-les avec de la lanoline pure.

IL Y A 40 ANS, EN 1970 : Référendum au Maroc sur la nouvelle Constitution présentée par Hassan II. Les États-Unis retirent 6 000 hommes stationnés aux Philippines. Décès de l'un des fondateurs du Parti communiste italien, Amadeo Bordiga.

La vie est agréable. La mort est paisible.
C'est la transition qui est désagréable (Isaac Asimov).

Sainte Christine — SAMEDI 24 JUILLET — Lion 1er décan

Il y a des gens qui ont la susceptibilité de l'huître.
On ne peut y toucher sans qu'ils se contractent (Paul-Jean Toulet).

Saint Jacques — DIMANCHE 25 JUILLET — Lion 1er décan

La France mystérieuse

LA PREMIÈRE SOCIÉTÉ PÉTROLIÈRE

Pechelbronn (Bas-Rhin)

De tout temps, Pechelbronn, au nord de l'Alsace, a été renommé pour sa source contenant des particules bitumineuses. Au Moyen Âge, ses bains étaient considérés comme salutaires pour les maladies de peau ; l'eau était également consommée comme remède pour les rages de dents.

Au XVIe siècle, le bitume était utilisé pour l'éclairage des lampes et le graissage des essieux.

En 1734, un étudiant en médecine de Strasbourg, Jean-Théophile Hoeffel, envisage dans un mémoire l'exploitation industrielle du gisement de Pechelbronn. À la suite de quoi, en 1740, le roi Louis XIV accorde à Louis de la Sablonnière la concession du site. Celui-ci fonde une société par actions avec plusieurs gentilshommes de la cour, auxquels se joignent deux banquiers suisses. Elle prend le nom de Compagnie d'Asphalte et elle restera comme la première société pétrolière de l'histoire.

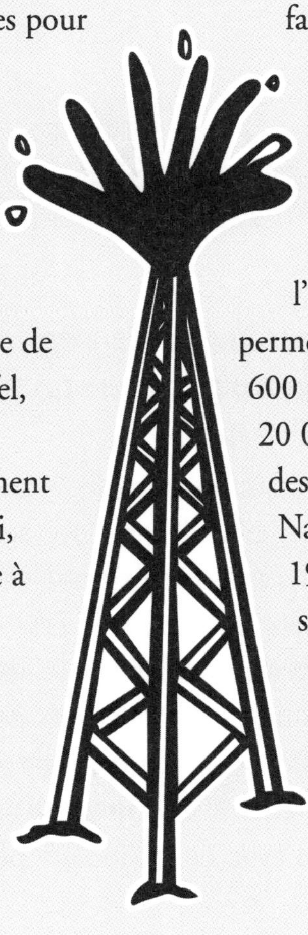

Au XIXe siècle, la compagnie, passée de la famille La Sablonnière à la famille Le Bel, poursuit sa production, grâce à une vingtaine de puits. Après la guerre de 1870, Pechelbronn tombe aux mains des Allemands, qui intensifient considérablement l'exploitation. De nouveaux matériels permettent des forages allant jusqu'à 600 mètres et, de 1889 à 1905, plus de 20 000 tonnes de pétrole sont retirées des puits.

Nationalisées par l'État français en 1918, les installations de Pechelbronn sont de nouveau allemandes en 1940 et bombardées par les Américains en 1944. L'exploitation du site est définitivement arrêtée en 1970.

IL Y A 40 ANS, EN 1970 : Emilio Colombo est appelé pour tenter de dénouer la crise italienne. Après le « oui » de Nasser, Israël accepterait le plan de paix américain Rogers sous certaines conditions. Le sultan de Mascate et d'Oman est destitué par son fils.

LUNDI 26 JUILLET

Sainte Anne - Saint Joachim

Lion 1er décan

Avocats : ont le jugement faussé à force de plaider le pour et le contre (Gustave Flaubert).

Une orange mangée le soir empêche de dormir

On lui reproche d'être un fruit acide et de contenir de la vitamine C. Vous en mangerez du soir au matin quand vous saurez qu'elle est dix à cent fois moins acide que notre liquide de sécrétion gastrique. De plus, des volontaires ayant absorbé 4 000 milligrammes de vitamines C, soit la quantité contenue dans 8 kilos d'oranges, n'ont eu aucun trouble du sommeil !

14 millions de bénévoles collaborent à des associations en France.

★ MESCLUN AU FOIE DE MORUE. Pour quatre personnes. Râpez finement le zeste d'un gros citron vert non traité, ajoutez son jus, 1 décilitre de crème fleurette. Versez cette sauce sur 250 grammes de mesclun et mélangez délicatement. Répartissez la salade dans quatre assiettes ; ajoutez sur chacune trois ou quatre tranches de baguette grillée tartinée de foie de morue (en boîte) citronné.

IL Y A 40 ANS, EN 1970 : Première rencontre à Moscou du vice-chancelier de la République fédérale d'Allemagne, M. Walter Scheel, et de M. Gromyko. Plusieurs messages de prisonniers politiques soviétiques sont parvenus aux États-Unis. Décès de l'homme d'État portugais António de Oliveira Salazar.

Quel moyen de comprendre, dans la première heure de la digestion, qu'on puisse quelque part mourir de faim ? (La Bruyère).

Sainte Nathalie

Lion Ier décan

MARDI 27 JUILLET

Les drôles d'histoires de Pierre Bellemare

Révolution pédagogique

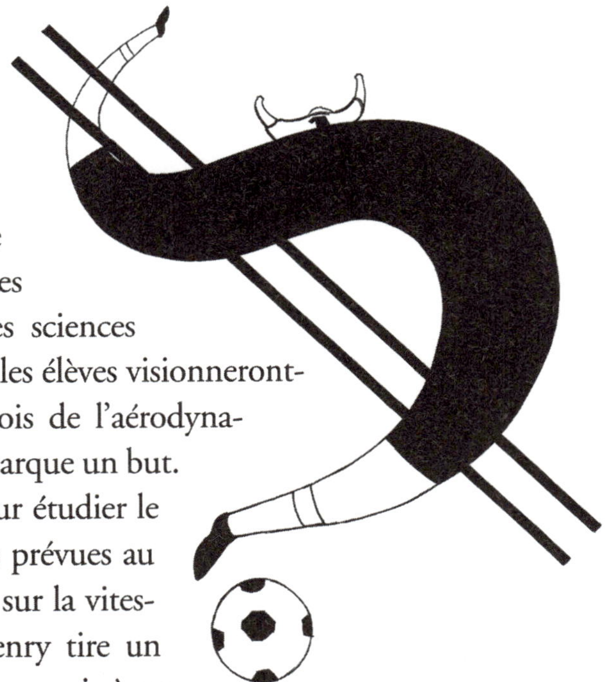

Constatant qu'en dehors des téléphones portables et des consoles de jeux, seul le football parvenait encore à accaparer l'attention de ses élèves, Lucy Tandon, responsable de l'enseignement scientifique dans un collège de Londres, a décidé de faire table rase des vieilles méthodes pédagogiques. Dorénavant, l'étude des sciences sera exclusivement transmise par le football. Ainsi les élèves visionneront-ils des vidéos de matchs pour comprendre les lois de l'aérodynamique, lorsque, par exemple, Dennis Bergkamp marque un but. Puis ils se rendront sur la pelouse de l'Arsenal pour étudier le processus de la photosynthèse. Autres expériences prévues au programme : la forme des chaussures influe-t-elle sur la vitesse et la trajectoire du ballon quand Thierry Henry tire un penalty ? Comment fonctionne le corps humain soumis à un effort intense ? Que doit consommer un attaquant avant un match pour bien assimiler les sucres lents ? Quels produits chimiques contient la lessive utilisée pour laver les maillots des joueurs ?

Quelques esprits chagrins sont rétifs à soutenir l'innovation. D'autres l'ont encouragée sans réserve, puisque « les grands joueurs sont des modèles positifs pour la jeunesse ». Lorsque la curiosité des collégiens anglais aura été suffisamment stimulée par l'expérience, oseront-ils demander à leurs profs de sciences pourquoi ils ne gagnent « que » 43 640 euros par an ? Moins que ce que certains footballeurs empochent en une semaine !

IL Y A 40 ANS, EN 1970 : Fiat augmente sa participation dans Citroën SA, avec l'autorisation du ministre des Finances, M. Giscard d'Estaing. Le directeur de la NASA remet sa démission au président Nixon. M. Geoffrey Rippon remplace au gouvernement britannique M. MacLeod récemment décédé.

MERCREDI 28 JUILLET

Saint Samson

Lion 1er décan

Quand on a raison, il faut raisonner comme un homme. Et comme une femme quand on a tort (Paul-Jean Toulet).

Si vous avez un « pied d'éléphant » ou Beaucarnéa, sortez-le sur le balcon au soleil car il aime les températures élevées, étant originaire du Mexique. Si vous n'en possédez pas encore, cette plante serait une bonne acquisition pour agrémenter votre intérieur. Sujet peu exigeant à croissance lente, son nom lui vient de son tronc trapu, renflé à la base qui constitue une réserve d'eau. Au sommet du « pied d'éléphant » poussent d'élégantes longues feuilles persistantes, rubanées et retombantes. À l'intérieur, il lui faut beaucoup de lumière et un arrosage modéré en hiver.

36, 2 milliards d'euros ont été dépensés en 2006 pour la protection de l'environnement par les Français.

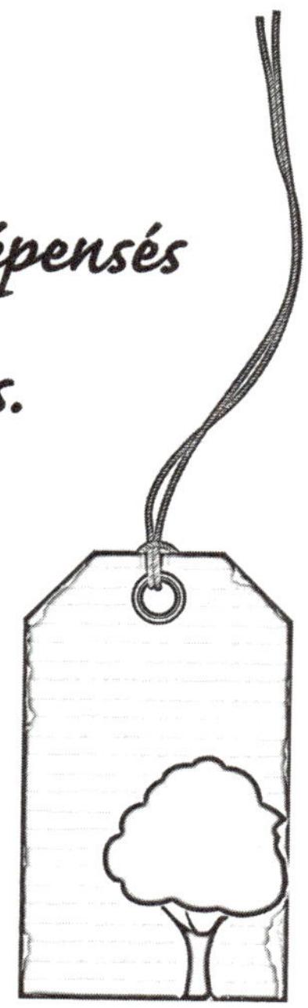

Un bison peut supporter une température de :
a. Moins 13 °C ?
b. Moins 22 °C ?
c. Moins 45 °C ?

(Réponse : c – une vache supporte jusqu'à moins 13 °C.)

IL Y A 40 ANS, EN 1970 : Les pharmaciens font grève pour obtenir une refonte globale de la Sécurité sociale. Ayant obtenu des garanties en matière d'emploi et de recherche, le gouvernement français autorise Honeywell à prendre le contrôle de Bull-General Electric. Fin de la grève des dockers britanniques.

Vivre les malheurs d'avance, c'est les subir deux fois (René Barjavel).

Les drôles d'histoires de Pierre Bellemare

Sur la frontière

Onze millions de Mexicains vivent aux États-Unis, dont la moitié illégalement. Luis Hernandez, un paysan pauvre, a pour sa part renoncé à franchir la frontière après cinq tentatives infructueuses. Mais, faisant contre mauvaise fortune bon cœur, il a créé, dans sa bourgade d'El Alberto, la *Caminata nocturna,* la « Promenade nocturne ». Dans ce parc d'attractions rudimentaire, Hernandez a reconstitué de façon réaliste les conditions dans lesquelles les clandestins tentent de traverser la clôture fortifiée qui sépare le Mexique des États-Unis. Pour la somme de 20 dollars, et emportant pour tout bagage une bouteille d'eau, les touristes sont répartis en petits groupes sous la conduite d'un passeur. Après une heure de marche dans la nuit glaciale, ils se retrouvent face au danger. Vociférations, aboiements, flashs, coups de feu tirés à blanc : tout est organisé pour terroriser les participants. Certains se blessent en cherchant à s'enfuir. D'autres tombent dans la rivière. D'autres encore sont arrêtés et rudoyés par des villageois déguisés en gardes-frontière. Au matin, au terme de l'exercice qui a duré cinq heures, Hernandez décerne une carte de séjour factice aux touristes qui ont réussi à entrer aux « États-Unis » sans se faire prendre. « J'ai effectué le parcours avec mon fils de douze ans, a déclaré une mère de famille du New Jersey. Je veux qu'il considère désormais les migrants clandestins comme des héros modernes. »

IL Y A 40 ANS, EN 1970 : En Iran, nouveau séisme dans la province du Khorassan entraînant la mort d'une centaine de personnes. En acceptant le plan Rogers, Mme Golda Meir sait qu'elle provoque en Israël la plus grave crise politique depuis la guerre des Six Jours.

VENDREDI 30 JUILLET Sainte Juliette

Lion 1er décan

Les hommes se marient parce qu'ils sont fatigués ; les femmes parce qu'elles sont curieuses. Les uns et les autres sont déçus (Oscar Wilde).

⋆ CARRÉS ANGEVINS. Pour quatre personnes. Faites cuire 10 minutes à l'eau bouillante salée 300 grammes de feuilles de blettes, puis ajoutez 100 grammes d'oseille. Égouttez. Mixez ensemble trois œufs durs, les blettes, l'oseille et 150 grammes de fromage de chèvre frais. Ajoutez deux cuillerées à soupe de vinaigre à l'estragon, du persil, sel, poivre. Coupez une pâte à tarte feuilletée en quatre carrés de 12 centimètres de côté que vous mettez à cuire 15 minutes à four moyen sur une feuille de papier sulfurisé. Laissez refroidir. Garnissez chaque carré de votre préparation.

Santons de Provence

Les premières crèches de Noël mettant en scène la Nativité dans les églises datent du Moyen Âge en Italie. À l'origine, les personnages étaient interprétés par les villageois et de vrais animaux, avant d'être remplacés par des sujets en bois, en cuivre ou en faïence. La Révolution française entraîna, avec la fermeture des églises, l'interdiction de la messe de minuit, mais, pour perpétuer la tradition de la crèche, l'usage d'en monter une dans chaque foyer se développa en Provence. Un Marseillais, Jean-Louis Lagnel, conçut vers 1800 les premiers moules permettant une plus grande diffusion des santons, ces petites figurines très colorées, de 2,5 à 15 centimètres, qui représentent l'Enfant Jésus, la Vierge Marie, saint Joseph, l'âne, le bœuf, les Rois mages et les bergers. Ils figurent au musée de Marseille. À part l'Enfant Jésus, dont la tradition a longtemps voulu qu'il soit en cire (celle des cierges), tous les modèles sont moulés dans l'argile crue. Ils étaient jadis décorés au pinceau avec une peinture confectionnée par le santonnier lui-même, qui leur donnait les visages des habitants du village, leur ajoutant tous les personnages pittoresques de la pastorale : le maire avec ses brodequins vernis, le fada ou encore les petits métiers… Les premiers santons firent leur apparition en 1803 à la foire marseillaise de Noël, qui se tient toujours de fin novembre à début janvier en haut de la Canebière.

IL Y A 40 ANS, EN 1970 : Au Proche-Orient, la négociation peut désormais s'ouvrir, Israël ayant accepté le plan américain. À Amman, Yasser Arafat proclame sa volonté de libérer la Palestine des sionistes par la lutte armée. Entrée en fonction de Pierre Dux en tant qu'administrateur de la Comédie-Française.

Saint Ignace de Loyola — **SAMEDI 31 JUILLET** — Lion 1er décan

Plutôt dormir avec un cannibale sobre qu'avec un chrétien ivre (Herman Melville).

Saint Alphonse — **DIMANCHE 1 AOÛT** — Lion 1er décan

À quinze ans, vingt ans tout au plus, on est déjà achevé d'imprimer (Alphonse Daudet).

La France mystérieuse

LES RUES ET LEURS NUMÉROS (Paris)

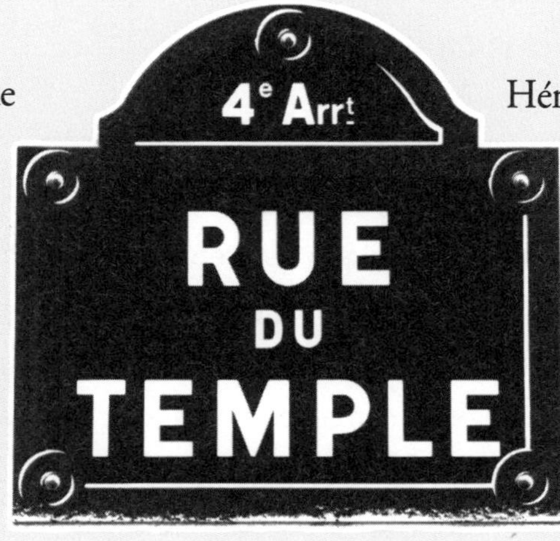

À l'origine, les rues de Paris portaient un nom purement descriptif: chemin de Montmartre, chemin de la Seine, chemin Vert, etc. La ville s'agrandissant, la nomenclature s'est diversifiée. Certaines rues ont pris le nom d'un bourgeois important qui y habitait (rue Coquatrix, rue Michel-Lecomte), ou bien celui d'un édifice remarquable, couvent ou hôtel particulier (rue des Blancs-Manteaux, rue des Filles-Dieu), ou encore celui d'une nationalité particulièrement bien représentée (rue des Irlandais, rue des Bourguignons), ou d'une profession qu'on y pratiquait (rue de la Tannerie, de la Vannerie), ou enfin le nom d'une particularité quelconque (rue du Gros-Caillou, rue des Acacias).

Mais il ne s'agissait que de noms d'usage, que rien n'indiquait sur place. Ce n'est qu'en 1728 que le lieutenant-général de police René Hérault fit poser une plaque au début et à la fin de chaque rue. L'opération fut rondement menée, puisque, commencée en janvier, elle s'est terminée au mois de mars. C'était un progrès réel, mais les Parisiens avaient encore du mal à indiquer leur adresse. Ils étaient obligés de se référer à un point de repère (« la troisième maison après telle boutique », « la maison aux volets verts, juste en face de la fontaine »...).

C'est Napoléon qui, en février 1805, a ordonné le numérotage de la capitale. Celui-ci devait commencer à la Seine, pour les rues perpendiculaires ou obliques au fleuve, les numéros impairs étant à gauche et les pairs à droite. Pour les rues parallèles, la numérotation suivait le sens du courant. Enfin, en 1847, le préfet Rambuteau a uniformisé les divers numéros et noms de rues, en imposant les plaques à caractères blancs sur fond bleu.

IL Y A 40 ANS, EN 1970 : Week-end de violence dans le quartier catholique de New Lodge Street à Belfast. Mensualisation pour les 1 500 000 ouvriers du bâtiment et des travaux publics. Aux championnats de France de natation, Alain Mosconi bat le record national du 200 mètres papillon en 2'12"2/10.

LUNDI 2 AOÛT

Saint Julien Eymard

Lion 1er décan

La vie est trop courte pour se tuer ; ce n'est pas la peine de s'impatienter (Comtesse de Ségur).

BROCHETTES ASIATIQUES. Pour quatre personnes. Coupez 700 grammes de rôti de porc en morceaux, un poivron rouge en lanières que vous pliez, et deux épis de maïs en rondelles de 2 centimètres pour monter les brochettes en alternant légumes et viande. Faites-les mariner 1 heure dans un demi-verre d'huile d'olive, deux cuillerées à soupe de sauce soja et de la cardamome. Cuisez les brochettes 10 minutes. Servez avec des vermicelles chinois.

Le béret basque est bayonnais

À l'étranger, le Français typique est représenté avec une baguette, un litre de rouge et un béret… Ce couvre-chef trouve son origine dans les vallées d'Aspe et d'Ossau des Pyrénées, où les légions romaines portaient une pèlerine brune à capuchon, appelée *birrus*. Les bergers béarnais s'en inspirèrent pour inventer cette coiffe en laine de mouton destinée à les protéger aussi bien du soleil que du froid, du vent et de la pluie. Ils tricotaient eux-mêmes leur béret dans sa forme ronde jusqu'au début du XIXe siècle. Pour que la laine se rétracte et gagne en épaisseur, ils utilisaient un battoir à linge. Par la suite, trois cents ou quatre cents bérets étaient plongés ensemble dans une cuve savonneuse, martelés par des maillets en bois pour resserrer le tricot en le feutrant d'une manière homogène. Bande de cuir et double bande de satin étaient fixées à l'intérieur pour le tour de tête. À partir de 1875, le brun laissa la place au noir, et cette coiffure pastorale gagna le Pays basque pour acquérir une renommée internationale grâce aux Basques, grands voyageurs. L'erreur de paternité est due à Napoléon III, qui séjournant à Biarritz, et voyant autour de lui beaucoup d'hommes coiffés de ce couvre-chef, en conclut un peu hâtivement que le béret était basque. L'appellation est tombée dans le langage courant.

Les drôles d'histoires de Pierre Bellemare

Doux dingues d'outre-Manche

À l'heure où pensée unique, codes vestimentaires et culture globale uniformisent tristement les Terriens, la fantaisie de nos amis britanniques nous offre de rafraîchissants dérivatifs. Ainsi, Alice Newstead, une artiste londonienne, s'est fait suspendre en public à des crochets de boucher, plantés dans son dos. Crise mystique ? Défi sportif ? Non. La jeune femme voulait protester contre la cruauté de la chasse aux requins. En effet, la pratique consiste à pendre les squales à des crocs pour leur couper les ailerons dont se délectent les Chinois, puis à les rejeter à la mer où, se vidant de leur sang et incapables de nager, ils sont dévorés vivants par leurs congénères.

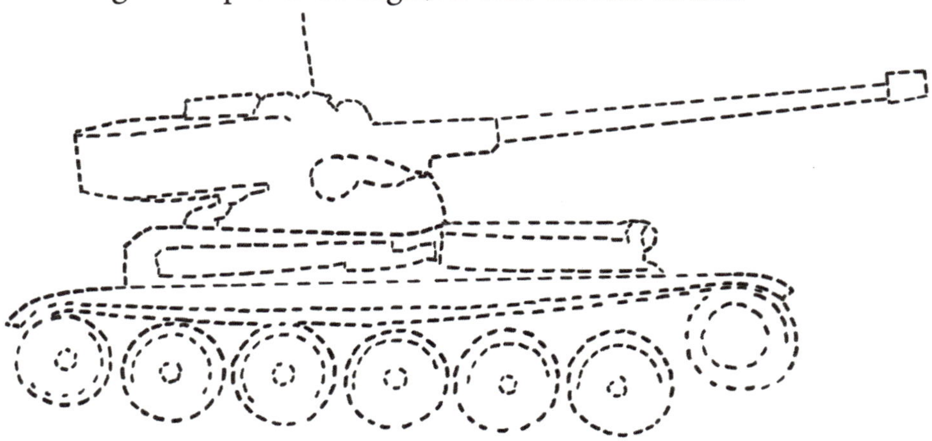

Pour s'opposer au projet de construction d'une troisième piste à l'aéroport d'Heathrow, Dan Glass, un militant écologiste, s'est enduit la main de superglu avant d'aller fermement empoigner le bras de Gordon Brown. Si le Premier ministre a perdu la première manche (de sa veste), l'agresseur a, lui, perdu la partie, puisqu'il a été condamné à purger une peine de deux mois de prison.

Enfin, pour perfectionner l'arsenal militaire de Sa Majesté, sir John Pendry, un ingénieur du ministère de la Défense, vient d'inventer le char invisible. Des caméras et des écrans plasma font apparaître sur les flancs du blindé des images du paysage environnant. Une illusion parfaite, digne de celles imaginées par le grand Shakespeare !

IL Y A 40 ANS, EN 1970 : Mme Golda Meir déclare qu'Israël ne retirera pas un soldat de ses frontières tant qu'un accord de paix définitif ne sera pas conclu. Dix-sept toiles impressionnistes de la collection de la fille du peintre Gustave Caillebotte, d'une valeur de plus de 10 millions de francs, ont été volées.

MERCREDI 4 AOÛT Saint Jean-Marie Vianney

Lion 2e décan

Le beau, c'est le vrai bien habillé (Balzac).

SURTOUT NI PAPIER DE VERRE NI BROSSE MÉTALLIQUE POUR NETTOYER L'ÉTAIN

Cela rayerait la surface de vos étains de façon irréparable. Quand ils sont marqués seulement de quelques salissures et traces d'oxydation, il suffira de les nettoyer dans un mélange d'ammoniaque et de blanc d'Espagne. Une brosse à poils doux enlèvera les dépôts blanchâtres restés dans les creux des objets ouvragés. Pour obtenir une patine luisante mais un peu terne, frottez l'étain énergiquement avec un papier journal froissé et terminez le polissage avec un chiffon un peu raide comme de la toile à sac. Pour obtenir de beaux reflets, frottez-le avec un chiffon de flanelle imbibée de bière chaude. Ne rangez pas vos objets d'étain dans des tiroirs ou des buffets en chêne : ce bois dégage des vapeurs qui risquent de corroder le métal.

C'est le moment de bouturer vos fleurs d'été, géraniums, fuchsias, mais également les vivaces comme le phlox par exemple. Plantez-les dans des godets avec du sable et de la tourbe – mais attention, dans la direction normale de leur pousse, la partie dirigée vers la souche allant dans la terre. Enterrez ces godets dans un terrain frais à mi-ombre. Une fois les rameaux enracinés, vous les transplanterez dans un massif ou dans un pot.

Plus de 58 millions de Français ont souscrit un abonnement au téléphone mobile.

IL Y A 40 ANS, EN 1970 : Une tornade dans le Sud-Ouest a fait sept morts, deux disparus et plusieurs dizaines de blessés. Inauguration à Rungis du premier « ciné-parc » de la région parisienne avec *Chisum*, western de V. McLaglen. La baguette de pain dans la région parisienne est vendue 58 centimes.

Les miroirs sont les glaces qui ne fondent pas ; ce qui fond, c'est qui s'y mire (Paul Morand).

Saint Abel
Lion 2e décan

JEUDI 5 AOÛT

Les drôles d'histoires de Pierre Bellemare

Vu à la télé

À quoi rêverions-nous si l'univers magique de la téléréalité n'existait pas ? Comment supporterions-nous nos existences sans relief, qui consistent pour certains à écouter J.-S. Bach ou à relire l'*Iliade* ? Fort heureusement, des programmes comme « Le regard des homos sur un hétéro » ou « Faiseurs de miracles » proposent, aux États-Unis, une vision du monde plus réconfortante. Ainsi « Changement radical », une émission qui s'adresse à tous ceux qui ont besoin d'une prothèse, qui ont survécu à un cancer ou qui ont été abandonnés par leurs conjoints, réunit-elle chaque semaine plus de 12 millions de spectateurs.

Et les chaînes de télévision européennes ne sont pas en reste. Dernière trouvaille : « Le show du grand donneur ». Dans cette téléréalité néerlandaise, Lisa, une patiente de trente-sept ans en phase terminale d'une maladie incurable, doit choisir entre trois jeunes malades, tous atteints d'insuffisance rénale, celui auquel elle léguera l'un de ses reins après sa mort. En dépit de la réprobation que suscite l'émission, sa programmation est maintenue et l'audience qu'elle obtient pulvérise tous les records. Et puis, coup de théâtre ! Laurens Drillich, le directeur de la chaîne émettrice, annonce qu'il s'agit d'un canular. « J'ai voulu éveiller les consciences sur l'insuffisance des dons d'organes aux Pays-Bas, a-t-il expliqué à l'antenne. Bart de Graaft, mon prédécesseur, est mort à trente-cinq ans d'une insuffisance rénale, faute de greffe disponible. »

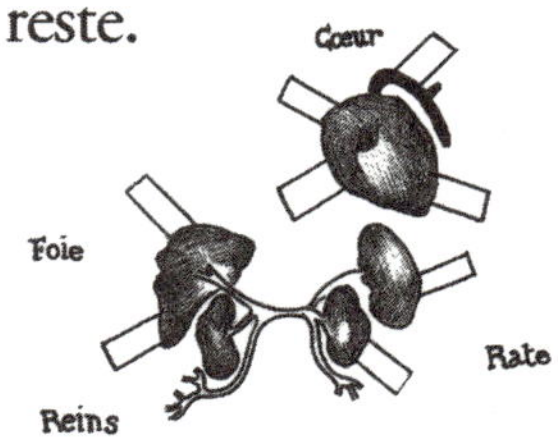

Avec cette mystification d'un goût douteux, serions-nous déjà entrés dans l'ère de la « télé-surréalité » ?

IL Y A 40 ANS, EN 1970: En Italie, Emilio Colombo forme un gouvernement de centre gauche. L'accord sur le renouvellement du bail de trois bases américaines en Espagne est signé à Washington. La nouvelle secrétaire française doit avoir des notions d'informatique.

VENDREDI 6 AOÛT

Transfiguration

Lion 2e décan

L'argent qu'on possède est celui de la liberté, celui qu'on pourchasse est celui de la servitude (J.-J. Rousseau).

☆ CERVELAS EN BROCHETTES. Pour quatre personnes. Pour chaque convive, coupez un cervelas pelé en quatre ou cinq grosses rondelles épaisses que vous embrochez transversalement. Passez vos brochettes dans le blanc d'œuf battu puis dans trois cuillerées de Quaker Oats préalablement poêlées une minute au beurre et mélangées à de la ciboulette hachée. Passez les brochettes 2 minutes de chaque côté sur le gril, servez-les chacune sur une assiettée de salade de radis roses et scarole à l'huile de tournesol et au vinaigre de vin rouge. Sel et poivre.

Un fruit ou un légume légèrement moisi, une fois nettoyé peut être mangé

Les moisissures peuvent être dangereuses pour la santé, puisque certaines sécrètent des substances toxiques. Elles ont la propriété d'apparaître dans pratiquement tous les aliments et dans toutes les conditions. Elles envoient en profondeur des substances chimiques dont certaines peuvent être des toxines. Par conséquent, enlever le mycélium superficiel n'est pas suffisant pour éliminer le risque de tomber sur un fruit ou un légume contaminé et empoisonné.

Certaines tortues marines peuvent nager à la vitesse de

a. 35 km/h ?
b. 25 km/h ?
c. 15 km/h ?

(Réponse : a.)

IL Y A 40 ANS, EN 1970 : Entrée en vigueur d'un cessez-le-feu entre la République arabe unie et Israël sur le front instable du canal de Suez. MM. Scheel et Gromyko ont paraphé le traité germano-soviétique de renonciation à la force. Aux studios de Billancourt, début du tournage du film *Noureev* de Pierre Jourdan.

Saint Gaëtan — **SAMEDI 7 AOÛT** — Lion 2e décan

Si l'on n'est pas brûlé par le feu, on est noirci par la fumée (proverbe français).

Saint Dominique — **DIMANCHE 8 AOÛT** — Lion 2e décan

La beauté on sait que ça meurt, et comme ça on sait que ça existe (Louis-Ferdinand Céline).

La France mystérieuse

LA CHEVAUCHÉE DE L'ÂNE

Bordeaux (Gironde)

Durant le Moyen Âge et le début de la Renaissance, il était communément admis qu'un homme batte sa femme, mais le cas inverse était très mal vu. Un homme rossé par son épouse était l'objet du mépris général. Dans plusieurs provinces françaises et notamment en Bordelais, il se voyait condamné par ses voisins à la « chevauchée de l'âne ». Il s'agissait d'une randonnée dans son village ou le quartier de sa ville, sous les quolibets et les insultes, en montant la bête à l'envers ou, pour reprendre les termes de l'époque, « le visage par-devers la queue de l'âne ».

En Bordelais, cette dérision publique se nommait l'azouade et la bête devait être menée en laisse par le plus proche voisin du mari. Or, en 1610, un de ces maris battus, habitant la paroisse de Cologne, n'accepta pas l'affront qui lui avait été fait. Malgré la réprobation et le ridicule qui pouvaient en résulter pour lui, il n'hésita pas à porter l'affaire devant la justice.

Le parlement de Bordeaux s'en saisit et les archives de la ville ont conservé le témoignage de ce curieux procès. L'avocat des paroissiens de Cologne, un certain Matisson, fit preuve d'éloquence. Il rappela que des pratiques de ce genre avaient existé depuis la plus haute Antiquité et fit valoir qu'aucune loi ou ordonnance n'interdisait l'azouade.

Peine perdue. Le 2 septembre 1610, les accusés furent condamnés « à trente livres d'aumônes et à quelque petite somme pour tous dépens, dommages et intérêts, avec interdiction à eux et à tous autres de recommencer pareille manière de faire ». Les maris battus étaient soulagés et sans doute leurs épouses aussi.

IL Y A 40 ANS, EN 1970 : Un accident ferroviaire dans le nord de l'Espagne fait cinquante victimes. À Leicester, Daniel Morelon est champion du monde cycliste de vitesse pour la quatrième fois. Barbara sort un disque intitulé *L'Aigle noir.*

LUNDI 9 AOÛT — **Saint Amour** — **Lion 2e décan**

La beauté n'est qu'un piège tendu par la nature à la raison (Voltaire).

☆ FOIE D AGNEAU AU CUMIN. Pour quatre ou cinq personnes. Coupez quatre carottes en tronçons de 2 centimètres, faites-les cuire 8 minutes à l'eau bouillante avec seize petits oignons épluchés. Égouttez. Coupez 500 grammes de foie d'agneau en cubes de 2 centimètres de côté et rangez-les ainsi que les légumes dans un plat creux, enduits d'huile d'olive et de deux cuillerées à soupe de cumin en poudre. Laissez macérer 1 heure. Salez, poivrez et embrochez en alternant morceaux de foie et légumes. Faites cuire sous le gril en tournant les brochettes et surveillez la cuisson. Le foie doit être rosé à l'intérieur.

Le Marchand d'oublies

Pâtisserie ronde et mince roulée en cornet, l'oublie était cuite sans gras entre deux plaquettes de fer par les oublayers (oublieurs) : les oublies les plus réputées étaient celles de Lyon mais, entre 1397 et 1406, Paris comptait vingt-neuf de ces oublieurs qui, pour devenir maîtres pâtissiers, devaient fabriquer mille pièces par jour. Les jours de fête, ils vendaient à la porte des églises des quantités de ces douceurs au sucre et aux épices enjolivées d'images et d'inscriptions pieuses, appelées alors « gaufres à pardon ». Leur commerce était si florissant qu'il fut en 1444 réglementé par un décret. Au XVIe siècle, la chanson et la lanterne de l'oublieur animaient les rues. En fin de journée, après sa tournée, il jouait aux dés ses gâteaux. Mais, dès 1722, une ordonnance de police interdit le colportage des oublies, et en 1776, Turgot supprima les corporations. Deux événements qui furent fatals pour ce métier et cette pâtisserie.

IL Y A 40 ANS, EN 1970 : À Amman, les Palestiniens réaffirment leur refus catégorique du cessez-le-feu. Assassinat de Daniel Mitrione, le conseiller américain enlevé le 31 juillet dernier par les Tupamaros, en Uruguay. L'ambassade du Cambodge à Prague est occupée par les partisans du prince Sihanouk.

Il n'y a pas d'autre mort que l'absence de l'amour (René Barjavel).

Saint Laurent

Lion 2e décan

MARDI 10 AOÛT

Les drôles d'histoires de Pierre Bellemare

Lobotomisé à onze ans

Depuis le décès de sa mère, Howard Dully, onze ans, est un gamin malheureux et irritable. Exaspérée par son comportement, convaincue que cette instabilité est la conséquence d'une maladie mentale, sa belle-mère consulte, en novembre 1960, le docteur Walter Freeman. Diagnostiquant à la hâte un cas de schizophrénie, ce dernier décide de pratiquer une lobotomie. Howard reçoit une série de chocs électriques en guise d'anesthésie. Puis, sans prendre la précaution de se laver les mains et tout en mâchant du chewing-gum, le neurologue lui enfonce un pic à glace de 12 centimètres dans les orbites oculaires et détruit ainsi irrémédiablement les connexions cérébrales de ses lobes frontaux.

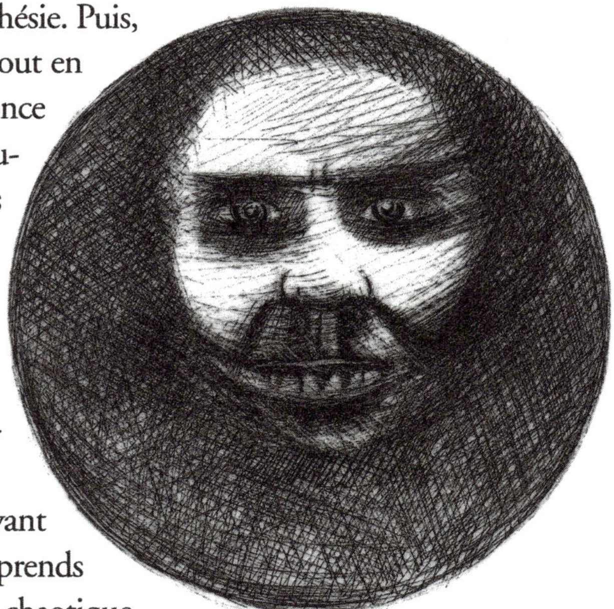

D'une barbarie inconcevable, la lobotomie fut d'un usage courant aux États-Unis au cours des années 1930-1960. Plus de cinquante mille personnes en ont été victimes, la plupart payant l'intervention de leur vie ou d'un lourd handicap.

Howard Dully n'a appris la vérité qu'en 2003, en ayant accès par hasard à son dossier médical. « Je comprends mieux maintenant pourquoi ma vie a été aussi chaotique, a-t-il confié dans un documentaire, entre prison et hôpital psychiatrique. » Âgé aujourd'hui d'une soixantaine d'années et en relative bonne santé, il est chauffeur de bus scolaire, marié et père de famille.

« Ma belle-mère voulait se débarrasser de moi, a conclu le miraculé. Pour mon malheur, sa route a un jour croisé celle du docteur Freeman. »

IL Y A 40 ANS, EN 1970: Un salaire minimum de 680 francs par mois est garanti aux employés des grands magasins de la région parisienne. Avant la fin de l'année, les derniers bus parisiens à plate-forme ouverte seront retirés de la circulation. Le budget de l'Éducation nationale dépassera 29 milliards de francs en 1971.

La bonne musique ne se trompe pas, et va droit au fond de l'âme chercher le chagrin qui nous dévore (Stendhal).

Installez dans la maison ou la véranda, à température ambiante, un népenthès au feuillage persistant. Cette plante carnivore est très décorative et spectaculaire par ses feuilles pendantes dont l'extrémité est transformée en urne. Les mouches qui passent à proximité sont appâtées par l'odeur du nectar que celle-ci contient. Elles se posent sur le bord pour l'atteindre et tombent dans l'urne dont les parois sont lisses, les empêchant de remonter, et elles glissent dans le liquide du fond qui va les digérer.

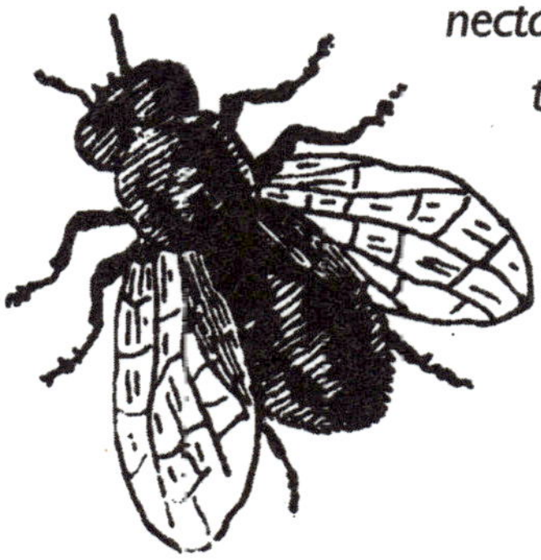

En 2008, il y a eu 188, 82 millions d'entrées dans les salles de cinéma françaises.

SOUPE FRAÎCHE. Pour quatre personnes. Remplissez un bac à glaçons de jus de pamplemousse pressé. Passez deux poivrons sur le gril, puis épluchez-les, épépinez-les et coupez-les en morceaux. Coupez en petits morceaux trois tomates épépinées et pelées, débitez en dés une tranche de pastèque sans la peau et coupez en petits morceaux un demi-bulbe de fenouil. Mixez le tout en salant. Ajoutez une pincée de piment d'Espelette. Rallongez de quelques mesures d'eau fraîche, selon votre goût. Placez au réfrigérateur une demi-journée. Servez avec les glaçons de jus de pamplemousse dans les assiettes à soupe.

IL Y A 40 ANS, EN 1970 : Le chancelier Willy Brandt et le président Kossyguine signent à Moscou le traité de non-recours à la force. Défiant l'interdiction gouvernementale, 10 000 orangistes défilent à Londonderry sous le nez des soldats anglais. Mme Chaban-Delmas est décédée à la suite d'un accident.

Je sais enfin ce qui distingue l'homme de la bête : ce sont les ennuis d'argent ! (Jules Renard).

Sainte Clarisse

Lion 3e décan

JEUDI 12 AOÛT

Les drôles d'histoires de Pierre Bellemare

Le mystère d'Archimède

En 2004, une série d'incendies spontanés se déclare dans le village de Canneto di Caronia, en Sicile. Plus de cent quatre-vingts appareils électroménagers non branchés s'enflamment spontanément ; les GPS fondent sans raison et les téléphones portables sont pris de folie. Aussitôt, chercheurs italiens et étrangers accourent au village pour tenter de comprendre le phénomène. En vain. L'année suivante, l'investigation est élargie à tous les épisodes inexplicables observés le long de la côte tyrrhénienne. Les experts constatent la présence d'ondes électromagnétiques d'origine artificielle, capables de générer une puissance très concentrée. Dans l'impossibilité de localiser la source de l'émission, ils concluent : « Des technologies militaires évoluées, éventuellement d'origine non terrestre, pourraient à l'avenir exposer des populations entières à des conséquences non désirées. »

De petits hommes verts s'apprêtent-ils à faire main basse sur l'Italie ? La découverte non loin du village d'une empreinte carbonisée de forme rectangulaire, longue de 40 mètres, conforte cette hypothèse extravagante. Et les habitants de Canneto affirment recevoir régulièrement la visite d'objets volants luminescents, auxquels ils attribuent les flammes qui ravagent fréquemment matelas et rideaux. Après tout, n'est-ce pas en Sicile que, selon la légende, Archimède utilisa des miroirs géants pour brûler les voiles de la flotte romaine ?

IL Y A 40 ANS, EN 1970 : Israël refuse la reprise de la mission Jarring tant que les fusées installées par l'Égypte, après le début de la trêve, dans la zone du canal de Suez, n'auront pas été enlevées. Le Belge Éric de Vlaeminck remporte l'épreuve cycliste Paris-Luxembourg.

VENDREDI 13 AOÛT — **Saint Hippolyte**

Lion 3e décan

Si quelqu'un vous dit : « Je me tue à vous le répéter », laissez-le mourir (Jacques Prévert).

★★ SAINT-JACQUES AUX ASPERGES. Pour trois personnes. Émincez trois oignons nouveaux et faites-les suer sans coloration dans le beurre. Épluchez (si nécessaire) une botte de 500 grammes d'asperges vertes. Avant de les faire cuire à l'eau bouillante salée « al dente », coupez-les en deux. Ajoutez les queues aux oignons, versez 200 grammes de crème épaisse, laissez mijoter, assaisonnez et mixez. Poêlez neuf noix de coquilles saint-jacques ainsi que les têtes d'asperges, répartissez-les sur trois assiettes et nappez-les de la sauce. Saupoudrez de pluches de persil.

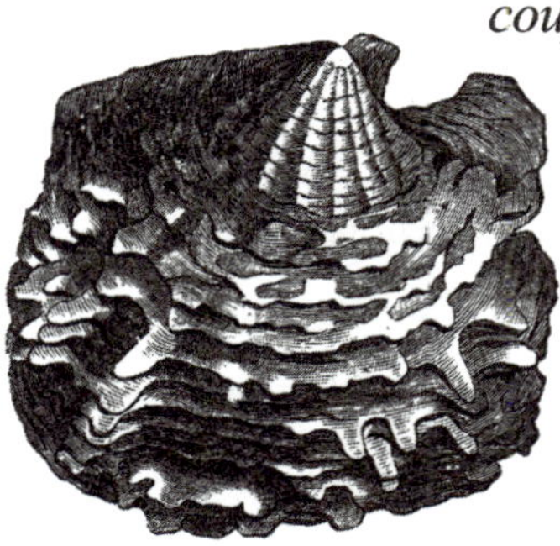

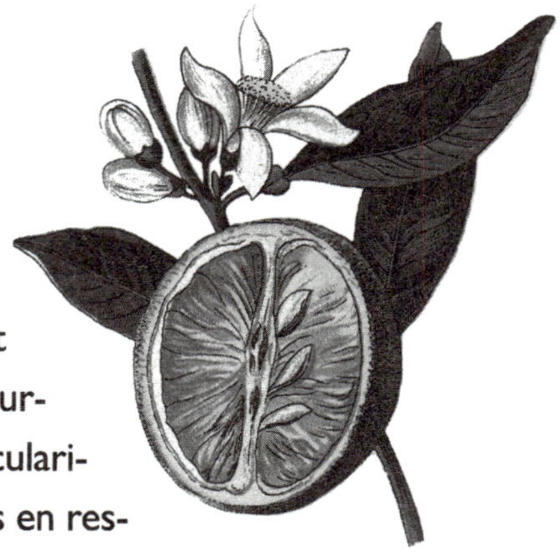

La madeleine

Spécialité lorraine, ce petit gâteau dodu en forme de coquillage fit revivre à Marcel Proust une scène de son enfance à l'heure du thé. Composé de beurre, farine, sucre et d'une larme de fleur d'oranger, sa particularité réside dans les blancs d'œufs battus en neige incorporés en respectant le principe de « chaleur descendante », qui seule permet la formation et la montée de la bosse. Son histoire est liée à celle du duc de Lorraine. Après avoir perdu la couronne de Pologne, il se retire dans son château de Commercy où les cuisiniers rivalisent d'imagination pour satisfaire sa gourmandise. Lors d'un dîner où le pâtissier est absent, une soubrette improvise une recette de sa grand-mère. Le duc, conquis, donne au gâteau le prénom de la jeune fille, et la madeleine devient la friandise officielle de sa cour. Après la mort du duc, en 1766, l'un de ses pâtissiers s'installe à son compte dans la ville et exploite, ainsi que ses descendants, la recette de la madeleine. Lors de l'arrivée de la ligne de chemin de fer Paris-Strasbourg, un arrêté préfectoral de 1874 autorise la vente à la criée de madeleines sur le quai de la gare. Cette tradition perdurera jusqu'à la moitié du XXe siècle. Deux fabricants à Commercy produisent toujours la madeleine, la vraie.

IL Y A 40 ANS, EN 1970 : Le Vatican et la Yougoslavie renouent des relations diplomatiques suspendues depuis dix-huit ans. Deux Algériens sont retenus en Israël au cours de l'escale d'un avion commercial britannique. M. Camille Chamoun présente sa candidature à l'élection présidentielle libanaise.

L'humour renforce notre instinct de survie et sauvegarde notre santé d'esprit (Charlie Chaplin).

Saint Evrard
Lion 3e décan
SAMEDI 14 AOÛT

Être méchant, c'est se venger d'avance (Paul-Jean Toulet).

Saint Assomption
Lion 3e décan
DIMANCHE 15 AOÛT

La France mystérieuse

LE RETOUR DU SOLEIL

Les Andrieux (Hautes-Alpes)

Le village des Andrieux n'a pas de chance, il est situé sur l'ubac, le versant sombre de la montagne, dans une vallée que dominent la cheminée de l'Olan (3 564 mètres) et les refuges des Souffles et de la Chalance. Mais c'est surtout l'aiguille du Midi qui est la cause du principal désagrément : elle est placée de telle manière qu'elle lui masque le soleil cent jours par an.

Aussi, on imagine la joie des habitants lorsqu'il réapparaît chaque année, vers le milieu du mois de mai, après cette interminable éclipse ! C'était traditionnellement l'occasion de la fête des omelettes.

Quatre bergers postés sur la place principale annonçaient la résurrection de l'astre, au son des fifres et des cornemuses. Dans chaque ménage, on avait confectionné des omelettes et tous les habitants, leur plat à la main, accouraient à ce signal. À la suite du plus âgé, qui prenait pour la circonstance le titre de vénérable, tout le monde se rendait alors jusqu'au pont enjambant le torrent voisin. Le vénérable tenait son omelette élevée au-dessus de sa tête, chacun déposait la sienne sur le parapet, puis les danses commençaient jusqu'à ce que le soleil ait inondé le village de ses rayons. Le cortège retournait alors dans le même ordre sur la place et reconduisait le vénérable jusqu'à sa porte.

Ensuite, chacun rentrait chez soi et on mangeait l'omelette en famille. Au soir, les jeux et les danses recommençaient, se prolongeant jusqu'à très tard dans la nuit.

IL Y A 40 ANS, EN 1970 : Le gouvernement tchécoslovaque coupe l'électricité et le téléphone de l'ambassade du Cambodge occupée par des sympathisants du prince Sihanouk. À Leicester, victoire du coureur cycliste belge Jean-Pierre Monséré qui devient champion du monde sur route.

LUNDI 16 AOÛT

Saint Armel

Lion 3e décan

Les curieux sont toujours dupes de leur curiosité.
Ils expliquent tout et ne comprennent rien.
(Georges Bernanos).

C'est au mois d'août que se plante le bulbe du lys de la Madone qui produira des fleurs au mois de juin prochain. Elles sont magnifiques, en formes de trompettes d'un blanc pur et dégagent un parfum capiteux et suave, surtout le soir. Le bulbe se plante à 2 ou 3 centimètres au plus, le sommet affleurant presque le sol, dans une terre riche, bien drainée, légèrement calcaire, en situation ensoleillée. Facile à cultiver, ce lys peut tout aussi bien être installé dans des potées ou des balconnières. Il peut atteindre 1 mètre à 1,80 mètre de haut. Son feuillage vert clair brillant est persistant.

Malbrough s'en va t'en guerre,
Mironton mironton, mirontontaine,
Malbrough s'en va t'en guerre,
Ne sait quand reviendra…

Malbrough a réellement existé : c'est l'illustre John Churchill, duc de Marlborough, capitaine général des troupes britanniques. Cette chanson fut probablement composée sur une ronde du Poitou, peu après la bataille de Malplaquet (le 11 septembre 1709) pour railler le général ennemi que l'on crut mort. Il ne s'éteignit qu'en 1722, et la chanson ne connut pas un vrai succès. En 1781, la nourrice Geneviève Barbier chanta cette ronde devant la reine Marie-Antoinette qui, amusée, la reprit en s'accompagnant au clavecin. Toute la cour fredonna bientôt cet air enjoué, qui passa rapidement de la cour à la ville, puis aux campagnes. Suprême consécration, Beaumarchais l'introduisit dans *Le Mariage de Figaro*. Parfois sur des airs nouveaux, parfois imité ou parodié, *Malbrough* ne cesse, aujourd'hui encore, d'être chanté avec entrain par les petits et grands.

IL Y A 40 ANS, EN 1970 : Soleiman Frangié est élu président de la République libanaise. Colère des Londoniens, le ticket d'autobus ayant doublé de prix. Fin du festival d'Avignon avec la 6e représentation de la pièce de Carlos Fuentes, *Le borgne est roi*, avec Maria Casarès et Samy Frey.

Le sel de l'existence est essentiellement dans le poivre qu'on y met (Alphonse Allais).

Sainte Hyacinthe

Lion 3e décan

MARDI 17 AOÛT

Les drôles d'histoires de Pierre Bellemare

La valeur attend le nombre des années

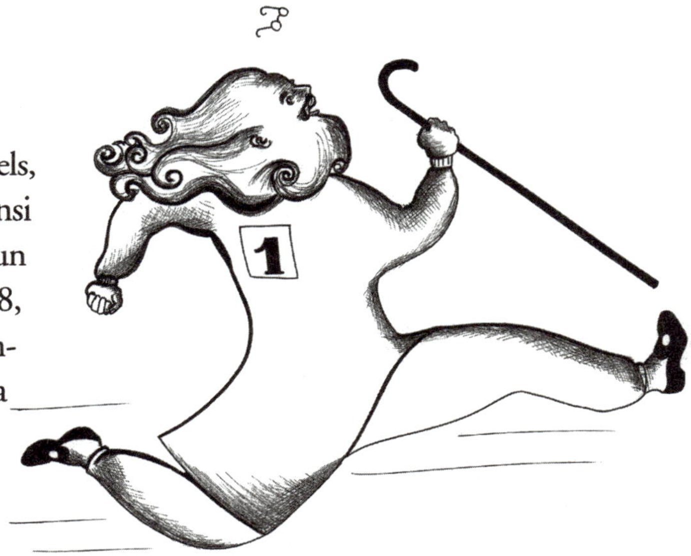

À l'aune de quelques exploits individuels, l'humanité vieillit et vieillit bien. Ainsi le Britannique Buster Martin, cent un ans, est-il toujours en jambes. En mars 2008, ce père de dix-sept enfants, laveur de camionnettes dans une entreprise de plomberie, a couru un semi-marathon en cinq heures et treize minutes. Naturellement le compétiteur aurait pu améliorer sa performance s'il ne s'était pas accordé une petite pause à la terrasse d'un café pour boire une bière et griller une cigarette !

Le Japonais Yuichiro Miura vient, quant à lui, de grimper au sommet de l'Everest – 8 848 mètres – à l'âge de soixante-quinze ans, en dépit de deux opérations du cœur. En 2003 son père avait dévalé à ski la mythique Vallée blanche de Chamonix, à l'âge de quatre-vingt-dix-neuf ans.

La France compte aujourd'hui plus de 20 000 centenaires, et selon les démographes, ce chiffre sera multiplié par sept au milieu de ce siècle. Arthur Richier, quatre-vingt-six ans, plus vieux maire de France à Faucon-du-Caire, brigue un onzième mandat. Élu sans discontinuer depuis 1947, sa popularité n'a jamais fléchi auprès de ses 45 électeurs. Il faut dire qu'après avoir apporté l'électricité et le tout-à-l'égout au village, en 1954, il entend bien, aujourd'hui, le doter de l'Internet à haut débit !

IL Y A 40 ANS, EN 1970 : En Israël, pour faire face aux charges militaires, de nouveaux impôts et taxes sont mis en place. Les plus extraordinaires vestiges de l'époque carolingienne sont découverts à Doué-la-Fontaine. À Senlis, début du tournage par Jacques Demy de son prochain film *Peau d'âne*.

MERCREDI 18 AOÛT — **Sainte Hélène** — Lion 3e décan

Il est bon de lire entre les lignes, cela fatigue moins les yeux (Sacha Guitry).

On peut s'enrhumer par les pieds

Certes, quand il fait froid, nous avons les pieds glacés, parce que le flux sanguin périphérique diminue pour conserver un maximum de chaleur aux organes vitaux. Mais le virus d'un rhume se transmet aux voies respiratoires, uniquement suite à un contact avec une personne enrhumée ou un objet contaminé.

☆ SALADE DE NECTARINES. Pour quatre personnes. Coupez quatre nectarines en deux pour ôter le noyau et coupez-les en dés. Mélangez-les dans un saladier avec 300 grammes de crevettes roses décortiquées cuites, dix tomates cerise coupées en deux, une dizaine de feuilles de salade romaine coupées en lanières. Disposez le mélange sur quatre assiettes. Préparez la sauce en mélangeant deux yaourts nature, un jus de citron, une cuillerée à café de moutarde, sel, poivre, et feuilles de menthe hachées. Versez la sauce juste avant de servir.

L'éléphant d'Afrique, en liberté, a une espérance de vie de :

a. dix-sept ans ?
b. trente-cinq ans ?
c. cinquante-six ans ?

(Réponse : c – dix-sept ans dans un zoo.)

IL Y A 40 ANS, EN 1970 : L'état-major israélien présente ses preuves de la violation égyptienne de la trêve. Les deux Algériens détenus en Israël sont transférés dans une résidence inconnue. Sortie du film *La Bataille de la Neretva* de Veljko Bulajic avec Yul Brynner et Orson Welles.

L'histoire est une galerie de tableaux où il y a peu d'originaux et beaucoup de copies (A. de Tocqueville).

Les drôles d'histoires de Pierre Bellemare

« T'as de beaux yeux bleus, tu sais ! »

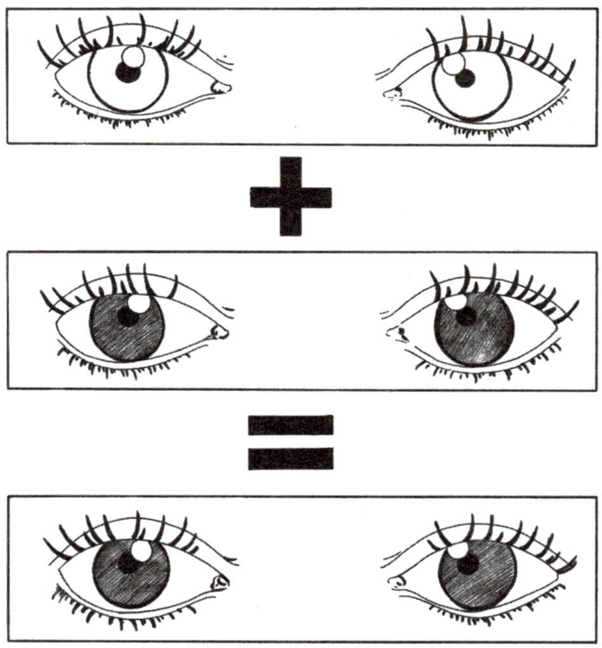

L'amour est une alchimie complexe, nul ne l'ignore. Mais gènes et hormones interfèrent-ils dans notre organisme pour nous attirer vers les partenaires avec lesquels la reproduction offre les meilleures garanties ?

Une étude menée par des chercheurs de l'université de Tromsø, en Norvège, répond à cette question par l'affirmative. Pour conduire leur expérience, des psychologues ont demandé à 88 étudiants des deux sexes d'accorder une note de 1 à 5 à 120 portraits de jeunes gens en fonction de leur degré de séduction. À l'aide d'un logiciel de traitement d'images, ils ont doté d'yeux bleus et d'yeux bruns quelques sujets figurant sur les photos à évaluer. Résultat : la majorité des garçons aux yeux bleus ont marqué une nette préférence pour les filles aux yeux bleus. Par contre, les filles se sont montrées indifférentes à cette particularité. Explication des scientifiques : le relâchement des mœurs, qui prévalait semble-t-il à l'époque préhistorique, n'offrait aucune garantie aux hommes de s'assurer de leur paternité. En prenant pour mère de ses futurs enfants une femme aux yeux bleus, l'homme aux yeux de la même couleur réduirait le risque de devoir élever la progéniture d'un autre.

« Les hommes sont obsédés depuis la nuit des temps par la transmission de leur patrimoine génétique. Ce doute persiste encore chez les plus jeunes de nos contemporains », ont conclu les chercheurs à l'issue du test.

IL Y A 40 ANS, EN 1970 : À Moscou, sommet des pays du Pacte de Varsovie qui approuvent unanimement le traité soviéto-ouest-allemand. Un sous-marin français et un sud-africain, naviguant en surface, entrent en collision au large de Toulon, où l'on déplore quatre morts et deux disparus.

VENDREDI 20 AOÛT — Saint Bernard

Lion 3e décan

La chenille devient papillon, le cochon devient saucisson, c'est une grande loi de la nature (Cavanna).

★★★ MILLE-FEUILLES ROYAL. Pour quatre personnes. Faites cuire douze lasagnes à l'eau bouillante salée puis rafraîchissez-les à l'eau froide, et égouttez. Badigeonnez chaque feuille d'huile d'olive. Faites cuire à l'eau 400 grammes de saumon surgelé. Faites une fondue de quatre blancs de poireaux dans une poêle beurrée. Émincez 200 grammes de champignons de Paris que vous arrosez de jus de citron. Prévoyez 400 grammes de fromage frais de chèvre et 180 grammes de saumon fumé. Partagez tous les ingrédients en quatre, et montez chaque mille-feuilles en couches successives de lasagne, poireaux, saumon cuit, fromage frais, lasagne, champignons, fromage frais, saumon fumé, lasagne, en prenant soin d'assaisonner au fur et à mesure de sel et de poivre concassé. Garnissez de feuilles d'aneth.

Le vinaigre d'Orléans

Au Moyen Âge, Orléans est un point stratégique pour les échanges, car à cette époque, la Loire est navigable. Mais en raison de la lenteur des moyens de transport et des intempéries, les vins de Touraine et d'Anjou restent entreposés des semaines en fond de cale et finissent souvent par tourner. À leur arrivée, les ouvriers du port décident de tirer profit des tonneaux de piquette en les transformant en un condiment exceptionnel, qu'il faudra bientôt préserver des contrefaçons ! En 1594, les vinaigriers d'Orléans obtiennent par Henri IV la reconnaissance de leur métier et les conditions de fabrication sont fixées par les lettres patentes royales. Leur vinaigre s'exporte aux Pays-Bas, en Amérique et aux Indes, jusqu'à la découverte par Pasteur en 1868 d'une bactérie accélérant la fermentation qui donne le coup d'envoi de la production industrielle du produit. Une seule manufacture artisanale créée en 1797, visant l'excellence, continue à proposer un vinaigre à l'ancienne, à la fermentation naturelle, toujours apprécié des amateurs de produits naturels.

IL Y A 40 ANS, EN 1970 : Disparus depuis le 7 juillet au Cambodge, on apprend le décès de deux journalistes de l'ORTF. Les présidents Nixon et Díaz Ordaz fixent la frontière américano-mexicaine, mettant fin à un litige centenaire. Le cyclone Dorothy ravage le nord de la Martinique.

Platon disait que les bons sont ceux qui se contentent de rêver ce que les méchants font en réalité (Freud).

Saint Christophe
Lion 3e décan
SAMEDI 21 AOÛT

À quoi de mieux peut servir une femme qu'à accueillir au plus chaud d'elle-même un ancien bébé qui a un peu froid (Geneviève Dormann).

Saint Fabrice
Vierge 1er décan
DIMANCHE 22 AOÛT

La France mystérieuse
UNE TRÈS ANCIENNE COUTUME
Chambly (Oise)

Chambly, aux confins de la Picardie et de l'Île-de-France, a la particularité de posséder une fête qui remonte à un lointain passé et qui est toujours célébrée de nos jours.

En 1248, les habitants allumèrent un feu de joie pour saluer le passage dans leur ville du roi saint Louis et depuis, en effet, chaque année à la même époque, entre le Mardi gras et le premier dimanche du Carême, ont lieu toutes sortes de manifestations, dont le feu est l'élément principal. Jusqu'à la fin du Moyen Âge se déroulait la très étrange coutume des brandons : les paysans parcouraient leurs champs la nuit avec des torches allumées, s'arrêtant devant chaque arbre et menaçant de le couper, puis de le brûler, s'il ne produisait pas une bonne récolte. Ensuite, le dimanche, avait lieu le bûcher du bois Houdry. Un arbre provenant de ce bois, situé non loin de l'agglomération, était solennellement brûlé sur la place. À partir du XVIIe siècle, des pétards et feux d'artifice furent disposés dans le tronc, pour la plus grande joie des assistants. Au XIXe siècle, le bois Houdry appartenant à un célibataire endurci, ce dernier exigea, contre la fourniture annuelle d'un arbre, que le feu y soit mis par le plus vieux célibataire de la commune.

Aujourd'hui, à l'arbre a été ajouté un mannequin de paille, le Carême-prenant, qui est brûlé en même temps que lui. En outre, toutes sortes de manifestations joyeuses et bon enfant : jeunes gens costumés à cheval, défilé de chars avec reine de beauté et ses demoiselles d'honneur, perpétuent l'ancienne tradition.

IL Y A 40 ANS, EN 1970 : Le gouvernement de Tel-Aviv désigne M. Abba Eban pour être son représentant aux conversations de paix. À Copenhague, la Française Janou Lefebvre remporte le championnat du monde féminin de jumping.

LUNDI 23 AOÛT

Sainte Rose de Lima

Vierge 1er décan

Quelquefois, à travers les yeux de ton ami, tu vois un inconnu qui te regarde (Paul-Jean Toulet).

LE MARBRE EST VULNÉRABLE AUX TACHES

En particulier le marbre clair, qui est plus tendre et plus poreux. Évitez-lui les acides, style citron, ou les boissons gazeuses, style cola, qui l'attaquent. Ces ronds si disgracieux et si difficiles à éliminer ne pourront l'être qu'en repolissant le marbre. Pour cela, il faut le poncer doucement en dessinant de grands cercles, à l'aide de papier abrasif légèrement humide avec un grain de plus en plus fin : grain 220, puis 320, puis 400. Enfin, frottez, à l'aide d'un chiffon en tampon, de la poudre à polir le marbre pour lui redonner sa brillance.

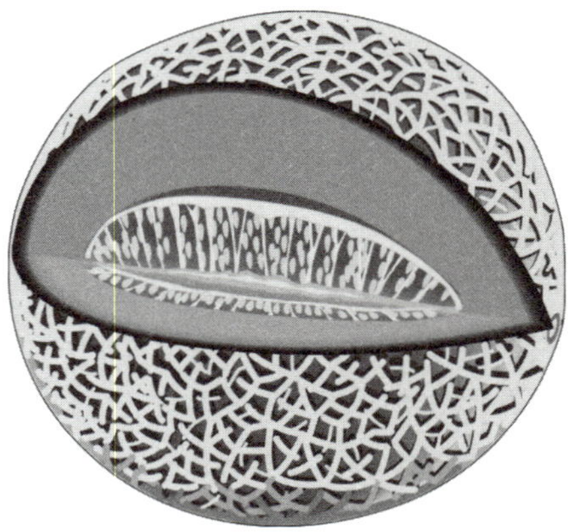

★ PERLES DE FRUITS. Pour quatre personnes. Coupez un chapeau sur quatre petits melons et évidez-les. Formez avec les plus gros morceaux de pulpe des boules à l'aide d'une cuillère à pomme parisienne ; mélangez-les dans un saladier avec 100 grammes de groseilles, 100 grammes de myrtilles, un jus de citron, une cuillerée à soupe de sucre. Mélangez au fouet 100 grammes de coulis de groseilles et quatre yaourts nature. Versez sur la salade de fruits. Remplissez-en les melons. Mettez-les une heure au réfrigérateur. Au moment de servir, effritez sur chaque melon des crêpes dentelles.

IL Y A 40 ANS, EN 1970 : Le poète soviétique Alexandre Guinzbourg est transféré dans la prison de Vladimir, au régime plus sévère. Washington fournit à Phnom-Penh une aide militaire de 40 millions de dollars. 24,5 % des logements parisiens ont été construits avant 1871.

Ce qui s'apprend sans peine ne vaut rien et ne demeure pas (René Barjavel).

Les drôles d'histoires de Pierre Bellemare

Les liens du sang

Deux petites Anglaises, Amy et Gwendolyn, sont séparées et confiées à des familles d'accueil, à la suite du décès accidentel de leurs parents. La première était âgée de deux mois, la seconde d'un an et demi quand le drame s'est produit. Chacune portant le nom de sa famille d'adoption et ignorant l'existence de l'autre, les fillettes grandissent chacune à un bout du pays. Une vingtaine d'années plus tard, un hasard extraordinaire fait qu'elles se retrouvent employées, à Londres, dans le même supermarché. Se découvrant des traits communs et d'étranges affinités, les jeunes filles deviennent amies. Plus tard, elles se marient à quelques semaines d'intervalle et décident d'habiter dans le même quartier. À la naissance de leur premier enfant, elles se choisissent mutuellement pour marraine. Le temps passe. En 2008, elles sont grand-mères presque en même temps, quand une certaine Jennifer Morton les contacte séparément : « Je suis votre sœur aînée, leur annonce-t-elle, bouleversée. J'ai mené une longue enquête auprès de l'Assistance publique pour vous retrouver. »
Jennifer tombe des nues lorsqu'elle découvre que, non seulement Amy et Gwendolyn se connaissent déjà, mais qu'elles sont les meilleures amies du monde.

« Jennifer a confirmé ce que nous savions d'instinct », a rapporté Amy au quotidien *The Sun.*
Si tous les frères et sœurs élevés ensemble pouvaient partager cette connivence !

IL Y A 40 ANS, EN 1970 : Au siège des Nations-Unies, les négociations de paix entre la République arabe unie, la Jordanie et Israël sont commencées sous les auspices de M. Gunnar Jarring. Début à l'île de Wight du Festival de pop music où sont attendus 200 000 jeunes.

MERCREDI 25 AOÛT — Saint Louis — Vierge 1er décan

Vivre, c'est se réveiller la nuit dans l'impatience du jour à venir, c'est s'émerveiller de ce que le miracle quotidien se reproduise pour nous une fois encore, c'est avoir des insomnies de joie (Paul-Émile Victor).

Premières BD : l'imagerie d'Épinal

Unique au monde, aujourd'hui comme lors de sa création en 1796 par Jean-Charles Pellerin, l'imagerie d'Épinal continue à fabriquer des images ! Au fil du temps, toutes les techniques d'impression ont été explorées : l'image gravée sur bois et imprimée à l'aide d'une presse à bras dite « de Gutenberg », puis lithographiée ; le coloriage s'est fait au pochoir, puis à la machine à colorier qui permettait de produire cinq cents images par heure. Les premières œuvres éditées furent les cartes à jouer et les estampes religieuses. La période napoléonienne vit naître des planches célébrant les hauts faits de l'empereur et de la Grande Armée, et l'entreprise Pellerin établit sa renommée grâce aux colporteurs chargés de vendre ces images. Pour les enfants, l'entreprise familiale se spécialisa dans les ludiques leçons de choses et de morale, et adapta les contes de Perrault. Elle se diversifia en créant des théâtres de papier à monter, des vignettes à découper et des jeux comme le Jeu de l'Oie. Apparurent par la suite les prospectus publicitaires et les tracts électoraux. Après la guerre de 1914-1918, le développement de la presse écrite et le recul de l'analphabétisme marquèrent une période funeste pour cette forme d'expression populaire. Aujourd'hui, l'entreprise Pellerin a trouvé un nouveau souffle en faisant appel à des artistes contemporains et en rééditant les planches anciennes revenues à la mode.

CAROTTES AU COCO. Pour quatre personnes. Faites cuire 500 grammes de carottes à l'eau avec une demi-cuillerée à café de gingembre en poudre ou quelques filaments de gingembre frais, et une pincée de sel. Écrasez-les au presse-purée et mélangez avec 2 décilitres de lait de coco chaud et une noisette de beurre. Cette purée accompagne bien des gambas grillées.

IL Y A 40 ANS, EN 1970 : Mandat d'arrêt ordonnant la détention administrative pour les deux Algériens retenus en Israël, « soupçonnés de délits contre la sécurité de l'État ». Sortie des films *La Rupture* de Claude Chabrol et *La Maison* de Gérard Brach.

Il est des entreprises pour lesquelles la vraie méthode est un désordre intentionnel (Herman Melville).

Sainte Natacha

Vierge 1er décan

JEUDI 26 AOÛT

Les drôles d'histoires de Pierre Bellemare

Auberge espagnole

Véritables cauchemars informatiques, les *spams* engorgent les boîtes de réception des courriers électroniques. Mais combien de ces « pourriels » atteignent-ils leur but commercial ? Pour le savoir, des chercheurs en informatique de l'université de Berkeley, en Californie, se sont livrés à une expérience originale. Proposant un faux site de produits aphrodisiaques, ils ont infiltré le réseau Storm et piraté près de 76 000 ordinateurs personnels. Après avoir expédié près de 350 millions de messages en moins d'un mois, ils n'ont obtenu que 28 réponses positives. Conclusion : l'impact réel des « pourriels » est de l'ordre de 0,00001 %. Autrement dit, il faut envoyer près de 13 millions de courriels aléatoires pour vendre une seule boîte de poudre de perlimpinpin. Les chercheurs estiment néanmoins qu'un réseau de la taille de Storm génère un chiffre d'affaire de 3,5 millions de dollars par an.

Employé positivement, le web peut aussi, fort heureusement, se transformer en outil d'utilité publique. Ainsi la fondation humanitaire de Google a-t-elle lancé aux États-Unis un programme de recherche pour s'attaquer au virus de la grippe. En analysant des mots clés comme « symptôme de la grippe » tapés par les internautes et en couplant ces informations avec la situation géographique des usagers, le moteur de recherche suit en temps réel la propagation de la maladie et alerte les services sanitaires. Avec quinze jours d'avance sur les systèmes de surveillance traditionnels !

IL Y A 40 ANS, EN 1970 : Un important dirigeant syndicaliste de la CGT argentine, José Alonso, est abattu à Buenos Aires. Les Palestiniens rejettent le plan de paix américain. Le boxeur français René Roque conserve à Copenhague son titre européen des super-légers.

VENDREDI 27 AOÛT

Sainte Monique

Vierge 1er décan

Les braises vous réchauffent parfois mieux que les flammes (Stephen King).

★ GÂTEAU BRESTOIS. Pour six personnes. Passez au mixeur 400 grammes de galettes bretonnes. Battez trois œufs dans un saladier, incorporez à la poudre de galettes ; ajoutez 15 centilitres de lait, 50 grammes de poudre d'amandes et 100 grammes de compote de pommes. Versez la préparation dans un moule à manqué de 26 centimètres de diamètre recouvert de papier sulfurisé. Faites cuire 25 minutes au four (th. 6-7).

Les arbustes à floraison automnale sont rares, notamment ceux qui ont des fleurs bleues ; le caryopteris est un petit arbuste qui atteint à peine 1,20 mètre et convient bien pour la culture en pots, idéal aussi pour les petits jardins. Si vous avez plus d'espace, vous en planterez en groupe de trois ou cinq. Ils produisent des bouquets floraux vaporeux et un feuillage gris-bleu découpé dégageant une odeur balsamique très agréable quand on le froisse. Cet arbuste prospère en plein soleil dans un sol léger et bien drainé, même en sol calcaire.

Parmi ces trois rois de France, celui qui a régné le plus longtemps est :

a. Louis XIII ?
b. Louis XV ?
c. François Ier ?

(Réponse : b – Louis XV : 59 ans ; François Ier : 32 ans et Louis XIII : 33 ans.)

IL Y A 40 ANS, EN 1970 : L'écrivain Arthur London est déchu de sa nationalité par décision du ministère de l'Intérieur tchécoslovaque. L'Égypte et l'Iran ont rétabli leurs relations diplomatiques rompues en 1960. Le chanteur Théo Sarapo, dernier mari d'Édith Piaf, trouve la mort dans un accident de la route.

Curiosité n'est que vanité. Le plus souvent, on ne veut savoir que pour en parler (Blaise Pascal).

La faiblesse humaine est d'avoir des curiosités d'apprendre ce qu'on ne voudrait pas savoir (Molière).

Saint Augustin — SAMEDI 28 AOÛT — Vierge Ier décan

Saint Fiacre — DIMANCHE 29 AOÛT — Vierge Ier décan

La France mystérieuse

LA VILLE DE CHARLES

Charleville (Ardennes)

Il est rare qu'une ville soit une création voulue et réalisée de bout en bout par un seul homme. C'est pourtant le cas de Charleville, appelée à l'origine Charles-Ville… Le 23 avril 1608, Charles de Gonzague, neveu d'Henri IV, duc de Nevers et de Rethel, confie à l'architecte Clément Métezeau la création d'une ville portant son prénom où il résidera pour administrer ses possessions. Métezeau, homme de grand talent, imagine une cité construite selon un plan à damier, mélangeant la pierre de taille, la brique et l'ardoise, ce qui lui donne un aspect à la fois gai et élégant. Frère de l'architecte Louis Métezeau, à qui on doit la place des Vosges à Paris, il fait de la place principale de Charles-Ville, la place Ducale, une réplique de celle-ci. Et le 6 mai 1620, jour des quarante ans de Charles de Gonzague, la cité est inaugurée.

Son peuplement ne pose aucun problème, car le duc octroie l'impunité juridique à tous ses habitants, ceux-ci ne pouvant « être recherchés pour les dettes, obligations et crimes qu'ils auraient faits dans une autre juridiction ». La population ainsi recrutée n'est certes pas une élite, mais elle est courageuse, déterminée à réussir et elle s'accroît rapidement. La cité devient alors la rivale de Mézières, située juste à côté, même si, lorsque sont créés les départements, c'est Mézières qui est choisie comme chef-lieu des Ardennes, Charleville étant trop récente. Par la suite, en 1966, les deux villes ont fusionné pour former l'agglomération de Charleville-Mézières.

IL Y A 40 ANS, EN 1970 : Jean-Jacques Servan-Schreiber annonce sa candidature à une élection partielle à Bordeaux. Le délégué d'Israël, M. Yosef Tekoah, décide de ne pas regagner son ambassade tant que la Maison-Blanche n'aura pas fourni de garanties sur le cessez-le-feu. Violentes émeutes à Los Angeles.

LUNDI 30 AOÛT

Saint Fiacre

Vierge 1er décan

Quand on écrit ses Mémoires, on se fait deux sortes d'ennemis. Ceux dont on parle. Et ceux dont on ne parle pas (Charles Dullin).

MOULES AUX CHAMPIGNONS. Pour quatre personnes.
Versez 1 kilogramme de moules grattées lavées dans une casserole, ajoutez un demi-verre de vin blanc et poivrez. Laissez-les cuire quelques secondes pour qu'elles s'ouvrent, puis décoquillez-les. Filtrez le jus de cuisson, ajoutez deux gousses d'ail pilées, faites réduire légèrement à feu moyen. Versez ce jus refroidi dans un saladier, puis 100 grammes de mayonnaise prête à l'emploi, le jus de deux citrons, émulsionnez avec deux cuillerées d'huile, salez, poivrez. Mélangez cette sauce aux moules et à 150 grammes de champignons de Paris émincés. Décorez d'herbes.

Les gants de Millau

Millau, visité pour son viaduc au pied du plateau du Larzac, est aussi un centre peaussier important depuis le Moyen Âge. Il devint, entre les deux guerres, la capitale du gant, et aujourd'hui, les gants de Millau se vendent dans les boutiques de luxe du monde entier grâce à un savoir-faire unique. Au XIIe siècle, les peaussiers fournissaient l'armée en bottes de cuir ou harnais, l'Église, l'aristocratie et la bourgeoisie en gants car l'usage voulait qu'on ne paraisse jamais mains nues aux cérémonies. Au XVIIe siècle, cet artisanat se développa grâce aux éleveurs des Causses proches, qui avaient besoin de brebis pour produire le lait indispensable à la fabrication du roquefort et sacrifiaient les agneaux ; les mégissiers récupéraient leurs peaux délicates pour en faire une matière première exceptionnelle. Dans les années 1850, les temps de coupe furent considérablement réduits grâce à la « main de fer », et les machines à coudre permirent de lancer une production en série. Cent ans plus tard, on trouvait quatre-vingt-deux fabricants à Millau, juste avant le déclin causé par la concurrence des pays asiatiques et l'utilisation de matériaux synthétiques. Mais les gantiers de Millau ont trouvé un second souffle en diversifiant leur production, en travaillant pour le sport, l'orthopédie, la recherche, tous les métiers où il faut se protéger les mains…

Les drôles d'histoires de Pierre Bellemare

Intelligence animale

Inépuisable source d'émerveillement, l'intelligence animale nous réserve bien des surprises. Au terme d'une carrière bien remplie entre courses et rodéos, Alfred, un mustang de vingt-trois ans, se consacre aujourd'hui à la peinture abstraite. Sa vocation artistique est née le jour où son maître, repeignant son paddock, a laissé traîner un pinceau. L'animal s'en est emparé avec les dents, l'a trempé dans le seau de peinture, et s'est exprimé sur une cloison. Avec désinvolture mais talent. Son propriétaire s'est alors empressé de mettre à sa disposition une toile blanche et un assortiment de couleurs. Depuis, l'artiste répète son exploit avec plaisir. Ses œuvres ont séduit bon nombre de collectionneurs, et une galerie de Venise a pris l'animal sous contrat, négociant plus de 2 000 euros ses tableaux les plus réussis.

Une question se pose néanmoins : une activité cérébrale accrue est-elle bien tolérée par tous les animaux ? Pour le savoir, des chercheurs de l'université de Lausanne ont partagé des mouches en deux groupes, dont l'un a été soumis à un apprentissage intensif sur les odeurs et les goûts. Au terme de l'expérience, ils se sont aperçus que les mouches instruites avaient une espérance de vie 10 à 15 % inférieure à celles des autres. En d'autres termes, l'intelligence accélère le vieillissement. Du moins chez les insectes.

IL Y A 40 ANS, EN 1970 : Le roi Hussein de Jordanie échappe à un attentat. Sortie du film de Sydney Pollack *On achève bien les chevaux* avec Jane Fonda et Michael Sarrazin. Disparition du très grand écrivain français François Mauriac, à l'âge de 84 ans.

MERCREDI 1 SEPTEMBRE — Saint Gilles — Vierge 1e décan

L'homme devrait mettre autant d'ardeur à simplifier sa vie qu'il en met à la compliquer (Henri Bergson).

Septembre est le moment idéal pour créer une pelouse. Grâce à l'arrosage naturel des pluies d'automne, le gazon s'enracine bien, ce qui lui donnera une bonne résistance aux coups de chaleur de l'été prochain. Pratiquez ce travail lorsque la terre est bien sèche en surface. Pour éliminer les mauvaises herbes et les cailloux, labourez consciencieusement votre terrain à la bêche ou à la moto-bêche en enfouissant un engrais de fond. Aplanissez-le à l'aide d'un râteau et tassez avec un rouleau. Semez en deux temps en parcourant le terrain dans les deux sens. Griffez pour recouvrir les semences et roulez.

★ CARRÉS D'AVOCAT. Pour quatre personnes. Superposez deux fois deux bricks, et découpez en tout douze carrés en double épaisseur de 12 centimètres de côté. Badigeonnez-les de beurre, et passez-les au four préchauffé (th. 7) pendant 5 minutes. Mixez la chair de deux avocats avec un jus de citron, une cuillerée à soupe de crème, une cuillerée à café de harissa et une pincée de sel. Pour chaque convive, tartinez un carré d'une couche de crème d'avocat, posez dessus un carré de brick, puis une tomate confite coupée en morceaux, mélangée au quart d'une boîte de miettes de crabe. Terminez par un carré de brick.

Le baccalauréat a été créé à l'initiative de :

a. Napoléon Ier ?
b. Napoléon III ?
c. Jules Ferry ?

(Réponse : a – 17 mars 1808.)

IL Y A 40 ANS, EN 1970 : Les États-Unis ont la preuve que l'Égypte a violé le cessez-le-feu avec Israël. L'Irak menace de soutenir les Palestiniens contre la Jordanie. Décès du général Pierre Kœnig et de l'acteur Bernard Noël.

C'est une ennuyeuse maladie qu'une santé conservée par un trop grand régime (Montesquieu).

Sainte Ingrid
Vierge 2e décan

JEUDI 2 SEPTEMBRE

Les drôles d'histoires de Pierre Bellemare

Parents en culottes courtes

En février 2008, le tabloïd anglais *The Sun* révèle en première page que la petite Maisie Roxanne est née de parents âgés respectivement de treize et quinze ans. Le soi-disant père, Alfie Patten, mesure 1,22 mètre et sa voix n'a pas encore mué. Quand on lui demande comment il compte assumer financièrement son enfant, il répond : « Ça veut dire quoi, *financièrement* ? » Au Royaume-Uni, le taux de grossesses juvéniles est un problème de société, puisque plus de 2 500 jeunes filles de moins de seize ans accouchent chaque année. Et le phénomène s'étend à l'ensemble des pays industrialisés.

Pour sensibiliser les élèves aux risques d'une sexualité précoce et incontrôlée, les services sociaux d'un collège berlinois leur distribuent des poupées bourrées d'électronique. Sur le modèle des tamagotchis japonais, ces ersatz de nourrissons réclament des soins constants. Si, par exemple, une mère de substitution ne donne pas à son nouveau-né ses biberons à heures fixes, une horloge interne le fait pleurer. Et elle doit veiller à son hygiène corporelle et à son équilibre affectif sous peine de le voir rapidement dépérir. L'expérience a, semble-t-il, porté ses fruits. « Au bout d'une semaine de stage, quand j'ai dû rendre le bébé, je me suis sentie désemparée, se souvient Jessica. Mais j'ai aussi compris que je n'étais pas mûre pour élever un enfant. » Quant au petit ami de la gamine, en dépit de ses promesses de lui prêter main-forte, il l'a laissée se débrouiller seule avec les couches et les biberons. « Heureusement que ma fille était en plastique, a conclu Jessica avec soulagement, car notre relation n'a pas résisté à l'expérience. »

IL Y A 40 ANS, EN 1970 : Par décision de la Chambre basse du Parlement indien, les 279 derniers maharadjahs perdent ce qui leur restait de privilèges. Fusion des groupes pétroliers Elf et Antar. Première, au Théâtre du Gymnase, de la pièce de Francis Veber *Le Contrat*, dans une mise en scène de Pierre Mondy.

VENDREDI 3 SEPTEMBRE
Saint Grégoire
Vierge 2e décan

La science moderne est un admirable monument qui fait honneur à l'espèce humaine et qui compense (un peu) l'immensité de sa bêtise guerrière (Hubert Reeves).

★ PILONS AU PAPRIKA. Pour quatre ou cinq personnes. Mettez dans un plat au four (th. 7-8) 1 kilogramme de pilons de poulet beurrés et assaisonnés. Laissez cuire une vingtaine de minutes. Mettez dans une casserole avec 30 grammes de beurre deux échalotes hachées, un jus de citron, 1 livre de petits champignons de Paris coupés en quatre, deux cuillerées à soupe de crème, une cuillerée à café de paprika et du sel. Laissez bouillir jusqu'à réduction presque complète du liquide. À ce moment rajoutez une cuillerée de crème fraîche. Rangez les pilons dans un plat et nappez avec la garniture.

La soupe fait grandir
Aucun aliment ne fait grandir. La nourriture est indispensable à la croissance, mais elle ne la provoque pas. Pour bien grandir, il faut apporter à l'organisme tous les éléments dont il a besoin pour se construire : une ration suffisante de protéines, de glucides, de lipides, de vitamines et de sels minéraux.

Il y a eu en France 273 500 mariages en 2008, contre 319 000 en 1960.

IL Y A 40 ANS, EN 1970 : Au Chili, Salvador Allende remporte l'élection présidentielle. À Barcelone, aux championnats d'Europe de natation, Michel Rousseau devient détenteur du record d'Europe du 100 mètres nage libre. Sortie du film *Une passion* d'Ingmar Bergman avec Liv Ullman, Bibi Anderson et Max von Sydow.

Je ne suis pas de ceux qui s'imaginent qu'ils n'ont qu'à ouvrir la bouche pour que les alouettes tombent rôties. Non, mais tout de même, j'ouvre la bouche de temps en temps (A. Allais).

On a beau avoir une santé de fer, on finit toujours par rouiller (Jacques Prévert).

Sainte Rosalie — SAMEDI 4 SEPTEMBRE — Vierge 2e décan

Sainte Raissa — DIMANCHE 5 SEPTEMBRE — Vierge 2e décan

La France mystérieuse

LES POSSÉDÉS DE SAVOIE

Morzine (Haute-Savoie)

Le 14 mars 1857, à Morzine, qui fait alors partie du duché de Savoie, Peronne, une petite fille pieuse, bien élevée et intelligente, est prise soudain de malaises : elle pousse des cris, se roule par terre, vocifère des injures, lance un tabouret, le tout avec une respiration forte et précipitée. Puis, la crise s'arrête soudainement et elle ne conserve aucun souvenir de ce qui s'est passé. Le lendemain, c'est une petite camarade de Peronne, tout aussi sage qu'elle jusque-là, qui se livre aux mêmes démonstrations de fureur. Par la suite, les symptômes se répandent dans la population, jusqu'à devenir une véritable épidémie. Les victimes sont en majorité des femmes, généralement jeunes, mais pas toujours. En 1861, on ne compte pas moins de 120 « possédés », puisque c'est ainsi qu'on les désigne. L'affaire a pris des proportions considérables et entraîne un conflit entre les autorités religieuses, qui veulent recourir à l'exorcisme, et celles du Second Empire – car entre-temps Morzine est devenue française – qui veulent traiter les symptômes de manière médicale. En fin de compte on recourt aux deux méthodes, qui ne donnent ni l'une ni l'autre de résultat probant. Quant à la véritable cause de ces « possessions », c'est un médecin envoyé de Paris qui a fait vraisemblablement le bon diagnostic. Il s'agissait d'une maladie nerveuse, dont les causes étaient l'ignorance, la mauvaise nourriture et les mariages consanguins. Et, de fait, l'épidémie, après s'être poursuivie pendant plusieurs années avec une intensité moindre, s'est arrêtée du jour au lendemain lorsque la route reliant Morzine à la civilisation a été construite.

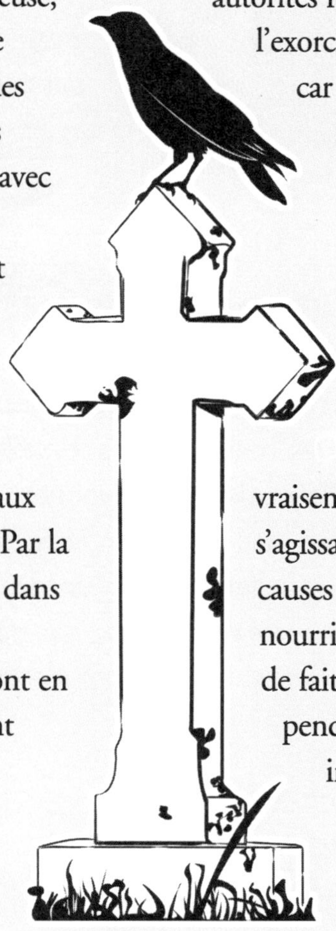

IL Y A 40 ANS, EN 1970 : En Europe, quatre tentatives de détournement d'avions de ligne sont faites par des commandos palestiniens du FPLP. Les forces israéliennes occupent plusieurs villages libanais. Générale au Théâtre Édouard VII, de *Double Jeu* de Robert Thomas, mis en scène par Jacques Charon.

LUNDI 6 SEPTEMBRE — **Saint Bertrand** — **Vierge** 2e décan

Ma seule gym, c'est d'aller aux enterrements de mes amis qui faisaient de la gym pour rester en bonne santé (Georges Feydeau).

⋆ MOUSSE DE PÊCHE. Pelez, dénoyautez et mixez 600 grammes de pêches bien mûres. Mettez 10 minutes au congélateur deux briques de 20 centilitres de lait concentré non sucré puis battez-le en mousse avec un demi-jus de citron et 50 grammes de sucre. Mélangez délicatement à la purée de pêches. Cassez grossièrement une dizaine de biscuits roses de Reims. Mettez-en la moitié au fond de quatre verrines avec quelques fraises coupées en quatre. Versez ensuite la mousse dans chacune, terminez par des biscuits et quelques morceaux de fraises.

POUR NETTOYER UN PANIER ANCIEN EN VANNERIE

En bon état, une vannerie ne craint pas l'eau. Son nettoyage est identique à celui des meubles en rotin. Éliminez la crasse avec une brosse souple et de l'eau savonneuse tiède. Rincez soigneusement. Laissez sécher à l'air libre, à l'abri du soleil. Terminez éventuellement par un peu d'huile de lin pour faire briller, mais n'employez pas de vernis qui dénaturerait l'aspect et la flexibilité de la matière.

Les drôles d'histoires de Pierre Bellemare

Caprices de stars

Il y a quelques années, Liza Minnelli descend dans un palace londonien. Vers 1 heure du matin, David Gest, son mari de l'époque, est pris d'une soif inextinguible. Réclame-t-il du champagne, une eau minérale exotique ou un cocktail compliqué ? Non. Il exige du lait de zèbre. N'en disposant pas, le directeur lui propose laits de vache, de chèvre, de brebis, de soja. Il ne veut rien entendre. Un groom est envoyé au zoo de Londres réveiller le gardien. Manque de chance : aucune femelle zèbre n'allaite de petits. En désespoir de cause, vers 7 heures du matin, un employé de l'hôtel parvient à dégotter dans une supérette africaine un pack du précieux lait. Gest le déguste. Puis téléphone, furieux, à la réception pour se plaindre d'avoir dû patienter.

Agacés de perdre leur temps dans les embouteillages pour rejoindre leurs trois jets privés, Larry Page et Sergey Brin, les jeunes patrons de Google, ont loué à la Nasa la piste d'atterrissage qui jouxte leurs bureaux. Coût des places de parking : 3 000 euros par jour !

Enfin, en 2009, pour un peu moins de 230 millions d'euros, le milliardaire russe Abramovitch a commandé aux chantiers navals de Hambourg un nouveau yacht, *L'Éclipse*, long de 167 mètres, équipé d'un détecteur de missiles, d'un hélicoptère et d'un sous-marin de poche, pour l'acheminer en Afrique du Sud, afin qu'il puisse assister dans de bonnes conditions à la Coupe du monde de football. On lui souhaite bon vent.

IL Y A 40 ANS, EN 1970 : Les États-Unis, l'Angleterre, l'Allemagne fédérale et la Suisse négocient avec les Palestiniens la libération de tous les prisonniers retenus à Zarka. L'armée khmère lance sa plus grande offensive de la guerre du Cambodge. Sortie du film de François Truffaut *Domicile conjugal*.

MERCREDI 8 SEPTEMBRE **Notre Dame de la Nativité**

Vierge 2e décan

Quand les gens intelligents se piquent de ne pas comprendre, il est constant qu'ils y réussissent mieux que les sots (André Gide).

★ GRENADIER COLLIOURE. Pour quatre personnes.
Égouttez les filets de deux petites boîtes d'anchois à l'huile et mixez-les en ajoutant 150 grammes de beurre. Mettez ce beurre d'anchois dans une assiette au réfrigérateur pour le faire durcir. Dans une casserole sur feu doux, versez une cuillerée à soupe d'huile d'olive, ajoutez deux échalotes hachées, laissez suer puis ajoutez un grain d'ail haché, versez la chair hachée d'une livre de tomates pelées épépinées, mélangez et laissez cuire à petits bouillons à découvert un quart d'heure. Coupez le beurre d'anchois froid en morceaux et ajoutez-le au coulis de tomates en fouettant avec un fouet à main. Nappez de ce coulis quatre filets de grenadier cuits vapeur.

Le kirsch de Fougerolles

Au Moyen Âge, les marées de fleurs blanches des cerisiers constituaient le plus bel ornement de la Franche-Comté. Au XVIIe siècle, un moine eut l'idée de brûler des pulpes de cerises fermentées et ainsi fut créé le kirsch, première eau-de-vie de fruits, dont Fougerolles devint la capitale. Le meilleur kirsch provient des guignes, petites cerises presque noires à la chair sucrée, issues de greffes sur des merisiers sauvages. Début juillet, toute la population participait à la cueillette. Juchés sur des pieds-de-chèvre (poteaux agrémentés de marchepieds), charmotte en bandoulière, les cueilleurs rivalisaient d'adresse et de rapidité. Très vite, tous les fruits furent distillés (poire William, quetsche, prune et mirabelle). En 1914, le verger comptait vingt mille pieds. La crise économique des années 1930 et la législation antialcoolique portèrent un rude coup à cette économie locale. Par ailleurs, les vergers durent être adaptés à la mécanisation de la cueillette, et la distillation fut confiée à des groupements de producteurs. Quelques bouilleurs restent cependant fidèles aux techniques anciennes.

IL Y A 40 ANS, EN 1970 : Un nouvel appareil est détourné sur Zarka, portant le nombre d'otages retenus par le FPLP à 312. Après de nouveaux affrontements, le roi Hussein donne les pleins pouvoirs au général Hadissa. Mort du professeur Pierre Soulié, l'un des chefs de file de la cardiologie française.

Piètre amour que celui qui se laisse mesurer (Shakespeare).

Saint Alain
Vierge 2e décan

JEUDI 9 SEPTEMBRE

Les drôles d'histoires de Pierre Bellemare

À la recherche de ses racines

En 2005, une passionnante exposition est organisée à la Société d'histoire de New York. Intitulée « À la recherche de Priscilla, les racines et les ramifications de l'esclavage », elle présente les travaux d'un anthropologue et d'un écrivain qui, après vingt ans de recherches, sont parvenus à reconstituer le parcours de Priscilla, une Sierra-Léonaise déportée en 1756, l'une des 18 millions de victimes du trafic du « bois d'ébène ».

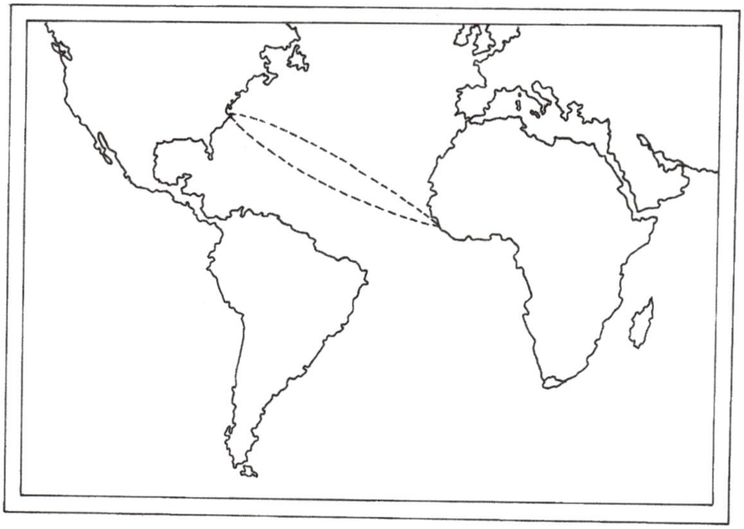

Âgée de dix ans à l'époque des faits, la fillette avait été transportée en Amérique à bord du *Hare,* un navire négrier, et vendue avec quatre autres enfants à un riche fermier pour la somme de 600 livres sterling. Après avoir travaillé sa vie durant dans une plantation et donné le jour à dix enfants, la malheureuse était décédée à l'âge de soixante-cinq ans. Les deux chercheurs ont aussi réussi à identifier les descendants de Priscilla sur sept générations. Et à localiser la dernière représentante de la lignée, Thomalind Polite, une orthophoniste de trente et un ans.

À l'issue d'une conférence donnée à Newport, port d'attache du *Hare* au XVIIIe siècle, par l'anthropologue, des étudiants émus ont collecté 10 000 dollars auprès des habitants de la ville pour permettre à Thomalind de se rendre en Sierra Leone.« Au cours de mon voyage, j'ai mesuré quelles épreuves avait dû endurer mon aïeule pour survivre et faire souche aux États-Unis », a déclaré la jeune femme à son retour d'Afrique.

IL Y A 40 ANS, EN 1970 : L'armée khmère brise le siège de Kompong Thom encerclé depuis trois mois par les maquisards. Générale de la pièce *Quatre pièces sur jardin* de Barillet et Grédy, mise en scène par Jacques Charon. Mort du directeur des programmes d'Europe 1, Lucien Morisse.

VENDREDI 10 SEPTEMBRE — Sainte Inès — Vierge 2e décan

Une tête sans mémoire est une place sans garnison (Napoléon Bonaparte).

Même sur un balcon, vous pouvez planter des arbustes à fruits rouges, car ils résistent généralement bien au gel. Les fraisiers grimpants ou en suspension, dans un bac rempli d'un bon terreau avec des apports d'engrais réguliers, sont d'un bon rendement, à condition d'être au soleil et bien arrosés. Choisissez les variétés remontantes qui produiront des fruits de mai à septembre. Les myrtilles réclament moins de soleil ; cet arbuste sera planté en terre de bruyère et tuteuré. En hiver, vous éliminerez le bois mort et les brindilles inutiles pour dégager le centre de la plante.

Le gagne-petit

Au XVe siècle, les tondeurs de draps utilisaient de grandes forces (ciseaux à tondre) fabriquées par les forcetiers et aiguisées par les émouleurs. Lorsque ces métiers passèrent entre les mains des couteliers, demeura une catégorie d'émouleurs ou rémouleurs ambulants. En 1759, Jacques Savary décrit dans son *Dictionnaire universel* le rémouleur comme un « pauvre compagnon coutelier, qui roule devant soi, ou qui porte sur son dos une petite boutique garnie d'une meule, d'un marteau et d'une pierre à affiler, pour aiguiser et raccommoder les divers ouvrages de menue coutellerie ». On l'appelle « gagne-petit », vu son médiocre gain, ou « rémouleur à la petite planchette », à cause de la petite planche sous son pied, dont le mouvement fait tourner sa meule. Les gagne-petit avaient fondé au couvent des Augustins une confrérie placée sous le patronage de Catherine d'Alexandrie, sainte martyre suppliciée à la roue.

IL Y A 40 ANS, EN 1970 : Une violente tornade sur Venise provoque le naufrage d'un vaporetto et la destruction de plusieurs camps de touristes. Libération de l'écrivain soviétique Youri Daniel, emprisonné pour avoir manifesté contre l'intervention des troupes soviétiques en Tchécoslovaquie.

Les femmes, c'est comme les photos : il y a un imbécile qui conserve précieusement le cliché, pendant que les gens d'esprit se partagent les épreuves (Henry Becque).

Saint Adelphe — SAMEDI 11 SEPTEMBRE — Vierge 2e décan

J'ai toujours vu que, pour réussir dans le monde, il fallait avoir l'air fou et être sage (Montesquieu).

Saint Apollinaire — DIMANCHE 12 SEPTEMBRE — Vierge 2e décan

La France mystérieuse

LE FIGUIER DISPARU

Roscoff (Finistère)

Le port breton de Roscoff a abrité près de quatre siècles une curiosité végétale. Un figuier, planté vers 1610 dans le jardin du couvent des Capucins, a apprécié à un tel point la terre et le climat qu'il n'a cessé de se développer au fil des années… Vers 1950, il avait atteint des proportions phénoménales. La circonférence de son tronc n'était pas énorme, même si elle atteignait le chiffre respectable de 2,40 mètres ; de même, il ne dépassait pas la hauteur de 10 mètres, mais c'était en largeur que s'était faite sa croissance. Il avait progressivement envahi trois cours du couvent. Ses branches auraient traîné par terre si on n'avait pris le soin de les étayer. Il avait fallu pour cela soixante-dix-neuf colonnes en granit, en fer ou en bois, d'une hauteur de 2,50 mètres. Elles étaient alignées sur plusieurs rangs et formaient une immense salle de verdure, dont le couvert était si épais qu'il interceptait totalement les rayons du soleil. L'ensemble couvrait pas moins de 700 mètres carrés. Quant à l'arbre, il produisait environ 500 kilogrammes de figues de la variété blanche par an.

Le figuier de Roscoff a attiré tout au long de son existence les visiteurs et les savants du monde entier. La *Revue horticole* de 1879 écrivit qu'il s'agissait sans nul doute du plus grand spécimen de son espèce et « qu'il peut être considéré comme une autre merveille du monde ». Jusqu'au bout, il n'a cessé de grandir et de s'étendre. Rien n'indiquait chez lui de maladie, il ne présentait nul signe de vieillesse. Il était bâti pour vivre des décennies, voire des siècles encore. Malheureusement, les hommes en ont décidé autrement : le figuier de Roscoff a été abattu en 1987 pour faire place à un parking.

IL Y A 40 ANS, EN 1970 : Après avoir libéré la plupart des prisonniers et détruit les trois appareils détournés, le FPLP entraîne une cinquantaine d'otages dans la clandestinité. Fermeture de l'Exposition universelle d'Osaka. À Barcelone, Gunnar Larsson bat le record du monde du 200 mètres 4 nages.

LUNDI 13 SEPTEMBRE Saint Aimé

Vierge 2e décan

Je crois que la meilleure définition de l'homme serait créature à deux pieds et ingrate (Dostoïevski).

COUPE SWAN. Pour quatre personnes. Râpez (râpe gros trous) deux pommes granny puis citronnez-les. Mélangez à un sachet de surimi râpé. Écrasez deux œufs durs à la fourchette, ajoutez deux yaourts bulgares, une cuillerée à soupe de moutarde. Salez, poivrez, ajoutez le jus d'un citron et des fines herbes. Mélangez le tout et répartissez dans quatre coupelles ou verrines, garnissez d'une tomate cerise. Servez très frais.

Le mouchoir de Cholet

La ville commence sa carrière textile au XIIe siècle, grâce à la culture du lin, du chanvre, et aux grandes prairies environnantes qui servent pour le séchage des toiles. Lorsque la pratique de blanchir la toile se répand, les fabricants de Cholet obtiennent un blanc azuré exceptionnel. Les manufactures s'approvisionnent en coton et exportent par les ports de Nantes et La Rochelle. Au milieu du XVIIIe siècle, elles fabriquent aussi des mouchoirs, morceau de tissu qui ne sert pas encore à se moucher (on se mouche dans ses doigts ou sur un pan de son vêtement…), mais à s'essuyer le front, ou s'utilise en brassard ou en chiffon. C'est Louis XVI qui impose, en 1785, la forme carrée. En 1900, Théodore Botrel interprète son *Mouchoir rouge de Cholet* au concert annuel de l'Orphéon local. C'est un succès. Sa chanson évoque les guerres de Vendée au cours desquelles les Chouans se ralliaient à la couleur blanche de leur drapeau. Est-ce François de Charette ou Henri de la Rochejacquelein qui portait trois mouchoirs blancs sur son uniforme pour mieux se faire reconnaître de ses hommes ? Et qui servaient aussi de cible aux Républicains… La chanson fait revivre cet acte de bravoure, le blanc symbolisant le roi de France, le rouge, le sang des Vendéens. Léon Maret, un industriel qui a du flair, lance alors la fabrication de mouchoirs tissés rouge sur blanc, et en offre au chanteur à distribuer dans son cabaret de Montmartre. C'est le début d'une formidable publicité pour les activités textiles de Cholet, dont ce mouchoir devient l'emblème. Le musée du textile y perpétue le tissage de ce fameux mouchoir.

Les drôles d'histoires de Pierre Bellemare

Diagnostics empiriques

Grâce, notamment, à la biologie moléculaire et à l'informatique, la médecine moderne progresse à pas de géant. Pour autant de graves pathologies échappent encore à la vigilance des spécialistes. Dans ce cas, il ne reste plus aux malades qu'à s'en remettre à des techniques de diagnostic plus empiriques.

Une Américaine obèse est harcelée par son médecin qui l'exhorte à perdre du poids. Mais, en dépit d'un régime alimentaire drastique, elle n'obtient aucun résultat. Quelques mois plus tard, elle finit par consulter un autre médecin pour se faire soigner d'une banale gastro-entérite. Le praticien l'ausculte et constate qu'une tumeur abdominale de 63 kilogrammes s'est développée dans son organisme depuis une quinzaine d'années. Une fois opérée avec succès, la patiente a retrouvé taille de guêpe et joie de vivre.

Sarah Kerr, une Écossaise d'une trentaine d'années, se promène dans un pré, dans lequel paissent des vaches. Soudain, l'une d'entre elles la charge sans sommation et lui assène un violent coup de tête dans le ventre. La malheureuse est transportée d'urgence à l'hôpital où elle subit un scanner de la région abdominale. Hormis de légères contusions, un radiologue détecte une tumeur maligne en formation. Au terme d'une intervention chirurgicale, la malade est déclarée hors de danger. « Si la vache ne m'avait pas attaquée, le cancer se serait développé à mon insu, et j'en serais sans doute morte », s'est réjouie la miraculée. Qui collectionne depuis les objets en tous genres à l'effigie de sa bienfaitrice !

IL Y A 40 ANS, EN 1970 : Aux États-Unis, les 343 000 ouvriers de la General Motors sont en grève. Première au Théâtre Récamier de la pièce de Jean Genet *Haute Surveillance*, mise en scène par Arcady, avec Madeleine Renaud et Jean-Louis Barrault. Agatha Christie fête ses 80 ans et son 80e roman.

MERCREDI 15 SEPTEMBRE — Saint Roland — Vierge 3e décan

Je me sens très optimiste quant à l'avenir du pessimisme (Jean Rostand).

★★ TERRINE DE PIQUE-NIQUE. Pour 8 personnes. Mettez dans un grand faitout rempli d'eau froide deux jarrets de porc demi-sel avec un bouquet garni et quatre clous de girofle, et faites cuire 3 à 4 heures. Retirez la couenne et désossez-les. Sur une planche, effilochez la viande à l'aide d'une fourchette, puis dans une terrine mélangez-la avec un bol de persil et cerfeuil, une cuillerée à soupe de vinaigre de vin et un demi-verre de vin blanc sec. Préparez 1 demi-litre de gelée comme indiqué sur le sachet, en ajoutant deux cuillerées de madère, versez-la tiède sur la viande. Laissez refroidir. Tassez bien, mettez une planchette ou une assiette et un poids, gardez au réfrigérateur.

Il faut mettre du beurre, ou une moitié de pomme de terre, ou du dentifrice sur les brûlures

C'est absolument faux et même dangereux. Vous pourrez soulager la douleur d'une blessure superficielle en laissant couler dessus l'eau froide du robinet pendant cinq minutes, pour la rafraîchir. Ensuite, vous y appliquerez un corps gras, mais uniquement un produit spécifique vendu en pharmacie. Si la brûlure est supérieure au premier degré, en cas de cloques par exemple, surtout ne rien appliquer et attendre un avis médical.

La consommation annuelle de sandwiches par les Français est de :

a. 740 millions ?
b. 975 millions ?
c. 1,8 milliard ?

(Réponse : c.)

IL Y A 40 ANS, EN 1970 : M. Hambro est élu président de la 25e assemblée générale de l'ONU. Toutes les forces de la résistance palestinienne sont placées sous le commandement de Yasser Arafat. Débuts à Bobino du nouveau spectacle de Guy Bedos et Sophie Daumier.

Les plus détestables mensonges sont ceux qui se rapprochent de la vérité (André Gide).

Sainte Edith
Vierge 3e décan

JEUDI 16 SEPTEMBRE

Les drôles d'histoires de Pierre Bellemare

Les cervidés en folie

En ce jour de juillet 2009, un homme se présente à la gendarmerie de Trient, en Suisse. Il semble très agité. « Je viens vous signaler que notre vie a été mise en danger par un cerf. Nous étions en train de pique-niquer en famille quand il est sorti du bois. Il s'est jeté sur nous, les cornes en avant. Nous nous sommes enfuis. Alors, il a mangé la salade et les légumes… »

Les gendarmes remercient l'homme et lui promettent qu'ils vont faire le nécessaire. Pas un instant, ils n'ont mis en doute sa santé mentale, ils prennent même son témoignage très au sérieux. C'est que cette déposition fait suite à toute une série du même genre. Des biches ont été vues endormies sur la route, obligeant les automobilistes à des embardées ou à des coups de frein en catastrophe ; un gentil faon est entré dans une villa, il s'est mis à faire le tour des pièces et ne voulait plus sortir.

Bref, il se passe quelque chose d'extraordinaire avec les cervidés de la région, mais que faire ? Les gendarmes ne peuvent pas les arrêter et les interroger, comme les malfaiteurs qu'ils pourchassent ordinairement. C'est alors qu'ils ont l'idée de faire appel aux gardes-chasses, qui passent de longues journées à surveiller les animaux. Et ils finissent par découvrir le pot-aux-roses. Les cervidés allaient brouter une plantation de cannabis clandestine installée dans une ferme. Cette fois, les gendarmes peuvent intervenir comme ils ont l'habitude de le faire. Les cultivateurs sont arrêtés, la plantation détruite et les cervidés de Trient retrouvent la santé.

IL Y A 40 ANS, EN 1970 : En Jordanie, après une journée de violents combats, Amman serait contrôlé par les forces royales. De retour à Monaco, après trois ans et demi de navigation à bord du *Calypso*, le commandant Cousteau lance un cri d'alarme sur la pollution des océans.

VENDREDI 17 SEPTEMBRE **Saint Renaud**

Vierge 3e décan

Les hommes qui ont changé l'univers n'y sont jamais parvenus en gagnant des chefs ; mais toujours en remuant des masses (Napoléon Ier).

★ SALADE ANTIBOISE. Pour quatre personnes. Grillez deux poivrons jaunes et deux poivrons rouges au four, pelez-les et découpez-les en fines lamelles. Mélangez-les à une boîte de cœurs d'artichauts entiers bien égouttés, deux cuillerées à soupe de coriandre ciselée, une échalote et une gousse d'ail hachées, 4 cuillerées à soupe d'huile d'olive, une cuillerée à soupe de jus de citron. Laissez mariner une matinée au réfrigérateur. Salez et poivrez. Servez avec des bâtonnets coupés dans des tranches de pain de campagne, grillés et frottés d'ail.

Les haies de persistants tels que thuya ou laurier-cerise protègent des regards indiscrets et du vent. Mais elles finissent par paraître monotones, et souvent se dégarnissent du bas. Donnez-leur plus de vie en plantant à leurs pieds des vivaces, des rosiers, et au printemps des lianes telles que les ipomées qui les égaieront pendant toute la belle saison de leurs couleurs.

% **29 millions de Français jouent et dépensent en moyenne 6 euros par semaine.**

IL Y A 40 ANS, EN 1970 : Les combats s'étendent à toute la Jordanie. Sortie du film *L'Homme-orchestre* de Serge Korber avec Louis de Funès. À Londres, mort du chanteur et guitariste légendaire Jimi Hendrix, à l'âge de 27 ans.

Sainte Nadège — SAMEDI 18 SEPTEMBRE — Vierge 3e décan

Le légume ne vient qu'en terre cultivée (proverbe arabe).

Saint Davy — DIMANCHE 19 SEPTEMBRE — Vierge 3e décan

Dans la nature, tout a toujours une raison. Si tu comprends cette raison, tu n'as plus besoin de l'expérience (Léonard de Vinci).

La France mystérieuse

LE SAINT ET LA GARGOUILLE

Rouen (Seine-Maritime)

Pendant plus d'un millénaire, le chapitre de Rouen a joui du privilège de la *fierte,* mot provenant du latin *feretrum,* « cercueil ». Il consistait à accorder tous les ans à l'Ascension la grâce d'un criminel, pourvu qu'il ne soit pas accusé de lèse-majesté, d'hérésie, d'assassinat, de viol ou de fausse monnaie.
Trois jours avant la date fatidique, le chapitre se réunissait pour choisir le criminel d'après les rapports qu'on avait préparés à son attention. L'élection faite, il transmettait le nom au Parlement, et le bénéficiaire était tiré de sa prison pour la cérémonie qui allait lui rendre la liberté.
Les rues de Rouen étaient noires de monde, car la *fierte* attirait chaque année la grande foule. L'heureux élu devait se rendre au Parlement, qui lui adressait une admonestation, puis à la cathédrale où le chapitre l'admonestait de nouveau et lui remettait la châsse ou fierte de saint Romain, qu'il devait porter à travers les rues de la ville. De retour à la cathédrale, il entendait la messe solennelle du jour de l'Ascension, après quoi il était libre.
Selon la tradition, l'origine de la *fierte* remontait au combat de saint Romain contre la Gargouille, un dragon qui dévastait la région. Il demanda à être accompagné de deux hommes retenus dans la prison, un voleur et un assassin.
Le voleur s'enfuit en voyant le monstre, mais le meurtrier resta et l'aida à le terrasser. Le saint lui fit grâce en remerciement.
Accordé par Dagobert en 630, le privilège de la *fierte* fut contesté par plusieurs rois de France, comme une atteinte à leur propre droit de grâce, mais finalement maintenu. C'est la Révolution qui l'a supprimé en 1791.

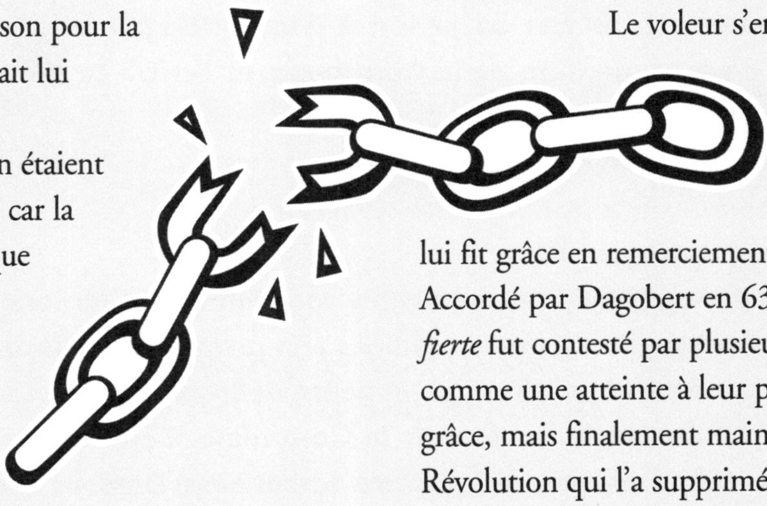

IL Y A 40 ANS, EN 1970 : Jacques Chaban-Delmas est réélu député de la 2e circonscription de Bordeaux, dès le premier tour, contre Jean-Jacques Servan-Schreiber. Nouvelle intervention syrienne en territoire jordanien. Embarquement de renforts américains pour une mission en Méditerranée.

LUNDI 20 SEPTEMBRE

Saint Davy

Vierge 3e décan

Si vous voulez aller sur la mer, sans aucun risque de chavirer, alors, n'achetez pas un bateau : achetez une île ! (Marcel Pagnol).

☆ MÉDAILLONS AU BLEU. Pour cinq ou six personnes. Mélangez 60 grammes de bleu d'Auvergne et 60 grammes de beurre en y ajoutant ciboulette et persil haché. Mettez deux grandes tranches de jambon rectangulaires à plat sur la planche à découper. Étalez sur chacune la moitié de la préparation en disposant au milieu deux ou trois rangs de haricots verts cuits « al dente » bout à bout. Formez un rouleau de chaque tranche de jambon que vous enveloppez de papier alu ; placez-les au réfrigérateur une demi-journée. Découpez les rouleaux en médaillons d'au moins 2 centimètres. Servez sur une salade romaine assaisonnée d'huile de noix et de vinaigre, garnie de cerneaux de noix.

Quand nous chanterons le temps des cerises,
Et gai rossignol et merle moqueur
Seront tous en fête.

En 1866, l'ex-ténor de l'Opéra, Renard, accepte de composer la musique du *Temps des cerises*, chanson mélancolique proposée par un jeune inconnu, Jean-Baptiste Clément. Solidaire des mouvements ouvriers, celui-ci entame une carrière de journaliste et de pamphlétaire qui lui vaudra trois ans de prison à Sainte-Pélagie. Libéré à la chute de l'Empire, il devient membre de la Commune, et écrit à ce moment-là de nouveaux couplets séditieux :

Quand il reviendra le temps des cerises,
Pandores idiots, magistrats moqueurs
Seront tous en fête.

La chanson devient l'hymne de tous les communards. Clément ne cessera ensuite de composer des chansons dédiées à la propagande socialiste révolutionnaire. C'est seulement en 1885 que le poète dédiera la version sentimentale au souvenir de Louise, ambulancière de la Commune. Cette douce romance nous rappelle que cet amoureux de la nature écrivit aussi *Dansons la capucine*…

IL Y A 40 ANS, EN 1970 : Les forces syriennes occupent Irbid, en Jordanie, ce qui déclenche une mise en état d'alerte d'unités américaines stationnées aux États-Unis et en Allemagne. Gérard Nicoud est victime d'un attentat. Générale au Théâtre de la Renaissance de la pièce de Jean Poiret *Douce Amère.*

En napolitain, le mot « travailler » n'existe pas. On dit « fatigare » (Roberto Rossellini).

Les drôles d'histoires de Pierre Bellemare

Un chenil en auto

Les policiers de Blackwest, dans la région de Birmingham, croient avoir affaire à un conducteur ivre lorsqu'ils repèrent une voiture zigzaguant sur la route. Ils se mettent à sa poursuite, la font s'arrêter et découvrent au volant une femme d'une cinquantaine d'années. Mais elle n'est pas seule, loin de là !

Qu'on en juge plutôt : elle a un chien sur ses genoux, il y en a quatre sur le siège du passager et pas moins de vingt-deux sur la banquette arrière. Certes, il s'agit de caniches de taille plutôt modeste, mais le véhicule ressemble plus à un chenil ambulant qu'à une voiture. Ils sont calmes, aucun d'eux n'aboie, mais leurs haleines additionnées dégagent une véritable vapeur, qui a obscurci toutes les vitres. C'est d'ailleurs la raison pour laquelle la conductrice avait cette conduite si mal assurée : elle avait beau tenter d'essuyer la buée avec la main, elle n'y voyait pratiquement rien… Devant la stupeur des policiers, elle leur déclare placidement :

« Je ne fais rien de mal. Je veux juste les emmener au bord de la mer. Ils ne l'ont jamais vue. »

Comme la mer la plus proche est à cent cinquante kilomètres, les agents mesurent tous les dangers qu'elle risquait de faire courir à elle-même et aux autres, avec ce voyage au long cours. La femme est priée de rentrer seule, tandis que sa meute sera reconduite à son domicile dans un véhicule de la fourrière et à ses frais. Le tribunal ne s'est pas montré plus indulgent, puisqu'il lui a infligé un an de suspension du permis de conduire et une amende d'un montant équivalant à 190 euros. Pour la mer, les toutous attendront !

Automne

AUTOMNE

Odeur des pluies de mon enfance
Derniers soleils de la saison !
À sept ans comme il faisait bon,
Après d'ennuyeuses vacances,
Se retrouver à la maison !
La vieille classe de mon père,
Pleine de guêpes écrasées,
Sentait l'encre, le bois, la craie
Et ces merveilleuses poussières
Amassées par tout un été.
Ô temps charmant des brumes douces,
Des gibiers, des longs vols d'oiseaux,
Le vent souffle sous le préau,
Mais je tiens entre paume et pouce
Une rouge pomme à couteau.

René-Guy Cadou

IL Y A 40 ANS, EN 1970 : La situation s'aggrave en Jordanie, mais le président Nixon hésite encore à engager les troupes US dans une opération risquée. Le rapprochement Péchiney-Ugine-Kuhlman donne naissance au premier groupe industriel français.

MERCREDI 22 SEPTEMBRE

Automne

Balance 1er décan

Avec l'âge, ne pas achever peut donner l'illusion d'entreprendre encore (Robert Mallet).

☆ PORC À L'ESPAGNOLE. Pour cinq personnes. Pour 4 personnes. Coupez en gros dés 500 grammes de rôti de porc et faites-les revenir 10 minutes à l'huile d'olive dans une cocotte avec deux oignons rouges émincés et cinq gousses d'ail. Dans un saladier, mélangez un petit chorizo pelé et haché finement au couteau, deux piments d'Espelette concassés, 20 centilitres de vin blanc sec, deux poivrons verts épépinés coupés en lamelles. Après avoir jeté le jus de cuisson de la viande, mettez le tout dans la cocotte avec les dés de porc. Couvrez et laissez mijoter une dizaine de minutes.

Les dragées de Verdun

Le célèbre confiseur Dragatus, ayant fait tomber une amande dans une jarre de miel, régalait déjà la célèbre famille romaine des Fabius de la plus craquante des friandises… En France, l'amande et le sucre de canne arrivent avec les croisés de retour d'Orient. En 1220, un apothicaire verdunois a l'idée de revêtir l'amande de sucre et de miel, puis de faire durcir le tout à la cuisson pour le rendre facilement transportable. La dragée, appelée « épice de chambre », est réputée vivifiante ; elle facilite la digestion, combat la stérilité et est même recommandée aux femmes enceintes. Mais elle sera surtout vite appréciée pour ses vertus gustatives ! Servie en fin de repas, précédée d'un verre de liqueur et présentée dans un « drageoir » (petite bonbonnière), elle devient à la mode chez les aristocrates. Offerte à Henri III à l'occasion de son sacre à Reims en 1574, elle est dès lors de tous les baptêmes de princes royaux. En 1777, une ordonnance royale interdit aux apothicaires le commerce de la dragée qui est repris par les confiseurs. Le bonbon perd son aspect rustique grâce à un nouveau procédé qui traite l'enrobage – l'amande reçoit plus de soixante couches de sirop ! – et lui donne l'aspect satiné et lisse de la porcelaine.

IL Y A 40 ANS, EN 1970 : Les troupes syriennes se replient au-delà de la frontière jordanienne. Disparition de Bourvil, l'un des acteurs français les plus populaires, à l'âge de 53 ans.

Mourir, ce n'est rien. Commence donc par vivre. C'est moins drôle et c'est plus long (Jean Anouilh).

Les drôles d'histoires de Pierre Bellemare

Rififi au parking

Ces deux retraités célibataires d'un immeuble du Val-de-Marne, pourtant convenablement fréquenté, ont l'obsession des voleurs. Ils sont perpétuellement aux aguets et, d'ailleurs, ils ont chacun chez eux un fusil de chasse, jugeant qu'on n'est jamais mieux défendu que par soi-même.

Cette nuit-là, comme ils ont tous les deux le sommeil léger, ils surprennent des bruits dans le parking. Ils s'appellent au téléphone et, constatant qu'ils ont entendu la même chose, décident de prévenir la police. Celle-ci répond qu'elle arrive tout de suite. Les deux hommes attendent chacun à leur fenêtre : rien ne se passe. Au bout d'une demi-heure, ils se téléphonent de nouveau.

« Ils ne viennent pas. Qu'est-ce qu'on fait ?

– On y va ! »

Les voici donc tous les deux dans le parking, leur fusil à la main, et, effectivement, ils aperçoivent plusieurs silhouettes qui rôdent. Ils ne font ni une ni deux : ils visent et tirent. Ils manquent leur cible, mais reçoivent des coups de feu en réponse : les malfaiteurs sont armés.

C'est alors qu'ils s'aperçoivent qu'ils sont en train de tirer sur les policiers ! Ceux-ci étaient bien venus à leur appel, mais ils avaient préféré une arrivée discrète à une intervention en force. Ils n'avaient d'ailleurs rien trouvé et les deux retraités sont les seuls à être arrêtés.

IL Y A 40 ANS, EN 1970 : Démission du Premier ministre jordanien, le général Daoud. Yasser Arafat accepte de rencontrer le général Numeiri, représentant de la mission arabe de conciliation. La mise en service du turbotrain met Cherbourg à 3 heures de Paris.

VENDREDI 24 SEPTEMBRE — Sainte Thècle — Balance 1er décan

L'instinct paysan ? Un don qui permet à ceux qui le possèdent de percevoir les obscures machinations de la nature (Frédéric Pottecher).

★ *POTAGE NANTAIS. Pour quatre ou cinq personnes. Pelez deux carottes et la moitié d'une boule de céleri et coupez-les en petits dés. Écossez 1 livre de petits pois. Faites revenir les légumes dans 30 grammes de beurre sur feu doux, puis versez 1,5 litre de bouillon de poule (en tablettes) et un verre de vin blanc. Laissez cuire à couvert 20 minutes. Dans une jatte mélangez deux cuillerées à soupe de farine, deux de semoule, une de persil finement haché et une pointe de thym en poudre. Délayez avec un verre d'eau froide, et versez le mélange dans le potage en remuant. Laissez cuire jusqu'à ce que la semoule soit tendre. Servez avec des lardons frits et croustillants.*

Au clair de la lune,
Mon ami Pierrot,
Prête-moi ta plume,
Pour écrire un mot.
Ma chandelle est morte,
Je n'ai plus de feu :
Ouvre-moi ta porte,
Pour l'amour de Dieu.

C'est sans doute la plus célèbre chanson enfantine, qui permet aux tout-petits de découvrir le monde de la musique. L'air de contredanse, apparu vers 1775-1780, est d'abord connu sous le timbre *La Rémouleuse*. Puis il s'appela *Air du gagne-petit*, ou *En roulant ma brouette*. Cette voix-de-ville fut lancée à Paris vers 1790, et sa popularité s'est étendue des milieux lettrés à toutes les couches de la société. Certains mots choisis par l'auteur, resté anonyme, sont moins innocents qu'ils y paraissent : ainsi, l'expression « battre le briquet » signifiait aussi « faire l'amour ». L'ami Pierrot espérait probablement être accueilli par la voisine, hôtesse polissonne d'une maison de plaisirs !

IL Y A 40 ANS, EN 1970 : Nasser parvient à réunir Yasser Arafat et le roi Hussein de Jordanie, pour leur faire signer un accord de cessez-le-feu. La cour d'assises du Rhône acquitte Michel Raton et Marcel Munch, reconnus non responsables de la mort du commissaire Lacroix le 24 mai 1968 à Lyon.

SAMEDI 25 SEPTEMBRE
Saint Hermann
Balance 1er décan

L'homme est le roi de la création. Qui a dit cela ? L'homme (Paul Gavarni).

DIMANCHE 26 SEPTEMBRE
Saint Côme - saint Damien
Balance 1er décan

Celui qui peut dire de quel feu il brûle, ne brûle que d'un petit feu (Pétrarque).

La France mystérieuse

LA VACHE SACRÉE

Massiac (Cantal)

Comme dans bien des communes françaises, la Saint-Jean était une grande fête à Massiac, mais avec une ampleur particulière, puisque, jusqu'au XIXe siècle, elle durait cinq jours. Et elle avait une autre particularité : on y vénérait, officiellement depuis Charlemagne et certainement depuis la plus haute Antiquité, une vache sacrée.
Celle-ci, appelée « la vache de la Saint-Jean », était achetée à la foire le 9 juin. Elle était parée de bandelettes multicolores, promenée au son de la musique dans toute la ville et présentée aux autorités, qui l'attendaient sur la place principale.
Ensuite, jusqu'au moment où elle était immolée, le jour de la Saint-Jean, elle avait le droit de paître partout où il lui plaisait. Quiconque s'y serait opposé se serait attiré la colère du saint. On raconte qu'un grand seigneur libertin osa un jour la chasser de ses terres et qu'il fut frappé aussitôt d'une paralysie faciale qui lui déforma le visage, ce qui était le pire des châtiments pour le séducteur qu'il était.
La vache de la Saint-Jean était mise à mort au matin de la fête, puis rôtie dans un grand brasier. Elle était servie avec des herbes, lors d'un grand repas, « le banquet aux herbes ». Ensuite avait lieu une farandole générale, appelée « la danse souillarde » parce qu'elle s'achevait par des roulades dans la boue.

Bien entendu, la vache sacrée était la survivance d'un culte païen, sans doute celui d'Isis. L'animal est, en effet, le symbole de la déesse, qui est liée elle-même au culte solaire et adorée lors de fêtes solsticiales.

IL Y A 40 ANS, EN 1970 : Les 48 otages, libérés par les fedayins, ont quitté Amman. Ouverture à l'Orangerie d'une exceptionnelle exposition sur Goya. Sortie du film *Drame de la jalousie* d'Ettore Scola, avec Marcello Mastroianni et Monica Vitti.

LUNDI 27 SEPTEMBRE

Saint Vincent de Paul

Balance 1er décan

Pourquoi les situations heureuses sont-elles passagères ? Qu'ont-elles de plus fragile que les autres ? (Mme de Staël).

Ne tardez pas trop à mettre en terre les bulbes de printemps afin qu'ils aient le temps de bien s'installer avant le gel pour fleurir dès le retour des beaux jours. Les bulbes craignent les terres lourdes et détrempées l'hiver. Retenez qu'en moyenne chaque oignon doit être recouvert de deux fois sa hauteur de terre. Évitez de créer une poche d'air sous les bulbes, ce qui se produit en utilisant un plantoir conique pour les installer. Le plantoir à bulbes présente l'avantage d'ouvrir des trous à fond plat, ainsi la base des oignons est bien en contact avec la terre. Respectez des espaces de 15 centimètres entre les tulipes et les jacinthes. Agrémentez votre pelouse en y éparpillant quelques bulbes de muscaris, crocus, perce-neige ou scilles.

%

10 % des ménages français utilisent les services à la personne.

CROQ'SOLO. Pour une personne. Beurrez deux tranches de pain de mie sur une face seulement qui sera la face extérieure du toast. Cassez un œuf sur la première tartine après avoir formé un creux dans la mie en appuyant sur le pain avec le dos d'une cuillère. Ajoutez quelques dés de chair de tomate, une tranche de gouda, recouvrez de la deuxième tranche de pain et passez au four préchauffé (th. 10) quelques minutes.

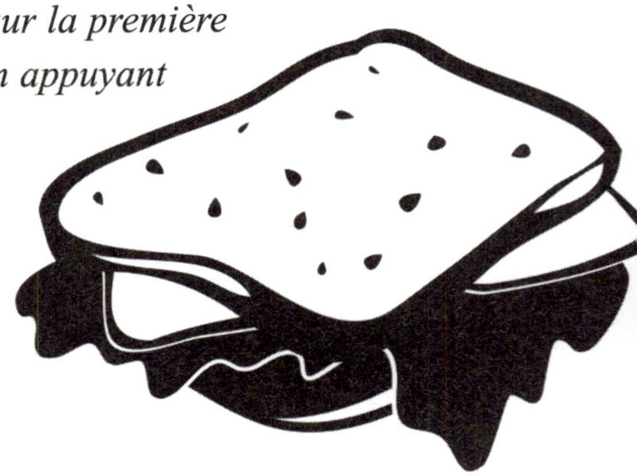

IL Y A 40 ANS, EN 1970 : Au Caire, le président de la République arabe unie, Gamal Abdel Nasser, meurt subitement d'une crise cardiaque. Création à la Comédie-Française de *George Dandin* de Molière, mis en scène par Jean-Paul Roussillon, avec Robert Hirsch. Décès de l'écrivain américain John Dos Passos.

Pourquoi dans une vie si courte, visons-nous audacieusement des buts si nombreux ? (Horace).

Saint Venceslas

Balance 1er décan

MARDI 28 SEPTEMBRE

Les drôles d'histoires de Pierre Bellemare

Faire sauter sa contravention

Craig Moore, vingt-huit ans, entrepreneur de travaux en Angleterre, n'a jamais été un maniaque du code de la route. Il prend des libertés avec les panneaux quand cela lui chante, notamment pour les limitations de vitesse. Aussi, sur cette portion de ligne droite d'une route nationale, aux environs de Doncaster, il appuie sur le champignon, ce qui déclenche aussitôt l'éclair d'un flash : il a été pris par un radar. Il s'arrête, fait demi-tour et revient sur les lieux : la machine est bien là, dissimulée dans un bosquet, qui le contemple de son œil vitré… Craig remonte dans sa voiture et reprend la route. C'est un teigneux et il sait ce qu'il va faire : il va détruire la machine. Il va faire sauter sa contravention au sens propre !

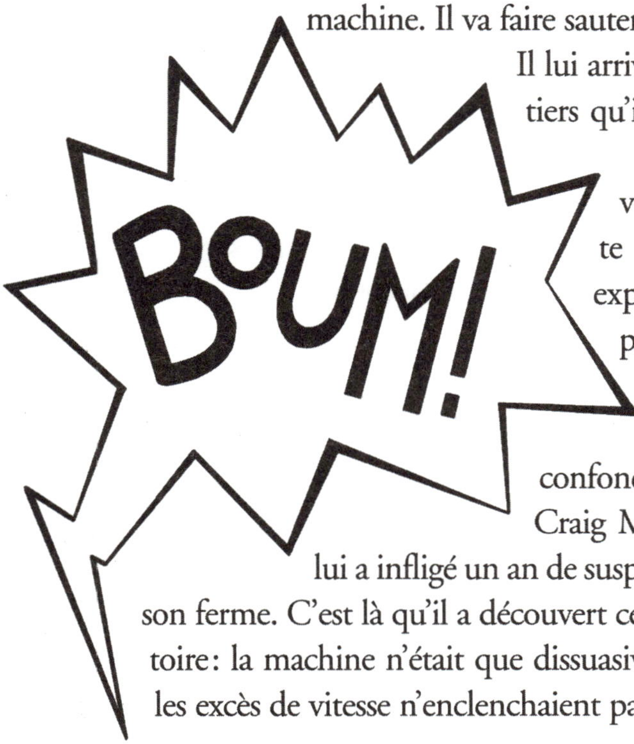

Il lui arrive d'utiliser des explosifs dans les chantiers qu'il réalise et il revient la nuit avec de la dynamite. Il sait parfaitement s'en servir, il met la charge qu'il estime suffisante et démarre, tandis qu'une violente explosion retentit… Malheureusement pour lui, le radar était plus solide qu'il ne l'imaginait. Les enregistrements ont été conservés et l'enquête finit par le confondre parmi les divers contrevenants.

Craig Moore est passé devant le tribunal, qui lui a infligé un an de suspension de permis et quatre mois de prison ferme. C'est là qu'il a découvert ce qu'il y avait de plus bête dans son histoire : la machine n'était que dissuasive, elle flashait les automobilistes, mais les excès de vitesse n'enclenchaient pas de poursuite.

IL Y A 40 ANS, EN 1970 : Parution au *Journal officiel* d'un décret pour lutter contre la pollution, interdisant les détergents qui ne peuvent être détruits à 80 %. Libération des six derniers otages des Palestiniens. Le gouvernement annonce des mesures d'assouplissement du crédit pour relancer la consommation.

MERCREDI 29 SEPTEMBRE **Saint Michel**

Balance 1er décan

Il y a des gens sur qui on peut compter. Ce sont généralement des gens dont on n'a pas besoin (Sacha Guitry).

Pour préserver vos plantes sensibles du froid, il existe différentes protections : des toiles de jute spéciales pour les pots et les troncs d'arbustes tels que laurier-rose ou olivier, et des paillons en paille de riz pour calfeutrer les contenants. Protégez vos jardinières de plantes estivales avec des voiles d'hivernage, de plus en plus performants, à condition qu'il ne gèle pas trop fort et que la température au-dessous de zéro ne dure pas trop longtemps. Les serres de protection en forme de cylindres pour les arbustes peuvent même être des éléments de décor.

La lavandière

Jusqu'à la fin du XVIe siècle, on faisait bouillir le linge chez soi et on l'étendait dans la pièce principale. Quand on découvrit les vertus du savon, on préféra le laver dans l'eau courante. À Paris, chaque matin, les lavandières partaient faire leur lessive dans la Seine. On disait qu'elles allaient « battre la rivière ». Elles étaient connues pour leur franc-parler, leur gouaille, et leur vigueur à utiliser brosse et battoir. Au XIXe siècle, à chaque mi-carême, était élue la Reine des lavandières à qui l'on donnait un écuyer servant, souvent un porteur d'eau. Le couple embarquait dans un carrosse de louage, suivi d'une foule joyeuse, vers les guinguettes de la barrière des Martyrs. Les lavandières furent autorisées à laver dans la Seine jusqu'en 1840 environ, puis on leur imposa les bateaux-lavoirs. Elles se tenaient à genoux dans un carrosse, une sorte de boîte en bois garnie d'un coussinet, le corps penché sur l'eau. Ce métier a disparu après la seconde guerre mondiale.

IL Y A 40 ANS, EN 1970 : Fedayins et soldats jordaniens commencent à évacuer Amman. La Suisse, l'Allemagne et l'Angleterre décident la libération des Palestiniens emprisonnés pour piraterie aérienne. Au Petit-Palais, exposition de plusieurs fresques toscanes de la Renaissance sauvées des inondations de 1966.

Rien n'est si dangereux qu'un imbécile qui a les apparences d'un homme intelligent (Édouard Herriot).

Saint Jérôme

Balance 1er décan

JEUDI 30 SEPTEMBRE

Les drôles d'histoires de Pierre Bellemare

La puissance de l'amour

Cela se passe dans un bureau de poste de Tokyo. Un homme cagoulé et armé fait irruption. Les clients sont terrorisés, les employés n'offrent pas de résistance et il s'en va avec l'équivalent de 2 300 euros. L'enquête qui suit n'obtient aucun résultat : le malfaiteur n'a pas laissé d'indices, il a toutes les chances de rester impuni.

Jusque-là, rien que de banal. Mais la semaine suivante, on voit arriver dans le même bureau un individu qui bouscule tout le monde, dépose de l'argent au guichet et prend ses jambes à son cou. La somme est exactement celle qui a été dérobée lors du braquage. Elle est accompagnée d'un petit mot, dans lequel le voleur dit qu'il regrette son acte et promet de ne pas recommencer.

Du coup, la banque retire sa plainte, mais l'histoire ne s'arrête pas là. Une semaine encore plus tard, un homme se présente au commissariat du quartier et il avoue avoir attaqué le bureau de poste. Le policier s'étonne :

« Pourquoi vous livrer, alors que vous avez rendu l'argent ? »

Et l'homme avoue la raison de son déroutant comportement.

« C'est ma petite amie qui m'a dit de le rendre, sans quoi elle me quittait. Je l'ai fait, mais cela n'a pas suffi. Elle a exigé que je me dénonce. Alors, comme je ne veux pas la perdre… »

La fin de l'histoire est quand même celle qu'on pouvait espérer : le voleur sentimental a été condamné avec sursis et il a épousé l'élue de son cœur.

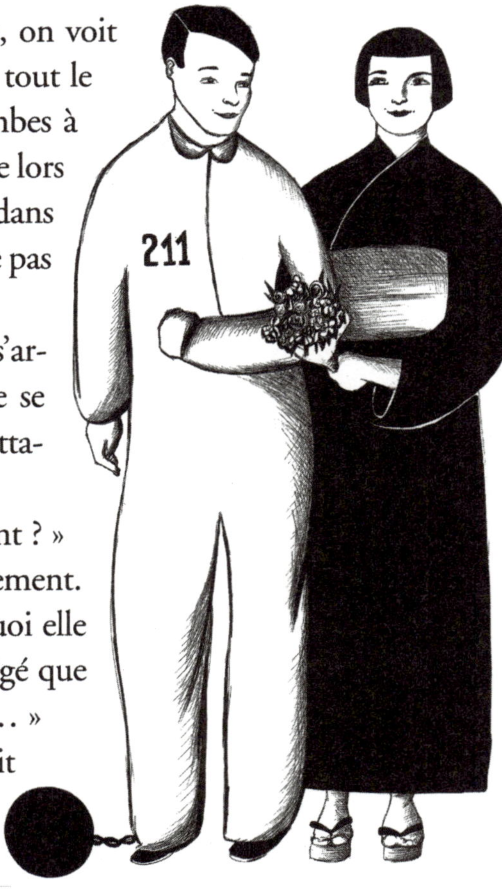

IL Y A 40 ANS, EN 1970 : Au Caire, les obsèques du président Nasser sont suivies dans la rue par plus de 4 millions d'Égyptiens. Inauguration du 57e Salon de l'Automobile à la porte de Versailles. Création au Théâtre de l'Ouest parisien de *Ce soir on improvise* de Pirandello, mise en scène par Gérard Vergez.

VENDREDI 1 OCTOBRE

Sainte Thérèse de l'Enfant Jésus

Balance 1er décan

La fidélité, une vive démangeaison avec défense de se gratter (Aurélien Scholl).

★★ RIZ AU LAIT NORMAND. Pour six personnes. Plongez 180 grammes de riz rond dans un litre de lait bouillant vanillé avec 150 grammes de sucre. Lorsque le riz est cuit, ajoutez deux jaunes d'œufs, les blancs battus en neige et 100 grammes de cerneaux de noix concassés. Versez dans un moule caramélisé avec 70 grammes de sucre. Passez au four (th. 7) pendant 25 minutes. Laissez refroidir avant de démouler. Passez au mixeur trois pommes Granny épluchées, épépinées, coupées en quartiers avec le jus d'un demi-citron, une cuillerée de miel et une pincée de cannelle en poudre. Versez cette sauce sur le riz.

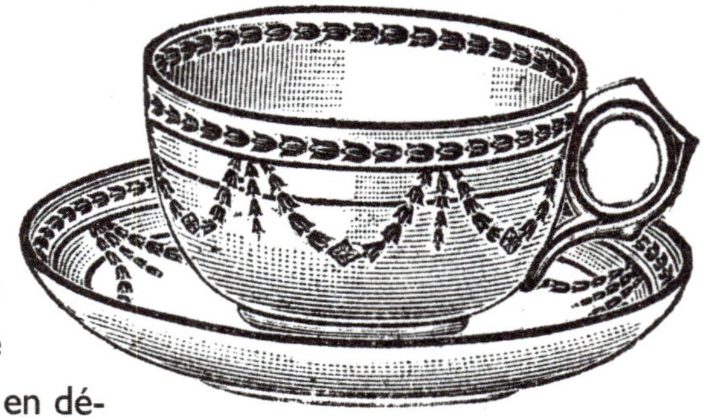

La porcelaine de Sèvres

Au XVIIIe siècle, la porcelaine blanche et dure d'Extrême-Orient fascine toute l'Europe. La fabrique de Meissen en Saxe en découvre le secret : le kaolin. La France réplique par la manufacture de Vincennes, qui deviendra célèbre pour ses « biscuits » (petites statuettes non émaillées) et sa production de fleurs en porcelaine tendre, et mettra au point le fameux bleu lapis à la transparence nuageuse. Mais Vincennes est loin de la cour. La marquise de Pompadour fait transférer la manufacture près de son château de Bellevue, situé entre Paris et Versailles, et la manufacture royale de Sèvres impose ses propres tendances. La marquise s'entoure d'artistes tels que le peintre François Boucher ou le sculpteur Falconet, donne son nom à une qualité particulière de rose, le « rose Pompadour », et met à la mode la vaisselle de porcelaine. Un gisement de kaolin est découvert en 1768 en Limousin : la femme d'un chirurgien utilise pour laver son linge une terre blanche et onctueuse qu'un apothicaire identifie comme étant cette précieuse matière. Il vend sa découverte aux ateliers de Sèvres, où la porcelaine dure est dès lors commercialisée. Après la Révolution, la manufacture devient nationale, mais son rôle reste le même : elle produit toujours des objets d'art selon les techniques artisanales.

IL Y A 40 ANS, EN 1970 : Le président Nixon est accueilli chaleureusement à Madrid par le général Franco. En Provence, la reprise des incendies de pinèdes provoque la mort de deux pompiers, et de l'épouse et des quatre enfants de Martin Gray.

Saint Léger — SAMEDI 2 OCTOBRE — Balance 1er décan

Tu ne luttes point contre la mort en ensevelissant les cadavres (A. de Saint-Exupéry).

Saint Gérard — DIMANCHE 3 OCTOBRE — Balance 1er décan

Quand on passe l'éponge, on n'éponge pas la mémoire (Pierre Perret).

La France mystérieuse

LE POÈTE DU CIMENT

La Couture (Pas-de-Calais)

C'est de ses propres mains qu'Alphonse Wallart, un ancien militaire vivant de ses rentes, a bâti sa maison, à La Couture, dans le nord de la France. Mais il n'était pas seulement habile en maçonnerie, il avait aussi une passion pour la sculpture, statues et bas-reliefs, qu'il réalisait à base de béton et de ciment. Les habitants du village le prenaient pour un original, mais, admiratifs malgré tout de son œuvre, l'avaient surnommé « le poète du ciment ». Et sa villa valait le coup d'œil ! Le toit était décoré des statues du maréchal Foch à cheval et du général de Gaulle debout, le bras appuyé sur une ancre de marine. Au-dessus d'eux, se dressait un globe terrestre surmonté d'une femme représentant la France et tendant une couronne. L'ensemble était peut-être d'un goût discutable, mais réalisé avec une maîtrise certaine, notamment pour la ressemblance des personnages.

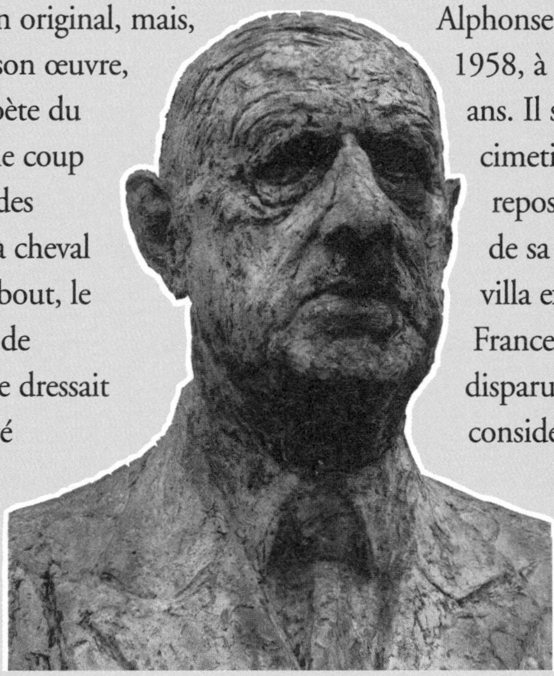

Sur les murs de la maison, des médaillons en bas-relief figuraient Clemenceau, Joffre, Poincaré, Albert Ier de Belgique, Alexandre de Yougoslavie, ainsi que le père et la mère de l'artiste. Ce dernier s'était sculpté dans le jardin, lisant assis sur une chaise.

Alphonse Wallart s'est éteint en 1958, à l'âge de quatre-vingt-sept ans. Il s'était construit dans le cimetière une chapelle et il y repose dans un cercueil en béton de sa fabrication. Aujourd'hui, sa villa existe toujours, mais la France sur le globe terrestre a disparu. Pour supporter le poids considérable de la statue, Wallace avait dû, en effet, construire un pilier allant de la cave au toit, ce qui n'a pas été du goût des nouveaux propriétaires.

IL Y A 40 ANS, EN 1970 : En quarante-huit heures, onze personnes ont péri dans le Var, dans les feux de forêt. Sassafras, monté par Yves Saint-Martin, remporte le prix de l'Arc de Triomphe. Tragique disparition de la chanteuse de rock américaine Janis Joplin.

LUNDI 4 OCTOBRE

Saint François d'Assise

Balance 2e décan

La route que nous parcourons dans le temps est jonchée des débris de tout ce que nous commencions d'être, de tout ce que nous aurions pu devenir (Henri Bergson).

Du fruit défendu au calva

Ce sont des marins dieppois qui introduisent le cidre en Normandie au VIe siècle depuis la Biscaye, province basque espagnole. Les pommes y poussaient à l'état sauvage. Au XIIe siècle, les vergers s'y développent, Saint Louis ayant interdit la cervoise pour réserver l'orge à l'alimentation. L'invention de la presse favorise ensuite l'essor de la production cidrière. À partir de la deuxième moitié du XIVe siècle, on commence à semer des pépins, on améliore le greffage. Guillaume Dursus, venu d'Espagne, introduit dans la vallée d'Auge de nouvelles variétés de pommes et perfectionne la technique de fermentation. Le cidre, très apprécié par François Ier, puis par Charles IX, est réputé pour ses vertus médicinales antiscorbutiques et énergétiques. Il devient la boisson des princes, alors que la bière reste celle du peuple. L'assortiment de trois catégories de pommes (acides, douces et amères) permet d'obtenir un goût équilibré et agréable. La première mention de l'eau-de-vie de pommes apparaît en 1553 dans le journal d'un gentilhomme du Cotentin. Il fait fabriquer des alambics en verre et des fourneaux. L'alcool est vieilli dans des fûts en chêne très secs qui lui donnent une saveur et une coloration particulières. À la Révolution, lorsque l'Assemblée constituante crée les départements, elle baptise celui du Calvados d'après le nom d'un rocher, *Calva dorsa* (dos chauve), situé au large d'Arromanches, qui sert de repère aux marins. L'eau-de-vie de cidre du département devient elle aussi « calvados ». Au XIXe siècle, c'est la deuxième boisson nationale après le vin.

Utilisez un traitement naturel pour limiter les attaques parasitaires et le développement des maladies sur vos arbres fruitiers. En badigeonnant au lait de chaux blanc le tronc et la base des branches charpentières, vous les débarrasserez des insectes et de leurs larves qui se nichent dans les anfractuosités du bois. De même pour les champignons microscopiques à l'origine de maladies susceptibles de les affecter.

IL Y A 40 ANS, EN 1970 : M. Anouar el-Sadate est le candidat officiel à la présidence de la RAU. Après quatre jours de révolte, le calme revient dans les prisons new-yorkaises. Enlèvement du conseiller commercial britannique James Richard Cross par le Front de libération du Québec.

Le bonheur pour une abeille ou un dauphin est d'exister. Pour l'homme, c'est de le savoir et de s'en émerveiller (J.-Y. Cousteau).

Sainte Fleur
Balance 2ᵉ décan

MARDI 5 OCTOBRE

Les drôles d'histoires de Pierre Bellemare

Vodka salvatrice

Igor, un habitant de la région d'Irkoutsk, en Sibérie centrale, en a assez de la vie. Il est au chômage, sa petite amie l'a quitté, autant de raisons de mettre fin à ses jours. Il s'empare d'un flacon d'antigel, et il en absorbe le contenu. Des voisins le découvrent miraculeusement peu après et il est conduit dans le coma à l'hôpital local. Là, on lui administre l'antidote classique : des piqûres d'alcool médicinal en intraveineuse. Malheureusement le stock de l'établissement est bientôt épuisé et les médecins n'ont d'autre ressource que d'aller chercher de la vodka chez l'épicier le plus proche. L'effet est d'ailleurs exactement le même, et Igor se retrouve rapidement hors de danger.

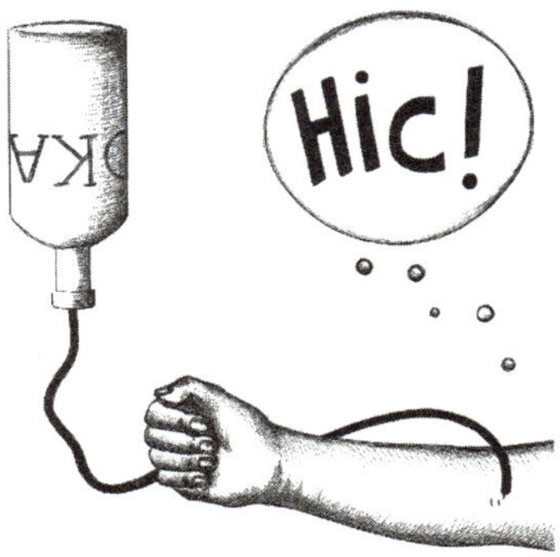

Le médecin chef, habitué aux ravages de l'alcool chez ses malades, a déclaré que c'était la première fois qu'il voyait quelqu'un sauvé par la vodka.

Défense de tomber

Bien des pays ont des lois obsolètes ou absurdes, dont la lecture provoque l'amusement garanti. Mais les règlements municipaux sont parfois tout aussi ineptes et, dans le genre, la ville de Prague s'est particulièrement distinguée. Un décret récent stipule en effet : « Sera condamné à une amende de 1 700 euros tout cycliste qui blesserait quelqu'un au cours d'une chute, y compris lui-même. »
Les jours de verglas, la municipalité est assurée de se faire une belle recette !

IL Y A 40 ANS, EN 1970 : Visite officielle à Moscou et premiers entretiens du président Pompidou. En Bolivie, après la démission du général Ovando, formation d'un gouvernement militaire avec un nouveau président, le général Torres. Diffusion sur la 2e chaîne de la pièce *Un otage* de Brendan Behan.

MERCREDI 6 OCTOBRE — Saint Bruno

Balance 2e décan

Les miroirs sont des glaces qui ne fondent pas ; ce qui fond, c'est qui s'y mire (Paul Morand).

★ CAKE AUX FOIES DE LAPIN. Pour quatre personnes. *Mixez et tamisez 150 grammes de foies de lapins. Mettez cette purée dans un grand saladier, ajoutez 50 grammes de farine, mélangez.*

Incorporez un demi-litre de lait, deux cuillerées de crème épaisse, deux œufs entiers et trois jaunes, deux gousses d'ail écrasées, une cuillerée de serpolet ou de thym en poudre, une pincée de muscade, salez, poivrez. Beurrez un moule ou quatre ramequins, versez-y la préparation. Placez les moules dans un bain-marie à four chaud (th. 7) pendant trois quarts d'heure. Servez le cake chaud ou froid, avec une sauce tomate.

UNE STATUETTE EN TERRE CUITE NE CRAINT PAS L'EAU

Pour la nettoyer, il faut la tremper dans de l'eau tiède pour qu'elle s'en imprègne. Avec un pinceau à poils durs, passez de l'eau de lessive faite avec trois cuillerées à soupe de lessive Saint-Marc pour 1 litre d'eau. Frottez en insistant sur les sculptures. Rincez et laissez sécher. Attention, s'il s'agit d'un objet de terre crue séchée, pas de trempage : il faudra utiliser superficiellement une éponge humide ou le confier à un spécialiste.

71 % des Français estiment qu'il y a trop de magasins de vêtements en centre-ville.

IL Y A 40 ANS, EN 1970 : Le président Nixon propose un plan de pacification en cinq points pour toute l'Indochine. La ceinture de sécurité n'est utilisée que par 25 % des conducteurs. Parution du premier tome des *Mémoires d'espoir* de Charles de Gaulle.

L'homme est le seul animal qui fasse du feu, ce qui lui a donné l'empire du monde (Rivarol).

Saint Serge

Balance 2e décan

JEUDI 7 OCTOBRE

Les drôles d'histoires de Pierre Bellemare

Le mystère de la chambre 311

Dans un hôpital municipal du Cap, en Afrique du Sud, une patiente décède, un vendredi matin, dans la chambre 311. L'événement est malheureusement banal dans cette unité de soins intensifs. Ce qui l'est moins, c'est que, durant plusieurs semaines, le phénomène se répète à l'identique. Comme s'ils étaient frappés de malédiction, chaque vendredi matin, les occupants de cette chambre passent tous de vie à trépas. Pour stopper l'hécatombe, le directeur de l'établissement décrète l'état d'urgence sanitaire. La chambre est nettoyée et aseptisée de fond en comble. L'air et l'eau sont analysés pour détecter une éventuelle contamination bactériologique. Sans succès : les patients ne sont pas victimes d'une infection nosocomiale.

Comme le phénomène perdure, plusieurs familles de patients décédés portent plainte contre l'hôpital, et la police sud-africaine est saisie de l'affaire. Déguisés en infirmiers et en aides-soignants, des inspecteurs surveillent dès lors jour et nuit les abords de la chambre maudite.

Le vendredi suivant, à 6 heures du matin, une femme de ménage pénètre dans la chambre comme à son habitude. Sous un prétexte quelconque, un policier en blouse blanche lui emboîte le pas. Il ne tarde pas à découvrir la vérité. En branchant son aspirateur sur l'unique prise disponible, la femme coupe par inadvertance le respirateur qui alimente le malade en oxygène ! Après l'intervention du policier, la chambre 311 est mise hors service. Le temps qu'un électricien l'équipe d'une seconde prise électrique !

IL Y A 40 ANS, EN 1970 : Soljenitsyne accepte le prix Nobel de littérature. Première réaction négative de Hanoi et du Vietcong au plan de paix présenté par Richard Nixon. Barbara se produit à La Tête de l'Art.

VENDREDI 8 OCTOBRE — **Sainte Pélagie** — **Balance** 2e décan

Il est bien plus beau de savoir quelque chose de tout que de savoir tout d'une chose (Pascal).

Les carottes donnent bon caractère et font les cuisses roses

Hélas non ! Mais, elles ont d'autres avantages : elles sont riches en bêta-carotène, un bon antioxydant qui protège nos cellules des dangereux radicaux libres. De plus, le bêta-carotène, en tant que précurseur de la vitamine A, joue un rôle essentiel dans la vision – entre autres, pour l'adaptation à l'obscurité –, ainsi que dans la croissance et la multiplication des cellules.

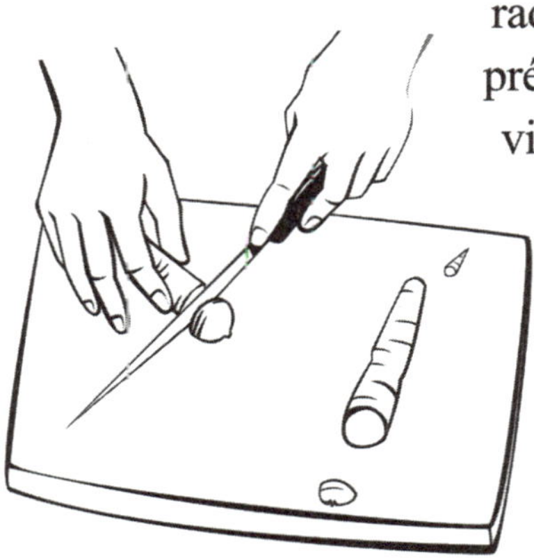

★★ SOUPE ITALIENNE. Pour quatre personnes. Nettoyez et hachez un bouquet d'oseille et un de cerfeuil, ciselez finement une laitue. Faites étuver les légumes dans le beurre, versez 1,5 litre d'eau, salez et laissez cuire. Mélangez au fouet quatre œufs et 40 grammes de parmesan finement râpé. Retirez du feu le bouillon toujours en ébullition, et ajoutez progressivement votre mélange sans cesser de tourner avec un fouet. Continuez encore en replaçant le tout sur le feu 4 minutes.

Le nombre de départements en France est de :

a. 95 ?
b. 98 ?
c. 101 ?

(Réponse : c – avec Mayotte, depuis le 29 mars 2009.)

IL Y A 40 ANS, EN 1970 : Enlèvement du ministre québécois M. Pierre Laporte par le Front de libération du Québec. Une des plus anciennes monarchies du monde est abolie : le Cambodge est devenu une république. Disparition de Jean Giono, d'Edmond Michelet, de Louis Pasteur Vallery-Radot.

Saint Denis — **SAMEDI 9 OCTOBRE** — Balance 2e décan

Si Dieu n'avait fait la femme, il n'aurait pas fait la fleur (Victor Hugo).

Saint Ghislain — **DIMANCHE 10 OCTOBRE** — Balance 2e décan

Je bois toujours le fond de mon verre et pourtant je ne sais jamais ce que je pense (Alfred Capus).

La France mystérieuse

LES CHAUSSÉES BRUNEHAUT

Bavay (Nord)

Bavay, aujourd'hui petite cité d'un peu plus de trois mille habitants, possède une histoire que pourraient lui envier bien des villes françaises. Son existence est plus de deux fois millénaire, puisque c'est juste après la conquête de César qu'est fondée l'antique Bagacum, capitale du peuple nervien. Par la suite, durant toute la période romaine, l'importance de l'agglomération ne diminue pas, c'est l'un des centres les plus actifs du nord de la Gaule.

De plus, pendant le haut Moyen Âge, Bavay va connaître un renouveau aussi inattendu que remarquable. La reine Brunehaut (547-613), célèbre par sa lutte acharnée contre sa rivale Frédégonde, décide d'en faire la capitale de son royaume d'Austrasie.

Souveraine éclairée, très en avance sur son temps, elle y fait édifier un palais qui étonne ses contemporains et surtout fait de la ville le principal centre de communication du pays. Elle crée ou restaure sept routes, les « chaussées Brunehaut », qui rayonnent de Bavay vers Amiens, Paris, Reims, Trèves, Cologne, Nimègue et Boulogne. Cet ensemble remarquable restera en place pendant des siècles, suscitant l'admiration populaire. Longtemps après, on s'extasiait devant l'œuvre du « roi Brunehaut », personne ne pouvant imaginer qu'une femme était à l'origine d'une telle réalisation.

Aujourd'hui, à l'endroit qui était autrefois le point de départ des sept chaussées, se dresse une statue de la souveraine, qui a miraculeusement échappé aux bombardements des deux guerres mondiales.

IL Y A 40 ANS, EN 1970 : Onze militaires français sont tués au cours d'un accrochage avec des rebelles Toubous au Tchad. Les Îles Fidji deviennent indépendantes. Hanoi rejette finalement le plan Nixon.

LUNDI 11 OCTOBRE

Saint Firmin

Balance 2e décan

Pour avoir du talent, il faut être convaincu qu'on en possède (Gustave Flaubert).

☆ DINDE AU PAPRIKA. Pour 4 personnes. Salez légèrement quatre escalopes de dinde et retournez-les dans la farine. Faites-les dorer sur les deux faces dans un mélange d'huile et de beurre. Lorsqu'elles sont cuites, réservez-les au chaud. Faites dorer 100 grammes d'oignons très finement hachés dans le jus de cuisson des escalopes, ajoutez une cuillerée à soupe de paprika doux, une cuillerée à soupe rase de farine, et mouillez avec 4 décilitres de bouillon. Battez bien la sauce pour la rendre lisse, ajoutez 1 décilitre de crème et nappez-en les escalopes.

Les taches blanches sur les ongles sont dues à un manque de calcium

La matrice de l'ongle produisant des lames de kératine étroitement superposées, il peut y avoir quelques incidents de fabrication. Il arrive que deux lamelles se décollent sur une petite surface : c'est ce qui provoque la tache blanche, qui est en fait une perte de transparence. Ces taches sont sans gravité. Elles disparaîtront avec la pousse de l'ongle.

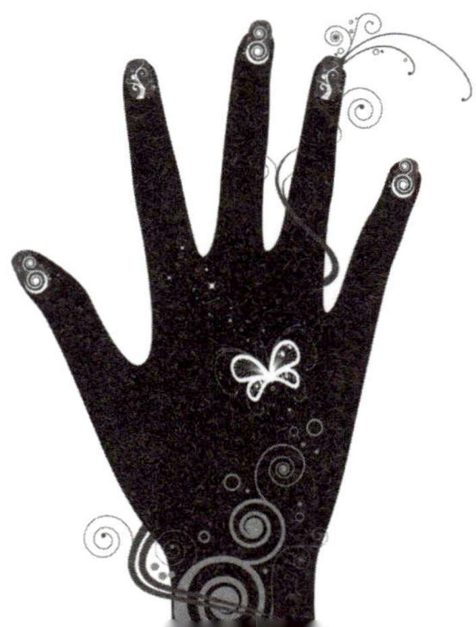

Les drôles d'histoires de Pierre Bellemare

« Laissez parler les petits papiers ! »

E-mails et textos ont progressivement relégué au rayon des accessoires billets doux et lettres d'amour. Dommage, car les correspondances épistolaires d'autrefois ne manquaient pas de charme.

Muté par son entreprise à l'autre bout du pays, Xi promet à Su Ping, sa fiancée, de venir la rejoindre à Pékin pour les fêtes du nouvel an chinois. Malheureusement, un contretemps l'oblige à annuler son voyage la veille du départ. Sous le coup de la déception, Su Ping lui adresse une lettre de rupture. Qu'elle regrette aussitôt. Elle essaie en vain de récupérer sa missive au bureau de poste, puis, paniquée, saute dans le premier avion en partance pour la ville lointaine qu'habite son amoureux. « Je suis arrivée juste à temps pour intercepter ma lettre, a raconté la jeune femme sur son blog. Si j'avais bêtement envoyé un SMS à Xi, il m'aurait très certainement quittée. »

Pendant sept ans, Ted Howard, un ingénieur britannique, bombarde son épouse, Moly, de lettres enflammées dès qu'il se rend à l'étranger. Quand elle décède, à l'âge de soixante-douze ans, Ted découvre que, doutant à tort de sa fidélité, elle les a déchirées au fur et à mesure qu'elle les recevait, tout en conservant précieusement les morceaux. Le veuf a déjà consacré quinze ans de sa vie à assembler les deux mille minuscules fragments de sa correspondance. « Moly me manque terriblement, a-t-il expliqué. En employant tous mes loisirs à reconstituer ce puzzle géant, j'ai l'impression qu'elle est toujours à mes côtés. »

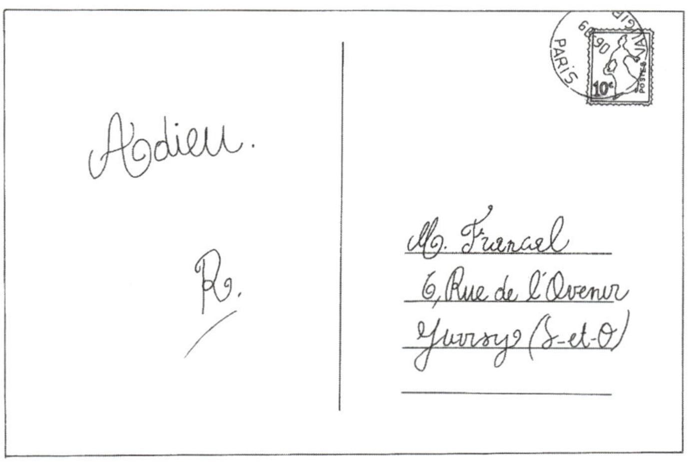

IL Y A 40 ANS, EN 1970 : À Moscou, signature du protocole permettant d'intensifier les relations politiques entre la France et l'URSS. Manifestation de 3 000 employés des grands magasins à Paris. Le gouvernement d'Ottawa, en reconnaissant la Chine populaire, provoque la rupture avec Formose.

MERCREDI 13 OCTOBRE — **Saint Géraud**

Balance 2e décan

Les épines que j'ai recueillies viennent de l'arbre que j'ai planté (Lord Byron).

★ ÉGLEFIN AU RAISIN. Pour quatre personnes. Faites cuire quatre oignons rouges émincés dans l'huile d'olive à feu doux. Versez 20 centilitres de vin blanc sec, salez, poivrez et laissez cuire 15 minutes. Ajoutez 250 grammes de grains de raisin Chasselas, toujours sur feu doux pour ne pas les faire éclater. Passez successivement à la farine, à l'œuf battu, à un mélange de chapelure et de cerneaux de noix broyés, quatre filets d'églefin et faites-les sauter au beurre dans une poêle. Dressez sur chaque assiette le poisson et son accompagnement.

Godin, un nom générique

Autrefois, les poêles étaient en tôle, alors que la fonte se fabriquait déjà dans les aciéries de l'Est et du Nord. Jean Baptiste Godin, fils d'un modeste artisan serrurier, devine le potentiel de cette matière lourde et résistante à la chaleur. Il met au point un système qui en facilite la fabrication et permet de multiplier les modèles de poêles à chauffage mixte au charbon ou au bois. Il installe en 1846 une industrie qui emploie en une vingtaine d'années jusqu'à mille cinq cents personnes. Tandis que, dès 1860, les « petits Godin » envahissent écoles, ministères et foyers, il met en pratique ses idées sociales, inspirées par les théories du philosophe Fourier. À Guise, il édifie un ensemble de structures conçues pour le bien-être des ouvriers. Autour d'une vaste cour centrale, la « cité idéale », baptisée « Familistère », rassemble logements confortables, magasins d'approvisionnement, commerces, écoles, crèches, équipements sportifs, théâtre, jardin potager pour chaque famille… tout ce qui peut contribuer à la vie harmonieuse d'une communauté. Le Familistère est aujourd'hui classé, et ses bâtiments toujours utilisés à des fins d'habitation. Quant à la société fondée par ce visionnaire, elle existe encore. Poêle tout fonte, fonte-acier, faïence…, sous ses diverses formes, le petit Godin reprend place dans les intérieurs les plus branchés !

Les drôles d'histoires de Pierre Bellemare

Des cannibales sont parmi nous

Souvenez-vous. Le 12 octobre 1972, une équipe de rugby uruguayenne se déplace au Chili pour disputer un match amical. Son avion s'écrase dans la cordillère des Andes, à 4 000 mètres d'altitude. Le calvaire des seize rescapés s'éternise pendant soixante-douze jours. Des années plus tard, les langues se délient : pour survivre, les naufragés se sont nourris de la chair des cadavres.

Considérée comme l'un des tabous les plus solidement ancrés dans les consciences collectives, l'anthropophagie n'en demeure pas moins une pratique qui resurgit de temps à autre. En avril 2008, deux couples d'Ukrainiens invitent à dîner un ami commun. En guise de bienvenue, ils lui assènent de violents coups de marteau sur le crâne. Puis ils dépècent sa dépouille et font griller des morceaux sur un barbecue. Avant de s'en repaître, accompagnés de généreuses rasades de vodka. Arrêtés quelques jours plus tard, les cannibales avouent avoir cédé à la curiosité : « Nous voulions simplement découvrir le goût de la chair humaine, confessent-ils au juge. Avec une sauce aigre-douce, c'est délicieux. »

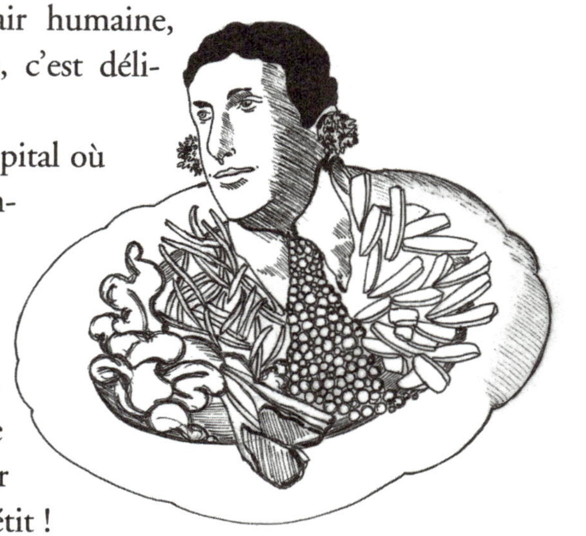

En Slovénie, un médecin se rend à la cantine de l'hôpital où il travaille. Il commande un risotto au poulet et s'étonne rapidement de la consistance de la viande. Intrigué, il apporte un échantillon au laboratoire et le fait analyser. C'est un morceau de langue humaine ! Comme l'affaire fait scandale, la direction de l'hôpital publie un communiqué dans lequel elle affirme « ne pas utiliser les organes des patients décédés pour confectionner les repas servis à la cantine ». Bon appétit !

IL Y A 40 ANS, EN 1970 : Pour la première fois, un avion soviétique est détourné au-delà des frontières de l'URSS et se pose à Trébizonde en Turquie. Le prix Nobel de médecine est décerné à trois spécialistes de l'influx nerveux : sir Bernard Katz, Julius Axelrod et Ulf Von Euler.

VENDREDI 15 OCTOBRE **Sainte Thérèse d'Avila**

Balance 3e décan

Une tradition, ce n'est jamais qu'un progrès qui a réussi (Maurice Druon).

Jacinthes, tulipes, amaryllis pourront constituer des décors colorés et peu coûteux pour les tables de Noël, ou simplement faire entrer le printemps dans la maison. Achetez ces bulbes forcés, en choisissant les plus gros qui ont plus de réserves, dans une jardinerie. Ils se présentent en général en godets que vous tremperez dans une bassine d'eau pour en humidifier la motte. Il faut entre quatre et sept semaines pour que ces plantes fleurissent. Une pièce trop chaude en accélérerait l'épanouissement.

☆ SALADE AUX MOULES ET CÉLERI. Pour quatre personnes. Faites cuire six grosses pommes de terre, épluchez-les et coupez-les en rondelles. Versez dessus deux verres de vin blanc tiédi, tenez le saladier au chaud en laissant macérer 40 minutes. Mettez dans une cocotte 1 demi-litre de moules lavées et grattées, ajoutez deux cœurs de céleri en branche, couvrez et faites cuire 5 minutes à feu doux. Égouttez les moules, sortez-les de leur coquille, ajoutez-les aux pommes de terre, ainsi que le céleri coupé en petits morceaux. Assaisonnez de sel de céleri et de poivre. Arrosez de trois cuillerées d'huile d'olive et d'un jus de citron. Servez tiède.

IL Y A 40 ANS, EN 1970 : Anouar el-Sadate est proclamé officiellement président de la République de la République arabe unie. Le ministre québécois Pierre Laporte est retrouvé mort criblé de balles dans le coffre de sa voiture. Sortie du film *Enquête sur un citoyen au-dessus de tout soupçon,* d'Elio Petri.

Sainte Edwige — **SAMEDI 16 OCTOBRE** — Balance 3e décan

Chaque pomme est une fleur qui a connu l'amour (Félix Leclerc).

Saint Baudouin — **DIMANCHE 17 OCTOBRE** — Balance 3e décan

Dans cette vallée de larmes, le mieux est encore de se moucher dans un chèque (Geneviève Dormann).

La France mystérieuse

LA DAME AUX LOUPS

Audruicq (Pas-de-Calais)

Charlotte de Laurétan, baronne de Draken, a laissé dans la région entourant la commune d'Audruic un souvenir peu banal. Cette noble dame, née en 1748, possédait un château non loin du village, mais son plaisir n'était pas de se livrer à la musique ou la tapisserie, elle n'aimait que la chasse, et pas n'importe laquelle : celle aux loups, qu'elle pratiquait à l'épieu. Dès son adolescence, elle contribua à débarrasser les environs des loups qui l'infestaient à cette époque. Ce qui lui sauva d'ailleurs la vie. Arrêtée à la Révolution comme aristocrate, elle fut libérée grâce à l'intervention des paysans, qui défilèrent pour demander sa grâce. Elle chassait encore à soixante ans passés et s'est éteinte le 19 janvier 1823, âgée de soixante-quinze ans.

Un chroniqueur de l'époque évoque ainsi sa mémoire : « Elle ne se donna aucun repos qu'elle n'eût entièrement purgé la forêt de ces bêtes féroces. En 1809 et 1813, cette grande louvetière du Pas-de-Calais fit encore des battues salutaires à Ablain et dans les environs d'Hesdin… On la voyait arriver tête nue, l'épieu au poing, suivie d'une foule de chasseurs et de chiens, qui la regardaient l'œil en feu et la gueule ensanglantée.

« Le paysan effrayé faisait haie au cortège et les jeunes filles ne contemplaient qu'en tremblant cette femme aux habitudes viriles, sur les lèvres de qui on voyait le sourire quand le garde-chasse à la livrée verte jetait sept louveteaux sur les corps entassés du loup et de la louve qui les avaient nourris. »

IL Y A 40 ANS, EN 1970 : En dépit du meurtre de M. Laporte, le gouvernement canadien maintient l'offre faite aux ravisseurs de quitter librement le pays, en échange de la vie sauve de M. Cross. Les deux pirates de l'air lituaniens de l'avion soviétique sont libérés par le tribunal de Trébizonde.

LUNDI 18 OCTOBRE

Saint Luc

Balance 3e décan

La femme libérée se veut libre de l'amour de l'homme, elle a pour seule ambition de devenir l'esclave d'un patron indifférent (Jacques Sternberg).

★ PAIN PERDU DU LUNDI. Pour quatre ou cinq personnes. Mélangez et travaillez à la fourchette 200 grammes de pain rassis sans la croûte avec 40 centilitres de lait chaud. Puis incorporez deux œufs, trois cuillerées à soupe de crème et 30 grammes de beurre. Faites dorer 50 grammes de pignons de pin, ajoutez-les à la préparation avec des fines herbes à volonté et 150 grammes de restes de viande cuite en dés, sel, poivre. Versez dans un moule chemisé de papier cuisson et faites cuire au four (th. 7) environ trois quarts d'heure.

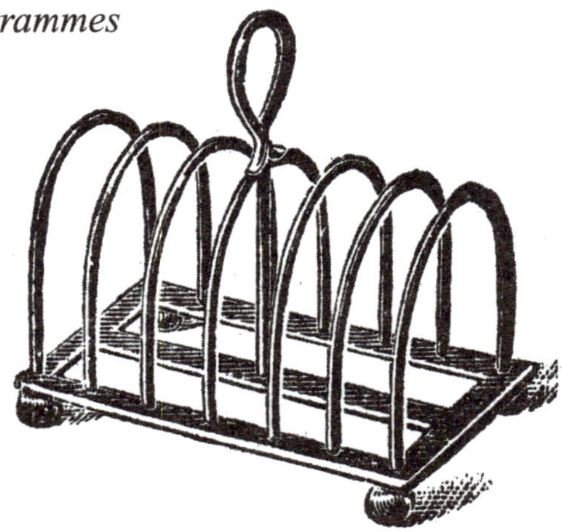

L'air est plus sain chez soi

Certainement pas. Même en ville, l'air est plus sain à l'extérieur. Pensez à ouvrir vos fenêtres au moins dix minutes chaque matin, quel que soit le temps.

Le film le plus diffusé entre 1963 et 2007, toutes chaînes confondues, a été :

a. *Le Corniaud* de Gérard Oury ?
b. *Les Enfants du paradis* de Marcel Carné ?
c. *L'Homme de Rio* de Philippe de Broca ?

(Réponse : b – 19 fois ; a : 15 fois ; c : 16 fois.)

IL Y A 40 ANS, EN 1970 : En Égypte, M. Mahmoud Fawzi est nommé président du Conseil des ministres. À la veille du procès d'Alain Geismar, violentes manifestations à Paris. Avant-première à Bobino du spectacle de Pierre Perret, avec les Frères Ennemis et Henri Tachan.

Chaque fleur est un sexe. Y avez-vous pensé quand vous respirez une rose ? (René Barjavel).

Saint René
Balance 3e décan

MARDI 19 OCTOBRE

Les drôles d'histoires de Pierre Bellemare

Les voies du Seigneur

À travers ses prises de position radicales, on a bien compris que le pape Benoît XVI exige de ses ouailles qu'elles se conforment aux règles de la morale et des bonnes mœurs. Mais les curés de terrain italiens partagent-ils la rigueur du Saint-Père ? Pour le savoir, un reporter de l'hebdomadaire *L'Espresso* a enquêté dans vingt-quatre paroisses rurales où, se faisant passer tour à tour pour un médecin et pour le principal d'un collège, il s'est confessé de péchés imaginaires. Il se révèle que la tolérance du clergé transalpin dépasse les espérances. Ainsi, lorsque le journaliste avoue avoir débranché le respirateur d'un patient en fin de vie, le prêtre approuve son choix sans réserve. Lorsqu'il confesse ensuite entretenir une passion consommée avec une élève mineure, le curé lui donne l'absolution, après lui avoir néanmoins conseillé de « laisser le fruit mûrir ». Le faux médecin est-il homosexuel ? Des prêtres le sont aussi et les sœurs lesbiennes sont légion dans les couvents. Usage de haschich et de cocaïne ? Il n'est pas interdit de s'accorder de temps à autre un petit stimulant pour combattre le stress de la vie moderne.

L'Osservatore romano, le quotidien du Vatican, a dénoncé une enquête « écœurante, indigne et irrespectueuse ».

Les voies du Seigneur étant impénétrables, les Italiens ne savent plus aujourd'hui à quel saint se vouer. Doivent-ils se conformer aux directives du Saint-Siège ou à celles, nettement moins contraignantes, des curés de campagne ?

IL Y A 40 ANS, EN 1970 : M. Giscard d'Estaing annonce la fin du plan d'austérité et la réduction du taux d'escompte à 7 %. À Francfort, l'ancien chef du FLN, Krim Belkacem, qui signa les accords d'Évian, est trouvé assassiné. Création de la pièce de Jean Anouilh *Ne réveillez pas Madame,* mise en scène par l'auteur.

MERCREDI 20 OCTOBRE — **Sainte Adeline** — **Balance** 3ᵉ décan

L'homme bien élevé vit chez sa maîtresse et meurt chez sa femme (Henry Becque).

★ CÔTES DE PORC AU PAPRIKA. Pour quatre personnes. Faites cuire à demi-couvert 250 grammes de carottes épluchées et râpées avec un demi-verre d'eau, du sel et 25 grammes de beurre. Il ne doit pas rester de liquide dans la casserole. Faites cuire quatre côtes de porc 10 minutes dans un mélange d'huile et de beurre bien chaud en les retournant à mi-cuisson. Rangez-les sur un plat de service que vous tenez au chaud. Mettez un oignon haché dans le beurre de cuisson de la viande, ajoutez une cuillerée à soupe de paprika doux, 200 grammes de fonds d'artichauts en boîte coupés en morceaux et les carottes. Assaisonnez de sel et de poivre. Laissez cuire 5 minutes. Servez les côtes recouvertes de sauce et des légumes.

Le jambon de Bayonne

Le jambon cru, salé et séché, était préparé en hiver dans toutes les fermes du Sud-Ouest, dès l'époque médiévale. Il devint dans toute l'Europe une gourmandise recherchée qui prit le nom du port de Bayonne par lequel il transitait. Réputé pour son moelleux et sa délicatesse, il résulte d'un savoir-faire traditionnel. Les deux jambons prélevés sur le porc que l'on vient d'abattre sont longuement massés à la main pour éliminer toute trace de sang et attendrir la viande. Celle-ci est ensuite frottée et enfouie dans le sel, mais pas n'importe lequel. Selon la légende, le comte de Foix et le vicomte de Béarn auraient blessé à la chasse un sanglier qui serait allé mourir dans les marais. Il n'aurait été retrouvé qu'après l'été, recouvert d'une couche de cristaux de sel produits par l'évaporation de l'eau, en parfait état de conservation, et ceux qui le goûtèrent le trouvèrent excellent : depuis, on extrait à la bourgade de Salies un sel d'une exceptionnelle richesse minérale. Après leur séjour dans le saloir, les jambons sont nettoyés, poivrés, et suspendus à l'air frais pendant deux mois dans des sacs de gaze. L'étiquette de l'appellation porte une croix basque avec l'inscription Bayonne.

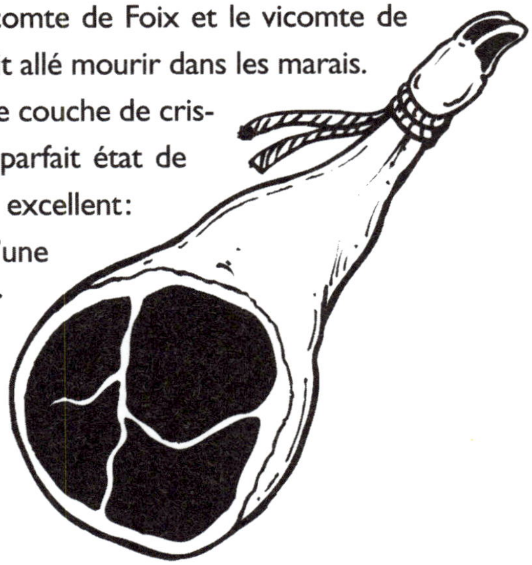

Les drôles d'histoires de Pierre Bellemare

À la recherche d'ovnis, il pirate le Pentagone

Suite à un mandat d'arrêt international lancé conjointement par le FBI et la CIA, Garry McKinnon, un informaticien anglais de quarante-deux ans, est arrêté à Londres en 2002. La justice américaine l'accuse d'être l'auteur du « plus grand piratage informatique militaire de tous les temps », estimé à plus de 700 000 dollars de dommage. Utilisant de petits programmes lui permettant de décrypter des mots de passe, McKinnon a pillé pendant deux ans de leurs contenus des dizaines d'ordinateurs des forces armées du Pentagone et de la NASA, sans jamais avoir quitté son appartement londonien.

L'informaticien génial est-il affilié à un réseau terroriste ? Est-il un hacker malveillant ou le militant d'une cause pacifiste ? Rien de tout cela. Il est tout simplement convaincu « qu'il y a ou qu'il y a eu dans le passé des vaisseaux spatiaux qui circulaient sans que le public soit au courant ». Et, sacrifiant à sa cause son emploi et sa fiancée, c'est pour vérifier cette hypothèse qu'il a consacré son temps à sonder les fichiers top secret de la Défense américaine.

En 2008, la Chambre des lords a donné son feu vert à l'extradition de McKinnon vers les États-Unis, où il risque soixante-dix ans de prison et des amendes allant jusqu'à 2 millions de dollars. Espérons que la justice se montrera clémente à son égard. Après tout, les héros de la série télévisée « X-Files » partageaient la curiosité du pirate et n'hésitaient pas à utiliser, eux aussi, les grands moyens pour la satisfaire !

IL Y A 40 ANS, EN 1970 : Au Chili, l'état de siège est proclamé, après l'attentat dont a été victime le général Schneider, commandant en chef de l'armée. Alain Geismar est condamné à 18 mois de prison ferme pour les troubles provoqués par son discours du 27 mai à la Mutualité.

VENDREDI 22 OCTOBRE — Sainte Élodie

Balance 3e décan

L'homme est un animal aux instincts de survie primitifs : son ingéniosité s'est donc développée d'abord, et son âme ensuite (Charlie Chaplin).

La symphorine est un arbuste au feuillage caduc idéal pour la facilité de sa culture, qui se plante en automne et qui ne dépasse guère 2 mètres de hauteur. À utiliser en isolé ou dans une haie, il s'accommode de l'ombre comme du soleil, d'une bonne terre de jardin comme d'un sol ingrat, résistant au gel et supportant la sécheresse… Sa valeur décorative réside dans ses petits fruits de la grosseur d'une cerise de couleur blanche ou rose à l'automne et persistant l'hiver. La floraison rose ou blanche qui s'échelonne de juin à septembre est moins spectaculaire.

Il faut toujours faire baisser la fièvre

En fait, c'est une question de discernement, en particulier pour les enfants très vulnérables. Sinon, l'élévation de température est un processus naturel que l'organisme met en place pour lutter contre une infection ou un empoisonnement. Vouloir à tout prix ne jamais avoir de fièvre serait une erreur, et il n'y a pas lieu de donner de traitement au-dessous de 38,5 °C.

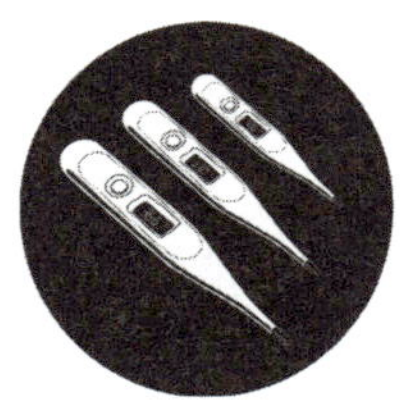

La Française se marie à 29, 3 ans en moyenne.

IL Y A 40 ANS, EN 1970 : Le Congrès chilien entérine l'élection de Salvador Allende à la présidence de la République. Inauguration à Paris de la fondation Le Corbusier. Le prince du piano Samson François succombe à une crise cardiaque.

Si nous faisions tout ce que nous sommes capables de faire, nous en serions abasourdis (Thomas Edison).

Saint Jean de Capistran — **SAMEDI 23 OCTOBRE** — Balance 3e décan

La vie est ton navire et non pas ta demeure (Alphonse de Lamartine).

Saint Florentin — **DIMANCHE 24 OCTOBRE** — Scorpion 1e décan

La France mystérieuse

UN VRAI GÉANT

Aniche (Nord)

Les fêtes traditionnelles de la région du Nord comportent le plus souvent des défilés où sont promenés des géants, effigies de bois hautes de trois ou quatre fois la taille humaine. Généralement, les personnages représentés sont issus du folklore ou de la légende, mais le géant d'Aniche, Kopierre, fait exception : il s'agit de quelqu'un ayant existé, et qui était réellement un géant. Pierre-Alexandre Consil, dit Kopierre, naît à Auberchicourt, commune proche d'Aniche, le 25 mai 1834. Dès son enfance, il se distingue par une taille hors du commun, ainsi que par une force prodigieuse, ce qui ne l'empêche pas de faire preuve d'un caractère aimable et enjoué. Conscrit sous le Second Empire, il est mesuré à la taille de 2,10 mètres. Après son service militaire, il décide de rester soldat et finit par devenir tambour-major de la garde impériale, à Paris.

Non seulement, c'est le plus grand tambour de France, mais il se distingue par la force avec laquelle il lance sa canne. Les Parisiens viennent le voir l'envoyer au-dessus de la porte Saint-Denis.

Lorsque arrive l'heure de la retraite, Pierre-Alexandre Consil rentre à Aniche et devient sonneur dans l'une de ses églises. Il meurt en 1909 et, dès 1911, la municipalité décide de créer un géant le représentant. Abandonnée après la première guerre mondiale, la tradition a été reprise en 1954 et ne s'est plus arrêtée jusqu'à nos jours.

IL Y A 40 ANS, EN 1970 : Démenti formel du Vietcong au sujet d'un cessez-le-feu imminent au Vietnam. Le choléra à Istanbul fait 49 morts en quarante-huit heures.

LUNDI 25 OCTOBRE

Saint Enguerran

Scorpion 1er décan

Il ne faut pas se fier aux apparences. Beaucoup de gens n'ont pas l'air aussi bêtes qu'ils le sont réellement (Oscar Wilde).

☆ *POULE A L'ESTRAGON. Pour cinq ou six personnes. Découpez la poule en morceaux et faites-les revenir dans le beurre. Lorsque tout est parfaitement doré, mouillez avec 3 décilitres de vin blanc et 3 décilitres de bouillon, ajoutez 300 grammes de petits oignons nouveaux, deux branches d'estragon, sel, poivre. Laissez cuire 1 heure 30 à couvert. Retirez les morceaux et tenez-les au chaud. Liez la sauce avec deux jaunes d'œufs et ajoutez de l'estragon finement haché. Servez avec du riz.*

POUR FAIRE LES CUIVRES TRÈS ENCRASSÉS

Pour les objets en cuivre faciles à immerger, remplissez un récipient de 2 litres de vinaigre d'alcool bouillant additionné d'une bonne poignée de gros sel. Après refroidissement, essuyez. Il vous restera à les polir avec de la pâte de Tripoli. Pour les objets de grande dimension, frottez-les avec un tampon imprégné d'un mélange de cinq cuillerées de Tripoli, d'une cuillerée de savon noir et d'une cuillerée d'ammoniaque. Rincez et faites briller avec un chiffon doux.

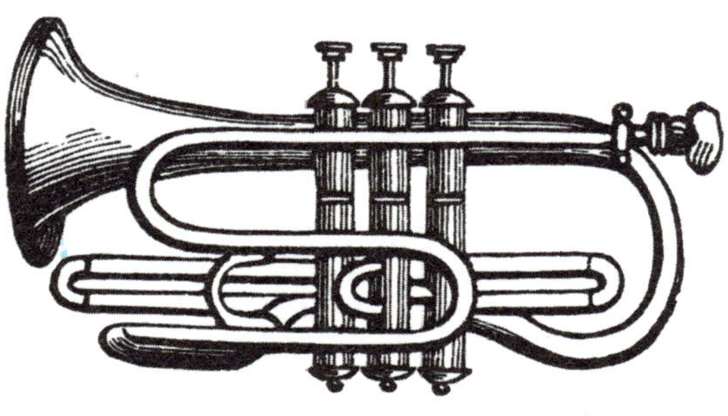

IL Y A 40 ANS, EN 1970 : M. Jean Drapeau est élu pour la quatrième fois maire de Montréal. À Atlanta, Cassius Clay, alias Mohammed Ali, bat Jerry Quarry par KO à la 3e reprise. Création au théâtre Récamier de *La Mère* de Stanislaw Ignacy Witkiewicz, mise en scène par Claude Régy.

En flattant, on ne peut à tous les coups faire fortune, mais on peut manger tous les jours (José Artur).

Saint Dimitri

Scorpion 1er décan

MARDI 26 OCTOBRE

Les drôles d'histoires de Pierre Bellemare

Hors de ses gonds

Après avoir chroniqué avec brio et pondération près de deux mille matchs de football, Huang Jianxiang, le commentateur sportif vedette de la chaîne de télévision chinoise CCTV, est envoyé en Allemagne, en 2006, pour y rendre compte de la Coupe du Monde.

Tout se déroule à merveille jusqu'au match de huitième de finale qui oppose les équipes d'Australie et d'Italie. À l'ultime minute du temps additionnel, le score est toujours vierge. Légèrement bousculé par un joueur australien, Francesco Totti s'écroule théâtralement dans la surface de réparation. Bien que, de l'avis général, l'Italien ait feint l'agression, l'arbitre accorde un penalty, que Totti transforme en but et en victoire. À cet instant, et pour une raison qui nous échappe, Huang sort de ses gonds : « Vive l'Italie ! » se met-il à hurler, au bord de l'hystérie. « À la maison, les Australiens ! Au revoir ! Rentrez chez vous ! »

Dès la fin du match, la rédaction demande à Huang de s'expliquer sur son étrange comportement, sans s'apercevoir que ses propos sont toujours relayés en direct sur l'antenne. « Je me réjouis du résultat, persiste le journaliste. Les Australiens ont une équipe de merde. »

Comme les commentaires de Huang soulèvent un tollé général, le directeur de la CCTV présente des excuses au public pour les propos « biaisés et inappropriés » de son reporter, obligé de faire lui aussi amende honorable. Quelques mois plus tard, lorsque le Premier ministre australien effectue une visite officielle à Pékin, Huang est discrètement prié d'aller exercer ses talents sur une chaîne de télévision de Hong Kong.

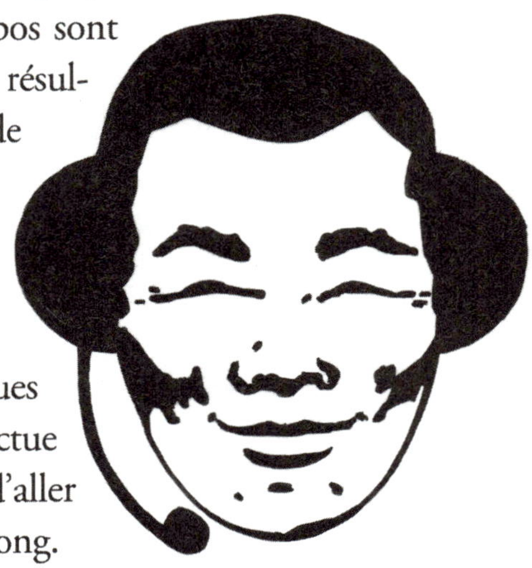

IL Y A 40 ANS, EN 1970 : Le Français Louis Néel partage le prix Nobel de physique avec le Suédois Hannes Alfven. Deux étudiants russes détournent un avion et se posent en Turquie. 9 Français sur 10 estiment que l'arrêt de travail doit être déclenché par un vote des salariés.

MERCREDI 27 OCTOBRE — **Sainte Émeline** — **Scorpion** 1er décan

Le doute est le sel de l'esprit (Alain).

SEMOULE AU CRABE. Pour quatre personnes. Faites cuire comme indiqué sur le paquet 150 grammes de couscous semi-complet. Dans une poêle faites revenir à l'huile d'olive deux échalotes émincées, 200 grammes de crabe émietté en boîte, et ajoutez 6 cuillerées à soupe de crème allégée. Laissez cuire 3 minutes, salez et saupoudrez de safran. Nappez la semoule de la sauce bien chaude.

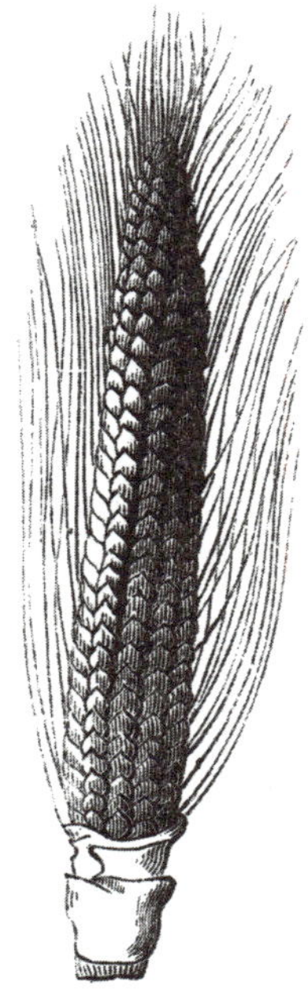

En pots, ou en pleine terre, plantez des camélias pour être fleuri pendant les six mois à venir. Les variétés à grandes fleurs s'épanouiront de février à mai. Pour charmer votre automne, choisissez un Camelia sasanqua à fleurs simples roses ou blanches qui peut tenir jusqu'à l'entrée de l'hiver. Cet arbuste persistant nécessite une exposition ensoleillée, résiste au froid jusqu'à – 10° si vous en protégez le pied. Plantez-le dans un mélange de terreau, de sable et de terre de bruyère. Certaines variétés sont parfumées, telle Agnès O. Salomon.

Le squelette d'un nouveau-né est composé de :

a. 270 os ?
b. 226 os ?
c. 206 os ?

(Réponse : a.)

Les drôles d'histoires de Pierre Bellemare

L'œuf et le bœuf

« Voler dix sous est toujours voler ; mais faire disparaître cent millions n'est point voler », écrivait Guy de Maupassant dans un article en 1882. Cette réflexion prophétique est plus que jamais d'actualité à l'aune de deux affaires récentes.

En décembre 2008, Bernard Madoff, ancien président du Nasdaq, la Bourse américaine des valeurs technologiques, est poursuivi pour être à l'origine d'une fraude évaluée à plus de 65 milliards de dollars. En dépit de l'alliance internationale de trente-cinq cabinets regroupant 5 000 avocats de vingt-deux pays chargés de suivre 22 000 plaintes potentielles, il sort libre du tribunal, après avoir versé une caution de 10 millions de dollars un cinq millième seulement de la somme qu'il a soustraite à ses investisseurs. Avant, il est vrai, d'être placé sous écrou et condamné à purger une peine d'un siècle et demi de détention. Quelques mois plus tard, Barbara E., caissière d'un supermarché de Berlin, est poursuivie en justice par son employeur pour avoir indûment empoché deux bons de consigne d'une valeur globale de 1,30 euro. Bien que son licenciement suscite un tollé dans l'opinion publique, la malheureuse, âgée de cinquante ans, est congédiée au terme d'un humiliant procès.

Cette pitoyable histoire illustre une formule, toujours appréciée paraît-il par les élèves de l'École nationale de la magistrature : « Le Code pénal est ce qui empêche les pauvres de voler les riches. Le Code civil est ce qui permet aux riches de voler les pauvres. »

IL Y A 40 ANS, EN 1970 : Pour la première fois, un ministre soviétique des Affaires étrangères, M. Gromyko, se rend en RFA. Le président G. Pompidou inaugure le dernier tronçon de l'autoroute Paris-Marseille. Le conseil de Paris adopte le nouveau plan d'aménagement des Halles.

VENDREDI 29 OCTOBRE — Saint Narcisse — Scorpion 1er décan

Le paradoxe de la condition humaine, c'est qu'on ne peut devenir soi-même que sous l'influence des autres (Boris Cyrulnik).

★ FOIE DE VEAU AUX CÈPES. Pour quatre personnes. Huilez, salez, et poivrez quatre tranches de foie de veau de 150 grammes. Faites-les griller au gril (du four, ou au barbecue) 3 à 5 minutes de chaque côté selon votre goût, avec quatre cèpes coupés en quatre. Mélangez dans un bol quatre cuillerées à soupe de crème, une cuillerée à café de moutarde et 5 centilitres de fine champagne ; versez cette préparation dans une poêle, salez, poivrez, mélangez rapidement à la cuiller en bois sur feu vif, nappez foie et cèpes avec cette sauce.

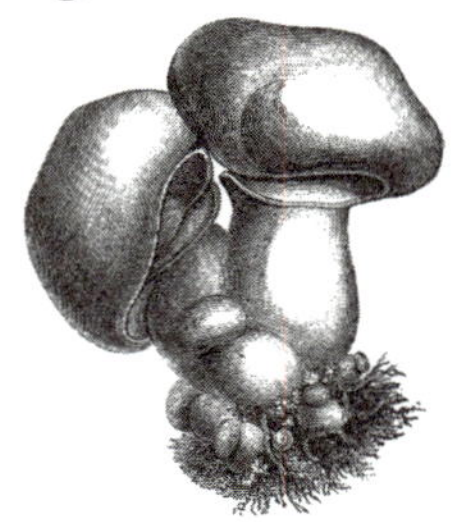

Grasse, capitale du parfum

Au XVe siècle, Grasse était surtout célèbre pour ses tanneries et la puanteur qu'elles dégageaient. Mais pour parfumer les gants des dames de la haute société, on utilisait déjà les essences naturelles de la région, riche de fleurs très odorantes. La mode de se parfumer n'arriva cependant d'Italie qu'au XVIIe siècle. Catherine de Médicis, lassée des senteurs capiteuses qu'elle faisait venir du lointain Orient, chargea un de ses savants de se fournir en pétales sauvages des bords de la Méditerranée provençale. Le parfum devint alors l'apanage de la noblesse, pour masquer les mauvaises odeurs. La rose, le jasmin et l'iris embaumèrent tous les champs autour de Grasse, et les tanneurs y abandonnèrent progressivement le gant au profit du parfum qui, à l'époque, se présentait sous forme d'absolu : des essences pures. La Révolution, fatale aux nobles, le fut aussi au parfum. Il fallut attendre le Second Empire pour que ressurgisse cette mode. Les compositions d'essences multiples firent alors naître une subtile alchimie des fragrances délicates et sophistiquées. Si les progrès de la chimie organique conduisent à la fabrication de molécules de synthèse reproduisant les qualités olfactives les plus rares, Grasse reste néanmoins la capitale mondiale du parfum élaboré par quelques « nez » et produit dans une cinquantaine d'usines.

IL Y A 40 ANS, EN 1970 : Les douze plus grandes compagnies aériennes américaines sont en déficit. La Turquie refuse d'extrader les deux pirates de l'air lituaniens. Sortie du film *Melinda* de Vincente Minnelli avec Barbra Streisand et Yves Montand.

La mémoire est aussi menteuse que l'imagination, et bien plus dangereuse avec ses petits airs studieux (Françoise Sagan).

Sainte Bienvenue — Scorpion 1er décan — SAMEDI 30 OCTOBRE

Ce berger avec ses moutons a l'air d'une église avec son village (Jules Renard).

Saint Quentin — Scorpion 1er décan — DIMANCHE 31 OCTOBRE

La France mystérieuse

LE VILLAGE DU DIABLE

La Roche-en-Brenil (Côte-d'Or)

La Roche-en-Brenil, petit village bourguignon proche de Saulieu, s'est longtemps signalé par la persistance d'anciennes pratiques païennes, que le christianisme avait plus ou moins réussi à transformer en fêtes religieuses. Ainsi, le culte en l'honneur de la Pierre du diable, un menhir qui se dresse à l'orée d'une forêt toute proche.
Il avait lieu autrefois chaque solstice et il est devenu la fête patronale de la Saint Alban, célébrée le dimanche le plus proche du 22 juin. Autrefois, les druides y faisaient une offrande de pain et de vin aux divinités. Des pierres étaient disposées tout autour en cercles concentriques, marquant la place des assistants selon leur degré d'initiation. Au matin de la Saint Jean, on allait aussi y cueillir des plantes médicinales ou maléfiques, leur vertu provenant de la rosée du jour le plus long de l'année.
De même, avait lieu à l'équinoxe d'automne la fête de Bœufnie, qui s'est pratiquée jusqu'en 1914. Les vieilles gens venaient la nuit, avec des lanternes, près de la Pierre du diable, célébrer dans des cérémonies secrètes le soleil et la lune.
La persistance de ces coutumes s'explique par le côté indépendant et fermé de la population locale. Les habitants, vivant dans un milieu hostile, fait de bois et d'étangs, se méfiaient de la civilisation. C'est ainsi que, jusqu'au milieu du XXe siècle, le guérisseur était préféré au médecin. Il devait être célibataire et ne faire qu'un repas par jour. Il soignait avec des herbes et pratiquait également la magie du sel.

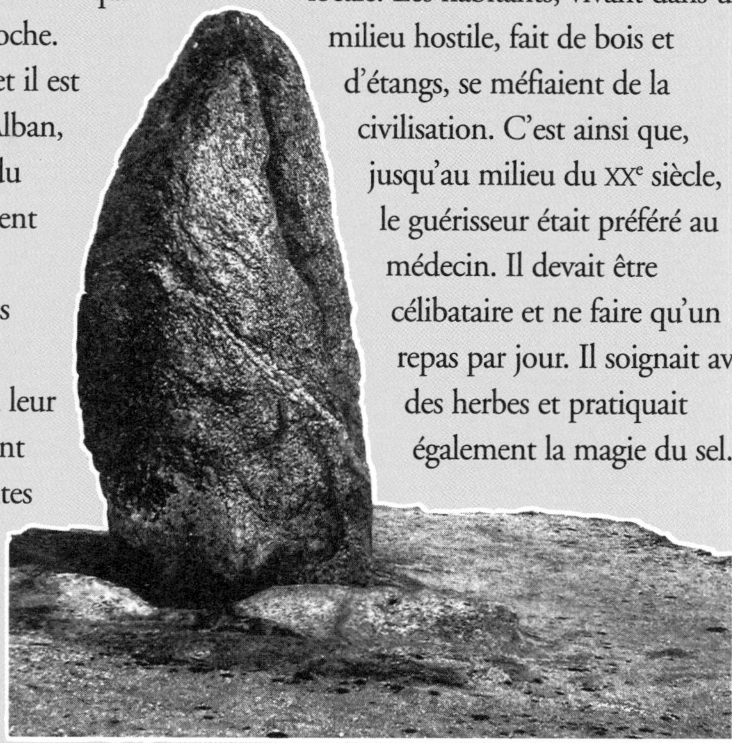

IL Y A 40 ANS, EN 1970 : Le terrible incendie du dancing « 5-7 » de Saint-Laurent-du-Pont, en Isère, provoque la mort de 144 jeunes gens et des dizaines de brûlés. La baguette de pain passe à 60 centimes dans la région parisienne.

LUNDI 1 NOVEMBRE — Toussaint — Scorpion 1er décan

En mer, quand on dort, on ferme les yeux, mais on garde les oreilles ouvertes (Olivier de Kersauson).

Le souffleur de théâtre

Dès le XVIIe siècle, le souffleur se tenait dans les coulisses, prêt à envoyer la réplique oubliée par l'acteur. De l'autre côté de la scène, les violons composaient l'orchestre ; au fond, touchant et gênant les acteurs, se tenaient une foule d'intrus, avec, devant, des soldats, l'arme au pied. Vers 1725, la princesse Palatine écrivait : « La scène est encombrée de monde, de sorte que les acteurs n'ont pas de place pour jouer. » Au XIXe siècle, le souffleur fut placé dans un trou surmonté, pour le dissimuler à la vue des spectateurs, d'un capot amovible. Le comédien défaillant se campait ostensiblement devant le trou pour lui demander de l'aide. Jusqu'aux années 1930, certains entraient en scène sans vraiment savoir leur texte ! Les premiers metteurs en scène, comme André Antoine ou Victorien Sardou, supprimeront les souffleurs, ainsi que la rampe, pour des raisons esthétiques, leur reprochant de couper les pieds…

★★ GÂTEAU DE POLENTA. Pour six ou sept personnes.

Faites cuire à l'eau bouillante quelques minutes un paquet de polenta instantanée en tournant sans cesse avec une cuiller de bois. Étalez la polenta dans deux plats à tarte de 28 centimètres préalablement huilés, lissez la surface et laissez refroidir. Démoulez et mettez la première portion sur une plaque à four huilée. Posez dessus 400 grammes de mozzarella en lamelles parsemées d'ail et salées, puis une couche de purée de fonds d'artichauts en boîte passés au mixeur, mélangée à une cuillerée à soupe de crème épaisse. Salez et poivrez. Émiettez deux boîtes de crabe (ou la chair de trois tourteaux cuits), puis ajoutez 250 grammes de tomates confites à l'huile coupées en morceaux. Poudrez de parmesan et terminez par la deuxième portion de polenta huilée, que vous saupoudrez de parmesan. Passez au four 10 minutes.

IL Y A 40 ANS, EN 1970 : En Tunisie, M. Hedi Nouira devient Premier ministre. 61 % des Français sont favorables à l'élection directe du maire au suffrage universel.

Celui qui ploie sous un fardeau en connaît seul le poids (proverbe indien).

Saints Défunts

Scorpion 1er décan

MARDI 2 NOVEMBRE

Les drôles d'histoires de Pierre Bellemare

Voyages à hauts risques

Les risques encourus par les quelque deux milliards trois cents millions de terriens qui empruntent chaque année les transports aériens sont presque nuls, l'avion étant deux cents fois moins mortifère que l'automobile. En dépit des incartades de certains pilotes facétieux…

Ainsi, en 2007, un moyen-courrier indien fait route vers Bombay. À l'aéroport, le contrôleur aérien prend un contact de routine avec l'équipage. Silence radio. Il insiste. Toujours rien. L'avion aurait-il été détourné ? Le voilà qui s'éloigne vers le sud, en direction du Sri Lanka. Craignant le pire, l'aiguilleur du ciel actionne l'alarme de bord. D'une voix ensommeillée, le commandant répond enfin à l'appel. Il fait demi-tour et pose son appareil sans encombre. Au terme d'une rapide enquête, il se révèle que les pilotes s'étaient endormis, l'avion poursuivant tranquillement sa route en mode automatique.

Un Boeing 757 de la compagnie Nepal Airlines multiplie les avaries, sans que les mécaniciens parviennent à détecter la cause de la panne. Après dix jours d'immobilisation et des dizaines de milliers d'euros perdus, la direction de la compagnie décide d'employer les grands moyens. Elle fait appel à un prêtre qui sacrifie deux chèvres sur le tarmac, au pied de l'avion. Akash Bhairab, le dieu indou du ciel, a-t-il été apaisé ? Malgré deux tentatives de décollage infructueuses, le Boeing réussit à atteindre Hong Kong.

Ces incidents ne doivent pas nous faire oublier que six millions de passagers aériens parviennent chaque jour à bon port. Enfin presque tous !

IL Y A 40 ANS, EN 1970 : M. Giscard d'Estaing propose la possibilité de paiement mensuel de l'impôt sur le revenu dès 1972. Reprise, au théâtre des Bouffes-Parisiens, des *Enfants d'Édouard* de Marc-Gilbert Sauvajon, avec Maria Pacôme et Jacques Sereys. Décès de l'acteur Fernand Gravey.

MERCREDI 3 NOVEMBRE **Saint Hubert**

Scorpion 2e décan

La sélection sexuelle dépend de l'ardeur, du courage, de la rivalité des mâles autant que du discernement, du goût et de la volonté de la femelle (Charles Darwin).

★ AMANDINE À l'ORANGE. Pour six personnes. Mélangez 100 grammes de farine, 250 grammes d'amandes en poudre, 125 grammes de beurre mou, quatre œufs battus, 150 grammes de sucre en poudre et un demi-sachet de levure. Garnissez un moule à cake avec la pâte et faites cuire 35 minutes à four moyen. Laissez refroidir et coupez le cake deux fois dans le sens de l'épaisseur. Garnissez l'intérieur du gâteau de marmelade d'oranges et reconstituez-le. Enduisez les bords et le dessus du gâteau de marmelade, et saupoudrez-le entièrement d'amandes effilées (150 grammes) que vous aurez préalablement fait griller.

Les calissons d'Aix

La version la plus romanesque de l'origine du calisson remonte à 1454, lors du mariage du roi René, comte de Provence, avec l'austère Jeanne de Laval. Le cuisinier confectionne pour la mariée une friandise à base de fruits confits et d'amandes. Lorsqu'elle la goûte, elle esquisse, à la grande surprise des courtisans, un sourire. Un invité un peu poète en conclut : *« Dis calin soun »* (Ce sont des câlins). On dit aussi que, dans l'Antiquité, Grecs et Romains mélangeaient déjà les fruits confits aux amandes et qu'en 1200, en Crète, on distribuait une friandise appelée calitsunia au moment des fêtes de Pâques. L'île était alors occupée par les Vénitiens, qui ont sans doute ramené cette coutume chez eux. Après quelques modifications subies au fil de ses voyages, la gourmandise est commercialisée avec succès au XVIe siècle en Avignon, puis à Aix où elle acquiert ses lettres de noblesse en forme de petit chausson fourré à la pâte d'amandes sous cette appellation de calisson qu'une autre version rapproche de la formule latine prononcée par le prêtre lors des messes : *« Venite ad calicem »* (Venez au calice). Les calissons se sont fait connaître à Paris grâce à Mme de Sévigné qui en avait reçu de sa fille, Mme de Grignan, mariée en Provence. Ils ont été déclarés patrimoine de la ville d'Aix.

IL Y A 40 ANS, EN 1970 : Le président de la République de Côte-d'Ivoire, Houphouët-Boigny, se prononce en faveur du dialogue avec la république d'Afrique du Sud. Le Concorde 001 atteint le double de la vitesse du son. Aux élections américaines pour le renouvellement du Congrès, la majorité reste aux démocrates.

Il n'y a rien de réellement plus artistique que d'aimer les gens (Vincent Van Gogh).

Les drôles d'histoires de Pierre Bellemare

Un conte de fées indien

Comme c'est malheureusement le cas pour des milliers d'Indiennes pauvres, le sort s'est acharné sur Baby Halder dès sa plus tendre enfance. Abandonnée par sa mère, maltraitée par son père et sa belle-mère, mariée de force à douze ans à un inconnu alcoolique et violent, Baby est mère de trois enfants à l'âge où les autres gamines vont encore au collège.

Ne supportant plus son existence misérable, elle s'enfuit à New Delhi où elle se fait exploiter sans vergogne par les familles qui l'emploient comme bonne à tout faire. Jusqu'au jour où elle est recueillie par Munshi Premchand, un universitaire à la retraite. Devenue sa femme de ménage, Baby feuillette en cachette les livres que contient sa bibliothèque. Premchand s'en aperçoit et lui prête un roman. Comme Baby le dévore avec passion, son bienfaiteur lui offre stylo et cahier et l'encourage à écrire sa propre histoire. Le résultat va au-delà de ses espérances, puisqu'un éditeur de Calcutta prend le risque de publier le manuscrit. Bientôt le bouche-à-oreille fonctionne, la presse et la télévision s'emparent du phénomène et le livre devient un best-seller traduit en plusieurs langues.

« Quand nous étions à la rue, mes enfants avaient honte de moi. Ils disent aujourd'hui avec fierté que leur mère est un écrivain célèbre », a commenté la femme de ménage, qui, entre deux coups de serpillière, achève un premier roman.

IL Y A 40 ANS, EN 1970 : Par résolution des Nations Unies, Israël et les capitales du monde arabe acceptent un prolongement de trois mois du cessez-le-feu. L'Italie reconnaît la Chine populaire. 440 espèces animales sont en voie de disparition : et il ne reste plus dans le monde que 800 tigres vivants.

VENDREDI 5 NOVEMBRE Sainte Sylvie

Scorpion 2e décan

On ne force pas une curiosité, on l'éveille (Daniel Pennac).

★ FRICASSÉE DE CREVETTES. Pour six personnes. Faites revenir dans l'huile de tournesol deux tomates et un poivron coupés en dés, un oignon et deux gousses d'ail hachés, quelques râpures de gingembre, sel, poivre, une pointe de piment. Ajoutez 800 grammes de grosses crevettes décortiquées. Versez trois verres de lait de coco en boîte non sucré ; laissez mijoter 6 minutes. Ajoutez le jus de deux citrons, de la coriandre et du persil ciselé, et des noix de cajou.

En passant par la Lorraine,
Avec mes sabots,
Rencontrai trois capitaines,
Avec mes sabots dondaine oh ! oh ! oh !
Avec mes sabots !

Oubliée pendant plusieurs siècles, cette joyeuse chanson de marche a été redécouverte le 3 juin 1885, lors d'un congrès d'histoire organisé par le Cercle Saint-Simon, qui se proposait de faire connaître les chansons populaires françaises. Passée sans délai dans les manuels scolaires, elle a été adoptée avec succès par les écoliers. Dans la tradition orale, le début hésitait entre deux formes : *En passant par la Lorraine* ou *En m'en revenant de Rennes*. On préféra la première version, plus patriotique : la Lorraine, perdue en 1870 et annexée avec l'Alsace par les Prussiens, était devenue terre sacrée. Les paroles et la musique remontent au milieu du XVIe siècle. Il est amusant d'observer que le mot « sabot » n'apparaît dans aucun livre de l'époque. Le *Recueil d'airs* de cour de 1600 mentionne des « souliers de bois ». Un « retoucheur » eut le génie de la formule pour en faire un vrai chant folklorique.

IL Y A 40 ANS, EN 1970 : Le roi éthiopien Hailé Sélassié se rend à Rome pour montrer que son pays a oublié l'agression fasciste. À Rome, l'Argentin Carlos Monzon est devenu le nouveau champion du monde des poids moyens. Mort du journaliste, scénariste et dialoguiste Henri Jeanson.

Saint Léonard — Scorpion 2e décan — **SAMEDI 6 NOVEMBRE**

L'air tu peux pas le toucher… ça existe et ça n'existe pas… ça nourrit l'homme sans qu'il ait faim (Jean-Claude Van Damme).

Sainte Carine — Scorpion 2e décan — **DIMANCHE 7 NOVEMBRE**

Le courage est la première des qualités humaines car elle garantit toutes les autres (Aristote).

La France mystérieuse

LES MOMIES DE LA BASTILLE

Paris

En 1827, le souverain d'Égypte Méhémet Ali offre à la France, trois ans avant l'obélisque de Louxor, deux momies qui sont exposées au musée du Louvre. Malheureusement le climat parisien ne leur convient pas et elles dégagent vite une telle odeur qu'il faut se résoudre à les enterrer dans les jardins du palais. Trois ans passent et, en juillet 1830, les journées révolutionnaires des Trois Glorieuses remplacent Charles X par Louis-Philippe. La plupart des combats ont lieu près du Louvre et, en raison de la chaleur, il faut enterrer les morts sans attendre. Le hasard veut que ce soit au même endroit que les momies.

Dix ans plus tard encore, un monument est inauguré en grande pompe sur la place de la Bastille, en l'honneur des auteurs de la révolution de 1830. Il s'agit d'une colonne surmontée d'un génie représentant la liberté et sous laquelle sont enterrées les 504 victimes. Leurs corps sont exhumés là où ils avaient été déposés à la hâte et installés dans une crypte, tandis que leurs noms sont gravés sur la base du monument.

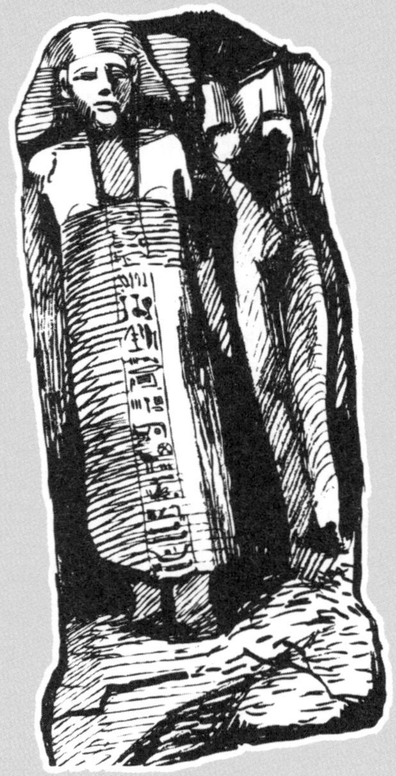

Ce n'est qu'au cours des années 1930, lors de travaux de réfection, qu'on découvre qu'il n'y a pas 504 corps, mais 506. Après un moment d'incompréhension, on comprend qu'il s'agit des momies du Louvre. Les fossoyeurs n'ont pas fait la différence avec les combattants parisiens et les ont emportées elles aussi.

Les autorités ont décidé de les laisser là et c'est ainsi que, place de la Bastille, reposent deux Égyptiens nés et morts des millénaires avant notre ère.

IL Y A 40 ANS, EN 1970 : L'Égypte, la Libye et le Soudan décident de constituer une fédération. Au Québec, l'un ces ravisseurs du ministre Pierre Laporte est arrêté. À l'occasion du 53e anniversaire de la Révolution d'Octobre, la Chine propose à l'URSS d'établir des relations amicales et de bon voisinage.

LUNDI 8 NOVEMBRE

Saint Geoffroy

Scorpion 2e décan

On ne comprend pas plus la vie à quarante ans qu'à vingt, mais on le sait, et on l'avoue. C'est ça la jeunesse (Jules Renard).

Ils ont un joli nom les boutons-d'or, mais ils envahissent rapidement les plates-bandes et les pelouses. Cette plante vivace très résistante au gel, toxique par ingestion, fleurit à partir de mai, et progresse par ses stolons et par ses graines. Pour les éliminer dans les plates-bandes, procédez par l'arrachage manuel, lorsque le terrain est trempé… Creusez en profondeur et enlevez soigneusement les racines autour des plants arrachés. Si votre pelouse est trop envahie, utilisez un désherbant sélectif spécial gazon.

La bénédictine

Venu d'Italie à Fécamp en 1510, le moine herboriste Bernardo Vincelli consacre ses loisirs à la mise au point d'un élixir de santé et, pour cela, compose un savant mélange de vingt-sept plantes issues des quatre coins du monde. La réputation de son breuvage est telle qu'elle franchit les frontières du domaine monastique, et que François Ier de passage à Fécamp déclare n'en avoir jamais goûté de meilleur. Pendant trois siècles les bénédictins soignent leurs maux avec cet élixir. Dans la tourmente de la Révolution, tout s'arrête, et la recette manque d'être perdue à jamais. Le manuscrit contenant la formule, acheté par un notable de Fécamp, reste enfoui dans une bibliothèque jusqu'en 1863, jusqu'à ce qu'un négociant, Alexandre Le Grand, le découvre par hasard. Il recrée le breuvage, l'adapte et le baptise « bénédictine ». Après macération, distillation, et vieillissement pendant deux ans dans des foudres de chêne, cette onctueuse liqueur remporte aussitôt un succès foudroyant. Homme d'affaires et de communication, Le Grand s'adresse à des artistes de renom pour concevoir ses affiches publicitaires. Et en 1882, il fait construire à Fécamp un palais, à la fois musée, abbaye et usine de production, où s'élabore encore aujourd'hui la bénédictine.

IL Y A 40 ANS, EN 1970 : Le général de Gaulle, en début de soirée, meurt dans sa maison de la Boisserie à Colombey-les-Deux-Églises.

Celui qui copie la nature est impuissant, celui qui l'interprète est ridicule, celui qui l'ignore n'est rien du tout (René Barjavel).

Saint Théodore
Scorpion 2e décan

Les drôles d'histoires de Pierre Bellemare

Pas tous en même temps !

La finale du Superbowl, le championnat de football américain, est sans conteste l'événement qui mobilise le plus grand nombre de téléspectateurs dans l'année aux États-Unis. En effet, près du tiers de la population, soit quatre-vingt-dix millions de passionnés, assiste au match, rivé à leur petit écran. Conséquence inattendue de cette mobilisation : outre le fait d'ingurgiter en chœur des milliers de tonnes de pizza et des hectolitres de bière, les aficionados profitent tous de la mi-temps pour satisfaire leurs besoins naturels, d'où le risque d'engorger les égouts du pays. « Ce serait mieux pour nous si les gens pouvaient aller aux toilettes avant ou juste après la pause », a fermement recommandé Frank Calderon, le porte-parole du service de la voirie de Miami, la ville qui accueillait le Superbowl en 2007. Les ingénieurs ont, en effet, calculé que si 90 millions d'Américains se soulageaient en même temps à travers le pays, cela représenterait 1,3 milliard de litres d'eau transitant des toilettes aux canalisations, soit autant que la quantité tombant des chutes du Niagara en 39 minutes !

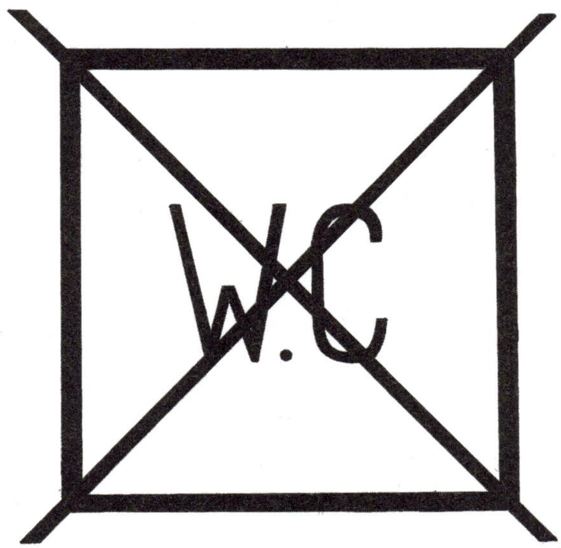

Afin d'encourager chacun à s'abstenir de « pause pipi » durant la mi-temps, les organisateurs du championnat ont fait appel au chanteur Prince pour animer ce quart d'heure de tous les dangers. Mission accomplie : la star de la scène est parvenue à retenir l'attention de suffisamment de téléspectateurs pour éviter la catastrophe !

IL Y A 40 ANS, EN 1970 : Près de 80 enfants de l'ancien Biafra, qui avaient été recueillis par des pays africains, sont rapatriés à Lagos. La militante américaine Angela Davis est inculpée de meurtre, enlèvement et conspiration par un grand jury californien.

MERCREDI 10 NOVEMBRE Saint Léon

Scorpion 2e décan

C'est l'inconnu qui m'attire. Quand je vois un écheveau bien enchevêtré, je me dis qu'il serait bien de trouver un fil conducteur (P.G. de Gennes).

LA VERRERIE OPALINE S'ENTRETIENT FACILEMENT

Il suffit de la dépoussiérer puis, de la laver à l'eau chaude avec un liquide vaisselle. Rincez à la même température. Essuyez. Si l'opaline, très ancienne et fragile, n'est pas lavable, utilisez de l'alcool à brûler et lustrez délicatement à la peau de chamois.

⋆ TARTELETTES AUX POIRES. Pour quatre personnes.

Découpez dans deux feuilles de filo huit ronds de la dimension de quatre moules à tartelettes en ajoutant 2 centimètres. Foncez chacun des moules d'un rond de pâte. Badigeonnez d'huile et doublez avec un autre fond. Saupoudrez de sucre et passez au four (th. 6) pendant 6 minutes. Émincez en fines lamelles des poires en boîte. Disposez-les en rosace serrée sur chaque fond. Battez un œuf avec 25 centilitres de crème, et versez sur les poires. Sucrez et passez 5 minutes sous le gril.

Un de ces pays n'a pas d'armée :

a. Le Venezuela ?

b. Le Costa Rica ?

c. Le Nicaragua ?

(Réponse : b.)

IL Y A 40 ANS, EN 1970 : Un accord de principe est conclu entre la General Motors et le syndicat de l'automobile pour mettre fin à deux mois de grève. Ouverture du premier tronçon de l'autoroute le long du lac Léman. Sortie du film *Êtes-vous fiancée à un marin grec… ou à un pilote de ligne*.

Alunissage : procédé technique consistant à déposer des imbéciles sur un rêve enfantin (Pierre Desproges).

Les drôles d'histoires de Pierre Bellemare

À ramasser à la petite cuillère

Une voix sourde et angoissée parvient au standard du poste de police de la ville d'Oak Park, dans le Michigan. « Je me suis endormi dans une poubelle que les éboueurs ont ramassée et vidée à l'arrière de leur camion, gémit le correspondant.
– Où êtes-vous ? » demande le lieutenant Pousak à l'autre bout du fil.
L'homme est juste capable de dire à quelle intersection de rues il s'était endormi, avant d'être cueilli par la benne. Puis la batterie de son téléphone tombant en panne, son appel s'achève par une plainte angoissée : « Faites vite, le broyeur s'est mis en marche. Je vais mourir déchiqueté. »
L'officier mobilise ses agents qui aussitôt quadrillent la ville, dans l'espoir de retrouver le camion chargé de son contenu humain. Ils y parviennent, ordonnent au chauffeur de stopper l'opération de broyage et de vider la benne sur un parking. Un homme indemne mais nauséabond, hagard et en loques, émerge des détritus.
« Je ne suis ni SDF ni poivrot, explique-t-il aux policiers, mais agent de change. J'ai perdu mon emploi et, pour survivre, je ramasse, la nuit, les bouteilles consignées dans les poubelles. Je me suis endormi, épuisé après une longue tournée.
– Si j'étais vous, a répliqué le lieutenant Pousak, j'irais à l'église remercier Dieu. Je jouerais à la loterie et je me mettrais en quête d'un job moins périlleux ! »

IL Y A 40 ANS, EN 1970 : Journée de deuil national : une messe en hommage au général de Gaulle a lieu à Notre-Dame de Paris en présence de tout le gouvernement et de 80 chefs d'État, empereurs et rois. Conformément à ses dernières volontés, ses obsèques ont lieu à Colombey dans l'intimité.

VENDREDI 12 NOVEMBRE

Saint Christian

Scorpion 2ᵉ décan

Un grand homme n'a qu'un souci : devenir le plus humain possible, disons mieux : devenir banal (André Gide).

HARENGS GRILLÉS. Pour quatre personnes. Choisissez quatre harengs saurs bien gonflés. Enlevez la peau et faites-les dessaler 3 heures dans du lait coupé d'eau. Essuyez-les, prélevez les filets et badigeonnez-les de moutarde, puis d'huile. Saupoudrez de chapelure et faites griller. Servez avec des pommes vapeur au beurre et au persil.

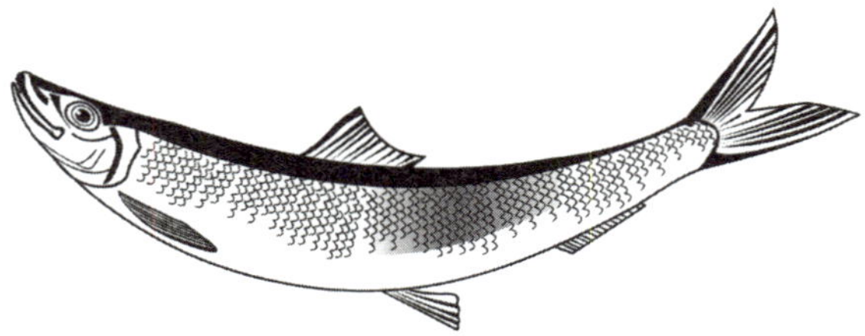

Si le sol de votre jardin est difficile à travailler et à cultiver, ajoutez les amendements dont il a besoin en les incorporant parfaitement, en plusieurs fois, lors de labours. Vous améliorerez ainsi le sol par certaines substances qui en modifient la nature : une terre très compacte avec du sable et de la tourbe blonde, intervention qui peut se pratiquer à tout moment de l'année ; une terre trop légère avec de l'argile avant l'hiver pour qu'elle soit divisée par les gelées. La chaux convient à presque tous les sols, vous pratiquerez son apport de préférence en été.

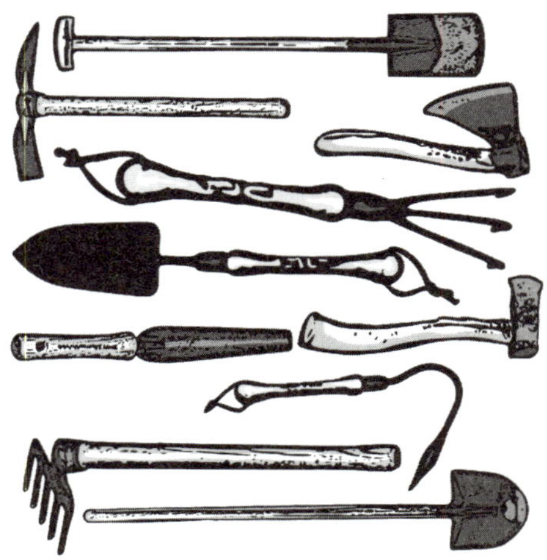

63 % des Français ont un accès Internet à domicile.

IL Y A 40 ANS, EN 1970 : En Syrie, le général Hafez al-Assad, ministre de la Défense, prend le pouvoir après un coup d'État. Au Pakistan oriental, un cyclone d'intensité sans précédent fait au moins 150 000 morts. La place de l'Étoile s'appellera, sur décision du Conseil de Paris, place Charles-de-Gaulle.

Saint Brice — **SAMEDI 13 NOVEMBRE** — Scorpion 3e décan

La femme la plus niaise est cent fois plus rusée que l'homme le plus spirituel (A. Dumas fils).

Saint Sidoine — **DIMANCHE 14 NOVEMBRE** — Scorpion 3e décan

Réaliser des esquisses revient à planter des graines pour faire pousser des tableaux (Van Gogh).

La France mystérieuse

L'ORIGINE DU CHARABIA

Saint-Flour (Cantal)

Saint-Flour, sous-préfecture du Cantal, bâtie à 900 mètres d'altitude sur un plateau volcanique et célèbre, entre autres, par sa cathédrale, est à l'origine d'un mot de la langue française : « charabia ».
C'est à la suite d'une opérette d'Offenbach *La Rose de Saint-Flour,* que le terme s'est répandu… Au XIXe siècle, les Parisiens avaient pris l'habitude de se moquer du parler des Auvergnats, nombreux dans la capitale et spécialisés dans les débits de bois et de charbon. Ils avaient, disait-on, la fâcheuse habitude de remplacer la consonne « s » par « ch. » et Offenbach en a tiré le prétexte d'une courte opérette.
Elle fut représentée pour la première fois au théâtre des Bouffes-Parisiens, le 12 juin 1856. L'argument en est mince : à Saint-Flour (« Chaint-Flour »), une jeune fille est courtisée avec l'accent du cru par un savetier, qui lui offre les plus beaux souliers de sa boutique. Un autre amoureux, éconduit et jaloux, dérobe une des chaussures et la dépose dans la marmite où cuit la soupe. Sa découverte provoque une bagarre générale, mais tout se termine dans la bonne humeur au son d'une bourrée.

s≠ch

Reste à expliquer précisément le mot « charabia » désignant le parler chuintant des habitants de province et, par extension, un langage incompréhensible et confus. On a dit qu'il pourrait avoir un rapport avec les armoiries du chapitre, telles qu'elles sont sculptées sur le portail de droite de la cathédrale : trois « A » pour représenter le mot *Arabia,* saint Florus, qui a donné son nom à la ville, ayant participé à la première croisade. Mais le terme, comme il arrive souvent, a peut-être été inventé spontanément par la fantaisie populaire.

IL Y A 40 ANS, EN 1970 : Le journal *Hara-Kiri* est interdit de parution après sa une sur la mort du général de Gaulle, titrée « Bal tragique à Colombey : un mort ». L'opinion française est favorable à l'avortement uniquement pour les cas médicaux graves.

LUNDI 15 NOVEMBRE

Saint Albert

Scorpion 3e décan

On rit mal des autres, quand on ne sait pas d'abord rire de soi-même (Paul Léautaud).

★ TARTE MARINA. Pour cinq ou six personnes. Foncez un moule à tarte avec une pâte brisée. Étalez une vingtaine de crevettes moyennes cuites ainsi que 200 grammes de morceaux de poisson cuit vapeur, et quatre quenelles de brochet fraîches coupées en rondelles. Battez deux œufs, mélangez-les avec une boîte de bisque de homard et 25 centilitres de crème fraîche. Versez sur la tarte et faites cuire au four (th. 7) pendant 30 minutes.

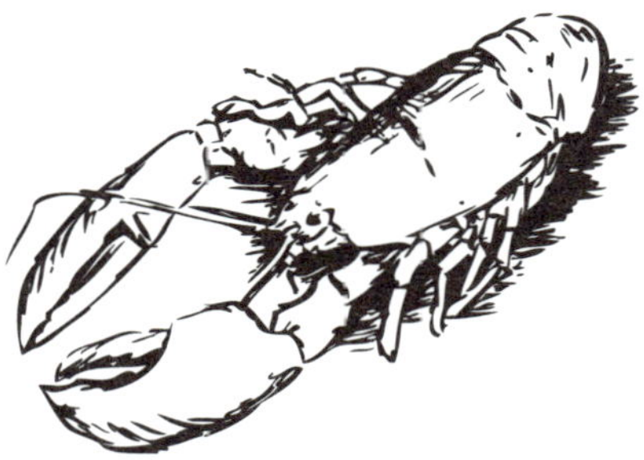

Pour lutter contre l'envahissement de chenilles de tailles, de formes et de couleurs variables, utilisez avec précaution les produits que vous trouverez en jardinerie s'ils ne sont pas bio. Il existe plutôt quelques astuces pour vous aider à vous débarrasser de ces petites bêtes qui pondent leurs œufs sur les feuilles. Au lever du jour, secouez les branches de l'arbre, les chenilles tomberont et vous les empêcherez de regrimper sur le tronc en entourant celui-ci d'un tissu enduit de goudron ou de résine sur lequel elles resteront collées. Ou encore pratiquez une pulvérisation à base d'un verre de vinaigre d'alcool pour un litre d'eau.

La chevelure de l'espèce humaine est composée au minimum de :

a. 80 000 cheveux ?
b. 100 000 cheveux ?
c. 130 000 cheveux ?

(Réponse : b.)

IL Y A 40 ANS, EN 1970 : À Nanterre, une soixantaine d'enseignants suspendent leurs cours à la suite de nombreux incidents perturbateurs depuis le début du mois. Plus de la moitié des Français sont favorables à une procédure accélérée du divorce.

L'amour est un acte sans importance, puisqu'on peut le faire indéfiniment (Alfred Jarry).

Sainte Marguerite
Scorpion 3e décan

MARDI 16 NOVEMBRE

Les drôles d'histoires de Pierre Bellemare

Malraux, chef de gang ?

Le 26 juillet 1944, plusieurs groupes de la Résistance périgourdine attaquent le train Périgueux-Bordeaux en gare de Neuvic-sur-l'Isle et dérobent cent cinquante sacs de jute contenant la somme fabuleuse de 2 280 000 000 de francs qui appartiennent à la Banque de France, soit l'équivalent d'environ 450 millions d'euros. S'il est avéré que le commando a bénéficié de la complicité du personnel de la banque et des quatre inspecteurs de police chargés du convoyage, la destination et l'utilisation finale de ce trésor de guerre n'ont jamais pu être clairement établies. Il semblerait que 20 % seulement du butin ait été utilisé par la Résistance, 9 millions ayant été par ailleurs ponctionnés par l'Armée secrète gaulliste pour libérer André Malraux, alias le colonel Berger, détenu dans la prison Saint-Michel de Toulouse.

Mais qu'est-il advenu du reste de l'argent ? Le journaliste et écrivain Olivier Todd qui a enquêté sur ce vol à main armée, « le plus important de tous les temps », mentionne dans un livre qu'au lendemain de la guerre le train de vie de Malraux « ne correspondait pas à son traitement de ministre ni à celui que pouvaient lui procurer ses droits d'auteur », puisque, dans son luxueux duplex, l'auteur de *La Voie royale* disposait d'une douzaine de domestiques, dont un valet de chambre, une cuisinière et un maître d'hôtel. Todd suggère ainsi que Malraux aurait organisé depuis sa cellule l'attaque du train par des maquisards fidèles à sa cause, et qu'il aurait fait ensuite main basse sur une partie de l'argent. De quoi assurer confortablement sa condition humaine jusqu'à la fin de ses jours !

IL Y A 40 ANS, EN 1970 : Le véhicule automatique *Lunakhod* 1 a été déposé sur la Lune par le satellite soviétique *Luna 17*. Ouverture à Fort Benning du procès du lieutenant Calley, accusé du meurtre de 102 civils dans le village sud-vietnamien de My Lai, le 16 mars 1968.

MERCREDI 17 NOVEMBRE

Sainte Élisabeth

Scorpion 3e décan

Ne te lasse pas de crier ta joie d'être en vie et tu n'entendras plus d'autres cris (proverbe touareg).

☆ *RAVIOLES DUCHESSE. Pour quatre personnes. Émincez 200 grammes de fonds d'artichauts surgelés après les avoir laissés une heure à température ambiante. Cuisez sans les colorer, dans 30 grammes de beurre, deux échalotes et 200 grammes de champignons de Paris émincés, puis les fonds d'artichauts. Ajoutez 15 centilitres de vin blanc sec, laissez absorber et ajoutez 25 centilitres de crème fraîche, salez, poivrez, laissez mijoter 5 minutes. Faites cuire à l'eau comme indiqué sur le paquet six plaques de ravioles. Répartissez-les avec les légumes sur quatre assiettes.*

On pèse plus lourd à l'équateur qu'aux pôles

C'est exactement le contraire. Plus on sera lourd et plus on perdra du poids à l'équateur. Des calculs ont démontré qu'un homme de 70 kilogrammes y « perdrait » plus de 1 kilogramme.

Les Français passent quotidiennement 3 heures 27 devant leur télévision.

Les drôles d'histoires de Pierre Bellemare

Résurrection express

Au son d'une musique solennelle, une trentaine de personnes vêtues de robes traditionnelles en chanvre lisent à haute voix leur testament. Plusieurs d'entre elles sanglotent, gagnées par l'émotion. La scène est d'autant plus saisissante que le sol de la vaste pièce est couvert de cercueils ouverts, à côté desquels trônent des portraits funéraires. Ko Min-su, le maître de cérémonie, invite ensuite les participants à s'allonger dans les cercueils. Des croque-morts posent les couvercles, les clouent avec un maillet, déversent dessus de la terre et des pierres, puis quittent la salle plongée dans la pénombre. Cinq minutes s'écoulent avant qu'ils ne reviennent déclouer les couvercles et libérer les morts-vivants.

Ce rituel se déroule à Séoul, en Corée du Sud. Son but consiste paradoxalement à réconforter une population déprimée qui détient le triste record du taux de suicides le plus élevé du monde. « J'ai vraiment eu l'impression de ressusciter, après avoir été morte et enterrée », témoigne Mme Soon, l'une des cinquante mille Coréennes à avoir déjà participé au psychodrame. Ko Min-su, le fondateur de la société qui organise ces fausses mais lucratives funérailles, constate qu'« à l'issue de la séance, les gens deviennent altruistes et attachent davantage de valeur à leur existence ». Avis que ne partage pas Chung Hong-jin, neuropsychiatre, qui estime préférable de traiter les causes fondamentales de la dépression.

À l'heure actuelle, aucune statistique ne nous est parvenue pour juger du bien-fondé de l'expérience.

IL Y A 40 ANS, EN 1970 : Électricité de France va accéder à une autonomie totale de gestion. À Munich, les Six font une première conférence politique et essayent d'harmoniser leur politique étrangère. Appel à tous les architectes du monde pour construire le futur centre Georges Pompidou.

VENDREDI 19 NOVEMBRE Saint Tanguy

Scorpion 3e décan

Le luxe, ce n'est pas le contraire de la pauvreté, mais celui de la vulgarité (Coco Chanel).

⭑ FOIE GRAS À L'AIGRE DOUX. Pour quatre personnes.

Pelez et coupez huit tiges de rhubarbe en tronçons et cuisez-les en compote avec un peu d'eau et une cuillerée à café de sucre. Réservez au chaud. Taillez un foie gras de canard d'environ 600 grammes en quatre escalopes, salez-les et poivrez-les, puis faites-les revenir une première fois 1 minute de chaque côté dans une poêle anti-adhésive. Retirez la graisse superflue et recommencez deux fois la même opération pourles cuire. Disposez la compote de rhubarbe et les escalopes sur quatre assiettes. Salez. Déglacez la poêle avec 10 centilitres de vinaigre de framboises, ajoutez trois cuillerées à soupe de miel d'acacia et versez la sauce sur les assiettées.

UN TRUC DE GRAND-MÈRE À ÉVITER POUR L'IVOIRE

Pour blanchir l'ivoire, évitez de le tremper dans un jus de citron : c'est un acide qui l'attaquerait. Préférez l'eau oxygénée à 30 volumes, que vous passerez avec un chiffon jusqu'à ce que la teinte vous plaise. Si, au contraire, vous le trouvez trop blanc, offrez-lui un bain de café bien fort. Quand vous aurez obtenu la teinte désirée, essuyez avec un chiffon fin. Pour des sculptures incrustées de poussière, offrez-leur un bain de lait cru de deux ou trois heures, un brossage avec un pinceau plat souple et un séchage au chiffon doux.

Les Françaises peuvent voter depuis le :

a. 21 avril 1944 ?

b. 21 octobre 1945 ?

c. 13 octobre 1946 ?

(Réponse : a – b : Référendum, c : Naissance de la IVe République.)

IL Y A 40 ANS, EN 1970 : Le magazine *Elle* organise pendant trois jours à Versailles des états généraux de la femme. Ouverture avenue de Matignon, à Paris, d'un nouveau drugstore. Première parution du magazine *50 millions de consommateurs*.

La fête de la musique est une grande réussite puisqu'elle garantit 364 jours de silence par an (Philippe Bouvard).

Devant une flamme, dès qu'on rêve, ce que l'on perçoit n'est rien au regard de ce que l'on imagine (Gaston Bachelard).

Saint Edmond — SAMEDI 20 NOVEMBRE — Scorpion 3e décan

Présence de Marie — DIMANCHE 21 NOVEMBRE — Scorpion 3e décan

La France mystérieuse

LA GRENOUILLÈRE

Bougival (Yvelines)

On a du mal à imaginer à quel point les environs de Paris ressemblaient à la campagne jusqu'à une époque récente. Ainsi, l'île de la Grenouillère, sur la commune de Bougival, était surnommée dans les années 1850 « le Madagascar des bords de Seine », tant sa végétation était luxuriante, et ses rares habitants étaient réputés « avoir des mœurs comparables aux indigènes d'Afrique ». Un cadre aussi dépaysant à quelques kilomètres de la capitale était forcément attirant. Aussi, lorsqu'un bal fut installé sur un ponton flottant amarré à l'île, ce fut le succès immédiat. Non seulement les étudiants et les artistes allèrent y danser, mais les gens de la bonne société vinrent s'encanailler au bal de la Grenouillère.

Ce fut dans les années 1880 que cette vogue atteignit son apogée. Renoir et Monet ont peint l'établissement dans des toiles mondialement célèbres : *Le Déjeuner des canotiers, À la Grenouillère,* et un autre des habitués, Maupassant, a laissé plusieurs descriptions de ces lieux d'insouciance : « Des femmes en claire toilette de printemps embarquaient avec précaution dans des yoles et disposaient leurs robes, tandis que le maître de l'établissement, un fort garçon à la barbe rousse, maintenait d'aplomb les frêles embarcations. Les hommes prenaient place à leur tour, bras nus et la poitrine bombée, posant pour la galerie, composée de bourgeois endimanchés, d'ouvriers et de soldats, accoudés à la balustrade. »

En 1889, un incendie détruisit la guinguette. Elle fut reconstruite, mais la mode est changeante et elle ne retrouva jamais son succès d'avant.

IL Y A 40 ANS, EN 1970 : Pendant près de 30 heures, l'aviation américaine a repris ses raids de bombardement sur le Nord-Vietnam, sans dépasser le 19e parallèle. La consommation accrue de chips donne une nouvelle jeunesse à la pomme de terre. Sortie du film de Claude Lelouch *Le Voyou*.

LUNDI 22 NOVEMBRE

Sainte Cécile

Scorpion 3e décan

L'ignorant affirme, le savant doute, le sage réfléchit (Aristote).

★ VELOUTÉ FLORENTIN. Pour quatre personnes. Faites rissoler dans une grande casserole un oignon et une branche de céleri haché ; Ajoutez trois tomates pelées concassées, une gousse d'ail pilée, 50 grammes de riz, 75 centilitres de bouillon de poule, une cuillerée d'origan, sel, poivre. Laissez mijoter 20 minutes. Passez la préparation au mixeur. Garnissez des fines tranches de baguettes de mozzarella, et faites gratiner sous le gril. Incorporez 200 grammes d'épinards blanchis à l'eau bouillante et bien égouttés à la soupe, laissez cuire 3 minutes, puis ajoutez 10 centilitres de crème fleurette, des feuilles de basilic haché. Le velouté se sert dans les assiettes avec les tranches grillées.

Basques ou catalanes, les espadrilles ?

L'Espagne et la France revendiquent l'invention de cette sandale artisanale. Selon certains historiens, celles aux semelles en jonc tressé que portaient les fantassins du roi d'Aragon au XIIIe siècle pourraient être l'ébauche de la future espadrille. Pour d'autres, c'est Mercédès Larrabure, une Andalouse qui avait épousé un conchyliculteur de la vallée d'Arranomendi, qui eut l'idée géniale, en 1854, en observant les mœurs des coquilles de son époux, de l'espadrille, qui fit la fortune du couple et la notoriété mondiale du Pays basque ! Leur fabrication s'est pratiquée d'abord à domicile, par des artisans du chanvre et du lin, puis à partir de 1880, on les a confectionnées en usine à Mauléon, dans les Pyrénées-Atlantiques. Elles restent aujourd'hui, avec leurs semelles de corde empeignée de toile, incontournables pour la détente. Quant à leur origine, en 1947, un ethnologue suédois a jeté le trouble en affirmant avoir découvert sur une île lointaine une civilisation dont la principale activité était d'en fabriquer – certes, en coquillage et en terre cuite, mais les similitudes étaient troublantes… L'île ayant été engloutie par un séisme, le mystère demeure entier !

Les drôles d'histoires de Pierre Bellemare

Une relique douteuse vendue aux enchères

C'est bien connu : on trouve de tout sur les sites Internet de vente en ligne. Dernier objet insolite mis aux enchères : un drapeau américain censé avoir flotté au-dessus du Pentagone, à Washington, le jour des attentats terroristes. La relique est proposée pour la somme de 302 500 euros par David Nicholson, qui prétend l'avoir reçue des mains d'un ami entrepreneur, qui l'a lui-même décrochée du sommet d'une grue installée au-dessus du ministère américain de la Défense au moment de l'attaque.

Comme aucun acheteur ne se manifeste, Nicholson, qui, atteint d'un cancer, souhaite s'en débarrasser pour faire face à ses frais de santé, cède la bannière pour 20 000 euros à John Andrews. Ce dernier l'offre aussitôt à un nouvel établissement scolaire baptisé Newton-Lee, des noms de deux des passagers du vol d'American Airlines qui s'était écrasé sur le bâtiment. Mais, constatant que le drapeau est en nylon, le conseil d'administration du collège met en doute son authenticité. Andrews, vexé, le brûle en place publique pour mettre fin à un début de polémique. Résultat de cette étrange transaction : en quelques secondes, 20 000 euros sont partis en fumée. Sans que quiconque ait pensé à vérifier sur les innombrables photos publiées à l'époque si une bannière étoilée flottait réellement au faîte d'une grue posée sur le toit du Pentagone, un certain 11 septembre 2001 !

IL Y A 40 ANS, EN 1970: L'invasion des mercenaires portugais en Guinée est un échec. Alain Geismar, après comparution devant la Cour de sûreté de l'État, est condamné à deux ans de prison ferme pour reconstitution de la Gauche prolétarienne dissoute.

MERCREDI 24 NOVEMBRE Sainte Flora

Sagittaire Ier décan

Pour devenir habile en quelque profession que ce soit, il faut le concours de la nature, de l'étude et de l'exercice (Aristote).

☆ PANNEQUET AUX BROCOLIS. Pour cinq ou six personnes. Coupez les petits bouquets de quatre brocolis, faites-les bouillir 5 minutes dans l'eau bouillante salée. Faites fondre dans une poêle légèrement huilée 200 grammes de lardons et un oignon émincé, ajoutez les brocolis et deux grandes cuillerées de crème liquide. Réservez au chaud. Battez cinq œufs avec une cuillerée à soupe rase de farine et un demi-verre de lait, salez, poivrez. Faites cuire cette omelette dans une large poêle anti-adhésive en la retournant. Posez-la sur le plat de service gardé au chaud. Faites une deuxième omelette. Étalez les brocolis sur la première et recouvrez de la seconde. Coupez en parts comme un gâteau.

POUR REDONNER DE L'ÉCLAT À UN ÉVENTAIL ANCIEN EN ÉCAILLE

Frottez avec un chiffon de coton imprégné d'eau additionnée d'une cuillerée à café d'ammoniaque et d'une pincée de bicarbonate de soude. Une fois l'écaille sèche, déposez quelques gouttes de glycérine ou de vaseline, et polissez-la vigoureusement avec une peau de chamois.

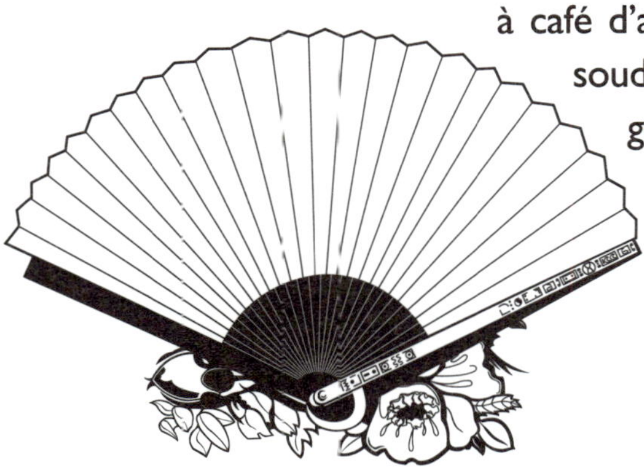

Les drôles d'histoires de Pierre Bellemare

Un trésor enfoui sur l'île de Robinson ?

Huit cents tonnes d'or, des joyaux, les anneaux papaux, une partie du trésor inca, une émeraude nommée Rose des Vents… un fabuleux trésor, estimé à 10 milliards de dollars, a été découvert en septembre 2007 dans l'archipel Juan Fernández, sur l'île de Robinson Crusoé, à 600 kilomètres au large des côtes chiliennes. C'est du moins ce qu'affirme la société Wagner Tecnologicas qui est parvenue à localiser le trésor grâce à un robot ultra-sophistiqué de 50 centimètres sur 65, qui aurait sondé l'île à plus de 3 mètres sous terre sur 9 700 hectares durant trois jours.

La nouvelle enflamme la presse chilienne. Car si le butin n'est encore qu'un point sur une carte que personne n'a vue et qui a été soi-disant déposée dans le coffre-fort d'un notaire de Santiago, chacun réclame déjà sa part. L'entreprise en exige 50 % ; l'État, propriétaire du terrain, revendique la totalité au nom de la loi régissant le patrimoine archéologique. Comme la polémique s'envenime, scientifiques et journalistes demandent instamment à voir le robot, d'autant que l'ingénieur qui l'a conçu prétend avoir été « illuminé par le Seigneur » ! Invité par l'université Santa Maria, le directeur de Wagner Tecnologicas s'y rend les mains vides et se ridiculise par des explications fumeuses et contradictoires, le « géoradar » et le fabuleux trésor n'ayant de toute évidence jamais existé.

Pourquoi une firme industrielle réputée sérieuse a-t-elle lancé cet énorme canular, au risque d'y perdre sa crédibilité ? Nul n'a encore pu répondre à cette question !

IL Y A 40 ANS, EN 1970 : Le pape Paul VI, en route pour Manille, fait une escale d'une heure au Pakistan oriental. Manifestation de plusieurs milliers de personnes à Paris contre les bombardements américains au Vietnam. À La Paz, le président Juan José Torrès signe l'ordre de libération de Régis Debray.

VENDREDI 26 NOVEMBRE **Sainte Delphine**

Sagittaire 1er décan

La vie est un rêve, c'est le réveil qui nous tue (Virginia Woolf).

En fleurs simples ou doubles, dans tous les tons du blanc jusqu'au rouge foncé, l'azalée d'intérieur fleurit plusieurs semaines sans perdre ses feuilles. Plante décorative, elle est également dépolluante dans la maison car elle absorbe les vapeurs d'ammoniac des détergents pour sol et produits dégraissants. Lors de l'achat de cette plante, acclimatez-la pendant deux ou trois jours à une température de 10 à 12 ° à mi-ombre. Vous la placerez ensuite dans votre salle de séjour. Évitez les courants d'air. La motte ne doit pas se dessécher, mais évitez l'excès d'eau dans le fond du pot. Supprimez toujours les fleurs fanées avec leur pédoncule. Vous pourrez la placer à partir de mai au jardin dans un endroit frais et mi-ombragé en prévision de la prochaine saison florale.

Le cueilleur d'orphelins

À Paris, à la fin du XIXe siècle, sur les Grands Boulevards, on rencontrait un homme à l'aspect misérable qui se baissait, ou se servait d'un bâton, pour ramasser les mégots de cigarettes, « les orphelins ». Dans le quartier de la Bourse, c'était des bouts de cigare ; du tabac gris, place Maubert. C'est dans les beaux quartiers que la récolte était la meilleure : l'homme élégant ne fumait jamais sa cigarette jusqu'au bout. Une fois ces débris rassemblés, le travail pouvait commencer : le gros était séparé du fin, le tabac lavé brin par brin, séché sans être exposé au soleil ou à une source de chaleur. Il ne restait plus qu'à rouler de nouvelles cigarettes et à les vendre quelques sous aux ouvriers qui ne pouvaient s'offrir du vrai tabac. Quant aux brins trop abîmés, ils étaient vendus aux horticulteurs de banlieue comme insecticide.

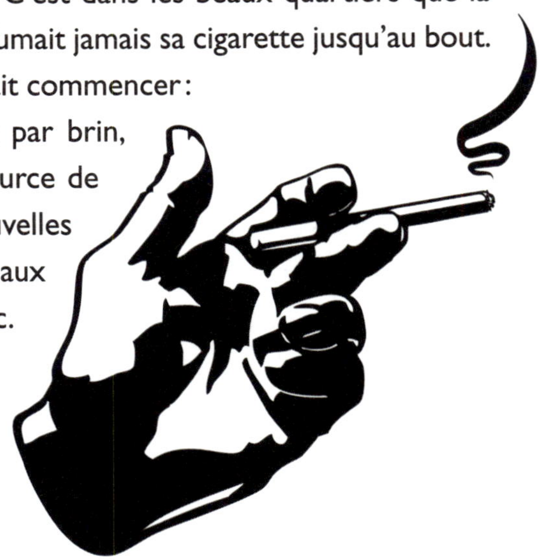

IL Y A 40 ANS, EN 1970 : Émotion dans le monde après l'attentat manqué contre le pape Paul VI perpétré à Manille par le peintre bolivien Benjamin Mendoza y Amor. La Syrie adhère à l'union RAU-Libye-Soudan. Sortie du film *La Promesse de l'aube*, de Jules Dassin, d'après le roman de Romain Gary.

Il ne faut pas appeler richesses les choses que l'on peut perdre (Léonard de Vinci).

Saint Séverin — **SAMEDI 27 NOVEMBRE**
Sagittaire Ier décan

On ne trouve de bon dans la vie que ce qui la fait oublier (Mme de Staël).

Saint Jacques de la Marche — **DIMANCHE 28 NOVEMBRE**
Sagittaire Ier décan

La France mystérieuse
LES CHIENS DE GUET
Saint-Malo (Ille-et-Vilaine)

Les premières armoiries de Saint-Malo représentaient un dogue dressé sur ses pattes de derrière. Cet animal, très rare en héraldique, illustrait une caractéristique propre à la ville : Saint-Malo était gardé par des chiens. C'est en 1155 que ceux qui avaient la responsabilité des navires et du port, les « baillifs des eaux », décidèrent de lâcher des dogues la nuit autour des remparts. Ils choisirent pour cela des bouledogues anglais, animaux vigoureux, d'aspect rébarbatif et à l'odorat particulièrement développé. Ces chiens de guet étaient placés sous la garde de chennetiers. Pendant le jour, ils étaient enfermés dans des chenils. Lorsque sonnait le couvre-feu, ils étaient sortis en laisse et lâchés à l'extérieur. Au lever du jour, les chennetiers les rappelaient en soufflant dans des trompettes de cuivre et les animaux arrivaient docilement. L'institution était financée par un impôt spécial, le « pain de chien » ou « droit de chiennage ».

Pendant longtemps, cette protection fut jugée excellente, mais une histoire tragique devait y mettre un terme. Dans la nuit du 4 au 5 mars 1770, un jeune officier de marine sortit, malgré les conseils, après le couvre-feu, pour aller retrouver sa fiancée. Attaqué par la terrible meute, il se défendit avec son épée et, gravement blessé, se jeta à la mer pour leur échapper. Mais les dogues sont d'excellents nageurs, ils le rattrapèrent et l'achevèrent dans l'eau. Son corps affreusement mutilé fut découvert le lendemain.

Émue, la municipalité de la ville décida la suppression des chiens de guet et les « baillifs des eaux » furent chargés de faire périr les animaux par le poison.

IL Y A 40 ANS, EN 1970 : Pour protester contre une réunion de parlementaires chrétiens-démocrates, les autoroutes d'accès à Berlin sont bloquées pendant plusieurs heures par les autorités est-allemandes. La grande créatrice de mode Nina Ricci est décédée à Paris.

LUNDI 29 NOVEMBRE

Saint Saturnin

Sagittaire 1er décan

Le bonheur de demain n'existe pas. Le bonheur, c'est tout de suite ou jamais (René Barjavel).

Prendre des antibiotiques fatigue

Ils sont prescrits pour lutter contre une infection bactérienne. C'est cette infection qui fatigue. Cette fausse croyance tient aussi au fait que ces médicaments mettent vingt-quatre à quarante-huit heures à produire leurs effets bénéfiques.

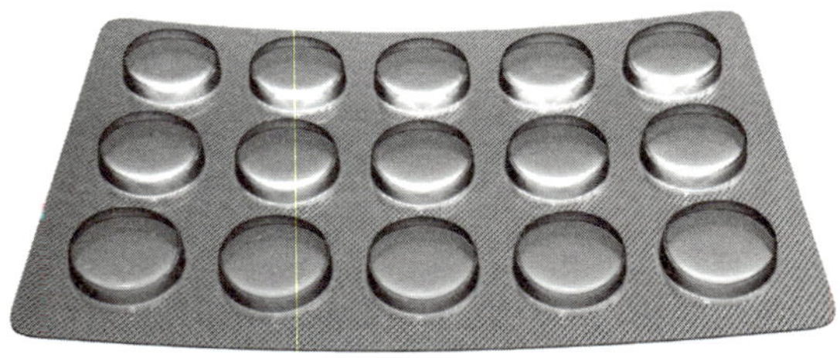

★ POMMES SOUABES. Pour cinq personnes. Découpez un chapeau à cinq grosses pommes boskoop, et évidez-les. Coupez en petits dés huit abricots secs et huit figues séchées. Mélangez-les avec 40 grammes de raisins secs et 40 grammes de cerneaux de noix concassés, un sachet de sucre vanillé, et 5 centilitres de calvados. Laissez macérer une demi-journée. Ajoutez cinq cuillerées de miel, de la noix muscade et de la cannelle. Farcissez chaque pomme de cette préparation. Déposez une noix de beurre sur chacune et faites cuire au four préchauffé (th. 7) pendant 40 minutes.

La place qui devint le premier sens giratoire du monde se trouve à :

a. Londres ?
b. Chicago ?
c. Paris ?

(Réponse : c – la place de l'Étoile, le 25 mars 1907.)

Les drôles d'histoires de Pierre Bellemare

Des mères pas comme les autres

Mme Adalgisa Bono, une Milanaise de 46 ans, a donné naissance à neuf enfants sans jamais avoir été enceinte, du moins d'après les examens gynécologiques auxquels elle s'était prêtée. À chaque consultation, les médecins n'avaient détecté aucun symptôme de grossesse et lui avaient conseillé de suivre une cure d'amaigrissement. Voire un traitement psychiatrique. Alors qu'elle attend son dixième enfant, un médecin de campagne l'examine à nouveau et trouve enfin l'explication : la patiente possède deux utérus. Lorsque l'un des deux organes accueille l'embryon, l'autre continue de fonctionner comme si elle n'était pas enceinte.
Plus étrange encore : Thomas Beatie, un Américain d'une trentaine d'années portant barbe et moustache, constate avec satisfaction que sa taille s'arrondit agréablement. Comme celle de Marcello Mastroianni dans le film *L'Événement le plus important depuis que l'homme a marché sur la Lune*. Explication : Beatie est transsexuel. S'il possède une reconstitution de l'appareil génital masculin qui lui a permis de se marier, les chirurgiens ont conservé son utérus. Sa femme étant stérile, Thomas s'est fait inséminer et porte aujourd'hui l'enfant du couple. Les médecins estiment que la grossesse se déroule normalement et que « le » futur maman accouchera à la date prévue. Par césarienne, il va sans dire !

IL Y A 40 ANS, EN 1970 : La CGT et la CFDT se mettent d'accord sur cinq objectifs : salaires, retraites, droits syndicaux, durée du travail et sécurité de l'emploi. Des émeutes ont eu lieu à Barcelone en raison de la comparution devant le conseil de guerre à Burgos de seize nationalistes basques.

MERCREDI 1 DÉCEMBRE

Sainte Florence

Sagittaire 1er décan

Il ne sert à rien de discuter contre l'inévitable. Le seul argument contre le vent de l'Est, c'est de mettre son manteau (James Russell Lowell).

*Créez une haie vivante en plantant entre novembre et mars des branches d'osier provenant de certaines variétés de saules (*Salix purpurea, viminalis*). Ces brins fraîchement coupés en biseau s'enfouissent à 20 centimètres de profondeur et à 20 centimètres les uns des autres en leur donnant une inclinaison pour les entrecroiser en forme de losange et pour lier les brins. Les haies peuvent être rectilignes ou en courbe, mais nécessitent l'installation de poteaux de maintien tous les 5 mètres avec des lignes de fils de fer pour les points de fixation de l'osier. Il y a toujours un osiériste près de chez soi, renseignez-vous chez les pépiniéristes…*

TOASTS À L'OSEILLE. Pour quatre personnes. Faites chauffer une noix de beurre dans une poêle et faites fondre les feuilles d'une botte d'oseille et 250 grammes de pousses d'épinards grossièrement hachées. Faites griller des deux côtés quatre belles tranches de pain de campagne. Saupoudrez chacune encore chaude de parmesan râpé, étalez la fondue verte, et ajoutez un œuf au plat salé et poivré. Servez chaud.

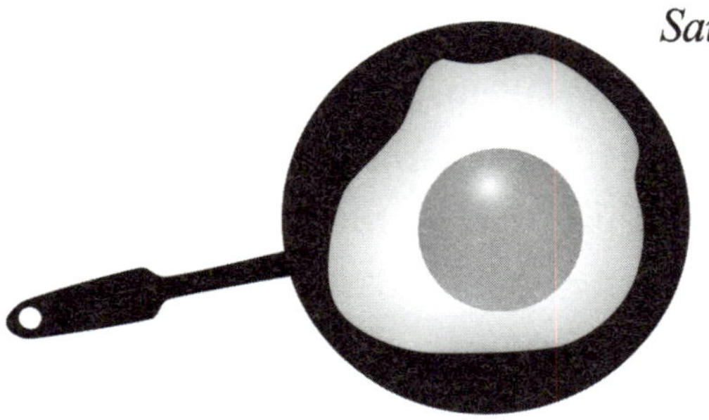

Les drôles d'histoires de Pierre Bellemare

Un musée sous bonne garde

Les gardiens de l'Ermitage, le prestigieux musée de Saint-Pétersbourg, parviendraient-ils à sauvegarder les trois millions de chefs-d'œuvre dont ils ont la charge, s'ils ne bénéficiaient pas de l'aide précieuse d'une escouade de chats dératiseurs ? Assurément non.

Introduits dans les réserves du musée au XVIIIe siècle par l'impératrice Catherine II, des dizaines de générations de chats d'origine persane ont survécu héroïquement aux soubresauts de l'Histoire. Aujourd'hui au nombre d'une cinquantaine, les félins sont nourris et soignés grâce aux quelques roubles que chaque gardien prélève chaque mois sur son salaire. Et une exposition de peintures les représentant a été organisée en 1999, le produit de la vente des tickets ayant été intégralement consacré à l'achat de colliers antipuces et de sacs de croquettes. Par ailleurs, si certains supplétifs à quatre pattes se contentent d'un sobriquet, d'autres jouissent d'un prestige particulier. Ainsi « Van Dyck » a-t-il acquis son patronyme après être resté coincé plusieurs jours dans une canalisation de la salle dédiée aux œuvres du maître flamand.

À l'heure où les musées se délocalisent – le Guggenheim à Bilbao, le Louvre dans le golfe Persique –, l'Ermitage envisage-t-il d'exporter ses experts pour protéger le patrimoine artistique aux quatre coins du monde ?

IL Y A 40 ANS, EN 1970 : James Richard Cross, prisonnier du Front de libération du Québec, est libéré à Montréal. Le Sénat américain refuse les crédits destinés à la réalisation du concurrent de Concorde par Boeing. Ariane Mnouchkine abrite son théâtre à l'ancienne cartoucherie de Vincennes.

VENDREDI 3 DÉCEMBRE **Saint Xavier**

Sagittaire 2e décan

Pourquoi lave-t-on une injure alors qu'on essuie un affront ? (Alphonse Allais).

★ AGNEAU À L'ORANAISE. Pour cinq ou six personnes. Dans une cocotte faites sauter 1,5 kilogramme de souris d'agneau coupées en gros cubes avec 30 grammes de beurre, en remuant pendant 2 minutes. Ajoutez encore 30 grammes de beurre, quatre oignons hachés, 250 grammes d'amandes mondées, les feuilles d'un bouquet de coriandre fraîche, sel, poivre, deux capsules de safran et 20 centilitres d'eau. Fermez hermétiquement et cuisez 1 heure au four. Faites durcir six œufs dans l'eau bouillante, et écalez-les. Versez le contenu de la cocotte dans un plat creux chaud, disposez autour les œufs durs coupés en deux dans le sens de la longueur. Décorez avec des feuilles de coriandre. Accompagnez de semoule.

Le véritable pain d'épices

Au Xe siècle, les Chinois consommaient un aliment fait de farine et de miel. Via les Arabes, ce pain parvient en Occident grâce aux croisés, et une anecdote confirme qu'il était connu à Paris au XIIe siècle : au faubourg Saint-Antoine, le fils du roi Louis le Gros est chargé par les porcs qui récurent les caniveaux ; il tombe de son cheval et se brise les reins ; de ce jour, interdiction est faite de laisser circuler les gorets, sauf aux disciples de saint Antoine qui y sont autorisés, à condition de leur accrocher une clochette au cou. Reconnaissants, les moines donnent la forme d'un cochon au pain d'épices qu'ils vendent pendant la foire de Saint-Antoine. Jusqu'à la Révolution, Reims, dont les miels sont réputés, reste la ville du pain d'épices qui s'y fait à la farine de seigle. Ce n'est qu'en 1702 qu'apparaît la première mention d'un maître pâtissier établi à Dijon, Bonaventure Pellerin, dont le pain d'épices est à base de froment. Ce gâteau au miel, aromatisé d'épices, ne comporte ni graisse ni œufs ; de la farine et du miel sont pétris pour obtenir une pâte mère qu'on laisse longuement « mûrir » avant braquage et cuisson. Aujourd'hui, la capitale du pain d'épices est Gertwiller (Bas-Rhin).

IL Y A 40 ANS, EN 1970 : Le pape Paul VI est de retour à Rome, après son long voyage en Asie. L'état d'urgence est décrété pour trois mois par le gouvernement espagnol dans la province basque de Guipúzcoa. Gigantesque incendie d'une raffinerie de pétrole près de Linden, dans l'État de New York.

Sainte Barbara — SAMEDI 4 DÉCEMBRE — Sagittaire 2e décan

Échouer, c'est avoir la possibilité de recommencer de manière plus intelligente (Henry Ford).

Saint Gérald — DIMANCHE 5 DÉCEMBRE — Sagittaire 2e décan

Comme remède à la vie en société, je suggère les grandes villes : c'est le seul désert à notre portée (Albert Camus).

La France mystérieuse

FAIRE RIPAILLE

Thonon-les-Bains (Haute-Savoie)

Situé près de Thonon-les-Bains, le château de Ripaille se dresse au milieu d'un parc de 120 hectares, au bord du lac Léman. Le domaine était depuis le XIIIe siècle un terrain de chasse des comtes de Savoie, mais c'est le premier duc de Savoie, Amédée VIII (1383-1451), qui a construit le château. C'est également lui qui a fait entrer les lieux dans la langue française, en donnant naissance à l'expression « faire ripaille ». Homme énergique, véritable créateur de l'État de Savoie, Amédée VIII est également intervenu dans les affaires religieuses. En 1439, s'ouvre le concile de Bâle. Le pape Eugène IV, voyant son autorité contestée, décide de le transférer en Italie, à Ferrare, pour le reprendre en main. Une minorité de pères conciliaires s'y oppose, reste à Bâle et choisit comme nouveau souverain pontife Amédée VIII, qui prend le nom de Félix V et est intronisé le 23 juillet 1440 dans la cathédrale de Lausanne. Un violent conflit l'oppose à Eugène IV, puis à son successeur Nicolas V, jusqu'en 1449 où il finit par se soumettre et se retirer dans son château de Ripaille.

Il se serait livré alors, pour oublier cette déconvenue, à une vie de plaisirs avec quelques joyeux compagnons. Il aurait, en particulier, fait honneur à l'excellent vin que produit aujourd'hui encore le domaine. Les faits ont été contestés, mais popularisée par Voltaire, cette version a fait entrer le château de Ripaille dans la langue.

IL Y A 40 ANS, EN 1970 : Au procès de Burgos, le scandale des tortures est révélé à l'audience. Marcel Boussac abandonne la direction générale de son groupe textile. Richard Nixon qualifie d'erreur accablante la décision du Sénat de rejeter les crédits de l'avion supersonique américain.

LUNDI 6 DÉCEMBRE — **Saint Nicolas** — **Sagittaire** 2e décan

Les parfums sont les sentiments des fleurs (Henri Heine).

POIREAUX À L'AUVERGNATE. Pour quatre personnes. Faites cuire douze blancs de poireaux à l'eau bouillante salée. Égouttez bien. Dressez trois poireaux par assiette, Incisez chacun en long et introduisez dans la fente une lanière de jambon d'Auvergne. Faites fondre sur le feu 120 grammes de bleu d'Auvergne dans deux cuillerées à soupe de lait, ajoutez une cuillerée de crème et nappez les poireaux de cette sauce.

La toile de Jouy

Dès le XVIe siècle, les Portugais ramènent d'Inde des cotonnades claires tissées main aux motifs peints de couleurs gaies. L'importation des « indiennes » est d'abord interdite car elles menacent l'équilibre économique des soyeux et des lainiers. En 1759, l'interdiction étant levée, un jeune Bavarois, C. P. Oberkampf, installe une manufacture à Jouy-en-Josas. La technique de la planche à bois lui permet des impressions polychromes aux motifs variés. En 1770, l'impression à la plaque de cuivre offre une méthode plus rapide et moins coûteuse, mais le résultat, forcément monochrome, appauvrit le décor. Oberkampf s'adresse alors à un peintre renommé, J. B. Huet, et les motifs s'enrichissent, avec une grande finesse de détails. Les fameux imprimés, marque de fabrique, sont nés, mettant en scène des personnages historiques, mythologiques ou champêtres, sur un fond traditionnellement beige,en des tons rouges, roses, noirs ou bleus. En 1797, le cylindre de cuivre gravé en taille-douce remplace la plaque, la nouvelle machine baptisée « bastringue » par les ouvriers imprime jusqu'à 5 000 mètres par jour. En 1805, la manufacture est la plus importante d'Europe. Rachetée en 1822 par Juste Barbe, qui devient Barbet de Jouy, elle ferme en 1843 devant la concurrence grandissante. Cent cinquante ans plus tard, la toile de Jouy revient avec succès, avec de nouvelles couleurs ou ton sur ton, des interprétations différentes des motifs, et des supports inédits.

IL Y A 40 ANS, EN 1970 : À Varsovie, le chancelier Willy Brandt signe le traité normalisant les relations entre la RFA et la Pologne, et va se recueillir dans le ghetto devant le monument à la mémoire des victimes du nazisme. Rapt de l'ambassadeur de Suisse, M. Giovanni Enrico Bucher, à Rio de Janeiro.

L'argent n'a pas d'odeur, mais à partir d'un million, il commence à se faire sentir (Tristan Bernard).

Les drôles d'histoires de Pierre Bellemare

Des vacances inoubliables

Épuisés au terme d'une année de dur labeur, John et Meryl Highfield, un couple d'Irlandais, décident de s'offrir une semaine de vacances bien méritée en Bulgarie, en compagnie de leur fille Ingrid, âgée de douze ans.

Le premier repas pris au restaurant de l'hôtel les cloue au lit pendant vingt-quatre heures, à la suite d'une intoxication alimentaire. Le surlendemain, alors qu'ils sont dans le hall, une violente dispute éclate entre des agents de sécurité et un groupe de touristes, accusés de s'éclipser avec les serviettes de bain de la piscine. La porte d'entrée vole en éclats, Meryl, touchée à l'arcade sourcilière par un bout de verre, saigne abondamment. Ils se réfugient sur une mezzanine : on est en train d'y tourner un film pornographique, et la fillette a le temps d'apercevoir deux blondes plantureuses et un individu poilu en pleine action.

La famille patiente ensuite une dizaine d'heures dans le service d'urgence de l'hôpital avant que Meryl puisse être soignée. Elle regagne enfin l'hôtel, bien décidée à profiter en paix de son avant-dernier jour de vacances. Peine perdue. Un incendie se déclare à l'étage inférieur. Les Highfield sont évacués et logés provisoirement dans un hangar désaffecté, sans eau ni nourriture. « L'agent de voyage nous avait garanti un séjour inoubliable. Il a tenu sa promesse au-delà de nos espérances », a déclaré John au *Sunday Mail*.

IL Y A 40 ANS, EN 1970 : Aux élections pakistanaises, écrasante victoire de l'opposition : MM. Ali Bhuto et Mujibur Rahman se partagent les 313 sièges en jeu. M. Giscard d'Estaing annonce que la production retrouvera dès le début de l'année 1971 un rythme de progression voisin de 6 %.

MERCREDI 8 DÉCEMBRE Saint Elfried
Sagittaire 2e décan

Les espèces qui survivent ne sont pas les espèces les plus fortes, ni les plus intelligentes, mais celles qui s'adaptent le mieux aux changements (Charles Darwin).

Il était trois petits enfants,
Qui s'en allaient glaner aux champs…

C'est une des premières chansons redevenues populaires au XIXe siècle. Gérard de Nerval la découvrit en Valois chantée par une vieille femme. Il la publia en 1842 dans *Les Vieilles Ballades françaises,* mettant au jour un patrimoine en train de s'éteindre. Il alerta l'opinion des écrivains, dont George Sand. Elle fut alors beaucoup chantée dans les salons, surtout après que le musicien Gouzien l'eut harmonisée en 1864.

Elle remonte à la légende médiévale de saint Nicolas de Myre, évoquée au XVIe siècle dans un cantique et qui s'est ensuite répandue tout au long du XVIIe avec la Grande Bible des Noëls. C'est ce cantique qui, progressivement transformé par la tradition orale, est devenu notre complainte.

★ CARRÉS POLONAIS. Pour quatre personnes. Découpez quatre carrés de 12 centimètres dans une pâte feuilletée. Faites-les cuire au four 15 minutes sur une feuille de papier cuisson. Écrasez quatre jaunes d'œufs durs avec 15 centilitres de crème épaisse et le jus d'un citron. Salez, poivrez. Mélangez avec une betterave cuite passée à la grosse grille du mixeur, une pomme acidulée coupée en petits dés, deux filets de hareng fumé coupé en lamelles.

Garnissez chaque carré de pâte de cette préparation, et décorez d'un hachis de blancs d'œufs durs et ciboulette.

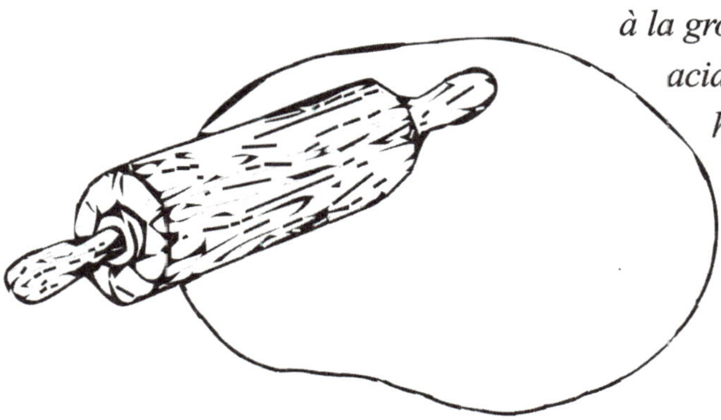

IL Y A 40 ANS, EN 1970 : Le réseau SNCF de la banlieue nord de Paris est entièrement électrifié. Marcel Ophuls reçoit le prix Georges-Sadoul pour le film *Le Chagrin et la Pitié*. Sortie du film *Le Distrait* de Pierre Richard, avec Pierre Richard, Marie-Christine Barrault et Maria Pacôme.

À propos de chaque désir, il faut se poser cette question : quel avantage en résultera-t-il si je ne le satisfais pas ? (Épicure).

Saint Pierre Fourier

Sagittaire 2e décan

JEUDI 9 DÉCEMBRE

Les drôles d'histoires de Pierre Bellemare

Un innocent enlevé et torturé par la CIA

En 2005, l'hebdomadaire américain *Newsweek* révèle que des hommes simplement suspectés d'être des terroristes sont kidnappés à travers le monde et transportés à bord d'avions appartenant à la CIA. Information corroborée par Kaled el-Masri, un père de famille d'origine libanaise, naturalisé allemand depuis une dizaine d'années. En 2003, el-Masri quitte la ville d'Ulm où il habite pour se rendre en autocar en Macédoine. Arrêté à la frontière, il est conduit dans un hôtel où il subit vingt-trois jours d'interrogatoire musclé sur ses liens avec Al-Qaida. Comme il clame son innocence, ses geôliers lui injectent un soporifique et le jettent dans la soute d'un avion. Il se réveille deux jours plus tard dans une geôle afghane où il est à nouveau torturé sans relâche pendant des mois avant d'être finalement abandonné en rase campagne, en Albanie. Ayant difficilement regagné l'Allemagne, il porte plainte contre X et alerte Amnesty International. « L'idée est de faire torturer des soi-disant suspects de terrorisme dans des pays alliés, parce que, naturellement, ce serait anticonstitutionnel aux États-Unis », explique le président de l'Association des avocats new-yorkais. Espérons que Barack Obama mettra définitivement fin à cette pratique indigne d'un État démocratique.

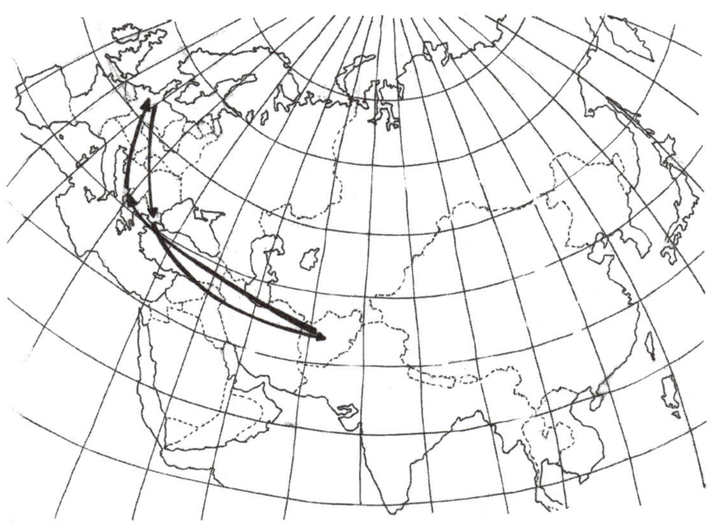

IL Y A 40 ANS, EN 1970 : Renault fait une première distribution d'actions à 45 600 salariés pour un montant de 54 millions de Francs. La prison à vie est abolie en Italie. Les chrétiens démocrates chiliens retirent leur soutien au gouvernement socialiste de M. Allende.

VENDREDI 10 DÉCEMBRE Saint Romaric

Sagittaire 2e décan

La bouderie en amour est comme le sel ; il n'en faut pas trop (proverbe sanskrit).

★★ PORC AU PAPRIKA ET AU CÉLERI. Pour quatre personnes. Faites chauffer un bain de friture ; pelez et détaillez un céleri-rave d'un kilo en frites. Laissez-les frire environ 8 minutes. Égouttez-les et salez. Faites étuver à couvert trois oignons pelés hachés dans 30 grammes de beurre, et laissez mijoter avec une cuillerée à soupe de paprika doux et 20 centilitres de crème. Faites cuire à la poêle quatre côtes de porc frottées de sel et de paprika, réservez-les au chaud, déglacez la poêle avec un verre de vin blanc, ajoutez la sauce à la crème avec le jus d'un demi-citron et nappez-en les côtes. Servez avec les frites de céleri.

POUR ENTRETENIR UN SOL DE TOMETTES EN TERRE CUITE

Un sol non entretenu peut devenir poreux, il faut donc le protéger en imperméabilisant la surface et le protéger des taches avec une cire qui laisse un film protecteur une fois par an. Sur la surface nettoyée, appliquer deux couches à l'aide d'un large pinceau. Lustrez ensuite. Pour l'entretien quotidien, passez de préférence une serpillière imprégnée d'eau claire additionnée d'un peu de savon noir à base d'huile de lin. Il faut éviter les cires et produits siliconés qui favorisent l'encrassement.

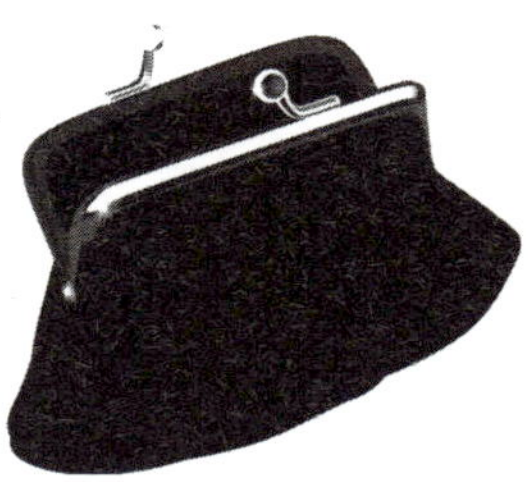

% 56 millions de cartes bancaires sont rangées dans les porte-monnaie des Français.

IL Y A 40 ANS, EN 1970 : Remise en question par le Conseil de Paris de la décision de nommer la place de l'Étoile, place Charles-de-Gaulle. En Guyane, mise en orbite du satellite français *Peole* de 60 kilos, par une fusée Diamant B. Sortie du film *Le Genou de Claire*, d'Éric Rohmer avec Jean-Claude Brialy.

Il y a toujours quelque chose en nous que l'âge ne mûrit pas (Bossuet).

Saint Daniel — **SAMEDI 11 DÉCEMBRE** — Sagittaire 2e décan

Personne n'est jeune après quarante ans, mais on peut être irrésistible à tout âge (Coco Chanel).

Sainte Jeanne de Chantal — **DIMANCHE 12 DÉCEMBRE** — Sagittaire 2e décan

La France mystérieuse

LE TOMBEAU DE L'INCONNU

Ermenonville (Oise)

C'est le 20 mai 1778 que Jean-Jacques Rousseau vint habiter au château d'Ermenonville, à l'invitation du marquis de Girardin, qui était un de ses admirateurs passionnés. L'écrivain s'y plut immédiatement et allait herboriser dans le parc, une serpe ou un long bâton à la main, chaussé de sabots recouverts de paille tressée, qu'il avait, dit-on, confectionnés lui-même. Malheureusement, son séjour fut bref, puisqu'il mourut subitement d'une attaque, au matin du 2 juillet. Le marquis de Girardin le fit enterrer au milieu du domaine, dans l'île des Peupliers, où sa dépouille resta jusqu'à son transfert au Panthéon.

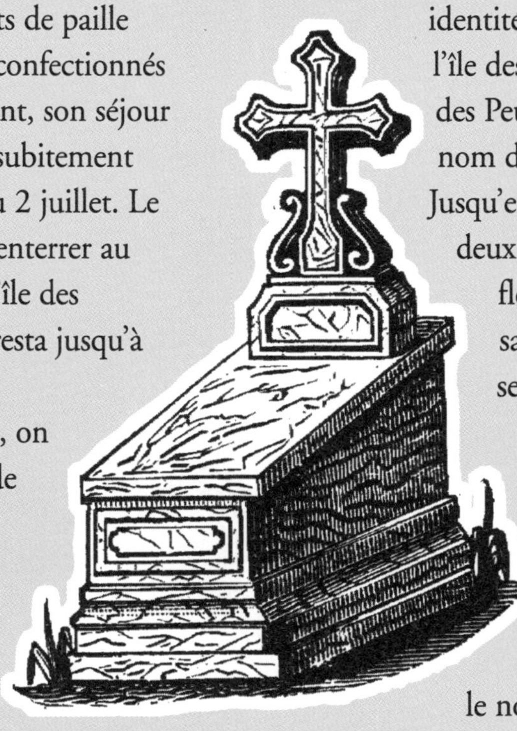

Après la mort de Rousseau, on vint de toute la France et de l'Europe entière en pèlerinage sur sa tombe. Un mystérieux jeune homme s'y rendit ainsi en mai 1791. Chaque jour, il se promenait, silencieux et mélancolique, dans le parc, et pleurait devant la tombe. Le 3 juin, il reçut une lettre qui le troubla beaucoup et, le lendemain, se tira une balle dans la tempe. Le 5, deux femmes en deuil vinrent voir le corps, mais elles ne se nommèrent pas et refusèrent de dire son identité. L'homme fut enterré dans l'île des Boursaudes, voisine de celle des Peupliers, et sa tombe prit le nom de Tombeau de l'Inconnu. Jusqu'en 1802, la plus jeune des deux femmes revint déposer des fleurs à chaque anniversaire de sa mort. Cette année-là, sentant sa fin prochaine, elle demanda à un vieillard de fleurir à son tour le tombeau. Ce dernier s'acquitta de cette tâche jusqu'à sa propre disparition. On n'a jamais su le nom de l'inconnu.

IL Y A 40 ANS, EN 1970 : En France et en Europe, plusieurs dizaines de milliers de personnes manifestent en faveur des accusés de Burgos. Pas de laissez-passer pour les Berlinois de l'Ouest qui voudraient se rendre à l'Est pour les fêtes de Noël.

LUNDI 13 DÉCEMBRE

Sainte Lucie

Sagittaire 3e décan

Une erreur originale vaut mieux qu'une vérité banale (Dostoïevski).

BIEN NETTOYER LES SIÈGES EN PAILLE

Il faut les dépoussiérer régulièrement. En cas de fortes salissures, lavez à l'eau froide salée avec quatre cuillerées à café de gros sel dans un litre d'eau. Ne rincez pas, et laissez sécher à l'ombre.

★ SPAGHETTIS ROSSO. Pour quatre ou cinq personnes. Versez dans le bol du mixeur 40 grammes de pignons de pin et 8 centilitres d'huile d'olive. Mixez ; ajoutez le bord rouge des feuilles d'une salade trévise et une betterave cuite coupée en morceaux. Assaisonnez. Mixez à nouveau. Faites cuire 400 grammes de spaghettis 8 minutes dans l'eau bouillante salée ; égouttez, versez-les dans une grande poêle. Saupoudrez de feuilles de basilic ciselées. Ajoutez le pistou de betterave et faites sauter 2 minutes.

Les drôles d'histoires de Pierre Bellemare

Suicide assisté

À Ceres, une petite ville californienne, Andres Raya, dix-neuf ans, entre en chancelant dans un magasin de vins et spiritueux. « Vite, j'ai besoin d'aide, implore-t-il. Appelez la police. Je viens de me faire agresser sur le parking. » Le vendeur se jette sur son téléphone. Deux policiers ne tardent pas à se présenter. À ce moment, Raya sort le fusil d'assaut qu'il dissimulait sous son manteau et fait feu. Un agent s'effondre, tué sur le coup ; l'autre est grièvement blessé. Après quoi le jeune homme prend la fuite.

Une gigantesque chasse à l'homme s'organise aussitôt à travers la ville. Trois heures plus tard et contre toute attente, le fugitif réapparaît aux abords de la boutique et tire à nouveau sur d'autres policiers qui sécurisaient la scène du crime. Ces derniers répliquent et l'abattent sans sommation.

Une enquête révèle qu'Andres Raya était un marine qui combattait en Irak depuis sept mois et qui se trouvait en permission dans sa famille. Pour expliquer son geste, le père de Raya évoque son état dépressif. La police avance alors une hypothèse : n'ayant pas le courage de mettre fin à ses jours, le soldat aurait volontairement bravé les policiers dans le but de se faire tuer.

Le *suicide by cop* ou « suicide par flics interposés » est un phénomène qui se répand aux États-Unis. Puisque aujourd'hui 20 % des victimes de la police sont des provocateurs.

IL Y A 40 ANS, EN 1970 : Le Conseil de Paris ayant finalement confirmé sa décision, la place Charles-de-Gaulle est inaugurée en présence de M. Jacques Chaban-Delmas. Diffusion sur la première chaîne du premier épisode d'une nouvelle série, *Les Saintes Chéries* de Nicole de Buron.

MERCREDI 15 DÉCEMBRE — **Sainte Ninon** — **Sagittaire** 3e décan

On ne guérit pas les plaies en les léchant avec une langue de bois (Valéry Giscard d'Estaing).

Le bretzel

Faite de farine, d'eau, de sel, de levure de boulanger et d'extrait de malt, cette pâtisserie populaire alsacienne existe depuis longtemps. Certains historiens font remonter son origine aux Celtes, qui représentaient planètes et saisons sous forme de gâteaux en anneau, garnis de quatre rayons de pâte. D'autres, aux Romains, avec leurs *panis tordus*. Selon le dictionnaire, bretzel (qui peut être masculin ou féminin) est dérivé du latin *brachium*, qui signifie bras. Définition qui rejoint la légende selon laquelle un moine, en 610, inspiré par les bras croisés de ses condisciples à l'heure de la prière, en aurait reproduit le geste en travaillant la pâte. Autre légende encore : en 477, un boulanger de la cour, ayant mal cuit son pain, est jeté au cachot. Pour un tel crime, le verdict est l'exécution publique, sauf s'il invente sous trois jours un pain « au travers duquel le soleil brillera trois fois ». En croisant les extrémités d'un boudin de pâte, il forme trois trous et il est gracié ! Quant à la couleur brune et à l'aspect lisse et brillant du bretzel, on raconte que le chat du boulanger aurait renversé la plaque de bretzels prêts à être enfournée dans un bain bouillant de bicarbonate, à moins qu'un aubergiste les ait badigeonnés par inadvertance avec une solution de bicarbonate destiné au nettoyage des plaques du four… Saupoudré de gros grains de sel, le bretzel entretient la soif et se sert donc avec la bière.

Les arbres et arbustes d'une hauteur supérieure à 2 mètres à l'âge adulte doivent être plantés à 2 mètres de la ligne séparative du voisin. Même si vous avez respecté ces distances de plantations, il n'est pas rare que les racines ou les branches de votre arbre avancent sur le terrain du voisin. Ce dernier a le droit de couper les racines de votre arbre qui dépassent sur son terrain, mais ne peut couper les branches de vos arbres sans votre accord. S'il s'agit d'un arbre fruitier, il est autorisé à ramasser les fruits qui tombent dans sa propriété, mais la récolte des fruits portés par les branches qui dépassent lui est interdite.

IL Y A 40 ANS, EN 1970 : En Pologne, des grèves éclatent dans plusieurs villes en signe de solidarité avec la population des trois ports de la Baltique. Un million de boîtes de thon sont retirées du marché américain parce qu'elles contiennent trop de mercure. Sortie du film *Peau d'Âne* de Jacques Demy.

Le rire est la musique la plus civilisée du monde (Peter Ustinov).

Les drôles d'histoires de Pierre Bellemare

Bêtes en péril

C'est une silhouette qu'on voit souvent sur les tableaux, les gravures et dans de vieux films : le cheval de labour attelé à sa charrue, avec ses pattes, son encolure et son poitrail massifs. Or, ce compagnon séculaire de l'homme, qui a tant contribué à sa nourriture et aussi à son énergie lorsqu'il était employé dans les mines, risque de disparaître, condamné par le progrès. Le nombre de chevaux de monte ne cesse de s'accroître en raison du développement constant de l'équitation, mais le cheval de trait ne sert plus à rien et ses effectifs diminuent inexorablement.

C'est ainsi que des démarches ont été entreprises pour que le cheval de trait français soit inscrit au Patrimoine mondial de l'Unesco, ce qui assurerait sa survie. Selon les responsables de l'association créée à cet effet, il représente un patrimoine génétique unique au monde et, ajoutent-ils : « Même si ce n'est pas un monument ou un site, il pourrait être inscrit dans la catégorie des "paysages culturels". »

À l'heure actuelle, l'organisme international n'a pas rendu sa réponse. Mais si elle est négative, des races comme le percheron, l'ardennais, le normand, le boulonnais, l'auxois et le mulassier poitevin sont en grand danger de s'éteindre. Seul le cheval de trait comtois semble à l'abri de la disparition à cause d'une raison pour le moins paradoxale : il est consommé en boucherie et il continue à se reproduire dans de nombreux élevages.

IL Y A 40 ANS, EN 1970 : La situation s'aggrave en Pologne où l'ordre a été donné à la milice de tirer sur tout manifestant ; le président du Conseil reconnaît que les émeutes ont fait déjà vingt morts et plusieurs centaines de blessés. Manifestation de masse pour Franco à Madrid.

VENDREDI 17 DÉCEMBRE — Saint Gael — Sagittaire 3e décan

Le hasard est le plus grand romancier du monde : pour être fécond, il n'y a qu'à l'étudier (Balzac).

FRICASSÉE DE FLÉTAN. Pour quatre personnes.

Épluchez une grosse aubergine et deux courgettes à l'économe et réservez la peau. Détaillez-en la chair en petits morceaux et faites-les rissoler dans l'huile avec deux gousses d'ail émincé jusqu'à évaporation presque totale du jus. Mouillez de 5 centilitres de vin blanc et saupoudrez de cerfeuil haché. Réservez. Sur feu vif faites rissoler à l'huile d'olive la peau des légumes et la chair de 450 grammes de flétan coupé en bâtonnets. Ajoutez 120 grammes de sauce tomate. Portez à ébullition, puis mélangez à la préparation précédente. Laissez cuire 6 à 8 minutes à feu doux.

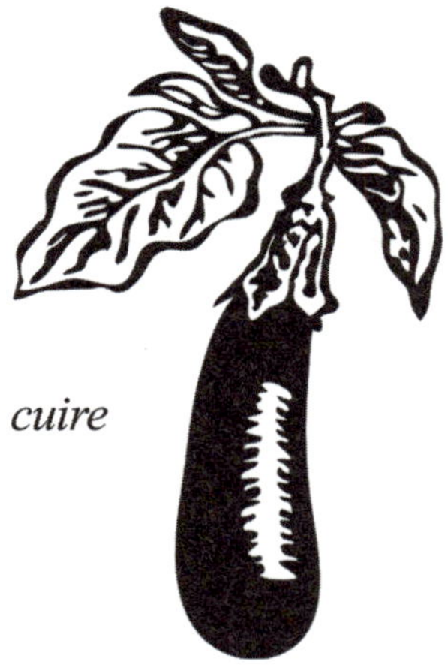

En cas d'empoisonnement, boire du lait est un bon antidote

Au contraire, le lait risque d'aggraver la situation car il contient des particules de graisse. Certaines substances toxiques, dites liposolubles, peuvent ainsi se dissoudre et se répandre plus rapidement dans l'organisme. Le plus prudent sera de composer le 15, ou le numéro du centre antipoison le plus proche.

Le fameux bikini fut porté pour la première fois en :

a. 1946 ?
b. 1948 ?
c. 1950 ?

(Réponse : a – À la piscine Deligny, le 5 juillet, au moment où les Américains font un essai nucléaire sur l'atoll de Bikini.)

IL Y A 40 ANS, EN 1970 : En Pologne, reprise du travail à Gdansk et à Szczecin, mais d'autres grèves ont éclaté dans plusieurs centres industriels. Création de la société Airbus Industrie, groupant les entreprises qui coopèrent à la réalisation de l'avion A-300 B.

À soixante-dix ans, il est meilleur pour la santé d'avoir des femmes dans la mémoire plutôt que sur les genoux (Maurice Chevalier).

Ce n'est pas avec la raison, et c'est le plus souvent contre elle, que s'édifient les croyances capables d'ébranler le monde (Gustave Le Bon).

Saint Gatien — SAMEDI 18 DÉCEMBRE — Sagittaire 3e décan

Saint Urbain — DIMANCHE 19 DÉCEMBRE — Sagittaire 3e décan

La France mystérieuse

L'ÎLE ENCHANTÉE
Colombes (Hauts-de-Seine)

S'il fut académicien et auteur d'un *Art de peindre* qui fut célèbre en son temps, Claude-Henry Watelet n'a pas vraiment laissé son nom à la postérité. Mais cela n'a pas empêché cet homme par ailleurs important et fortuné, puisqu'il était conseiller du roi Louis XV et receveur général des finances, d'être un esthète et un épicurien. Au milieu du XVIIIe siècle, il a fait de son domaine situé à Colombes, au bord de la Seine et sur l'île Marante, une petite merveille. Les jardins de l'« Île enchantée », ainsi qu'on la surnommait, recréaient, tout près de Paris, une nature artificielle, qui enchantait les invités. Ce n'étaient que rochers factices, cascades miniatures, bosquets d'arbres rares soigneusement sélectionnés, bergeries, moutons choisis pour leur blancheur broutant dans de petites prairies vert tendre. Claude-Henry Watelet avait, en outre, fait graver sur l'écorce des arbres des quatrains d'inspiration sentimentale ou philosophique. Ces créations bien dans l'air du temps firent fureur dans la bonne société. Les carrosses se bousculaient à Colombes, d'autant que le maître des lieux était un hôte généreux et spirituel.

À sa mort, Claude-Henry Watelet a légué son domaine à sa maîtresse qui l'a revendu peu après. Décrété bien national à la Révolution, le domaine fut morcelé et les jardins de l'Île enchantée détruits. Ainsi disparut la création de cet homme charmant, dont l'œuvre paysagiste n'eut pas plus de longévité que l'œuvre littéraire.

IL Y A 40 ANS, EN 1970 : M. Edward Gierek devient premier secrétaire du PC polonais après la démission de M. Gomulka. Au Brésil, un accord est trouvé avec les ravisseurs de M. Beihl pour un échange contre des détenus politiques. À Val-d'Isère, l'Autrichien Cordin remporte la descente masculine.

LUNDI 20 DÉCEMBRE

Saint Théophile

Sagittaire 3e décan

Certains aiment les fleurs et les bêtes parce qu'ils sont incapables de s'entendre avec leur prochain (Sigrid Unset).

★★ CHARLOTTE ALSACIENNE. Pour six personnes. Battez six blancs d'œufs avec une pincée de sel en neige ferme en ajoutant progressivement 50 grammes de sucre en poudre et en continuant toujours de fouetter. Dans une casserole sur le feu, préparez un caramel brun avec 200 grammes de sucre en poudre et un petit fond d'eau. Incorporez ce caramel en le versant bien chaud et en minces filets aux blancs, tout en continuant de battre vivement (ou avec un batteur). Versez la préparation dans un moule à charlotte beurré. Mettez-le dans un bain-marie au four préchauffé à 140 ° pendant 30 minutes. Laissez refroidir une demi-journée. Démoulez en trempant le moule quelques secondes dans l'eau chaude. Parsemez la charlotte d'amandes effilées que vous avez fait griller et servez avec une crème anglaise.

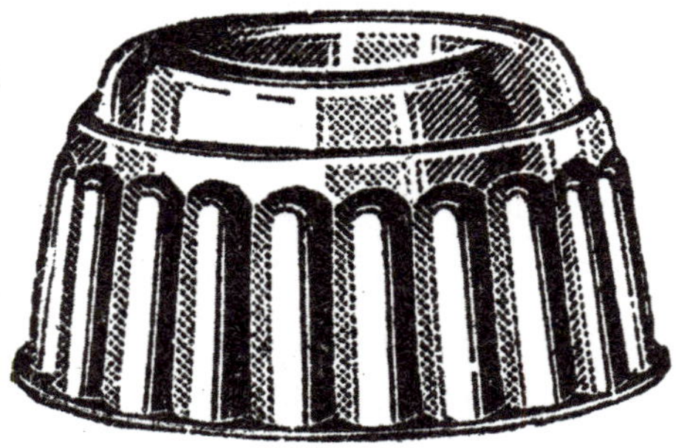

L'Helleborus niger *est la rose de Noël fleurissant de novembre à mars, lorsque tout est endormi au jardin. Vivace, rustique et robuste cette plante au feuillage persistant très toxique a besoin d'un endroit mi-ombragé et d'une terre profonde drainée mais fraîche. Les variétés se déclinent en camaïeux blancs, blanc vert, roses, pourpres. Ne conservez pas vos hellébores en pots, leurs grosses racines ont besoin d'espace, elles seront moins florifères.*

Les drôles d'histoires de Pierre Bellemare

Jeu de piste

Le titre de voleur le plus stupide de l'année a traditionnellement de nombreux postulants, mais pour l'année 2009, c'est un de nos compatriotes qui figure parmi les favoris.

La scène se passe un matin de février, dans un village de l'Oise. Les gendarmes sont appelés par le directeur d'une scierie, qui leur signale le vol d'une tronçonneuse et qui ajoute :

« Je crois que vous n'aurez pas trop de mal à trouver le coupable, mais je préfère ne pas m'en charger moi-même. »

Les gendarmes se rendent sur place et comprennent ce que leur interlocuteur a voulu dire : il a neigé la nuit précédente, le sol est recouvert d'un manteau blanc et des traces de pas parfaitement dessinées quittent la scierie en direction de la campagne. Il n'y a plus qu'à les suivre. Elles passent à travers champs, empruntent un sentier et le jeu de piste s'arrête devant la maisonnette d'un village voisin.

Son occupant, un récidiviste déjà condamné pour plusieurs larcins, nie énergiquement, mais les gendarmes le conduisent jusqu'à ses traces et il n'a plus qu'à aller, tout piteux, chercher la tronçonneuse. Questionné par eux sur l'incroyable négligence qu'il avait commise, il a répondu : « J'avais baissé le capuchon de mon anorak et je ne me suis pas rendu compte qu'il neigeait. »

Hiver

CHANSON POUR LES ENFANTS L'HIVER

Dans la nuit de l'hiver
Galope un grand homme blanc.
Galope un grand homme blanc.
C'est un bonhomme de neige
Avec une pipe en bois
Un grand bonhomme de neige
Poursuivi par le froid.
Il arrive au village
Il arrive au village
Voyant de la lumière, le voilà rassuré.
Dans une petite maison, il entre sans frapper.
Dans une petite maison, il entre sans frapper.
Et pour se réchauffer
Et pour se réchauffer
S'assoit sur le poêle rouge
Et d'un coup disparaît.
Ne laissant que sa pipe
au milieu d'une flaque d'eau
Ne laissant que sa pipe
et puis son vieux chapeau.

Jacques PRÉVERT

IL Y A 40 ANS, EN 1970 : À la cour d'assises de Düsseldorf, Franz Stangl, le bourreau de Treblinka, est condamné à la prison à vie. Au Chili, le président Allende nationalise les mines de cuivre. Diffusion sur la Chaîne II couleur d'*Alice au Pays des merveilles*, réalisé par Jean-Christophe Averty.

MERCREDI 22 DÉCEMBRE **Sainte Françoise**

Capricorne 1er décan

La culture, c'est connaître cent mots de plus que les autres (Frédéric Dard).

Le couteau de Nontron

Après l'âge de la pierre taillée et celui du bronze, les premiers couteaux de métal coulé puis martelé pour en durcir le tranchant apparaissent à l'âge de fer, vers 1500 avant J.-C. La région de Nontron (Périgord) a gardé la trace des forges des Gaulois qui mettaient à profit les ressources minières, les réserves forestières pour le charbon de bois, et les eaux froides de la rivière propices à la trempe de l'acier des lames. C'est Guillaume Legrand, un fameux maître coutelier de la paroisse Saint-Eustache de Paris, qui est, au XVIIe siècle, à l'origine du développement de la coutellerie nontronnaise : ayant épousé une Périgourdine, il fonde la première dynastie de couteliers, suivie, un siècle plus tard, par deux autres, les Bernard et les Petit issus de la même famille qui monopolisera la fabrication coutelière nontronnaise jusqu'au début du XXe siècle ! Les compagnons couteliers nontronnais s'enorgueillissent du superbe couteau fermant à lame d'acier, avec une virole tournante en laiton dont ils revendiquent la paternité. Au XVIIIe siècle, les manches de buis blond s'ornent de motifs pyrogravés mystérieux et se terminent en boule, en sabot ou en queue de poisson. À cette époque, les miniatures sont très recherchées et fonctionnent comme les grands couteaux. On dit qu'elles sont si petites qu'il est possible d'en mettre une cinquantaine dans une noisette ou une noix ! Aujourd'hui, les lames sont forgées à Laguiole, mais chaque couteau est, selon la tradition, fabriqué par un seul maître coutelier de Nontron.

☆ TARTE D'HIVER. Pour six personnes. Mélangez un œuf et 100 grammes de sucre au batteur. Ajoutez 250 grammes de farine et 120 grammes de pistaches et d'amandes en poudre. Incorporez 125 grammes de beurre ramolli. Pétrissez bien la pâte avec les doigts, étalez-la dans un moule à tarte. Disposez sur la pâte des oreillons d'abricots (en boîte, bien égouttés), le côté bombé vers le bas. Disposez une petite cuillerée de gelée de groseilles au milieu des oreillons ; faites cuire à four moyen 30 minutes.

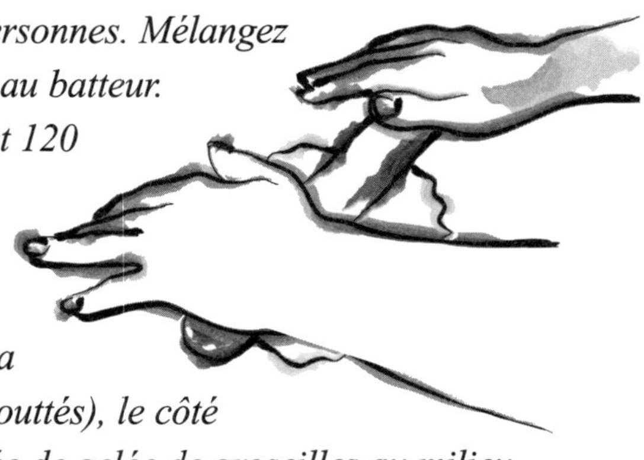

IL Y A 40 ANS, EN 1970 : Après 3 ans et 8 mois d'incarcération, Régis Debray est libéré. En Pologne, M. Cyrankiewicz devient le nouveau chef de l'État, succédant au maréchal Spychalski, et M. Jaroszewicz devient Premier ministre. Sortie du film *La Fille de Ryan* réalisé par David Lean, avec Robert Mitchum.

Il faut commencer par éprouver ce qu'on veut exprimer (Van Gogh).

Saint Armand

Capricorne 1er décan

JEUDI 23 DÉCEMBRE

Les drôles d'histoires de Pierre Bellemare

L'esprit de Noël

Comme chaque année, il y a foule le 25 décembre à minuit dans la basilique de la Nativité, à Bethléem. Les fidèles sont venus de partout pour entendre la messe célébrée sur les lieux mêmes de la naissance du Christ et tous n'ont pas pu prendre place, loin de là, malgré les dimensions du lieu de culte. Chacun espère que l'esprit de Noël pourra s'étendre au monde entier, ramenant la paix et l'espérance. Ce vœu n'est malheureusement pas près de se réaliser, si l'on en croit la scène qui se passe quelques heures seulement plus tard…

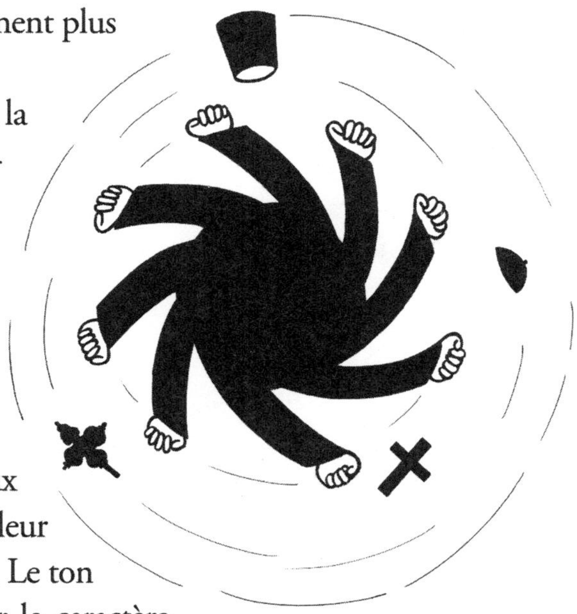

Dans cette mosaïque religieuse qu'est la région, la basilique de la Nativité est administrée par trois clergés : catholique, orthodoxe et arménien. Après la messe de minuit et avant les offices du jour de Noël, il est nécessaire que les lieux soient nettoyés et, au début de la matinée, une équipe de prêtres orthodoxes arrive, avec balais, seaux et serpillières, pour lessiver les murs.

Or, cette tâche est traditionnellement réservée aux Arméniens. Ceux-ci surviennent peu après, avec leur propre matériel et prennent à partie les orthodoxes. Le ton monte, on en vient aux injures, sans respect pour le caractère sacré des lieux, puis on s'envoie les seaux d'eau à la figure, pour finir par s'affronter à coups de balai. Prévenue, la police intervient et le pugilat tourne à la bataille rangée. Bilan : sept blessés, dont deux policiers. L'esprit de Noël a encore du chemin à faire pour s'étendre au monde entier.

IL Y A 40 ANS, EN 1970 : À Leningrad, Mark Dymshits et Édouard Kouznetsov sont condamnés à mort pour avoir tenté de détourner un avion de l'Aeroflot et de gagner Israël. Le célèbre espion Cicéron, qui opérait pour les Allemands pendant la seconde guerre mondiale, est mort à Munich.

VENDREDI 24 DÉCEMBRE — **Sainte Adèle** — **Capricorne 1er décan**

C'est un fait que les morts les plus chers, au bout de quelques mois, seraient, s'ils revenaient, des intrus dans l'existence des vivants (Marguerite Yourcenar).

TORSETTES AU SAUMON. Pour trois ou quatre personnes. Faites cuire à l'eau bouillante comme indiqué sur le paquet 250 grammes de torsettes. Égouttez. Dans une sauteuse versez 200 grammes de crème fraîche, un jus de citron, et 4 tranches de saumon fumé coupé en petits morceaux. Faites sauter avec les pâtes.

Attention à la stagnation de l'eau qui étouffe les racines des camélias et des rhododendrons. Ces arbustes doivent être paillés soigneusement avant les grands froids. S'ils sont plantés en pots, ces derniers seront protégés en les emmitouflant par exemple dans de grands sacs poubelles remplis de feuilles mortes ou tout autre isolant, noués à la base des branches pour éviter à la pluie de pénétrer et de croupir. Ce dispositif est à retirer dès que le temps le permet. Cerclez les arbustes de camélias et de rhododendrons pour empêcher les branches de s'écarter sous le poids de la neige et de se briser car le gel fragilise le bois. Servez-vous d'un balai que vous actionnez de bas en haut pour secouer les branches enneigées, et seulement si la neige est poudreuse.

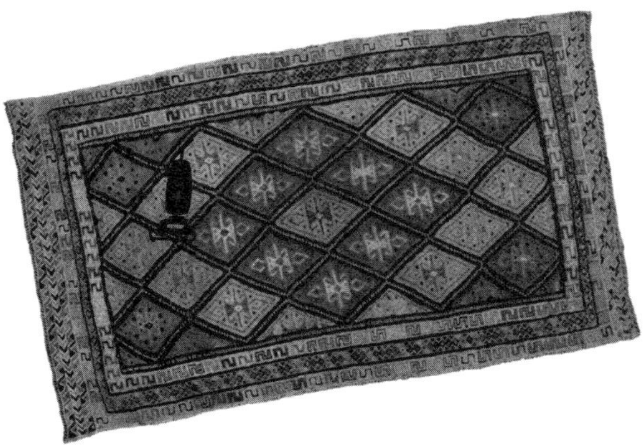

POUR RAVIVER LES TEINTES DES VRAIS BEAUX TAPIS D'ORIENT

Profitez de l'hiver pour y répandre de la neige fraîche. Avec un séchoir à cheveux vous activerez le séchage.

IL Y A 40 ANS, EN 1970 : Le consul d'Allemagne Eugen Beihl, enlevé le 1er décembre et enfin libéré, est arrivé à Wiesbaden. Mme Golda Meir lance un appel au monde pour tenter de sauver les deux juifs soviétiques condamnés à mort. Création de *1789* à la Cartoucherie de Vincennes.

Pour ce qui est de l'avenir, il ne s'agit pas de le prévoir mais de le rendre possible (Antoine de Saint-Exupéry).

Noël — **SAMEDI 25 DÉCEMBRE** — Capricorne 1er décan

Si Dieu n'est pas marié, pourquoi parle-t-on de sa grande Clémence ? (Raymond Devos).

Saint Étienne — **DIMANCHE 26 DÉCEMBRE** — Capricorne 1er décan

La France mystérieuse

« CHER PÈRE NOËL »

Libourne (Gironde)

La ville de Libourne abrite depuis 1962 un service particulier des Postes, le Centre national du service clients-courrier, qui traite le courrier non distribuable, dont l'adresse est incomplète, illisible ou incompréhensible. Cent cinquante agents employés à plein temps sont chargés de l'expédier malgré tout. Pour ce faire, ils sont les seuls aux Postes à avoir le droit d'ouvrir la correspondance.

Chaque année, du 20 novembre au 30 décembre, ils sont renforcés par soixante intérimaires, qui ne sont pas de trop pour le surcroît de travail. C'est en effet dans ce service qu'arrivent toutes les lettres au Père Noël, celles qui portent sur l'enveloppe des adresses comme : *Ciel, Chemin des nuages, Pôle Nord,* ou simplement *Père Noël* tout court. En vingt ans, ce courrier a plus que doublé, pour atteindre un million et demi de lettres en 2008. On y trouve de tout : des missives touchantes et naïves, bien entendu, mais parfois bouleversantes, comme cette petite fille qui vient de perdre sa maman et qui demande au Père Noël de lui faire des bisous s'il la rencontre dans le ciel. Toutes ne sont pas rédigées en français : récemment il a fallu engager une jeune fille parlant le russe, devant l'afflux de courrier dans cette langue. Et, contrairement à ce qu'on imagine, les lettres d'adultes sont nombreuses. Il est répondu à toutes celles qui comportent une adresse. Bien sûr, un tel service coûte cher, mais l'image de marque qui en résulte pour la Poste justifie amplement son existence.

IL Y A 40 ANS, EN 1970 : Le président Nixon ordonne la suppression progressive, au Vietnam, des défoliants qui provoquent des malformations congénitales dans la population. En Guinée, Sékou Touré fait arrêter l'archevêque de Conakry qui a refusé de cautionner la politique gouvernementale.

LUNDI 27 DÉCEMBRE

Saint Jean

Capricorne 1er décan

Chaque fois qu'une maîtresse me quitte, j'adopte un chat de gouttière : une bête s'en va, une autre arrive (Paul Léautaud).

Il pleut, il pleut, bergère,
Presse tes blancs moutons,
Allons sous ma chaumière,
Bergère, vite allons !

Poète, le jeune Philippe Fabre avait été lauréat des Jeux floraux de Toulouse qui lui avaient décerné une églantine d'or. Il ajouta « églantine » à son nom pour en faire un patronyme qui devait lui ouvrir les portes des salons. Comédien ambulant, il appartenait à une troupe de théâtre qui avait joué à Maastricht, en Hollande, en 1780. C'est à cette occasion qu'il composa, sur une musique de Victor Simon, une romance intitulée « L'Hospitalité », puis « Le Retour des champs » quand elle fut publiée dans *La Muse lyrique* de 1782. Mais la cour, le goût du public et la postérité préféreront « Il pleut bergère ». Ce petit chef-d'œuvre de poésie tendre semble bien éloigné du destin de son auteur : après être devenu député de la Convention et l'homme de plume de Danton, il l'accompagnera sur l'échafaud. Cette « Bergerette » passera ensuite dans le monde enfantin, qui récupère souvent les chansons populaires devenues désuètes.

⋆ PINTADE AU CHOU. Pour cinq ou six personnes. Coupez un chou vert en quatre et retirez la partie centrale dure. Faites-le blanchir 5 minutes à l'eau bouillante, égouttez bien. Dans une cocotte-minute, faites revenir 150 grammes de lardons avec un peu de beurre. Retirez-les et réservez. Remettez une grosse noix de beurre au fond de la cocotte, et faites-y dorer de tous côtés une pintade. Puis ajoutez le chou et les lardons et faites cuire 20 minutes.

Les drôles d'histoires de Pierre Bellemare

Une équipe homogène

La petite ville de Serino, en Italie, possède un club de football unique en son genre. Son créateur, Maurizio De Feo, a en effet parcouru tout le pays à la recherche de joueurs se nommant comme lui. Toute l'équipe, du gardien aux attaquants, est donc composée de De Feo. Et cela ne se limite pas aux joueurs ! Le médecin, les soigneurs et le personnel technique sont aussi des De Feo. Maurizio a même poussé le raffinement jusqu'à trouver un sponsor se nommant De Feo et comme, par chance, Serino possède une rue De Feo, c'est bien entendu là qu'il a installé le siège du club.

Qu'on se rassure tout de même sur l'état mental de l'intéressé. Ce n'est pas un maniaque parvenu au dernier degré de la mégalomanie : il fait tout cela uniquement pour entrer dans le *Livre des records* et on ne voit vraiment pas comment cela pourrait lui être refusé.

En attendant, si la situation complique la tâche des arbitres, elle facilite singulièrement celle des commentateurs sportifs, même si elle risque de rendre leur discours un peu lassant : « Le gardien De Feo relance sur De Feo, qui passe à De Feo… »

Mais cela a peu de chances d'arriver. L'équipe n'est pas près d'avoir les honneurs d'une retransmission. En raison de la contrainte imposée par son créateur, les joueurs sont d'un niveau plus que modeste et leurs premiers résultats ont été catastrophiques.

IL Y A 40 ANS, EN 1970 : Pour la deuxième nuit, 10000 personnes restent bloquées dans leur automobile sur l'autoroute A 7, en raison de chutes de neige inhabituelles dans la vallée du Rhône. Diffusion des *Aventures de Zadig* sur la deuxième chaîne couleur, avec Gérard Depardieu.

Saint David

Capricorne 1er décan

Si vous voulez faire une tarte aux pommes à partir de rien, il vous faudra d'abord créer l'univers (Carl Sagan).

L'anisette de la vieille demoiselle

Cette liqueur désaltérante et rafraîchissante, servie sur un lit de glace pilée et née à Bordeaux il y a deux cent cinquante ans, porte le nom de Marie Brizard. On raconte que cette « vieille demoiselle » (célibataire à quarante ans passés), se promenant sur le port, rencontra et soigna un marin noir demi-moribond qui lui révéla pour la remercier la recette d'une liqueur aux plantes aromatiques venue de l'autre côté des mers. C'est ainsi que cette fille de tonnelier eut l'idée de créer en 1755 avec son neveu une petite entreprise de liqueurs. À Bordeaux, l'essor des relations maritimes avec les colonies françaises d'Amérique favorisait cette activité, mais seule la « Marie Brizard » a traversé les siècles, avec la même famille aux commandes de l'entreprise. La recette, jalousement conservée dans un coffre-fort, n'est confiée qu'à trois personnes à chaque génération… Sa composante essentielle est l'anis vert d'Andalousie qui subit une double distillation pour en exprimer tout l'arôme. Vanille de Ceylan, girofle de Madagascar, iris du Maroc font partie des onze autres aromates qui entrent dans sa fabrication – ils étaient amenés par un autre neveu qui sillonnait les mers. La cour de Louis XV s'en délecta. Au XIXe siècle, ce digestif chic était apprécié dans les salons pour son relatif faible taux d'alcool. Aujourd'hui les Espagnols en sont de plus grands consommateurs que les Français.

Pendant l'hiver, quelques plantes telles que l'asparagus, la fougère et les palmiers poussent d'une façon continue si vous les arrosez une fois par semaine avec une eau à la température de la pièce et contenant un peu d'engrais. Mais la plupart des autres plantes d'appartement sont en dormance. Elles ne doivent pas pour autant être négligées. Pour savoir si elles ont soif, frappez avec le doigt les parois des pots : s'ils sonnent le creux, un apport d'eau est nécessaire. Mais ne les laissez jamais baigner dans des soucoupes pleines d'eau, évitez les courants d'air et ne leur donnez pas d'engrais avant mars.

Les drôles d'histoires de Pierre Bellemare

Scientifiques en folie

Chaque année depuis 1991, l'université de Harvard décerne le prix igNobel, sorte de prix Nobel à l'envers, récompensant les recherches scientifiques les plus absurdes et délirantes dans chaque domaine. On reste parfois confondu lorsqu'on entend ce palmarès. Qu'on en juge avec l'année 2007!

En médecine, un Américain a été couronné pour ses recherches sur les effets dans l'organisme de l'ingestion des sabres chez les avaleurs de sabres. En aéronautique, un autre Américain ne s'est pas moins illustré en démontrant que le Viagra permettait aux hamsters de se remettre du décalage horaire. En chimie, c'est une Japonaise qui a été distinguée pour ses recherches sur l'extraction de l'arôme de vanille dans la bouse de vache. Le prix igNobel de la paix est traditionnellement un des plus convoités: l'imagination n'a, en effet, pas de limite concernant les moyens de faire cesser les guerres et de promouvoir l'entente entre les peuples. En 2007, le laboratoire de l'Air Force de Dayton l'a emporté haut la main avec sa « bombe gay ». Elle déclenche, paraît-il, des émanations rendant les soldats des deux camps sexuellement attirants et les fait se précipiter dans les bras les uns des autres.

Mais la palme revient à trois scientifiques espagnols, qui ont prouvé de manière irréfutable que les rats sont incapables de distinguer la langue néerlandaise de la langue japonaise, lorsque celles-ci sont diffusées à l'envers, à l'aide d'un magnétophone en mode rembobinage.

IL Y A 40 ANS, EN 1970 : Le président du Chili, Salvador Allende, annonce l'étatisation des banques privées et des mines de charbon. S'inclinant devant la décision de la Cour suprême, le gouvernement de Mme Indira Gandhi rétablit les privilèges des maharadjahs.

VENDREDI 31 DÉCEMBRE

Saint Sylvestre

Capricorne 1er décan

Quarante ans est un âge terrible. Car c'est l'âge où nous devenons ce que nous sommes (Charles Péguy).

★ BROCHETTES DE LAPIN. Pour quatre personnes. Prélevez la chair de deux beaux râbles de lapin que vous coupez en dés. Mélangez dans un plat creux le jus de deux citrons, deux gousses d'ail écrasées, 5 centilitres de noilly, 10 centilitres d'huile d'olive, thym ou serpolet. Laissez macérer les dés de lapin quelques heures dans la marinade. Passez dans la marinade 200 grammes d'oignons nouveaux, 200 grammes de morceaux de carottes nouvelles. Enfilez sur les brochettes en alternant lapin, oignon, carottes. Faites griller en tournant 5 à 10 minutes selon la grosseur des dés. Les légumes restent fermes. Salez, poivrez.

POUR VAINCRE LA DIFFICULTÉ DE NETTOYER LES CISELURES DES OBJETS EN ARGENT

Il est pratiquement impossible de nettoyer convenablement à la main les boîtes en argent présentant des reliefs. Faites-les bouillir pendant une quinzaine de minutes, dans de l'eau contenant quelques gouttes d'ammoniaque. Rincez abondamment à l'eau claire. Après séchage, faites briller avec une peau de chamois et frottez les ciselures avec une brosse de soie.

Les dauphins possèdent :

a. 32 dents ?
b. 64 dents ?
c. 200 dents ?

Bonne réponse : c.

IL Y A 40 ANS, EN 1971 : Les départements et les régions ont dorénavant compétence sur leurs équipements collectifs. M. Jacques Baumel, secrétaire d'État, visite le nouveau centre des chiffonniers d'Emmaüs, près d'Orléans. Le SMIC passe de 3,50 à 3,63 francs de l'heure.

SAMEDI 1 JANVIER – Jour de l'An – Capricorne 2e décan

Je plains ceux qui ont l'air intelligent ; c'est une promesse qu'on ne peut tenir (Alain).

DIMANCHE 2 JANVIER – Saint Basile – Capricorne 2e décan

Je voudrais rassurer les peuples qui meurent de faim dans le monde : ici, on mange pour vous (Coluche).

La France mystérieuse

L'ESPRIT D'UNE ÉPOQUE

Paris

Bien peu de personnes connaissent l'origine de l'expression « être chocolat ». Elle se réfère à une triste histoire vraie.

C'est aux alentours de 1864 que naît à Cuba Rafael Padilla, fils d'esclave et esclave lui-même. Il est vendu à un riche Portugais, qui l'emmène en Europe. Mais il s'enfuit alors qu'ils sont en Espagne et survit en faisant tous les métiers : mineur, docker, groom, chanteur de rues. La rencontre d'un clown anglais, George Footit, décide de son destin. Ce dernier l'entraîne à Paris et fonde avec lui le duo Footit et Chocolat. Le thème des sketches est toujours le même : Footit, le clown blanc, donne des coups de bâton et des coups de pied dans le derrière du malheureux Chocolat en le traitant de sale nègre, sous les rires du public. Ce genre de situation correspond parfaitement à la mentalité du temps. La Belle Époque est celle de la colonisation et chacun est alors persuadé de la supériorité de la race blanche. Le succès de Chocolat est immense. Toulouse-Lautrec le représente en train de danser dans un tableau célèbre et les frères Lumière en font le héros d'un de leurs premiers films. Footit et Chocolat sont les vedettes de l'Exposition universelle de 1889 et, plus tard, triomphent aux Folies-Bergère.

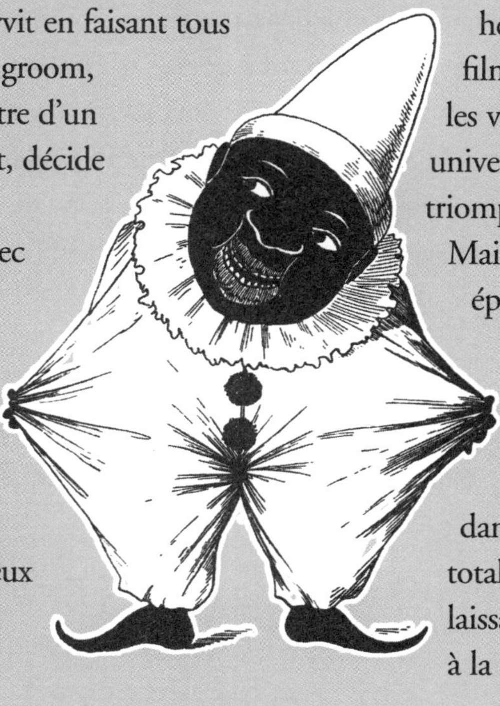

Mais la gloire est souvent éphémère, ils passent de mode. Malgré tous ses efforts, le malheureux Noir ne récolte plus que de petits rôles. Il sombre dans l'alcoolisme et meurt totalement oublié en 1917, en laissant toutefois une expression à la langue française.

IL Y A 40 ANS, EN 1971 : À Glasgow, à la fin du match de football opposant le Celtic aux Rangers, la balustrade de l'une des tribunes s'effondre, provoquant la mort de 66 personnes. La publicité radio-télévisée pour les cigarettes est interdite aux États-Unis.

LUNDI 3 JANVIER — **Sainte Geneviève** — **Capricorne** 2e décan

L'amour, c'est comme le potage : les premières cuillerées sont trop chaudes, les dernières sont trop froides (Jeanne Moreau).

Prévoyez de protéger les plantes sensibles au froid qui restent en pleine terre avec des feuilles de fougère, de la paille et des branches de genêt. Le manteau de neige sur les plates-bandes est bénéfique, tout d'abord cette couche de neige protège d'un gel en profondeur et, en jetant sur les plates-bandes enneigées de la cendre, celle-ci ira au pied des racines et enrichira le sol.

Le Vitrier ambulant

Le vitrier était ambulant. Il découpait et posait les vitres sur place, dans les communes qu'il traversait. Protégé par une blouse de toile, semblable à celle des charretiers, de couleur bleue ou noire, la « blodo », il installait sur son dos quelques vitres dans un portoir en bois de 1 mètre de haut environ. Ce portoir était muni d'un tiroir où étaient rangés ses outils : un diamant, du mastic, des pointes, un marteau, pour clouer ou arracher les clous, avec son manche spécial à démastiquer, un couteau à mastiquer de type « feuille de laurier ». L'ensemble était assez lourd à porter, et l'homme devait être de solide constitution. Est-ce pour cette raison qu'un vitrier était souvent originaire du Piémont, du Midi de la France ou du Limousin ? Particulièrement recherché à l'approche des premiers froids, on guettait son cri franc, énergique, et aigu : « Au vitri-i ! V'là l'vitri-i ! », « Vi-trier ! Vi-i-i-itrier ! » Ainsi équipé, il parcourait villes et campagnes, encore jusqu'au milieu du XXe siècle.

% 360 millions de SMS ont été échangés en France, le 1er janvier 2009.

Les drôles d'histoires de Pierre Bellemare

Une manifestation insolite

La manifestation qui a lieu en ce début du mois de février 2009 dans les rues de Calcutta est, en apparence, tout ce qu'il y a d'ordinaire : quelques dizaines de milliers de personnes brandissent des pancartes sur lesquelles on peut lire : « Nous voulons travailler » ou « Légalisez notre profession ». Mais ce qui est beaucoup moins habituel, c'est le comportement des policiers chargés d'éviter les débordements. On les sent mal à l'aise : ceux qui sont en face d'eux sont, en effet, des charmeurs de serpents, et ils redoutent que certains d'entre eux ne soient venus avec leurs partenaires. La profession de charmeur de serpent, malgré sa dangerosité, est extrêmement répandue en Inde : ils seraient plusieurs centaines de milliers à la pratiquer. Or, pour des raisons de sécurité, elle a été interdite en 1991. Depuis, les charmeurs de serpents ont continué d'exercer leur art, mais dans l'illégalité, risquant à tout moment une amende et la confiscation de leur animal... Malgré les appréhensions de la police, la manifestation de Calcutta est restée pacifique et les représentants de la profession ont pu rencontrer des responsables politiques. Ils ont fait valoir qu'ils faisaient partie du paysage de l'Inde et que les touristes se bousculaient pour les admirer. Ils ont rappelé que les accidents étaient pratiquement inexistants et qu'eux-mêmes contribuaient, en donnant régulièrement le venin de leurs serpents aux laboratoires, à combattre les morsures mortelles des serpents en liberté. Le gouvernement a promis d'examiner leur requête. Affaire à suivre.

IL Y A 40 ANS, EN 1971 : Après les chutes de neige de la vallée du Rhône, un millier d'automobilistes vont pouvoir récupérer leurs voitures qu'ils avaient dû abandonner. Le Chili est le premier pays d'Amérique latine à établir des relations diplomatiques avec Pékin.

MERCREDI 5 JANVIER Saint Édouard

Capricorne 2e décan

Paresse : habitude prise de se reposer avant la fatigue (Jules Renard).

★ SARDINES PEN DUICK. Pour quatre personnes. Nettoyez 500 grammes de sardines, enlevez les têtes et essuyez. Préparez une marinade d'huile d'olive, vinaigre de vin blanc, coriandre. Disposez dans une cocotte les sardines, arrosez-les avec la marinade, couvrez, faites chauffer lentement et cuire à feu doux pendant un quart d'heure à couvert. Retirez le couvercle, salez, et continuez la cuisson encore 15 minutes. Disposez les sardines dans une terrine couverte que vous mettez au réfrigérateur. C'est un hors-d'œuvre froid qui se garde une semaine.

Baccarat, du verre au cristal

Au XVe siècle, les Vénitiens produisaient un verre apprécié pour sa transparence et sa légèreté, le « cristallo », dont ils gardaient jalousement la composition. Mais le cristal tel qu'il est défini aujourd'hui n'apparaît qu'à la fin du XVIIe siècle en Angleterre. Le charbon utilisé pour alimenter les fours salit le verre. Le chimiste George Ravenscroft a alors l'idée d'y intégrer de l'oxyde de plomb, obtenant un cristal plus pur, plus sonore et plus transparent que le verre habituel. Cette découverte ne franchit la Manche qu'à la veille de la Révolution. Ayant à leur disposition forêts, sable et eau, les verriers œuvrent depuis longtemps dans le massif des Vosges. En 1760, Louis XV a autorisé, pour concurrencer l'importation des produits de Bohême, l'ouverture à Baccarat d'une verrerie d'art où on fabrique carreaux à vitre, verres de table et miroirs. Après les périodes noires de la Révolution et de l'Empire, l'usine est rachetée en 1816 par un industriel belge des Verreries royales de Saint Louis, et commence à produire un cristal comparable à celui d'Angleterre. Première cristallerie à présenter des lustres de cristal aux 140 lumières, des candélabres d'une hauteur de 5 mètres, et même des meubles…, Baccarat, de faubourg devenue ville, sera consacrée comme capitale du cristal. La dernière nouveauté de cette prestigieuse cristallerie : le cristal noir.

IL Y A 40 ANS, EN 1971 : La nouvelle pièce de 5 francs est mise en circulation. L'État décide d'acquérir l'île de Porquerolles pour préserver le site. Le gouvernement brésilien accepte d'élargir soixante-dix détenus politiques en échange de la libération de l'ambassadeur de Suisse.

L'intelligence artificielle n'est rien comparée à la stupidité naturelle (Thomas Edison).

Sainte Mélaine

Capricorne 2e décan

JEUDI 6 JANVIER

Les drôles d'histoires de Pierre Bellemare

Une chance provisoire

Brian Tindall, un habitant d'Amherst, dans le Kansas, se dit qu'il a bien de la chance ! En ce début juin 2009, une tornade s'est abattue sur la ville et a touché toutes les maisons de sa rue sauf la sienne.

Malheureusement pour lui, il s'agit d'une chance toute provisoire. Les conditions climatiques restent exécrables. Le lendemain, un violent orage éclate et la foudre s'abat sur sa maison. Et le désastre est, cette fois, total, car si la tornade avait causé d'importants dégâts, mais avait laissé les habitations debout, la sienne n'est plus qu'un tas de cendres.

Trou de mémoire

Janet Baldwin, une Anglaise de soixante-dix ans, est restée dynamique, coquette, et même pimpante, bref, l'âge ne semble pas avoir de prise sur elle, à part sa mémoire, qui lui joue parfois des tours.

Comme beaucoup de ses compatriotes, elle joue toutes les semaines au loto et elle prend comme numéros l'âge des membres de sa famille. Mais ce jour d'octobre 2009, elle oublie que son petit-fils Darren vient d'avoir vingt-sept ans et elle coche le 26, comme elle le faisait jusque-là. Bien lui en prend, car c'est le 26 qui sort, ce qui lui vaut la coquette somme de 1,9 million d'euros. « Avant, je me plaignais de ma mémoire, mais c'est fini », a-t-elle déclaré aux journalistes venus la féliciter.

LOTO				
26	32	11	44	38
43	41	12	82	70
65	56	52	18	12

IL Y A 40 ANS, EN 1971 : Jacques Chaban-Delmas, crée un ministère de l'Environnement qu'il confie à Robert Poujade, secrétaire général de l'UDR. À Montréal, procès des suspects du meurtre de Pierre Laporte. Nouveau procès à Leningrad : le lieutenant Zalmanson est condamné à dix ans de détention.

VENDREDI 7 JANVIER — **Saint Raymond** — **Capricorne 2e décan**

Un cheveu sur la tête c'est peu, dans la soupe c'est beaucoup (José Artur).

★ LAPIN NORMAND. Pour quatre personnes. Bardez quatre portions de râbles de lapin avec de fines tranches de poitrine de porc. Chauffez de l'huile et du beurre dans une cocotte, saisissez les râbles à feu vif avec une dizaine de petits oignons nouveaux et faites-les dorer sur toutes leurs faces. Retirez les râbles et déglacez avec 10 centilitres de vinaigre de cidre, puis remettez la viande. Couvrez la cocotte et laissez cuire 10 minutes en les retournant à mi-cuisson. Disposez dans la cocotte deux pommes granny coupées en dés, arrosez d'un verre de cidre. Remettez à cuire à couvert encore 10 minutes. Salez peu, et poivrez.

46 % des Français s'abstiennent de poser le pain à l'envers.

Il faut pencher la tête en arrière, quand on saigne du nez

Il faut commencer par se moucher pour évacuer d'éventuels caillots. Puis, pencher légèrement la tête en avant, ce qui permettra au sang de s'évacuer par la narine et non dans la gorge. Ensuite, appuyer fortement, avec deux doigts, sur la narine qui saigne, pendant 2 à 3 minutes. Ce qui devrait être suffisant. Dans le cas contraire, il faudra consulter un ORL.

Le monument parisien inauguré en dernier est :

a. La Pyramide du Louvre ?
b. L'Opéra-Bastille ?
c. Le Musée d'Orsay ?

(Réponse : b – juillet 1989, a : mars 1988, c : décembre 1986.)

IL Y A 40 ANS, EN 1971 : À Montevideo, l'ambassadeur britannique en Uruguay, M. Geoffrey Jackson, est enlevé par les Tupamaros. Mise à l'eau du plus grand navire pétrolier français, le *Jade*. Victoire à Oberstaufen de Michèle Jacot dans le slalom géant.

Il y a de la place au soleil pour tout le monde, surtout quand tout le monde veut rester à l'ombre (Jules Renard).

Saint Lucien — Capricorne 2e décan — **SAMEDI 8 JANVIER**

On n'a jamais vu un aveugle dans un camp de nudistes (Woody Allen).

Saint Alix — Capricorne 2e décan — **DIMANCHE 9 JANVIER**

La France mystérieuse

MON BEAU CHÂTEAU

Guédelon (Yonne)

Au départ, il y a une idée folle : Michel Guyot, propriétaire et restaurateur du château de Saint-Fargeau, imagine non plus de restaurer un bâtiment existant mais de construire de toutes pièces un château du Moyen Âge, selon les techniques et les méthodes du temps.

Le site retenu est celui de Guédelon, dans ce qui était autrefois la Puisaye, une région de la Bourgogne. Il a été choisi parce qu'on trouve à proximité toutes les matières premières nécessaires à la construction : pierre, bois, terre, sable, argile, et eau.

La construction commence en 1997. Carriers, maçons, bûcherons, charpentiers, forgerons, tuiliers, charretiers, vanniers, cordiers se mettent à l'ouvrage. Il faut extraire et tailler les pierres, abattre les arbres, couper les planches, forger les clous et toutes les parties métalliques, ainsi que cela se faisait au début du XIIIe siècle, sous Philippe Auguste. Le chantier emploie une cinquantaine d'ouvriers et il est prévu pour durer vingt-cinq ans.

Le plus étonnant est que ce qui semblait un projet insensé se révèle au fil du temps, non pas vraiment rentable, mais viable. Il s'agit de la première édification d'un château médiéval depuis plus de cinq siècles et Guédelon attire des milliers de visiteurs en provenance non seulement de toute la France, mais du monde entier. On a la sensation, en voyant travailler ces hommes, qui sont habillés en vêtements d'époque, d'avoir emprunté une prodigieuse machine à remonter le temps. Guédelon n'est pas seulement la construction d'un bâtiment, c'est aussi une fabrique de rêve, et son succès n'est pas près de se démentir.

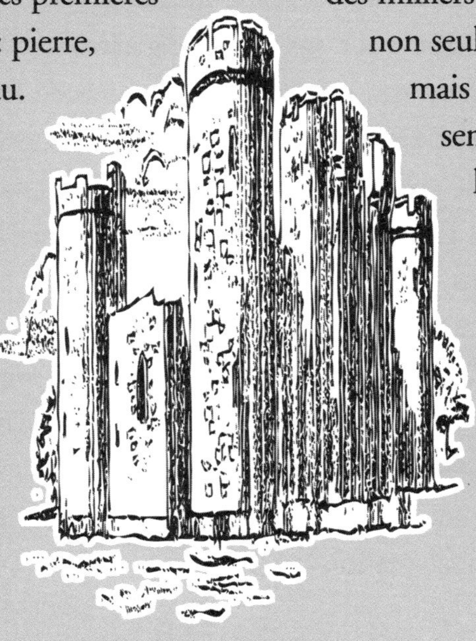

IL Y A 40 ANS, EN 1971 : Après avoir échoué sur un récif de corail aux Caraïbes, c'est la fin du paquebot *Antilles* dévoré par le feu. Les 15 millions de lires du prix Jean XXIII iront aux lépreux de Mère Térésa. Coco Chanel s'est éteinte dans son appartement particulier de l'hôtel Ritz.

LUNDI 10 JANVIER

Saint Guillaume

Capricorne 2e décan

La pensée vole et les mots vont à pied. Voilà tout le drame de l'écrivain (Julien Green).

✯ CONFIT DE DATTES. Pour six personnes. Dans une terrine, battez quatre jaunes d'œufs en incorporant 150 grammes de sucre semoule, 200 grammes d'amandes en poudre et 200 grammes de dattes dénoyautées finement hachées, et enfin les blancs d'œufs battus en neige. Versez la préparation dans un moule rond de 30 centimètres de diamètre et faites cuire à four doux une demi-heure.

La moutarde de Bourgogne

L'appellation « moutarde de Dijon » ne correspond pas à un terroir, mais à un procédé de fabrication réglementé depuis 1390. La recette n'ayant pas été protégée, on peut en fabriquer dans le monde entier. Le condiment qui a fait sa renommée est à base de moutarde brune, ou moutarde de Chine, que les bûcherons semaient sur les terres fertilisées par les bois brûlés. La graine de moutarde n'est pas une épice forte, c'est sa transformation qui lui confère un goût piquant : elle est écrasée à la meule de pierre et plongée dans un suc acide. À l'origine, c'était dans du vinaigre. En 1752, Jean Naigeon substitua au vinaigre le verjus, suc de raisin vert, produit en abondance dans cette région de vignobles, et qui donne ce caractère particulier à la moutarde de Dijon. Au Moyen Âge, les ducs de Bourgogne l'appréciaient déjà pour ses vertus digestives, antiseptiques, ainsi que pour son goût. Elle ne tarda pas à faire son entrée dans les cours de France et d'Europe. Le nom de Maille lui fut associé quelques siècles plus tard. Après avoir, grâce aux propriétés antiseptiques de son vinaigre des quatre voleurs, sauvé de la peste de nombreux Marseillais en 1720, Antoine-Claude Maille devint le fournisseur attitré de nombreuses têtes couronnées et de l'aristocratie. La production s'industrialisa à partir de 1930. Vingt ans plus tard, les champs de moutarde autour de la capitale des Ducs disparaissaient, l'épice était importée du Canada. Un plan de relance a abouti à l'obtention, en 2004, d'une indication géographique protégée « moutarde de Bourgogne », impliquant l'utilisation exclusive de graines de moutarde et de vin blanc d'origine bourguignonne ainsi que la fabrication sur place.

Les drôles d'histoires de Pierre Bellemare

Curés cascadeurs

Plus proches sans doute du divin que la plupart des mortels ordinaires, les prêtres n'hésitent pas parfois à transgresser les principes élémentaires de précaution. Et, dans ce cas, les conséquences de leurs initiatives glacent le sang!
Prosélyte impénitent, Teddy Woo, un missionnaire catholique taïwanais, conçoit le projet d'évangéliser les… lions du zoo de Taipei. Parvenant à pénétrer dans l'enclos des fauves, il avance vers eux, paumes des mains offertes. « Jésus vous sauvera », leur annonce-t-il. Puis, il ajoute : « Approchez, mes frères, et mordez-moi si vous le voulez. » Répondant à l'injonction ecclésiastique, un mâle se précipite et referme ses crocs sur l'une de ses jambes. Les gardiens interrompent le festin *in extremis* et le martyr volontaire est expédié à l'hôpital. Ne devient pas saint Jérôme qui veut!
Autre exemple tout aussi édifiant. À São Paulo, au Brésil, un curé s'emploie à récolter des fonds pour venir en aide aux déshérités de sa paroisse. Mais comment faire pour rallier des sponsors à sa cause ? L'homme de Dieu fait l'acquisition d'une immense grappe de ballons gonflés à l'hélium, s'arrime à une nacelle de fortune, et disparaît dans les nuages sous le regard médusé des journalistes. En dépit des recherches aéronavales menées par l'armée brésilienne, le curé volant ne s'est depuis plus manifesté. A-t-il gagné le paradis sans passer par la « case purgatoire », ou s'est-il abîmé en mer ? Dans l'incertitude, ses ouailles ont érigé dans l'église deux grandes ailes en plâtre et prient pour son retour!

IL Y A 40 ANS, EN 1971 : Le cessez-le-feu entre le gouvernement jordanien et les Palestiniens est rompu à Amman. La population d'Israël vient d'atteindre le chiffre de 3 millions : 2 600 000 Juifs et 400 000 Arabes, druzes et chrétiens. 44 % des patrons français estiment normal le rôle des syndicats.

MERCREDI 12 JANVIER

Sainte Tatiana

L'habituel défaut de l'homme est de ne pas prévoir l'orage par beau temps (Nicolas Machiavel).

HACHÉS À LA TAPENADE. Pour quatre personnes. Hachez menu un oignon, deux gousses d'ail et 50 grammes de pignons de pins, et mélangez-les dans un récipient à 400 grammes d'agneau haché (peut se faire avec un reste de viande déjà cuite), un œuf, une cuillerée à café de farine, et 50 grammes de tapenade verte. Salez, poivrez, assaisonnez de quatre-épices. Formez quatre galettes avec la préparation, passez-les dans la farine et faites les dorer 4 à 6 minutes de chaque côté. Égouttez-les aussitôt sur une feuille de papier absorbant.

Manger du poisson est bon pour la mémoire

Le poisson a la réputation d'avoir une forte teneur en phosphore censé être bon pour la mémoire et l'intelligence. Mais, si le phosphore est un élément minéral indispensable à l'organisme, nos besoins en sont largement couverts par une alimentation habituelle. Le cerveau a besoin de phosphore pour bien fonctionner, mais cela ne suffit pas et de nombreuses autres substances sont indispensables. La mémoire, comme les autres fonctions cérébrales, dépend d'une alimentation équilibrée dont le poisson fait partie.

OSEZ NETTOYER UNE STATUETTE DE JADE

Préparez un bol d'eau avec une cuillerée à soupe de vinaigre blanc. Frottez doucement l'objet en jade avec un chiffon imprégné de ce mélange. Cirez ensuite à la cire liquide incolore et lustrez avec de la flanelle.

IL Y A 40 ANS, EN 1971 : Palestiniens et Jordaniens signent un accord pour normaliser leurs relations et mettre fin aux combats. La majorité des journalistes soviétiques licenciés au printemps dernier ont été réintégrés dans leurs fonctions. Le bourreau d'Oradour, le général Lammerding, est mort.

J'ai menti, mais c'était de bonne foi (Bernard Tapie).

Sainte Yvette — **JEUDI 13 JANVIER**

Capricorne 3e décan

Les drôles d'histoires de Pierre Bellemare

Archives nomades

Nos amis anglais sont-ils définitivement fâchés avec les techniques d'archivage informatiques ? Des faits récents nous incitent à le penser. Ainsi la société Graphic Data, chargée de stocker les données personnelles des clients de la Royal Bank of Scotland, vient-elle de céder pour 44 euros l'un de ses vieux ordinateurs sur le site de vente en ligne eBay. Cette transaction banale ne prêterait pas à conséquence si le disque dur de la machine n'avait pas contenu près d'un million d'informations confidentielles, comportant numéros de comptes et fac-similés de signatures !

Cet incident n'est pas un cas isolé. Déjà, en avril 2008, la banque HSBC avait perdu un cédérom renfermant, lui aussi, des renseignements sensibles sur 370 000 particuliers. Et ce n'est pas tout. L'année précédente, 25 millions de dossiers d'allocations familiales avaient été malencontreusement égarés par les services fiscaux de Sa Majesté. Gravées sur deux DVD, les informations avaient été envoyées à un organisme officiel de contrôle des dépenses publiques. Avant de disparaître inexplicablement pour le plus grand profit des escrocs en tout genre.

L'épidémie a-t-elle franchi les rives de l'Atlantique ? Au Canada, vingt-six plans ultrasecrets de la future base militaire de Trenton, qui doit abriter le département chargé de lutter contre les armes de destruction massive, ont été retrouvés par hasard par un couple de promeneurs. Ils traînaient sur un trottoir !

Mettez des bandes adhésives fixe-insectes autour des troncs d'arbres fruitiers. C'est en mars que les larves qui ont hiverné dans la terre remontent vers les branches. Ne laissez jamais vos fruitiers dans une terre herbeuse. Désherbez dans un diamètre équivalent à l'aplomb de la charpente de l'arbre. En ameublissent le sol ne binez pas trop profond au pied, car les premières racines superficielles se trouvent à moins de 10 centimètres de la surface, il ne faut pas les sectionner. Versez ensuite une brouette de compost au pied de chacun.

★ TOURTE FERMIÈRE. Pour six personnes. Hachez finement 150 grammes de lard gras cuit préalablement au bouillon, et 400 grammes de restes divers de viandes crues ou cuites, un gros oignon, un gros bouquet de fines herbes. Mélangez le tout à 500 grammes de pommes de terre cuites écrasées avec un peu de lait. Assaisonnez de sel et de quatre-épices. Travaillez la préparation avec suffisamment de bouillon pour qu'elle ne dessèche pas lorsque vous la mettrez dans une tourtière beurrée, à four chaud, pendant 25 minutes.

L'eau de mer cicatrise les plaies
Au contraire, très riche en sel, elle a pour effet de freiner la cicatrisation. Cela a pour conséquence d'augmenter les risques d'infection, les microbes ayant la voie libre. Et malheureusement, ni la mer ni le sable ne sont stériles.

IL Y A 40 ANS, EN 1971 : Inauguration du barrage d'Assouan en présence de MM. Sadate et Podgorny. Après le procès de l'opposition camerounaise, trois condamnés sont exécutés et trois autres sont graciés. Sortie du film *Fantasia chez les Ploucs* de Gérard Pirès, avec Lino Ventura.

Journal : institution incapable de faire la différence entre un accident de bicyclette et l'effondrement de la civilisation (G.B. Shaw).

Saint Remi — **SAMEDI 15 JANVIER**
Capricorne 3e décan

La seule question qui concerne la santé est : « Qu'est-ce qu'on fait avec ? » (John Rockefeller).

Saint Marcel — **DIMANCHE 16 JANVIER**
Capricorne 3e décan

La France mystérieuse

OÙ SONT LES TEMPLIERS

Gisors (Eure)

Gisors, à l'extrémité de la Normandie, est remarquable par son puissant château du XIIe siècle, que les Anglais, qui possédaient alors cette province, ont construit pour se défendre contre les Français. Par la suite, les Templiers l'ont occupé et il servira brièvement de prison à leur grand maître Jacques de Molay.

C'est ce qui inspire à Roger Lhomoy, gardien du château durant les années 1940, l'idée que les Templiers y ont enfoui leur trésor. Étant logé dans l'enceinte du château, il a toutes les facilités pour entreprendre des fouilles la nuit, lorsque tout est fermé. Le donjon de Gisors est bâti sur une monumentale butte artificielle et il a la certitude que c'est là que se situe la cachette. Pendant des années, il creuse dans toutes les directions et il affirme avoir découvert une vaste salle contenant des coffres gigantesques, mais avoir manqué de moyens pour l'explorer. Le maire de Gisors ne le croit pas, mais le journaliste Gérard de Sède, qui possède une résidence secondaire dans la localité, apprend l'histoire et la raconte dans un ouvrage, *Les Templiers sont parmi nous,* qui a un retentissement considérable.

À tel point qu'en 1962, les autorités décident de faire des fouilles officielles. Non seulement elles n'ont aucun résultat, mais succédant aux galeries creusées par Roger Lhomoy, elles menacent de faire s'écrouler le donjon et il faudra de coûteux travaux pour tout combler et consolider. Aujourd'hui, l'idée d'un trésor à Gisors est abandonnée. D'ailleurs, selon les spécialistes, les Templiers n'ont jamais possédé de trésor, toute leur fortune consistait en châteaux et biens immobiliers.

IL Y A 40 ANS, EN 1971 : Escalade de la guerre aérienne américaine du Cambodge au Nord-Vietnam. M. Giovanni Bucher, otage des guérilleros brésiliens, est libéré et peut gagner sa résidence à Rio. Jean Marais vient de jouer pour la troisième fois *Cyrano de Bergerac* au Théâtre Montansier de Versailles.

LUNDI 17 JANVIER

Sainte Roseline

Capricorne 3e décan

J'ai vu un ange dans le marbre et j'ai seulement ciselé jusqu'à l'en libérer (Michel-Ange).

★★ CÔTE DE BŒUF VIGNERONNE. Pour cinq personnes. Enduisez d'huile une côte de bœuf de 1 kilo et faites-la griller au barbecue environ une demi-heure (selon la cuisson désirée). Pelez une grappe de raisin noir et une grappe de raisin blanc, faites revenir les grains quelques instants avec une noix de beurre. Déglacez la poêle avec 5 centilitres de fine champagne. Salez, assaisonnez de piment d'Espelette et de 30 grammes de baies roses. Coupez des tranches épaisses, nappez de sauce, entourez de quelques grains de raisin, et servez avec une purée de topinambours.

% **37 % des Français estiment que le trèfle à quatre feuilles porte chance.**

Évitez la pollution des sols en limitant les engrais classiques. Vous trouverez dans certaines jardineries des produits naturels, comme le lombricompost, obtenu grâce aux vers de terre qui transforment du fumier classique en fertilisant puissant et inoffensif pour l'environnement. Il en existe également à base d'algues ou de tourteaux végétaux.

Les drôles d'histoires de Pierre Bellemare

Écrans rebelles

Tandis que les écrans de toute nature envahissent notre quotidien, certains d'entre eux semblent prendre un malin plaisir à s'affranchir des tâches pour lesquelles ils ont été initialement programmés.

Ainsi Nathalie et Boris Meilinger, un couple de Chicago, ont fait installer un système de vidéosurveillance dans la chambre de Jack, leur fils âgé de trois mois. « Un soir, au moment de nous coucher, nous avons voulu vérifier sur notre écran de contrôle que Jack dormait bien, raconte Nathalie. Notre sang n'a fait qu'un tour. Nous avions sous les yeux des images de la station spatiale internationale et celles d'un astronaute flottant dans l'espace. » Les Meilinger se précipitent dans la chambre du bébé. Rien d'anormal. La caméra est toujours braquée sur le berceau, et le circuit vidéo n'a pas été raccordé à une source extérieure. « Ni la Nasa ni le fabricant du système de surveillance n'ont été capables de fournir une explication », explique la jeune mère.

En Nouvelle-Zélande, la première chaîne de la télévision publique diffuse un match de rugby à une heure de grande écoute. Soudain, en plein direct, une panne se produit et le bandeau « Veuillez-nous excuser pour cette interruption momentanée » apparaît sur le bas des écrans. Il disparaît et est remplacé durant quelques minutes par la scène torride d'un film pornographique, le chef d'antenne s'étant vraisemblablement trompé de programme en chargeant une cassette de secours. Les amateurs de belles mêlées n'ont pas été déçus !

IL Y A 40 ANS, EN 1971 : En Pologne, une délégation ouvrière de Gdansk est reçue par le nouveau Premier ministre, Piotr Jaroszewicz. Le célèbre violoncelliste, Mstislav Rostropovitch, n'est pas autorisé à quitter Moscou pour donner des concerts en France, payant ainsi sa fidélité à Soljenitsyne.

MERCREDI 19 JANVIER — **Saint Marius** — **Capricorne 3e décan**

Le dard du mépris perce l'écaille de la tortue (proverbe indien).

☆☆ VELOUTÉ INDIEN. Pour quatre personnes. Pelez, épépinez quatre grosses tomates, coupez-les en morceaux que vous faites cuire une dizaine de minutes à l'huile d'olive avec deux gousses d'ail. Coupez en morceaux 400 grammes de céleri-rave et deux pommes de terre épluchées que vous ajoutez aux tomates, avec deux verres d'eau. Salez et laissez cuire doucement 30 minutes. Mixez la soupe avec 30 centilitres de lait chaud et une cuillerée à café de curry. Ajoutez à volonté de la crème fraîche pour obtenir un velouté crémeux. Parsemez de feuilles de coriandre.

Le Kelsch d'Alsace

Ce tissu alsacien traditionnel est à l'origine confectionné avec du fil pur lin crème, à rayures et carreaux bleus ou rouges. Au nord de Sélestat en Alsace, on cultivait le lin depuis le VIIIe siècle. Les bains des fils étaient réalisés à l'indigo pour le bleu, à la garance pour le rouge, seules couleurs végétales capables de résister à l'eau. Tous les foyers possédaient un métier à tisser, et composaient à leur goût les dessins de carreaux, la couleur rouge étant plutôt utilisée par les catholiques, le bleu par les protestants. Le kelsch était présent dans toutes les maisons en nappes, rideaux, housses de plumons et taies. Le mot est sans doute d'origine germanique, dérivé de l'adjectif « kölnisch » qui se rapporte au bleu de Cologne, où Charlemagne avait ordonné la plantation du pastel des teinturiers (une plante de couleur bleue). Selon d'autres sources, le mot viendrait des Celtes qui plantaient le lin et tissaient des étoffes à carreaux. À partir du XIXe siècle, avec l'importation du coton, apparaît le métis (chaîne en coton, trame en lin) au détriment des métiers à tisser. Aujourd'hui, l'art textile d'origine renaît et prend un bel essor… jusqu'au Japon ! Grâce à un artisan de Muttersholtz, M. Gander, héritier d'une longue lignée de tisserands, qui a retrouvé dans les livres de l'atelier familial les techniques de fabrication traditionnelles et obtenu le label Patrimoine, accordé par le ministère de la Culture à certains métiers rares.

IL Y A 40 ANS, EN 1971 : La France adhère à la Convention internationale contre la discrimination raciale. Les postiers britanniques sont en grève. Le secrétaire à la Défense accorde à l'aviation US le droit d'intervention illimitée en Indochine pour « protéger les troupes stationnées au Sud-Vietnam ».

À quinze ans, on veut plaire ; à vingt ans, on doit plaire ; à quarante ans, on peut plaire ; mais ce n'est qu'à trente ans qu'on sait plaire (J.G. Domergue).

Saint Sébastien

Capricorne 3e décan

JEUDI 20 JANVIER

Les drôles d'histoires de Pierre Bellemare

Des mariages improbables

Rite social et culturel par excellence, le mariage peut prendre les formes les plus inattendues selon les pays dans lesquels il est célébré. Ainsi au Tadjikistan, la jeune Chamigoul Tourbanova a-t-elle été vendue par son père au fils d'un riche agriculteur. Un journal local a rendu public le détail de la négociation, qui s'apparente à une véritable rançon : quarante paires de chaussures en caoutchouc, une vache, deux brebis, douze foulards, 60 mètres de tissu, vingt-cinq sacs de riz, 30 kilos de coton et la somme de 3 000 euros. En dépit de ces cadeaux somptueux, qui laissent penser que la promise était une proie de choix, le mariage a rapidement tourné court. Comme on le sait, l'argent ne faisant pas le bonheur, la mariée a menacé de se donner la mort à plusieurs reprises, afin d'obtenir le divorce.

Poursuivi par les mauvais esprits après avoir commis un double crime canin, Selvakumar, un Indien, souffre de graves dysfonctionnements. Pour alléger ses maux, qui l'empêchent de parler et de marcher, un chaman lui conseille de convoler avec une jeune… chienne recueillie dans la rue. Une cérémonie religieuse est célébrée en bonne et due forme, ce mariage blanc – du moins espérons-le – n'étant qu'un antidote destiné à chasser le malin. « Lorsque Selvakumar aura recouvré la santé, il épousera une femme et vivra normalement », a rassuré le prêtre. Sans préciser si, dans ce cas peu probable, sa dulcinée à quatre pattes jouera le rôle de demoiselle d'honneur !

IL Y A 40 ANS, EN 1971 : À l'ouverture de la première session du Congrès US, le sénateur Edward Kennedy perd son poste de dirigeant-adjoint de la majorité démocrate. Un Nord 262 s'est écrasé sur le plateau ardéchois, faisant vingt et une victimes dont le M. Jacques Mabile et le vice-amiral Landrin.

VENDREDI 21 JANVIER

Sainte Agnès

Verseau 1er décan

Il faut rajouter de la vie aux années et non des années à la vie (proverbe chinois).

★★ SUPRÊMES DE PINTADE. Pour quatre personnes. Faites cuire à four très chaud dans une cocotte large les quatre morceaux de pintade enduits de beurre et assaisonnés de sel et de poivre. Faites revenir séparément au beurre dans deux poêles 400 grammes de châtaignes en bocal et deux pommes boskoop non épluchées coupées en quartiers. Sortez la cocotte du four. Versez-y 50 centilitres de cidre brut et faites réduire pour obtenir un sirop. Dressez un suprême par assiette, entouré de châtaignes et de pommes. Nappez de sauce.

% 834 000 enfants sont nés en France métropolitaine en 2008, un chiffre jamais atteint depuis près de trente ans.

La repousse des poils est toujours plus importante et plus foncée
Cette croyance est surtout véhiculée par quelques esthéticiennes. Pourtant, dès 1928, des études très sérieuses ont montré qu'il n'en était rien. Une illusion d'optique est en cause, due au fait que le poil qui repousse a une extrémité moins fine que le poil d'origine.

Les moustiques comptent de nombreuses espèces réparties sur la planète, soit environ :

a. 2 500 ?
b. 1 100 ?
c. 750 ?

(Réponse : a.)

IL Y A 40 ANS, EN 1971 : Anxiété à Phnom Penh après l'attaque des maquisards contre l'aéroport. À la conférence du Commonwealth à Singapour, Edward Heath obtient toute liberté de manœuvre pour les ventes d'armes à l'Afrique du Sud. Sortie du film d'André Cayatte *Mourir d'aimer*, avec Annie Girardot.

L'homme ne tue pas seulement pour manger, il boit aussi (A. Allais).

Saint Vincent — **SAMEDI 22 JANVIER** — Verseau 1er décan

J'ai abandonné la pêche le jour où je me suis aperçu qu'en les attrapant, les poissons ne frétillaient pas de joie (Louis de Funès).

Saint Barnard — **DIMANCHE 23 JANVIER** — Verseau 1er décan

La France mystérieuse

LA NOUVELLE-CALIFORNIE

Malakoff (Hauts-de-Seine)

La ville de Malakoff est de création récente, puisqu'elle n'existe officiellement que depuis 1883, et elle doit son existence et son nom à un homme tout à fait hors du commun : Alexandre Chauvelot. Né en 1797 dans une famille ouvrière, autodidacte, il exerce de nombreux métiers, avant de se lancer dans la spéculation immobilière. Il achète pour un prix modeste de vastes terrains dans des parties non construites de Paris et de la proche banlieue, il les aménage et il les revend par lots, en faisant une plus-value considérable. Il réalise l'opération dans plusieurs endroits, avant de la rééditer à une plus grande échelle encore, au début des années 1850, dans la plaine de Vanves.

Se rendant possesseur d'immenses terrains vagues, il crée de toutes pièces une agglomération, qu'il appelle La Nouvelle-Californie et il donne à ses rues toutes sortes de noms exotiques sortis de son imagination : avenue du Céleste-Empire, rue de la Perle-du Brésil, des Oiseaux-de-Paradis, etc. La prise de la tour de Malakoff par les troupes françaises, en 1855, durant la guerre de Crimée, l'enthousiasme et il fait construire au centre de la cité une nouvelle tour de Malakoff, haute de dix étages, dans un style délirant et tarabiscoté.

La tour sera détruite en 1870, lors du siège de Paris, car elle servait de point de mire aux canonniers prussiens, mais elle donnera un peu plus tard son nom à la ville. Quant à Alexandre Chauvelot, il est totalement tombé dans l'oubli. Seule une rue de Malakoff, sa création, rappelle encore son existence.

IL Y A 40 ANS, EN 1971 : En Pologne, le premier secrétaire du PC, Edward Gierek et le premier ministre Piotr Jaroszewicz négocient avec les grévistes. En Guinée, 88 condamnations à mort à la fin d'une parodie de procès. À Los Angeles, procès de Charles Manson, l'assassin de Sharon Tate.

LUNDI 24 JANVIER

Saint François de Sales

Verseau 1er décan

L'inutile et le superflu sont plus indispensables à l'homme que le nécessaire (René Barjavel).

★ TIRAMISU ROSE. Pour quatre personnes. Mélangez 50 grammes de sucre à trois jaunes d'œuf. Ajoutez 250 grammes de mascarpone. Incorporez les blancs battus en neige. Disposez 100 grammes de biscuits roses de Reims imbibés de jus tiédi de groseille ou framboise (éventuellement avec une cuillerée de liqueur) sur un plat, nappez de la moitié de la préparation. Recouvrez avec une couche de biscuits et le reste de la préparation, et placez au réfrigérateur une demi-journée. Au moment de servir décorez de 200 grammes de framboises. Saupoudrez de sucre glace.

POUR BIEN NETTOYER LES BRONZES DORÉS

Les bronzes dorés salis seront nettoyés efficacement avec un chiffon ou une brosse douce imbibés de vin rouge chaud. Vous pouvez aussi les astiquer avec un mélange d'eau et d'ammoniaque – deux cuillerées à soupe par litre d'eau. Quant au vert-de-gris, il disparaîtra en utilisant un linge imbibé d'eau de Javel ou de vinaigre blanc ; puis, rincez abondamment et lustrez avec une peau de chamois.

Les myrtilles améliorent la vue nocturne

Les myrtilles contiennent du carotène – précurseur de la vitamine A – indispensable à la vue. Si en manquer provoque des troubles visuels, rien n'indique qu'en consommer améliore la vue. Les myrtilles auraient-elles une meilleure teneur en vitamine A ? Non, elles en ont beaucoup moins que l'huile de foie de morue, les carottes ou les poivrons… En revanche, elles ont une bonne teneur en vitamine C et en flavonoïdes, ce qui est déjà remarquable.

IL Y A 40 ANS, EN 1971 : En Guinée, en dépit des interventions internationales, les condamnés de Conakry sont pendus. Le général Idi Amin Dada prend le pouvoir à Kampala. Ouverture à Montréal du procès de Paul Rose, l'un des assassins présumés du Premier ministre Pierre Laporte.

On n'ose guère avouer que l'on voudrait les plaisirs du vice en récompense de la vertu (Alain).

Les drôles d'histoires de Pierre Bellemare

Un condamné à mort sauvé par l'éthique !

En 2006, après vingt-trois ans de détention, Michael Morales attend l'heure de son exécution dans le couloir de la mort du pénitencier de San Quentin, en Californie. Au nom du huitième amendement de la Constitution américaine, qui stipule qu'il est interdit d'infliger des châtiments cruels, ses avocats ont obtenu du juge une modification du protocole de mise à mort : deux médecins anesthésistes assisteront le supplicié et interviendront s'ils estiment que la douleur devient insupportable entre les trois injections létales habituelles. Mais à minuit, à l'heure de l'exécution, les médecins se rétractent et, au nom de l'éthique, refusent d'être impliqués dans un processus de mise à mort. Le juge dispose dès lors de vingt-quatre heures pour faire appliquer la sentence. Passé ce délai, il devra délivrer un nouveau certificat dans un délai de soixante jours. L'affaire faisant grand bruit, les pièces du dossier sont réexaminées. Et il se révèle que si l'implication de Morales dans le viol et le meurtre d'une jeune fille est incontestable, son cousin qui en est l'instigateur n'a été condamné, lui, qu'à une peine de prison à vie. Fort de cet argument, le juge change d'avis et réclame la clémence du gouverneur Schwarzenegger. Ce dernier décide de suspendre toutes les exécutions jusqu'à nouvel ordre et de réviser entièrement le processus, une dose unique de barbituriques pouvant remplacer avantageusement la triple injection. Dans l'attente d'une décision, Morales est retourné croupir dans le couloir de la mort de sa prison.

IL Y A 40 ANS, EN 1971 : Moshe Dayan confirme pour la première fois la présence de fusées SAM 2 en Syrie. À huit jours de l'expiration du cessez-le-feu, l'Égypte est mise en état d'alerte. Première, au Palais de Chaillot, de la pièce *Les Prodiges* de Jean Vauthier, avec Georges Wilson et Judith Magre.

MERCREDI 26 JANVIER — **Sainte Paule** — **Verseau 1er décan**

Le grave, c'est quand votre femme vous dit : « Rentre ton ventre », et que c'est déjà fait (Gayelord Hauser).

LES MARCHANDS DE MOURON

Très tôt le matin, on ne pouvait manquer de croiser des hommes et des femmes, une hotte d'osier sur le dos, arpentant les rues des quartiers populaires et proposant leur marchandise pour un sou la botte, en criant : « Faut-il du mouron pour les petits oiseaux ? Faut-il d'l'herbe à chat ? » Nombreux étaient les clients, les citadins ayant toujours aimé avoir des animaux domestiques. Le mouron, qui pousse en toutes saisons, se ramassait dans Paris sur des terrains abandonnés, ou le long des fortifications. Parfois, il fallait s'éloigner pour en cueillir et trouver du millet et du plantain. La ville ne cessant de se construire et de s'étendre, les courses se firent plus longues, et le métier devint de plus en plus difficile. À la fin du XIXe siècle, les marchands de mouron décidèrent de créer un syndicat. L'idée sembla bonne puisqu'on compta près de trois mille personnes à la première réunion. Ce fut peine perdue : l'année suivante, le syndicat disparut et les troupes furent dispersées. Seul le film de Marcel Carné, tiré du roman d'Albert Simonin, *Du mouron pour les petits oiseaux,* nous aide peut-être à ne pas tout à fait les oublier.

★★ CARRÉ D'AGNEAU À LA CRÈME D'AIL. Pour quatre personnes. Enduisez un carré d'agneau paré de huit côtelettes de 20 grammes de beurre et faites-le dorer à feu moyen dans une cocotte, puis déposez-le dans un plat à four. Arrosez-le de 40 grammes de beurre fondu. Poivrez, salez, laissez cuire 35 minutes. Épluchez une douzaine de gousses d'ail, faites-les cuire dans 15 centilitres de lait. Égouttez, remplacez le lait par 15 centilitres de crème et une cuiller à café de maïzena. Mixez le mélange. Placez la casserole au bain-marie ; Incorporez un jaune d'œuf et fouettez jusqu'à ce que la sauce soit onctueuse. Servez-la dans une saucière avec le carré découpé en côtelettes et des pommes vapeur.

IL Y A 40 ANS, EN 1971 : Au conseil des ministres, il est décidé la création d'un fonds d'intervention et d'action pour la protection de la nature. Sur la RN 10, près de Muret dans les Landes, un minicar heurte un camion-citerne à l'arrêt: l'accident fait 10 morts et 2 blessés.

Le succès est un mauvais professeur, il pousse les gens intelligents à croire qu'ils sont infaillibles (Bill Gates).

Les drôles d'histoires de Pierre Bellemare

Brève rencontre

Institution fragile par excellence, le mariage peut s'avérer éphémère si les conjoints découvrent trop tard leur incompatibilité d'humeur. La mésaventure survenue à Scott McKie, vingt-trois ans, et à Victoria Anderson, de quinze ans son aînée, bat néanmoins tous les records.

La cérémonie se déroule à Manchester. Quand le prêtre pose à Scott la question rituelle: « Jurez-vous fidélité à votre épouse? », ce dernier se pince nerveusement les lèvres et murmure un oui peu convaincant. Une demi-heure plus tard, lors du cocktail qui suit l'échange des anneaux, Victoria, jalouse et déjà passablement éméchée, réitère la question du prêtre: « Me seras-tu fidèle? » Pour donner, cette fois, plus de force à sa requête, elle lui assène de violents coups de cendrier sur le sommet du crâne. Furieux, Scott s'empare d'un portemanteau en guise de javelot et pourchasse la jalouse à travers le salon. S'ensuit une bagarre générale entre les deux familles. La police intervient, sépare les belligérants, et place séparément les jeunes mariés en cellules de dégrisement. Sans se consulter et d'un commun accord, M. et Mme McKie demandent le divorce. Leur union n'aura duré que quatre-vingt-dix minutes!

Noces d'or, d'argent ou de papier, il est d'usage d'associer un matériau à la longévité d'un mariage. Peut-on dans ce cas parler de « noces bulle de savon » ?

IL Y A 40 ANS, EN 1971 : Les sociétés pétrolières françaises opérant en Algérie se sont engagées à verser un rappel d'impôt à l'État algérien d'un montant de 500 millions. William Rogers indique que l'intervention aérienne américaine sera illimitée en Indochine, pour protéger le retrait des troupes terrestres.

VENDREDI 28 JANVIER — Saint Thomas d'Aquin — Verseau 1er décan

C'est par l'esprit qu'on s'amuse ; c'est par le cœur qu'on ne s'ennuie pas (Rivarol).

Berlingot, bonbon de forme pyramidale

Cette sucrerie serait d'origine italienne, sous le nom de *berlingozzo*, et serait passée en France via la Provence avant d'aller conquérir la Bretagne. Mais à Carpentras, la légende en attribue la paternité au maître queux du pape Clément V, Bertrand de Got, devenu en raccourci berlingot. Sa recette consistait en un long ruban de sirop de sucre recuit mêlé de différents parfums, découpé avec des ciseaux d'or pour célébrer la dissolution de l'ordre des Templiers. En réalité, dès le XVIIIe siècle, les nombreux confiseurs de la région récupéraient le reste du sirop des fruits confits, l'aromatisaient à la menthe ou au citron, puis l'étiraient en bâtonnets avant de les découper en bonbons aux quatre faces triangulaires à l'allure de pierres colorées veinées de blanc. À Nantes, on raconte que le berlingot serait une déformation du nom de la coiffe, le bergot, que portaient les Nantaises pour vendre des cornets de friandises en forme d'escargots les jours de marché. Plus petit que celui de son cousin de Carpentras, opaque et sans rayures, il a vu le jour dans une petite confiserie de la place Royale. Au XVIIIe siècle, l'essor du commerce entre la France et les Antilles fit de Nantes la porte d'entrée des chargements de cannes à sucre. La ville devint une des premières productrices d'articles de confiserie et de spécialités à base de sucre de canne cuit. Ce bonbon a le mérite de s'adapter au pays où il est exporté : au Japon, il est aromatisé au thé vert, aux États-Unis à la fleur de cactus.

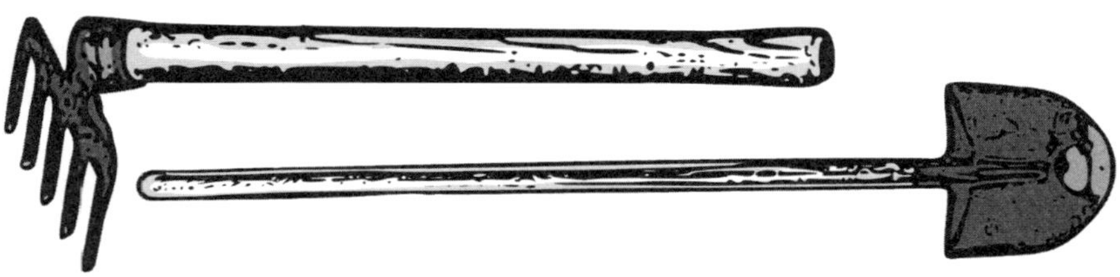

Dans les terrains humides, drainez autour des arbres en creusant dans le sens de la pente des petites tranchées. Pratiquez le buttage, c'est-à-dire rassemblez la terre autour de la tige d'une plante (poireaux, rosiers, pommes de terre). C'est indispensable pour les cultures en terre argileuse car l'eau en excès ainsi ne stagne pas. Ce procédé est toutefois déconseillé en terre sableuse, celle-ci ayant tendance à se dessécher trop rapidement.

IL Y A 40 ANS, EN 1971 : Le rallye de Monte-Carlo est remporté par Andersson, Thérier et Andruet sur Alpine-Renault. Sortie du film *Comptes à rebours*, de Roger Pigaut, avec Jeanne Moreau, Simone Signoret, et Michel Bouquet. Mort du compositeur français Georges Van Parys.

L'homme est comme une horloge. Il se remonte par la nourriture deux ou trois fois par jour (Alphonse Karr).

Saint Gildas — Verseau 1er décan — **SAMEDI 29 JANVIER**

L'amour-propre est un ballon gonflé de vent dont il sort des tempêtes quand on y fait une piqûre (Voltaire).

Sainte Martine — Verseau 1er décan — **DIMANCHE 30 JANVIER**

La France mystérieuse

MÉTAMORPHOSE D'UN VILLAGE

Ramatuelle (Var)

Ramatuelle est un des lieux touristiques les plus fréquentés et les plus en vue du monde entier. Les villas des riches estivants y cachent leur luxe dans un décor de rêve. Sa plage de Pampelonne, vaste étendue de 5 kilomètres de sable blanc délimitée au nord par le cap de Saint-Tropez et au sud par le cap Camarat, accueille, durant les mois de juillet et d'août, plus de trente mille baigneurs par jour. Elle est à l'origine du mythe tropézien.

Les vedettes n'ont cessé de s'y succéder : Errol Flynn vers 1950, Brigitte Bardot, Roger Vadim, Jane Fonda, dans les années 1960, Sylvester Stallone, Claudia Schiffer, Elton John et Johnny Hallyday ensuite, et la liste n'est pas close. Personnages célèbres et anonymes se côtoient chaque été au Tahiti Plage ou au Club 55.

Et pourtant, il est loin d'en avoir toujours été ainsi ! Jusqu'au XIXe siècle l'endroit était pauvre et désolé. La plage servait aux pêcheurs pour lester leurs bateaux en sable et les agriculteurs y ramassaient des algues pour servir d'engrais à leurs vignes. Voici comment est décrit Ramatuelle, en 1835, dans le *Dictionnaire historique et topographique de la Provence* : « Ce village présente à peu de chose près le même aspect qu'au temps d'Henri IV. Ses maisons basses et noires, ses rues étroites et en partie fort raides en rendent la vue et le séjour terriblement tristes. Certes, les habitants sont en général laborieux et sobres, mais leur civilisation est fort arriérée. »

IL Y A 40 ANS, EN 1971 : Après dix-neuf ans d'interruption, les liaisons téléphoniques entre Berlin-Est et Berlin-Ouest sont rétablies. Depuis Cap Kennedy, lancement de la capsule Apollo 14 vers la Lune.

LUNDI 31 JANVIER

Sainte Marcelle

Verseau 1er décan

Pour qu'une chose soit intéressante, il suffit de la regarder longtemps (Gustave Flaubert).

★ POIREAUX À L'AUVERGNATE. Pour quatre personnes. Faites cuire 10 minutes dans 1 demi-litre de bouillon (cube) de volaille 120 grammes de lard de jambon avec sa couenne coupée en petits dés. Faites cuire douze blancs de poireaux à l'eau bouillante salée. Égouttez bien. Dressez trois poireaux par assiette, incisez-les dans la longueur et introduisez dans la fente une lanière de jambon d'Auvergne. Faites fondre sur le feu 120 grammes de bleu d'Auvergne dans deux cuillerées à soupe de lait, ajoutez une cuillerée de crème et nappez les poireaux de cette sauce.

Gais et contents,
Nous marchions triomphants,
En allant à Longchamp
Le cœur à l'aise,
Sans hésiter,
Car nous allions fêter,
Voir et complimenter l'armée française.

Un soir d'été de 1886, le chanteur et parolier Léon Garnier assiste aux Folies-Bergère à un ballet de Louis-César Désormes. Sur un air particulièrement entraînant, il suggère au compositeur de faire une chanson. Celui-ci trouve l'idée excellente et demande à Garnier et à Lucien Delormel d'en écrire les paroles. Ainsi naît *En revenant d'la revue*. Le 14 juillet, le général Boulanger, fringant ministre de la Guerre, parade à la revue de Longchamp. Le soir-même, à la Scala, le chanteur Paulus, après le premier couplet, au lieu de chanter :

Moi j'faisais qu'admirer
La fière allur' du p'tit troupier.

entonne :

Moi j'faisais qu'admirer
Not' brav' Général Boulanger.

C'est un triomphe !

Les drôles d'histoires de Pierre Bellemare

Petits arrangements avec les dettes

Comment contraindre les mauvais payeurs à honorer leurs dettes ? Chaque pays expérimente, semble-t-il, des techniques originales de recouvrement. Après avoir envoyé plus d'un millier de lettres de rappel sans résultat, le maire de Seelow, en Allemagne, punit désormais les contribuables récalcitrants en mettant les pneus de leur voiture à plat : un fonctionnaire installe un appareil qui dégonfle automatiquement les chambres à air dès que la clé est introduite dans le contact.

En Inde, dans l'État de l'Andhra Pradesh, les services du fisc parient sur la musique. Des orchestres tambourinent sans relâche devant l'habitation des fraudeurs jusqu'à ce qu'ils finissent par régler leur dû. La méthode est efficace, puisque, en une semaine, 18 % des impayés ont été récupérés. En cas d'échec, les noms et le montant des arriérés d'impôt des contrevenants sont psalmodiés dans les temples par haut-parleur.

Fort heureusement, quelques citoyens résistent courageusement. En Angleterre, pour une infraction au code de la route, Richard Roper s'est vu gratifier d'une amende de 30 livres. Il s'en est acquitté en établissant un chèque sur un morceau de… papier toilette. Contenant toutes les mentions légales, le règlement a dû être accepté par le Trésor public. Un contribuable à ne pas prendre avec des pincettes !

IL Y A 40 ANS, EN 1971 : D'exceptionnelles chutes de neige paralysent le Massif central, avec coupures de lignes électriques et téléphoniques, interruption de tout le trafic ferroviaire et routier. L'explosion de l'avion indien détourné sur l'aéroport de Lahore risque d'aggraver les tensions entre l'Inde et le Pakistan.

MERCREDI 2 FÉVRIER — **Sainte Théophane** — **Verseau 2e décan**

Le soleil, avec toutes ces planètes qui gravitent sous sa gouverne, prend encore le temps de mûrir une grappe de raisin, comme s'il n'y avait rien de plus important (Galilée).

COUPES DE MARRONS. Pour quatre personnes.
Mélangez 250 grammes de crème de marrons avec 250 grammes de fromage blanc. Truffez ce mélange de morceaux de marrons (en bocal), de pépites de chocolat, de raisins secs trempés dans le rhum, et d'éclats de noisettes concassées. Répartissez la crème dans quatre coupes, garnissez de chantilly et saupoudrez de cacao.

Vérifiez les tuteurs et les ligatures des arbustes ou rosiers. Changez-les avant le départ de la végétation ainsi que les étiquettes usées, délavées ou salies des rosiers. Faites des tuteurs avec les branches de noisetier ou de châtaignier. Mieux encore, utilisez le bois d'acacia, quasi imputrescible. Trempez-en les deux extrémités dans l'huile de vidange, et surtout plantez-les par le bout supérieur, contraire au sens du bois, pour qu'ils ne prennent pas racine ! Pour les attacher, préférez les liens de raphia au fil de fer.

Le premier film tourné en Cinémascope est :
a. Tempête sous la mer ?
b. Comment épouser un millionnaire ?
c. La Tunique ?

(Réponse : c – réalisé par Henry Coster en 1953.)

IL Y A 40 ANS, EN 1971 : À Vienne, sur recommandation du Shah d'Iran, les pays de l'OPEP, en réunion extraordinaire, décident de fixer unilatéralement le prix du pétrole. La Mauritanie est la première étape du voyage de G. Pompidou en Afrique. L'Égypte accepte de prolonger d'un mois la trêve avec Israël.

La verge et le cœur sont les organes qui remuent d'eux-mêmes (Aristote).

Saint Blaise

Verseau 2e décan

JEUDI 3 FÉVRIER

Les drôles d'histoires de Pierre Bellemare

Mais où ont-ils la tête ?

Prétendre que certains de nos contemporains font preuve d'étourderie est un euphémisme à la lumière de l'aventure survenue à John Hutcherson, un étudiant d'Atlanta âgé de vingt et un ans.

Un soir John et Frank Brohm, son meilleur ami, décident de s'offrir une tournée des grands ducs. Après avoir écumé bars et night-clubs une partie de la nuit, les deux compères regagnent à l'aube leurs domiciles. Tandis que John conduit sa voiture d'une main peu assurée, son passager, le cœur chaviré, se penche à la portière pour se soulager l'estomac d'un excès de boisson. À ce moment, le véhicule frôle le bas-côté de la route et le câble de soutien d'un poteau électrique lui tranche net le cou. Sans manifester le moindre intérêt pour l'événement, John poursuit son voyage sur plus de 20 kilomètres, se gare tant bien que mal devant chez lui, et va se coucher, abandonnant son ami décapité dans la voiture sans s'en formaliser.

Le lendemain, un voisin donne l'alerte. Les policiers réveillent Hutcherson qui, couvert de sang, dort paisiblement.

« Nous avons passé une délicieuse soirée et je ne me souviens pas que Frank ait perdu la tête sur la route, a expliqué le jeune homme sans s'émouvoir. Si je m'en étais aperçu, vous pensez bien que je me serais arrêté pour la ramasser et l'apporter à sa famille. »

IL Y A 40 ANS, EN 1971 : Apollo 14, avec à son bord Mitchell, Shepard et Roosa, atteint son orbite lunaire. En Grande-Bretagne, le gouvernement sauve de la faillite la firme Rolls-Royce. Création, au Théâtre Récamier, de *L'Amante anglaise*, de Marguerite Duras, avec Madeleine Renault.

VENDREDI 4 FÉVRIER — **Sainte Véronique** — **Verseau 2e décan**

La peur de vieillir abîme plus que l'âge (Jeanne Moreau).

☆ ARTICHAUTS AU QUINOA. Coupez les feuilles de quatre gros artichauts aux deux tiers et faites-les cuire à l'eau salée et citronnée. Une fois cuits, débarrassez le cœur du foin et gardez une couronne de belles feuilles. Mélangez 150 grammes de quinoa cuit, 100 grammes de champignons hachés, 50 grammes d'olives noires hachées, 50 grammes de filets d'anchois à l'huile, 25 grammes de pignons, huile d'olive et citron. Farcissez chaque artichaut de cette préparation.

Lalique créateur en joaillerie et en déco

Né dans le pays du champagne en 1860, René Lalique, dessinateur formé à l'École des arts décoratifs de Paris, a donné un souffle nouveau à l'art du bijou. Après un apprentissage chez différents joailliers, il ouvre un atelier à Paris. Inspiré par la faune et la flore, il compose des bijoux inattendus où figurent d'étranges créatures : femmes libellules, scarabées, cygnes, paons ou dragons dans des formes Art nouveau. Dès 1890, il se tourne vers le verre en l'associant aux métaux. Ses créations font fureur auprès de la noblesse et du spectacle. Il imagine pour la comédienne Sarah Bernhardt d'époustouflants serre-tête et parures. L'Exposition universelle de 1900 sera un véritable triomphe pour ce créateur d'exception. Si les thèmes de ses œuvres sont insolites, les matériaux utilisés sont aussi inhabituels : corne, écaille, cuir, nacre, ivoire ou émail, opales et améthystes. En 1905, il révolutionne l'industrie du parfum, en créant pour François Coty de séduisants flacons pour des fragrances raffinées à un prix abordable. Dès lors, son intérêt se porte exclusivement sur le verre. Il ne cesse d'innover en techniques de fabrication, et fait d'objets usuels (assiettes, vases, chandeliers, sculptures miniatures, bouchons de radiateurs de voiture) des objets d'art. Délaissant l'Art nouveau pour l'Art déco et ses lignes géométriques, il s'illustre dans la décoration de salles à manger de paquebots et du wagon-restaurant de l'Orient -Express.

IL Y A 40 ANS, EN 1971 : Georges Pompidou rencontre le poète Léopold Sédar Senghor à Dakar, au Sénégal. Shepard et Mitchell se sont séparés d'Apollo 14 avec le LEM Antares, et se sont posés sur la Lune. Première, au Théâtre Fontaine, de la pièce de Jean Cau *Pauvre France*, avec Jacques Fabbri.

Sainte Agathe — **SAMEDI 5 FÉVRIER** — **Verseau 2e décan**

Il est bien peu de monstres qui méritent la peur que nous en avons (André Gide).

Saint Gaston — **DIMANCHE 6 FÉVRIER** — **Verseau 2e décan**

Il vaut mieux être à poil dans un chef-d'œuvre qu'habillée dans un navet (Victoria Abril).

La France mystérieuse

L'ABBÉ VOLANT

Étampes (Essonne)

C'est en juillet 1772 que l'abbé Desforges, chanoine de la collégiale Sainte-Croix d'Étampes, présenta au public son char volant. Il l'avait construit avec 200 000 livres, qu'il avait réussi à récolter auprès de riches personnes intéressées. La machine avait la forme d'une gondole et elle était mue par des ailes manœuvrées à l'aide de manivelles. Le jour dit, elle fut placée au sommet d'une tour et l'abbé prit place à son bord, coiffé d'un bonnet pointu garni de verres à la place des yeux. Mais, malgré tous ses efforts, l'engin ne put pas décoller.

Ce n'était pas la première fois que l'abbé Desforges s'attaquait à l'aéronautique. Quelques années auparavant, il avait réalisé un costume de plumes destiné à faire voler son possesseur. Il en avait habillé un paysan, qu'il avait conduit au sommet de son clocher et à qui il avait ordonné de sauter. Mais le paysan eut la prudence de n'en rien faire.

Le même abbé s'était signalé dans d'autres domaines. Il avait écrit une brochure dans laquelle il défendait l'obligation pour tout prêtre d'épouser une jeune chrétienne. Sa publication lui avait valu les foudres de l'Église et un emprisonnement à la Bastille. Pour passer le temps, il avait contemplé de sa fenêtre les amours des hirondelles et en avait tiré un poème, pour lequel il ne trouva pas d'éditeur, tant il était rempli de détails lubriques.

Après ces échecs successifs, l'abbé Desforges mit fin à ses originalités et ne s'occupa plus que de sa collégiale. Il traversa la Révolution sans encombre et on n'entendit plus parler de lui.

IL Y A 40 ANS, EN 1971 : Un accueil particulièrement chaleureux est réservé au président Pompidou à Abidjan. En Italie, un séisme à Tuscania, en Étrurie, fait au moins 20 morts et plus de 5 000 sans-abri. En Suisse, par référendum, le droit de vote est accordé aux femmes, pour les élections au niveau fédéral.

LUNDI 7 FÉVRIER — **Sainte Eugénie** — **Verseau 2e décan**

Dieu n'existe pas, je ne l'ai pas rencontré (Youri Gagarine).

★ ROSEVAL NORDIQUE. Pour quatre personnes. Faites cuire à la vapeur 600 grammes de pommes de terre Roseval avec leur peau. Découpez un chapeau dans le sens de la longueur et évidez-les. Faites cuire 20 minutes au beurre et à l'étouffée 200 grammes de blanc de poireaux coupés en brunoise. Ajoutez 200 grammes de hareng saur en petits dés et laissez cuire encore 3 minutes avec 15 centilitres de crème liquide, une cuillerée à soupe de moutarde et les feuilles ciselées d'un demi-bouquet d'aneth. Salez, poivrez. Farcissez les pommes de terre de cette préparation. Servez tiède.

La célèbre pastille octogonale

Membre de la grande famille des bonbons et confiseries, la pastille doit son nom à Jean Pastilla, confiseur favori des Médicis, qui l'a introduite à la cour sous le règne d'Henri IV. De petite taille et de forme octogonale, à l'aspect lisse et brillant, au poinçon gravé de la marque, la pastille de Vichy est d'abord utilisée comme médicament. Connues dès la fin du XVIe siècle, les sources minérales de Vichy, qui produisent des eaux chargées en bicarbonate de sodium et en gaz carbonique, ont acquis une réputation extraordinaire après la cure de la marquise de Sévigné et la guérison de sa paralysie des mains. Louis XVI y fait édifier des thermes spacieux et agréables. Prolonger les vertus de la cure thermale pour en recevoir les bienfaits tous les jours est l'objectif du chimiste M. d'Arcet. Il extrait les sels dissous dans l'eau, les diffuse sur un support sucré et y ajoute un arôme naturel de menthe. Mais c'est en 1825 que le pharmacien Bartillat produit les premières pastilles destinées à aider la digestion dans l'ancien couvent des Célestins. Un an plus tard, elles adopteront la forme octogonale. Elles sont vendues à Vichy en pharmacie pour leurs vertus thérapeutiques. En 1855, la première pastillerie est construite près de la source des Célestins. L'impératrice Eugénie en est très friande et, en 1862, un décret impérial consacre la pastille de Vichy comme produit original. C'est en 1948 seulement que le long procédé traditionnel de découpe de la pâte fraîche parfumée, puis séchée en étuve, sera remplacé par la compression qui forme la pastille instantanément et permet un conditionnement rapide.

IL Y A 40 ANS, EN 1971 : L'armée sud-vietnamienne, soutenue par l'aviation et l'artillerie US, a franchi officiellement la frontière laotienne. Les mineurs des Houillères de Lorraine décident une grève générale contre la fermeture du puits de Faulquemont prévue pour 1973.

Si ma chaussure est étroite, que m'importe que le monde soit vaste (proverbe turc).

Sainte Jacqueline

Verseau 2e décan

MARDI 8 FÉVRIER

Les drôles d'histoires de Pierre Bellemare

Un héros anonyme

A-t-on gardé en mémoire les effets dévastateurs de la catastrophe de Bhopal, survenue le 3 décembre 1982 dans le centre de l'Inde, et responsable de la mort de plus de 20 000 personnes, auxquelles se sont ajoutées 600 000 autres gravement intoxiquées et handicapées à vie ? Cette nuit-là, la cuve 601 de l'usine de pesticides Union Carbide India Limited explose, libérant des émanations mortelles au-dessus de la ville.

À 1 heure du matin, Ghulam Dastagir, chef adjoint de la gare de Bhopal, attend l'arrivée de l'express en provenance de Bombay. Lorsqu'il entre en gare, Dastagir ressent une irritation de la gorge et une forte brûlure aux yeux. Sans comprendre encore la cause de son malaise, et alors qu'un arrêt de vingt minutes est prévu, il ordonne au conducteur du convoi de repartir immédiatement, après avoir pris à son bord le maximum de gens accourus à la gare pour se mettre à l'abri du nuage toxique. Puis, n'écoutant que son courage, il se maintient à son poste et arrête la circulation ferroviaire dans tout le secteur, sauvant ainsi la vie de milliers de passagers supplémentaires. À moitié asphyxié, il trouve encore la force d'alerter médecins et infirmières pour prodiguer les premiers soins aux victimes entassées sur les quais.

Après être resté hospitalisé dix-neuf ans, Dastagir succombe, en 2003, à une détresse respiratoire. Quelques années plus tard, la compagnie de chemin de fer érige une plaque en hommage à ses employés morts dans la catastrophe en faisant leur devoir. Et oublie de faire figurer sur la liste le nom du courageux chef de gare !

IL Y A 40 ANS, EN 1971 : Mission accomplie pour les astronautes d'Apollo 14 qui ont ramené sur la Terre des échantillons lunaires. À Bruxelles, l'accord sur l'union monétaire est acquis entre les Six. En Irlande du Nord, cinq civils sont tués après l'explosion d'une mine au passage de leur véhicule.

MERCREDI 9 FÉVRIER
Sainte Apolline
Verseau 2ᵉ décan

Rien n'est plus dangereux qu'une idée quand on n'en a qu'une (Paul Claudel).

CROUSTI SANDWICH. Pour deux personnes. Pour chaque convive, beurrez deux tranches de pain de campagne de 1 centimètre d'épaisseur sur une face. Écrasez un jaune d'œuf dur, deux cuillerées à soupe de fromage blanc, une cuillerée à café de vinaigre de Xérès, une cuillerée à soupe de ciboulette ciselée, un petit oignon blanc haché, six cerneaux de noix hachés, une cuillerée de graines de carvi, salez, poivrez. Tartinez les deux tranches de pain de campagne, côté beurré, de cette préparation. Toastez une tranche de pain de mie de 5 millimètres d'épaisseur, glissez-la au milieu des deux faces garnies.

Très décoratif en hiver, le pommier d'amour garde la cote avec ses petits fruits rouge vif qui restent en place pendant plusieurs mois si l'atmosphère est suffisamment humide. Gardez-le près de la fenêtre de la salle de bains ou de la cuisine. Mettez de l'eau et des billes d'argile dans la soucoupe et surélevez le pot de façon que le fond affleure à la surface de l'eau. Ce petit buisson à feuillage persistant peut atteindre 1 mètre lorsqu'il est taillé en « tige ». Après la chute des fruits, rabattez les tiges et rempotez la plante. Ses fleurs blanches ressemblant à celles de la pomme de terre apparaîtront en juin.

POUR ENLEVER DES TACHES COLORÉES TELLES QUE VIN, FRUIT OU ENCRE SUR UN SOL EN PIERRE OU EN MARBRE

Mélangez du plâtre à modeler avec un peu d'eau de Javel. Appliquez cette pâte sur la tache et laissez sécher. Puis, retirez-la avec une brosse à chiendent et rincez à l'eau claire.

Les drôles d'histoires de Pierre Bellemare

La couleur de l'argent

Sandy Starr, une retraitée américaine, investit ses économies dans l'achat d'un magnifique *Winnebago,* un de ces mobil-homes dont la taille avoisine celle des wagons de chemin de fer. Enchantée de son acquisition, elle se lance à l'aventure sur une autoroute, branche le régulateur de vitesse sur 110 kilomètres-heure – le maximum autorisé –, et passe au salon pour se délecter de son feuilleton télévisé préféré. Naturellement, dès le premier virage, le véhicule quitte la route, effectue une série de tonneaux et s'immobilise en miettes dans une prairie. Miraculeusement indemne, Sandy obtient 1,75 million de dollars de dédommagement du constructeur du mobil-home. Il avait oublié de mentionner dans le manuel d'utilisation que le conducteur devait impérativement rester au volant de l'engin lors de ses déplacements !

Toujours aux États-Unis, Jane Clark s'attable dans un restaurant chinois et commande une soupe piquante. À peine est-elle servie que ses cris d'orfraie ameutent le serveur. Une souris morte surnage au milieu des vermicelles. Jane exige du propriétaire 500 000 dollars pour renoncer à porter plainte. Ne cédant pas à la menace, ce dernier fait autopsier l'animal. Il a eu le crâne fracassé et ses poumons ne contiennent aucune trace de soupe. L'arnaqueuse est inculpée de tentative d'escroquerie et condamnée à payer une lourde amende au restaurateur. Une vraie soupe à la grimace !

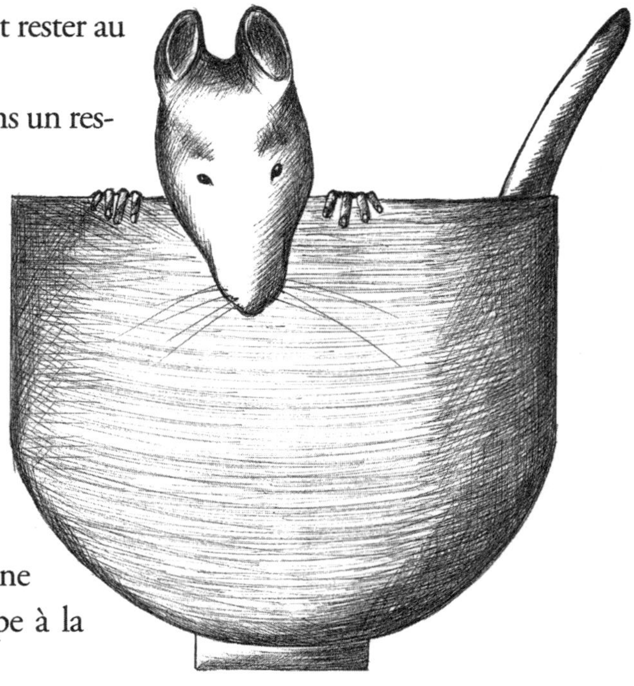

IL Y A 40 ANS, EN 1971 : Les mineurs lorrains reprennent le travail après l'accord proposé par les charbonnages et accepté par trois syndicats. Le président Pompidou est en visite à Libreville, au Gabon. À Genève, la France et la Chine refusent de signer un traité de dénucléarisation des fonds marins.

VENDREDI 11 FÉVRIER **Notre-Dame de Lourdes**

Verseau 3e décan

Il ne faut pas avoir peur du bonheur. C'est seulement un bon moment à passer (Romain Gary).

☆☆ POÊLÉE BONNE SANTÉ. Pour trois personnes. Faites cuire 3 minutes dans l'eau bouillante salée un pied de brocoli fractionné en mini-bouquets, 200 grammes de carottes coupées en rondelles, 200 grammes de pois gourmands et 100 grammes de petits pois. Retirez-les à l'écumoire, passez-les à l'eau froide et égouttez. Gardez l'eau de cuisson des légumes. Faites chauffer de l'huile d'olive dans une poêle épaisse et faites-y revenir 2 minutes 200 grammes de champignons de Paris coupés en deux, salez, poivrez, puis versez dessus 150 millilitres d'eau de cuisson des légumes, ajoutez 250 grammes de fromage frais aux herbes et à l'ail que vous mélangez bien en remuant. Laissez chauffer, ajoutez les légumes blanchis et faites cuire encore 2 minutes sur feu doux. Vérifiez l'assaisonnement.

En France, 50 % du milieu rural gagne moins de 1 000 euros par mois.

LA RÉVEILLEUSE

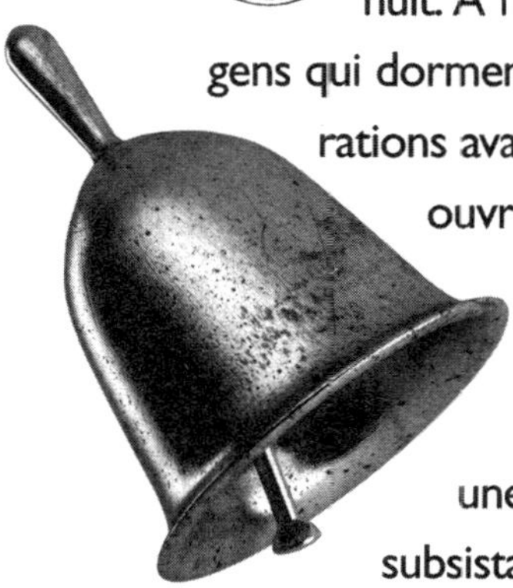

Pendant des siècles, dans certaines villes, des gardes parcouraient les rues chaque nuit. À l'aide d'une clochette, ils annonçaient les heures et criaient : « Réveillez-vous, gens qui dorment. Priez Dieu pour les trépassés ! » Plus tard, à Paris, de nombreuses corporations avaient recours aux services de la réveilleuse : elle venait frapper à la porte des ouvriers qui devaient se lever tôt, bien souvent avant le lever du jour. Courageuse et dans la bonne humeur, elle parcourait tous les quartiers, en particulier celui des Halles. Il ne fallait oublier personne et, surtout, être ponctuelle. Certaines concierges acceptaient de se charger de cette tâche, moyennant une petite pièce, avant de commencer leur journée de travail. Ce petit métier subsista jusqu'au début du XXe siècle, et disparut avec l'usage du réveille-matin.

IL Y A 40 ANS, EN 1971 : Pékin s'engage à aider les peuples d'Indochine, et Vientiane proclame l'état d'urgence sur l'ensemble du territoire laotien. Sortie du film de Ken Russell, *Music Lovers,* avec Richard Chamberlain et Glenda Jackson.

Vous commencez à vous rendre compte que vous vieillissez quand les bougies coûtent plus cher que le gâteau (Bob Hope).

Saint Félix — Verseau 3ᵉ décan — **SAMEDI 12 FÉVRIER**

Voyons ! Si Dieu n'existait pas, comment aurait-il eu un fils ? (Aurélien Scholl).

Sainte Béatrice — Verseau 3ᵉ décan — **DIMANCHE 13 FÉVRIER**

La France mystérieuse

LOUPS ET VAMPIRES

Mazan (Vaucluse)

C'est par son cimetière que le village de Mazan, non loin de Carpentras, est surtout remarquable. Il présente, en effet, la particularité très rare d'abriter une chapelle dans son enceinte, Notre-Dame de Pareloup. Une fois franchie la haie de cyprès séculaires qui l'entoure, on découvre ce bâtiment des XIᵉ et XIIᵉ siècles, à moitié enfoui sous la terre et d'allure passablement sinistre. Comme l'indique son nom étrange, Notre-Dame de Pareloup était invoquée contre les loups. Contre les loups véritables, d'abord, qui ont été une des grandes terreurs du Moyen Âge. Plusieurs chroniques signalent leur venue en hordes à Mazan, lors d'hivers particulièrement rigoureux. Ils préféraient aux vivants les morts, qui ne pouvaient pas se défendre et s'attaquaient d'abord au cimetière.

Mais Notre-Dame de Pareloup était invoquée aussi contre les loups-garous et toutes les manifestations démoniaques du même genre, les vampires en particulier. Selon la tradition populaire, c'est la raison pour laquelle le cimetière possède soixante et un sarcophages magnifiques rappelant ceux des Alyscamps, à Nîmes, et dont la présence étonne dans une si modeste localité. Ces tombeaux massifs surmontés de couvercles pesant des centaines de kilos étaient destinés à empêcher de sortir leurs occupants, réputés avoir été des vampires durant leur existence. Plusieurs spécialistes se sont penchés sur la question et le plus surprenant est qu'ils ont conclu que la croyance populaire devait être vraie.

IL Y A 40 ANS, EN 1971 : L'approvisionnement de pétrole est assuré pour l'Europe mais à des coûts plus élevés après l'accord de Téhéran. La Chine déclare se sentir menacée par l'invasion sud-vietnamienne au Laos. Le 9e plan quinquennal soviétique ouvre la société de consommation au citoyen soviétique.

LUNDI 14 FÉVRIER — **Saint Valentin** — **Verseau 3e décan**

Accroche ton chariot à l'étoile (Ralph Waldo Emerson).

✯ SOUPE DE CAROTTES AU SPECK. Pour quatre personnes. Pelez et émincez un tronçon de gingembre, et hachez une botte de persil plat. Coupez en fines rondelles une livre de carottes pelées et étuvez-les dans une grande cuillerée de beurre. Versez dessus 7,5 centilitres de Xérès et 75 centilitres de bouillon de légumes (en tablettes), ajoutez le gingembre et laissez cuire 20 minutes. Pendant ce temps, coupez et répartissez sur quatre petites brochettes en bois 100 grammes de speck italien que vous faites griller dans une poêle. Passez la soupe au mixeur, mélangez 20 centilitres de crème, assaisonnez de sel et de poivre. Répartissez la soupe et les brochettes dans quatre assiettes en parsemant de persil.

Le genre humain possède le plus grand nombre de gènes

Ce n'est pas l'espèce humaine qui en possède le plus. Il n'y a pas de corrélation entre le nombre de gènes et la complexité d'un organisme. Ainsi, si l'Homme en possède 25 000, le grain de riz en possède 50 000 !

LA LAQUE NE SUPPORTE PAS L'EAU

On peut nettoyer la laque d'un meuble avec un chiffon de soie imprégné d'une pâte composée d'un tiers d'huile de lin, d'un tiers d'essence de térébenthine et d'un tiers de farine, en faisant des mouvements circulaires sans appuyer. Mais faites un premier test avec un coton hydrophile : si la couleur ne part pas tout va bien. Lustrez avec un chiffon doux. Pour l'entretien courant, il suffit de passer délicatement un collant en nylon.

IL Y A 40 ANS, EN 1971 : Le système décimal est adopté sans enthousiasme en Grande-Bretagne. Une quinzaine de lycées parisiens sont en grève pour soutenir Gilles Guiot, accusé à tort de coups et outrages à agents, et condamné à six mois de prison, après une manifestation du Secours Rouge.

Si tu parles à ton eau de Javel pendant que tu fais la vaisselle, elle est moins concentrée (J.C. Van Damme).

Saint Claude

Verseau 3e décan

MARDI 15 FÉVRIER

Les drôles d'histoires de Pierre Bellemare

Médecine à l'anglaise

Notre système d'assurance-maladie est, paraît-il, une spécificité que le monde nous envie. Profitons donc de ses bienfaits avant que nous ne partagions le sort de nos voisins d'outre-Manche, pour lesquels l'accès aux soins gratuits est un parcours du combattant.

Ainsi Ian Boynton, modeste soldat retraité, souffre de maux de dents chroniques sans avoir les moyens de s'offrir les services d'un dentiste. Quand la douleur devient insoutenable, il s'empare d'une pince et s'arrache une dent. « En huit ans, je me suis enlevé douze dents. Il ne m'en reste plus que deux sur la mâchoire supérieure, ce qui m'oblige à ne me nourrir que de bouillies, bredouille aujourd'hui l'infortuné. Je viens enfin de trouver un dentiste compatissant. Je n'espère qu'une chose : qu'il sache fabriquer des dentiers, à défaut de m'avoir soigné en temps utile ! »

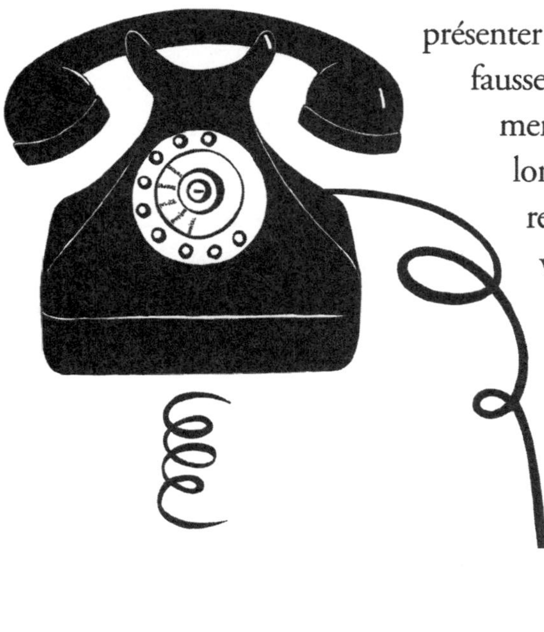

Cette situation calamiteuse incite les plus démunis à se présenter par téléphone aux services sociaux sous une fausse identité, dans l'espoir de percevoir indûment des allocations. Mais l'administration londonienne est maintenant capable de les repérer grâce à un logiciel de reconnaissance vocale. Fonctionnant comme un détecteur de mensonge, il enregistre, à travers une série de questions, les micro-tremblements de la voix générés par le stress, provoqué lui-même par l'intention de frauder.

En Angleterre, les pauvres n'ont qu'à bien se tenir !

IL Y A 40 ANS, EN 1971 : Paris donne son accord de principe pour une reprise des pourparlers sur le pétrole avec Alger. Nouveaux accrochages entre Palestiniens et Jordaniens à Amman. Explosions, coups de feu et drapeaux en berne à Reggio après le choix officiel de Catanzaro comme chef-lieu de la Calabre.

MERCREDI 16 FÉVRIER
Sainte Julienne
Verseau 3e décan

La femme adultère, chez les Saxons, on la brûlait. Chez les Égyptiens, on lui coupait le nez. Chez les Romains, on lui coupait la tête. Aujourd'hui en France, on se moque de son mari (Alphonse Karr).

★ MILLE-FEUILLES DUCHESSE. Pour quatre personnes.
Pour chaque convive faites griller trois tranches fines de pain d'épices. Faites une compote avec 250 grammes de rhubarbe et 250 grammes de framboises surgelées, légèrement sucrée. Étendez une couche de pâte à tartiner au chocolat sur la première tranche, puis la compote. Recommencez et terminez par une tranche de pain d'épices. Garnissez chaque mille-feuille de chantilly et de quelques framboises.

L'ardoise angevine de Trélazé

Au plus profond de la terre gisent d'énormes masses de schiste plissé. À l'origine, cette roche est utilisée pour bâtir les murs des maisons. D'une longévité hors normes, insensible aux agressions atmosphériques et chimiques, elle défie le temps. La légende attribue la découverte de son utilisation comme matériau de couverture en 592 à l'évêque d'Angers, saint Lézin, patron des ardoisiers. L'ardoise de Trélazé, choisie sous la Renaissance pour la toiture du château de Chambord, devient le matériau de référence des demeures royales et seigneuriales. Longtemps, son extraction à ciel ouvert se fait manuellement. La pierre des excavations, devenues de plus en plus profondes, est remontée à dos d'homme par de longues échelles. Les déchets et l'eau sont évacués à l'aide d'un tour à bras. À la surface, le fendeur plante une lame de métal dans l'épais bloc pour l'effeuiller en fines ardoises de 2 à 3 millimètres d'épaisseur. Au XIXe siècle, la machine à vapeur, le gaz puis l'électricité permettent l'extraction de manière souterraine, dans des conditions de travail très dures qui entraînent insurrections, arrestations et déportations. En 1891, Trélazé fournissait l'essentiel de la production française. Dès 1960, elle a cédé le pas à l'ardoise espagnole. Mais Trélazé, dernière ardoisière d'Anjou, a recentré son activité sur la restauration des monuments historiques.

Les drôles d'histoires de Pierre Bellemare

Le corps humain est une énigme

Sonia Meyer, une Anglaise âgée de soixante-dix-sept ans et qui a perdu la vue accidentellement vingt-cinq ans plus tôt, est hospitalisée en urgence, victime d'une attaque cardiaque. Pendant trois jours, les médecins s'acharnent à la réanimer. Quand ils y parviennent, Dustin, son mari, vient la réconforter dans sa chambre. En l'apercevant, Sonia pousse un cri déchirant: « Seigneur, je vois! » Puis, détaillant son époux, elle constate: « Comme tu as vieilli, mon pauvre chéri! » Craignant que l'infarctus du myocarde n'ait provoqué des dommages cérébraux et des hallucinations, Dustin lui demande de décrire la couleur des vêtements qu'il porte. Stupeur! L'aveugle a bel et bien recouvré la vue. Les médecins sont incapables d'expliquer le phénomène. Peu importe : la grand-mère miraculée peut enfin contempler ses petits et arrière-petits-enfants!

Stjepan Lizacic, un bûcheron croate, souffre d'insuffisance rénale. Après une longue attente, il parvient à se faire greffer le rein d'une donneuse. À peine l'organe a-t-il été transplanté que la personnalité de Lizacic se modifie radicalement. Abandonnant les jeux de cartes et les gradins du stade, il se consacre dorénavant exclusivement à des tâches ménagères. Entre vaisselle, tricot et repassage, ses journées sont bien remplies. L'infortuné porte plainte contre l'hôpital qui a pratiqué la greffe. Sans obtenir gain de cause, le juge estimant que le bûcheron n'a pas subi de préjudice majeur, tant qu'il est encore capable de remplir son devoir conjugal!

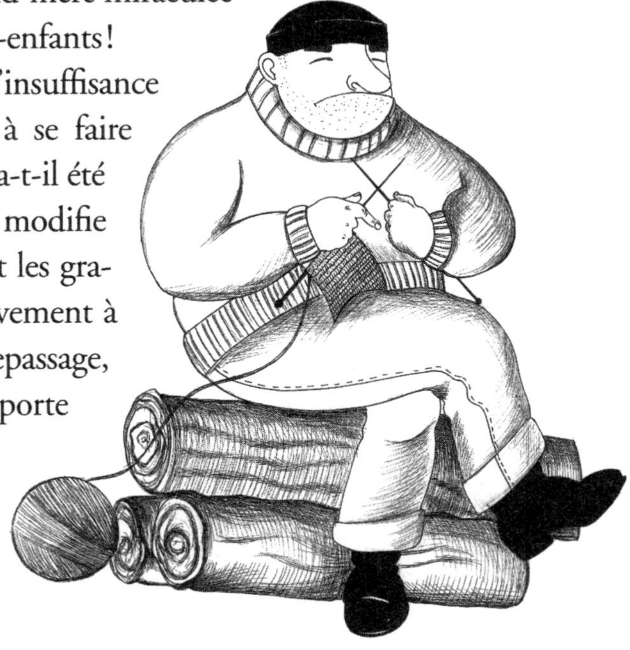

IL Y A 40 ANS, EN 1971 : Quinzième réunion sur Berlin des délégués français, anglais, américains et soviétiques. Inquiétude pour la cordée Desmaison engagée depuis dix jours dans la face nord des Grandes Jorasses.

VENDREDI 18 FÉVRIER **Sainte Bernadette**

Verseau 3e décan

Une utopie est une réalité en puissance (Édouard Herriot).

Préparez votre printemps. Pour l'arrosage du jardin, pensez à la récupération des eaux de pluie ; c'est un moyen très simple de faire des économies. L'eau non potable est gratuite et non calcaire. Il est possible de récupérer jusqu'à 600 litres d'eau de pluie par mètre carré de toiture. Ne branchez pas directement une descente d'eau pluviale sur une cuve. Utilisez un collecteur, de préférence filtrant pour conserver une eau claire et limpide, qui dérivera l'eau de la descente vers la cuve équipée d'un trop-plein avec clapet anti-retour.

Le vendredi 13 n'est un jour de chance que pour 17 % des Français, mais 41 % d'entre eux jouent aux jeux de hasard ce jour-là.

UNE STATUETTE EN BISCUIT RETROUVE SA BLANCHEUR

Brossez à l'aide d'un pinceau plat souple pour retirer la poussière. Lavez la statuette dans de l'eau savonneuse tiède. Ajoutez le jus d'un citron à l'eau de rinçage pour blanchir cette matière qui restera mate.

IL Y A 40 ANS, EN 1971 : Après la manifestation silencieuse de dix mille lycéens, boulevard Saint-Michel, Gilles Guiot est libéré, les juges ayant partagé les doutes de l'avocat général. À Damas, les organisations de fedayins discutent pour la première fois d'un futur État palestinien.

La femme et les parfums sont subtils, aussi faut-il les enfermer (Mahomet).

Saint Gabin
Verseau 3e décan
SAMEDI 19 FÉVRIER

L'échec, c'est la réussite du con (Frédéric Dard).

Sainte Aimée
Poissons 1er décan
DIMANCHE 20 FÉVRIER

La France mystérieuse
LA NOURRITURE DES COCHONS
Montdidier (Somme)

Antoine Parmentier, qui y a vu le jour en 1737, est le plus célèbre des enfants de Montdidier. Si, pour tout le monde, son nom est associé à la pomme de terre, on s'imagine parfois qu'il l'a introduite en France, comme Jean Nicot l'a fait pour le tabac, alors qu'il en a généralisé l'usage.

Ce tubercule était connu et même cultivé depuis longtemps, mais jusqu'à la fin du XVIIIe siècle, il était destiné uniquement aux animaux. C'était la nourriture des cochons… C'est un peu par hasard que Parmentier s'y intéresse.

Pharmacien de formation, il sert à l'armée, en tant qu'apothicaire major, et il est fait prisonnier durant la guerre de Sept Ans contre la Prusse. Les Allemands consommant depuis longtemps des pommes de terre, il est nourri de cette manière pendant sa captivité et il peut constater ses qualités nutritives et même culinaires. À sa libération, il décide de se consacrer à sa promotion dans notre pays. Grâce à l'appui du roi Louis XVI, il l'introduit à la cour. Pour la faire accepter du peuple, qui reste réticent, il a l'idée d'un stratagème. Il en plante un champ dans la plaine des Sablons, à Neuilly, et fait garder celui-ci par la troupe, comme s'il s'agissait d'une denrée précieuse. Intrigués, les Parisiens viennent voler des plants la nuit, les soldats ayant pour instruction de fermer les yeux. C'est ainsi qu'ils découvrent ce nouveau légume. Considéré comme un bienfaiteur de la nation, Parmentier a sa statue à Montdidier, à la faculté de pharmacie de Paris et à Neuilly, en face de la mairie.

IL Y A 40 ANS, EN 1971 : Première grave défaite des « Rangers » sud-vietnamiens engagés au Bas-Laos. La criée au poisson du Vieux-Port de Marseille va disparaître, transférée au futur complexe de pêche moderne à Saumaty. Le Comité des droits de l'homme fondé par Sakharov est déclaré illégal par Moscou.

LUNDI 21 FÉVRIER

Saint Pierre Damien

Poissons 1er décan

Il ne sert à rien à l'homme de gagner la lune s'il vient à perdre la terre (François Mauriac).

POTAGE AUX BOULETTES. Pour quatre personnes. Mélangez dans une terrine 200 grammes de chapelure blonde, deux œufs, 60 grammes de beurre fondu, deux cuillerées à soupe de cerfeuil haché. Assaisonnez de sel, poivre et muscade. Formez à la main des petites boulettes de 2 centimètres de diamètre. Dans 1 litre et demi de bouillon de pot-au-feu (ou de bouillon cube), faites pocher les boulettes une dizaine de minutes. Ajoutez une cuillerée à café d'arôme Maggi.

Le véritable petit-beurre

Les biscuits, ces « pains cuits deux fois », remontent à l'Antiquité. Au Moyen Âge, les pâtissiers en fabriquaient de bien durs appelés « casse-museau ». Énergétiques et se conservant bien, pendant des siècles, ils ont été utilisés par les militaires et les marins, d'où l'expression « ne pas s'embarquer sans biscuits ». Au XIXe siècle, les Anglais développent la biscuiterie industrielle avec les matières premières bretonnes et vendéennes et envahissent de leurs produits le marché français. Louis, le benjamin de la famille Lefèvre-Utile, propriétaire d'une pâtisserie à Nantes, rachète une ancienne filature pour construire une fabrique moderne ayant pour ambition de concurrencer les biscuits anglais. En 1885, il ramène de Londres le secret des techniques de production et l'idée d'un découpoir à gâteaux. Il conçoit le petit-beurre en s'inspirant, dit-on, d'un napperon de grand-mère pour les bords découpés en festons arrondis. À base de farine, beurre, sucre et lait, ce dernier croque sous la dent sans s'émietter et rencontre rapidement un vif succès. Rien n'est laissé au hasard : l'emballage est rationalisé en paquets de vingt-quatre biscuits rectangulaires (autant que d'heures dans une journée), qui se conservent mieux. En 1900, c'est la consécration : Lu reçoit le grand prix de la biscuiterie à l'Exposition universelle. Lefèvre-Utile est un des premiers industriels à avoir compris le pouvoir de la publicité mais, surtout, ce petit gâteau est indémodable.

IL Y A 40 ANS, EN 1971 : Air France, Air Inter, et UTA décident qu'il n'y aura aucun vol jusqu'à l'accord total avec les navigants. Prisonnier des Tupamaros depuis sept mois, M. Aloysia Dias Gomide, consul brésilien à Montevideo, est enfin libéré contre une rançon de 250 000 dollars.

Je ne mangerai pas d'huîtres. Je veux des aliments morts. Pas malades, pas blessés, simplement morts (Woody Allen).

Sainte Isabelle

Poissons 1er décan

MARDI 22 FÉVRIER

Les drôles d'histoires de Pierre Bellemare

La groupie des stades

En 1998, à l'âge de dix-neuf ans, Alexandra Paressant, native du Creusot, découvre le football à l'occasion de la Coupe du Monde. Six ans plus tard, le tabloïd allemand *Bild* et le magazine britannique *News of the World* révèlent qu'elle est devenue la maîtresse de Ronaldo de Assis Moreira, mieux connu sous le nom de Ronaldinho, attaquant de légende du Milan AC et joueur le mieux payé du monde en 2006. Et la liste des conquêtes de la supportrice ne cesse de s'allonger dans les pages de la presse people européenne. Après Marco Materazzi et Thierry Henry, le basketteur Tony Parker aurait à son tour succombé au charme de la *maria-chuteira*, un terme qu'emploient les Brésiliens pour désigner les filles crampons qui traquent les champions d'hôtel en hôtel.

Le scandale fait grand bruit. Jusqu'à ce qu'Alexandre Gonzales, un journaliste du magazine *So Foot*, enquête sur l'affriolante groupie des stades. Et découvre qu'elle a empoché plus de 200 000 euros en vendant ses exploits imaginaires à des journaux peu regardants. En octobre 2008, la mythomane échoue en prison pour billets de train impayés et chéquiers volés. Libérée deux semaines plus tard, elle livre ses faux secrets à un écrivain qui en fait un livre sous le titre aguicheur de *Sexe, scandales et Internet*. Une autobiographie assez nauséeuse qui se conclut à la manière d'un tir au but : « La morale de l'histoire, c'est qu'il n'y en a pas. On n'a qu'une vie, il faut en profiter à fond. »

IL Y A 40 ANS, EN 1971 : L'armée de Saigon perd, dans un accident d'hélicoptère au Cambodge, Do Cao Tri, un de ses meilleurs généraux. À Bruxelles, ouverture de la conférence mondiale pour la défense des juifs soviétiques. Première du film de Pierre Etaix, *Pays de cocagne*.

MERCREDI 23 FÉVRIER

Saint Lazare

Poissons 1er décan

On n'a quand même pas pris la Bastille pour en faire un opéra ! (Pierre Desprogres).

★ DÉLICE DE MAGRET AU SOJA. Pour quatre personnes. Taillez au couteau économe 300 grammes de légumes : carottes, céleri et concombre. Faites-les revenir 5 minutes à la poêle dans l'huile de sésame ; ajoutez 100 grammes de germes de soja et laissez cuire encore une minute en remuant, puis 100 grammes de tranches de magret fumé de canard. Servez tiède assaisonné d'huile de sésame et d'une cuillerée de sauce soja. Parsemez de graines de sésame.

La marchande d'arlequins

Dès la fin du XVIIIe siècle, derrière un chaudron fumant planté sur la place des marchés, se tenait une femme au solide bagout qui promettait pour quelques centimes une bonne louche pleine d'un repas plantureux. En fait, se trouvait dans la marmite une sorte de ragougnasse cuite et recuite, composée de restes de repas des grandes maisons bourgeoises ou des grands restaurants. En référence à l'habit d'Arlequin fait de pièces de tissu de toutes couleurs et de toutes provenances, on appela cette commerçante « la marchande d'arlequins ». Elle récupérait ces reliefs qui auraient dû être jetés, grâce à la complicité de marmitons qui empochaient une commission. Elle mélangeait dans un bouillon, au hasard de ses trouvailles, des morceaux à moitié mangés et autres rogatons provenant de plats aux noms évocateurs : poularde farcie, brochet à la pollonoise, perche au blanc, lapereaux lardés, crépinette au gibier, canetons de Rouen, émincé de mouton aux laitues, cuissot de chevreuil, bœuf rôti… Le croirez-vous : ce métier se maintint jusqu'au début du XXe siècle…

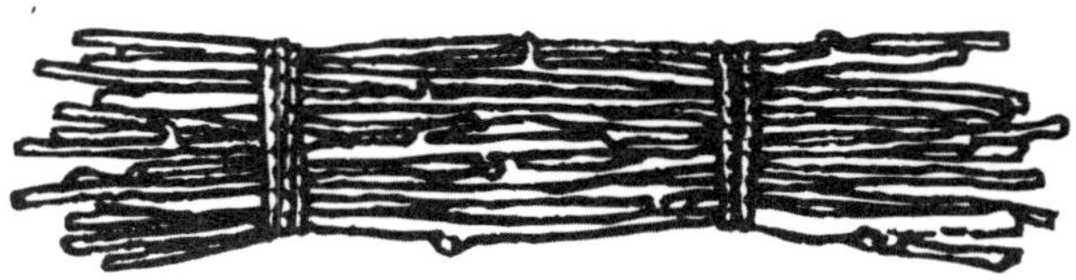

IL Y A 40 ANS, EN 1971 : Le président Boumediene prend le contrôle des sociétés françaises de pétrole en Algérie, plaçant Paris et les négociateurs de Tripoli devant le fait accompli. Devant la cour martiale de Fort Benning, le lieutenant Calley reconnaît avoir tué des civils vietnamiens à My Lai.

Je résiste à tout, sauf à la tentation (Oscar Wilde).

Saint Modeste **JEUDI 24 FÉVRIER**

Poissons 1er décan

Les drôles d'histoires de Pierre Bellemare

Un journaliste chronique ses crimes

Entre 2003 et 2008, un tueur en série terrorise la Macédoine. Kidnappées, torturées, violées, tuées, découpées en morceaux et abandonnées sur des chantiers, les victimes sont toutes des retraitées pauvres qui exercent l'activité de femme de ménage.

Vlado Taneski, cinquante-six ans, un talentueux chroniqueur de faits divers, rend compte des meurtres dans une demi-douzaine de quotidiens locaux. La pertinence de ses analyses, l'abondance des détails qu'il fournit sur le mode opératoire du meurtrier finissent par attirer l'attention des enquêteurs. Notamment quand il affirme que deux des quatre femmes assassinées ont été étranglées avec le même fil électrique, un indice qui n'avait pas été divulgué. Le suspect est arrêté et son ADN comparé à celui recueilli sur les victimes. Ils coïncident. Les policiers découvrent alors que le reporter feignait d'enquêter sur les crimes qu'il commettait, s'attaquant à des femmes de l'âge et de la condition sociale de sa mère.

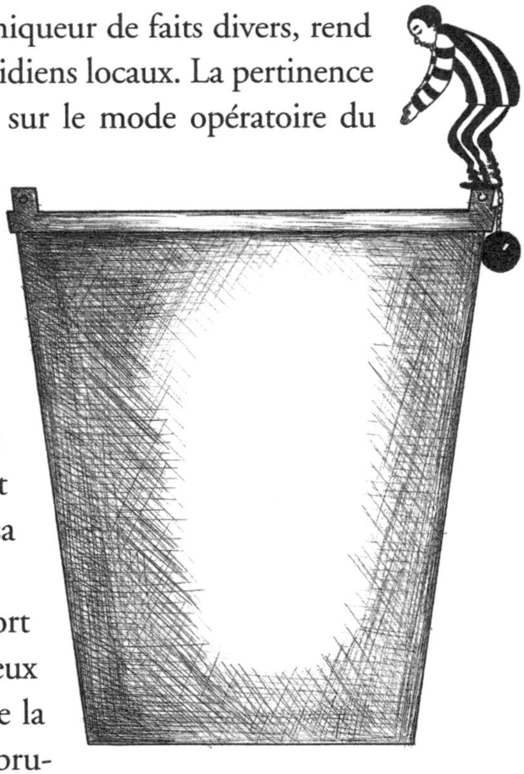

Emprisonné le 22 juin 2008, Taneski est retrouvé mort le lendemain dans la cellule qu'il partageait avec deux détenus, la tête plongée dans un seau d'eau. Bien que la thèse du suicide soit indéfendable, la police classe prudemment l'affaire. Et évite ainsi à la justice la tenue d'un procès qui s'annonçait retentissant. « Taneski est allé jusqu'au bout du film d'horreur qu'il s'était inventé », a déclaré le porte-parole de la police en guise d'épitaphe.

IL Y A 40 ANS, EN 1971 : L'alpiniste René Desmaison, à bout de force, et le corps de Serge Gousseault, mort depuis trois jours, sont redescendus dans la vallée. À l'issue des travaux de la conférence mondiale des communautés juives, un appel est lancé pour que les Juifs d'URSS puissent choisir librement leur destin.

VENDREDI 25 FÉVRIER — **Saint Roméo** — Poissons 1er décan

Parmi les cinq sens, la vue, l'ouïe et l'odorat connaissent moins d'interdits que le toucher et le goût (Léonard de Vinci).

☆ POISSON SAUCE BROCOLI. Pour quatre personnes. Lavez 400 grammes de brocolis et égouttez. Coupez les bouquets et les tiges en petits morceaux. Faites-les cuire dans un quart de litre d'eau bouillante salée pendant 15 minutes.

Mixez dans la casserole en fin velouté, ajoutez deux cuillerées à soupe de crème et un filet de jus de citron. Salez, poivrez, et complétez la sauce avec une cuillerée à soupe de raifort râpé, frais ou en bocal. Remuez bien et servez avec des filets de poissons cuits vapeur ou panés.

À la sortie de l'hiver, plantez les fleurs pour garnir vos fenêtres et vos balcons. Veillez à ne pas choisir de sujets qui aient été trop poussés en serre à haute température. Si vous utilisez les jardinières de l'an passé, assurez-vous que les orifices d'évacuation de l'eau ne sont pas obstrués, lavez les pots et les terrines en ajoutant quelques gouttes d'eau de javel comme désinfectant. Étalez une couche de graviers puis une couche de terre de jardin. Composez un heureux mariage de pâquerettes pomponnettes, myosotis et primevères qui supportent une température légèrement négative. Vous les planterez dans le jardin lorsqu'ils sont fanés.

Les moustiques préfèrent le sang sucré

Les moustiques sont attirés le plus souvent par l'acide lactique, la sueur, la chaleur et les couleurs sombres. Aucune étude n'a prouvé que les diabétiques étaient plus piqués que les autres. Hélas, sucré ou pas, les moustiques s'intéressent à notre sang !

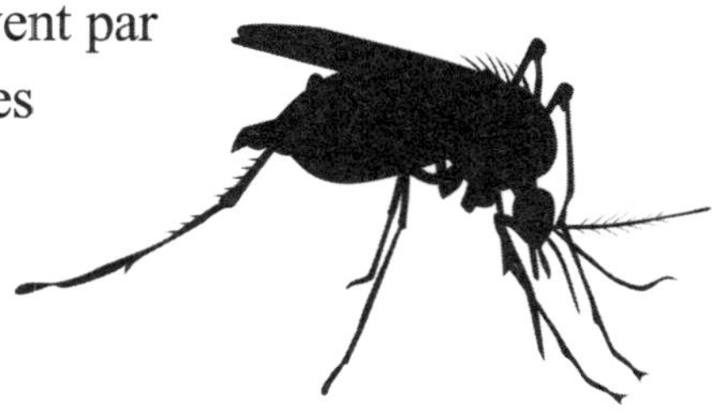

IL Y A 40 ANS, EN 1971 : Pierre Messmer est nommé ministre d'État chargé des DOM-TOM. En France, ouverture de la campagne des élections municipales, marquée par l'agression, à Puteaux, de colleurs d'affiches communistes. Le comédien Fernandel s'est éteint dans son appartement parisien.

SAMEDI 26 FÉVRIER — **Saint Nestor** — **Poissons 1er décan**

Elles sont bien noires, les pensées des nuits blanches (E. et J. Goncourt).

DIMANCHE 27 FÉVRIER — **Sainte Honorine** — **Poissons 1er décan**

Adam et Ève furent punis d'être végétariens. Ils auraient dû manger le serpent (Robert Sabatier).

La France mystérieuse

QUIQUENGROGNE
Bourbon-l'Archambault (Allier)

Bourbon-l'Archambault, ville thermale dont les eaux étaient déjà célèbres du temps des Romains, a été une cité importante durant tout le Moyen Âge et a connu une histoire mouvementée.

Elle est érigée en seigneurie dès 509, par Clovis, et Charlemagne en fait une baronnie à la fin du VIIIe siècle. Elle gagne le rang de duché en 1272, lorsque Robert de France, sixième fils de saint Louis, devient seigneur de Bourbon par son mariage avec Béatrice de Bourgogne. Le fils de celui-ci, Louis Ier de Bourbon, dit le Boiteux, décide alors de construire sur les lieux un château digne de ce nom.

Il le dote de tours impressionnantes, dont l'une attire la fureur des bourgeois de la ville, en raison de sa hauteur qu'ils considèrent comme une menace pour eux. Ils s'arment et chassent les ouvriers. Mais le duc Louis intervient avec ses soldats et réprime la révolte, en proclamant haut et fort :

« On la bâtira, qui qu'en grogne ! »

La tour est construite et y gagne le nom de « Quiquengrogne ». Par la suite, le château sera abandonné et presque entièrement détruit à la Révolution, mais trois tours subsistent encore de nos jours, dont la Quiquengrogne.

Il est à noter que le nom de « Quiquengrogne » se retrouve dans d'autres régions de France. C'est celui d'une rue de Dieppe, de Toul, et d'une tour à Saint-Malo. C'était, en outre, le cri de guerre des corsaires malouins et dieppois.

IL Y A 40 ANS, EN 1971 : Après de furieux combats, la colline 31 est tombée, et les 450 paras de Saigon ont été submergés par leurs assaillants nord-vietnamiens. La Sorbonne nouvelle et Nanterre ont élu leurs présidents : MM. Raymond Las Vergnas et René Rémond.

LUNDI 28 FÉVRIER

Saint Romain

Poissons 1er décan

Les forêts précèdent les peuples, les déserts les suivent (Chateaubriand).

⭑ TARTE À L'ARTICHAUT COCO. Pour cinq ou six personnes. Hachez 200 grammes de cœurs d'artichauts en boite bien égouttés. Battez trois œufs puis incorporez 20 grammes de farine et 3 décilitres de lait de coco tiède. Assaisonnez, ajoutez les artichauts hachés et une demi-botte de cerfeuil ciselé. Étalez la préparation sur une pâte brisée badigeonnée de blanc d'œuf battu et faites cuire au four (th. 7) pendant 30 minutes.

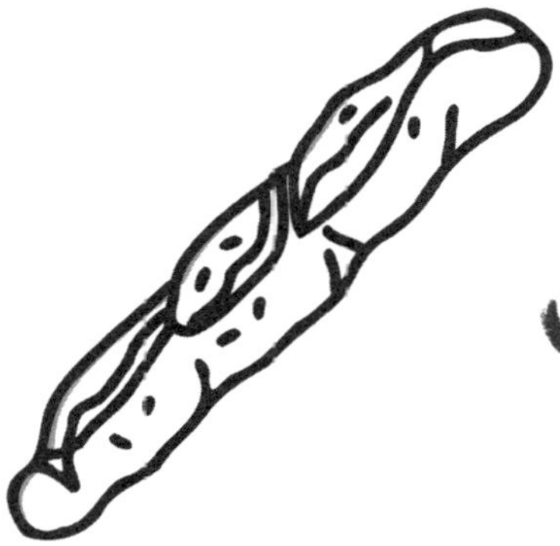

% 98 % des Français consomment du pain, dont 83 % quotidiennement.

POUR EMBELLIR LES FERRURES ANCIENNES

Commencez par nettoyer vos ferrures avec du pétrole et frottez-les ensuite avec de la toile émeri. N'hésitez pas à les cirer avec du cirage noir et à les faire reluire à la brosse dure.

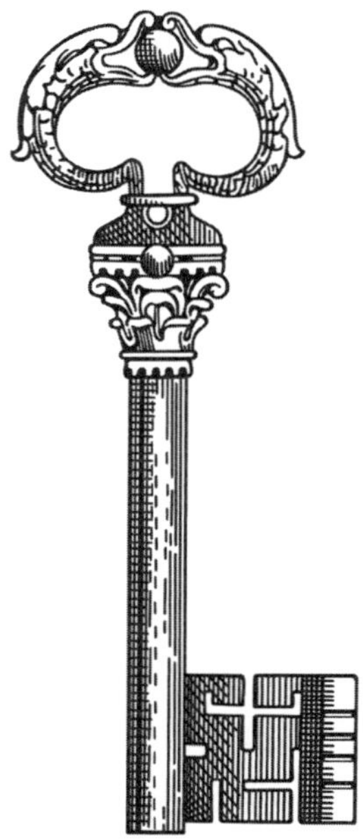

IL Y A 40 ANS, EN 1971 : Vive émotion à Washington où une bombe, posée par des pacifistes qui voulaient protester contre l'intervention au Laos, explose au Capitole. La bataille du Laos tourne à l'avantage des communistes. Après l'accord de Téhéran, hausse des produits pétroliers en France.

Si vous voulez que vos rêves se réalisent, ne dormez jamais (proverbe juif).

Saint Aubin **MARDI 1 MARS**
Poissons 2e décan

Les drôles d'histoires de Pierre Bellemare

Les bêtes au secours de leurs amis les hommes

On ne dira jamais assez que, sans la présence bienveillante des animaux sur Terre, l'humanité irait rapidement à sa perte. Ces deux histoires le confirment une fois encore.

Au large d'une plage de Nouvelle-Zélande, quatre maîtres nageurs s'entraînent en vue de participer à une compétition. Soudain, une dizaine de dauphins se joignent à eux et n'ont de cesse de les rassembler, en les poussant délicatement à coups de nageoire les uns vers les autres. Les nageurs ne tardent pas à comprendre l'étrange comportement des cétacés : un requin blanc de 3 mètres de long menace de les attaquer. Ils font rapidement demi-tour et, durant quarante minutes, nagent sous l'étroite protection des dauphins, le squale abandonnant la partie à l'approche de la plage.

En Californie, un jeune homme, fermement décidé à se donner la mort, se rend dans une forêt, armé d'un fusil à canon scié. Sa mère, affolée, prévient le shérif qui accourt aussitôt et tente de dissuader le désespéré d'accomplir l'irréparable. Le garçon ne veut rien entendre. Mais, tandis qu'il s'enfonce déjà le canon de l'arme dans la bouche, il pousse un cri de douleur, abandonne le fusil et s'écroule sur le sol. Explication : un serpent vient de lui mordre la cheville, lui sauvant la vie. Car, après avoir reçu une injection de sérum antivenimeux, il se porte comme un charme. Et a, semble-t-il, définitivement renoncé à son projet suicidaire.

IL Y A 40 ANS, EN 1971 : 500 000 Français âgés de plus de 65 ans ont pour vivre moins de 9 francs par jour. Découverte à Jérusalem des restes de la basilique de Constantin. L'élection de Bernard Clavel comme juré de l'Académie Goncourt provoque la démission de Raymond Queneau.

MERCREDI 2 MARS

Saint Charles le Bon

Poissons 2e décan

L'amour ne meurt jamais de besoin, mais souvent d'indigestion (Ninon de Lenclos).

Par temps clément, dégagez les plantes fragiles de leurs protections d'hiver. Profitez-en pour vérifier s'il n'y a pas eu d'attaques d'insectes ou de champignons. Recouvrez-les le soir. Commencez à dépailler vos rosiers afin de leur permettre de respirer. Et enlevez la terre amassée à leur pied pour les préserver du froid. Traitez-les avant le démarrage de la végétation. Et donnez-leur un engrais bien enfoui. Supprimez les premiers gourmands, enlevez les tiges brûlées par le gel et les pousses terminales qui portent des fruits. Contentez-vous de ce petit nettoyage, mais pour tailler attendez le 15 mars.

La dentelle du Puy

Au début du XVe siècle, l'annonce du prochain pèlerinage à Notre-Dame-du-Puy crée l'effervescence ! Bourgeoises, nobles, religieuses et les plus humbles jeunes filles ne pensent plus qu'à trouver une parure pour la Vierge noire. Isabelle Mamour, demoiselle de la paroisse, a une idée : sur un coussin carré, des fils s'enchevêtrent sous ses doigts habiles qui fixent au fur et à mesure chaque point avec des épingles, formant bientôt un tissu fin et ajouré. La statue en sera revêtue ! Cet essai donne naissance à la dentelle du Puy, avec ses outils : le fuseau pour la bobine de fil (lin, coton ou soie), le carton support du modèle dessiné, et le carreau, coussin carré sur lequel on dispose le matériel. La plupart des jeunes filles se mettent alors à fabriquer ce qu'on appelle « passement » ou « point ». Au XVIIe siècle, religion et technique de la dentelle sont enseignées à l'Institution des béates. Phénomène de mode, les nobles se ruinent pour posséder les plus belles pièces, marque de leur statut social élevé. Quatre-vingt mille personnes sont occupées à cette activité au moment de la Révolution, qui en amorce le déclin avec l'interdiction d'enseigner pour les béates. La création du Nouveau Conservatoire de la dentelle à la main a sauvé cette tradition.

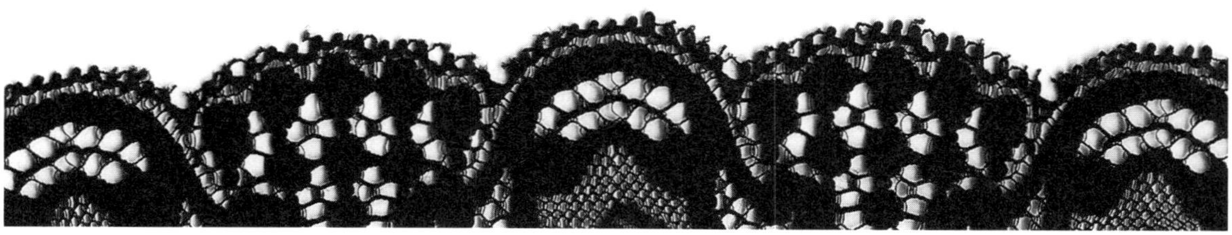

IL Y A 40 ANS, EN 1971 : L'Église et le gouvernement polonais rétablissent des relations interrompues depuis dix ans. En Uruguay, après 207 jours de détention, l'agronome américain Claude Fly est libéré par les Tupamaros. Le Salon des arts ménagers ouvre ses portes au Palais de la Défense.

Le whisky ! rien n'est plus dur à avaler... Dans les pays civilisés, on boit du vin ! (Charlie Chaplin).

Saint Guénolé

Poissons 2e décan

Les drôles d'histoires de Pierre Bellemare

Un complot cousu de fil blanc

Peu après les attentats perpétrés contre les tours du World Trade Center et le Pentagone, George W. Bush et Colin Powell, son ministre des Affaires étrangères, décident d'envahir l'Irak et d'éliminer Saddam Hussein. Mais comment trouver un *casus belli* vraisemblable aux yeux de l'opinion internationale ? Comment relier le dictateur mégalomane aux terroristes d'Al-Qaïda ? Rafid Ahmed Alwan, un dissident irakien réfugié en Allemagne, et qui se présente comme un chimiste de haut niveau, fournit à l'Administration américaine un prétexte providentiel. Il affirme en effet posséder la preuve que, sous couvert d'une usine d'engrais chimiques, l'Irak fabrique en secret des armes biologiques. Les services de renseignement allemands, qui ont recueilli son témoignage, le transmettent à la CIA, mais refusent de livrer le transfuge, estimant que son alcoolisme discrédite la fiabilité de ses informations. Qu'à cela ne tienne ! Le 5 février 2003, Colin Powell exhibe devant l'assemblée générale des Nations unies les « preuves » fournies par Alwan. Nous connaissons la suite.

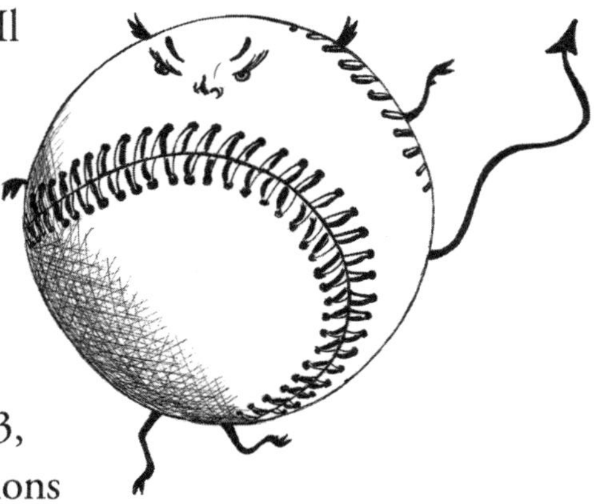

Après la chute de Bagdad et face à une situation qui tourne au désastre pour les Américains, la CIA parvient à rencontrer le mystérieux informateur, auquel a été donné le nom de code de Curve Ball, qui signifie « Balle vicieuse » dans le vocabulaire du base-ball. La vérité éclate : Rafi Alwan est un affabulateur. Étudiant médiocre, chimiste incompétent, il avait été condamné à une peine de prison dans son pays et s'était enfui en Allemagne dans l'espoir d'obtenir une carte de séjour en échange de ses « secrets d'État » !

IL Y A 40 ANS, EN 1971 : Les policiers parisiens descendent dans la rue pour dialoguer avec la population. Le vice-président du Sud-Vietnam, le général Nguyen Cao Ky, réclame plus de raids de B 52 sur le Laos. Mariage surprise du Premier ministre du Canada, Pierre Trudeau, 51 ans, avec une jeune fille.

VENDREDI 4 MARS

Saint Casimir

Poissons 2e décan

L'être humain n'est pas un tueur. Le groupe, si (Karl Lorenz).

★ POMMES DIABLE À LA DANOISE. Pour quatre ou cinq personnes. Coupez en deux dans le sens de la longueur 800 grammes de pommes de terre type belle de Fontenay, bien lavées et non épluchées. Faites-les cuire au four (th. 8) jusqu'à ce que la tranche soit bien gonflée et dorée. Pendant ce temps passez au mixeur 250 grammes de saumon fumé, 3 décilitres de crème liquide, deux jus de citron, le zeste râpé d'un citron, une cuillerée à soupe d'aneth, poivre. Servez les pommes de terre avec cette sauce.

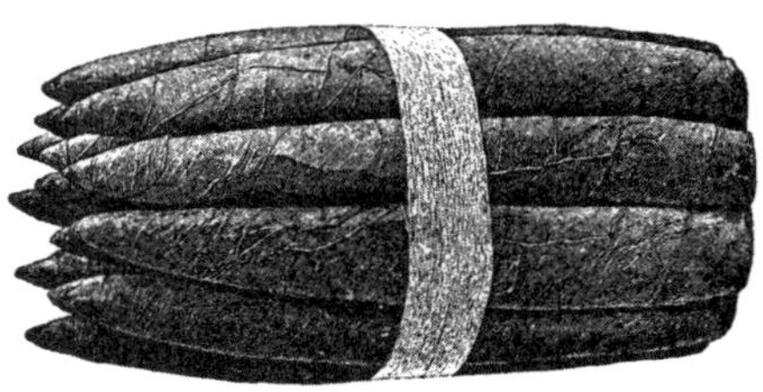

J'ai du bon tabac dans ma tabatière
J'ai du bon tabac, tu n'en auras pas.
J'en ai du fin et du bien râpé,
Mais ce n'est pas pour ton fichu nez!

En 1561, Jean Nicot, ambassadeur de France au Portugal, connaissant la réputation médicinale du tabac, en envoie quelques feuilles râpées à Catherine de Médicis pour soigner ses terribles migraines. La cour adopte bientôt cette nouvelle mode et il est de bon ton de priser.

Au XVIIe siècle, on se met à chanter *J'ai du bon tabac...*, mais avec un seul couplet. Vers 1760, l'abbé rémois Georges de l'Attaignant, qui se pique de composer des vers irrévérencieux sur les grands de ce monde, écrit les huit autres couplets, évoquant Voltaire, bâtonné par les gens du duc de Rohan-Chabot,

Tel qui veut nier l'esprit de Voltaire,
Est pour le sentir trop enchifrené...

Ce qui lui valut d'être menacé à son tour par le comte de Clermont-Tonnerre. Prévenu à temps, il conclut:

... Mais j'ai peur qu'un priseur mal né
Ne chante, en me riant au nez:
J'ai du bon tabac dans ma tabatière,
J'ai du bon tabac ; tu n'en auras pas!

IL Y A 40 ANS, EN 1971 : Ouverture porte de Versailles, à Paris, du Salon international de l'agriculture. Le douzième jour de la grève d'Air Liquide commence à avoir des répercussions graves sur l'emploi dans les usines du Nord. Mort de l'écrivain et philosophe Jean Grenier.

Le hasard seul est merveilleux, parce qu'il est inintelligent (Paul Gavarni).

Sainte Olivia — **SAMEDI 5 MARS**
Poissons 2e décan

Se réunir est un début ; rester ensemble est un progrès ; travailler ensemble est la réussite (Henry Ford).

Sainte Colette — **DIMANCHE 6 MARS**
Poissons 2e décan

La France mystérieuse

LE PLUS GRAND MARCHÉ DU MONDE

Rungis (Val-de-Marne)

Le 3 mars 2009, on a célébré les quarante ans du transfert des anciennes Halles de Paris à Rungis. Cette opération, qui a été un succès complet, mettait fin à une institution presque millénaire.

C'est, en effet, en 1110, que, par décision royale, le marché de Paris s'installe au lieu-dit Les Champeaux. En 1183, sont construits de grands hangars pour abriter les commerces, qui étaient jusque-là en plein air et qui se groupent alors par spécialité. Ces bâtiments seront reconstruits sous François Ier, puis sous Napoléon III, qui confie l'ouvrage à l'architecte Baltard.

Mais le manque de place et les inconvénients de ce marché en plein cœur de Paris entraînent son transfert hors de la capitale. C'est ainsi qu'est créé le marché international de Rungis, dans le Val-de-Marne. Il s'étend sur une superficie de 232 hectares, dont plus de 727 000 mètres carrés de bâtiments couverts. Il est desservi par trains, camions et avions, ces derniers en provenance de l'aéroport d'Orly tout proche. Approvisionné en fruits et légumes, marée et boucherie, il est rapidement devenu le plus grand marché de produits frais du monde. Il fonctionne à partir de 3 heures du matin et, à 7 heures, les rayons doivent être vides. Chaque année, dix mille prélèvements sont effectués par les services vétérinaires, pour détecter les hormones, toxines et autres germes. L'activité de Rungis redouble au moment des fêtes de fin d'année. Ce ne sont alors pas moins de dix-huit mille personnes qui y travaillent chaque nuit et des centaines de milliers de tonnes de marchandises s'y échangent contre des milliards d'euros.

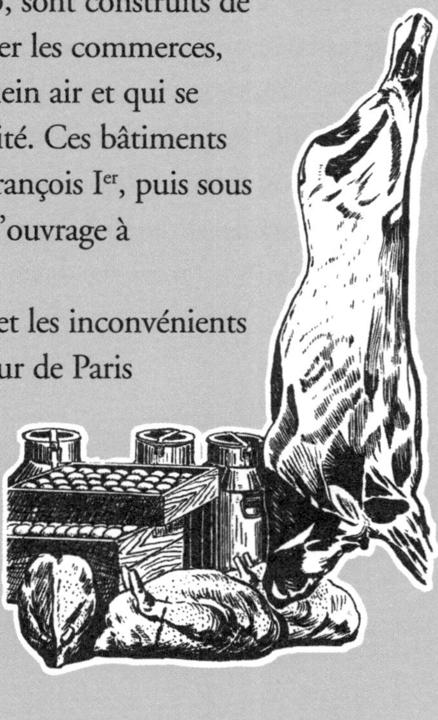

IL Y A 40 ANS, EN 1971 : Prolongation *de facto* de la trêve au Proche-Orient. Le président Thieu qualifie d'« exploit » la prise de Tchepone par les forces sud-vietnamiennes.

LUNDI 7 MARS

Sainte Félicité

Poissons 2e décan

Vous n'avez pas besoin d'un cerveau pour écouter de la musique (Luciano Pavarotti).

★ POULET ÉLIANE. Pour cinq ou six personnes. Faites cuire à l'eau bouillante à la moitié du temps de cuisson seulement un verre de riz et 100 grammes de petits pois surgelés. Égouttez, mélangez avec 60 grammes de foie gras en boîte. Farcissez un poulet assaisonné de sel et poivre de ce mélange, et faites-le revenir au beurre dans une cocotte. Une fois qu'il est bien doré, versez un verre de vin blanc sec et ajoutez deux carottes et deux oignons émincés. Laissez cuire à couvert 1 heure 15.

LE DÉGRAISSEUR AMBULANT

Au Moyen Âge, des vendeurs ambulants proposaient de nettoyer les vêtements, en criant « Terre à laver pour dégraisser ! ». Ils utilisaient de la terre à foulon qui, délayée dans l'eau et battue, a la particularité de mousser comme le savon, et d'absorber les corps gras. Un dégraisseur ambulant est resté célèbre sous le nom de crieur de malle tache (mauvaise tache). Viollet-le-Duc était convaincu que la malle tache désignait « une pierre à détacher ou un savon à dégraisser inventé par le fripier Martin, et analogue aux ingrédients de même nature que nous voyons vendre sur les places publiques ». En fait, une gravure du XVIe siècle, conservée à la bibliothèque de l'Arsenal, représente « un crieur de malle tache » portant à la main droite une bouteille à gros ventre qui contenait probablement de la terre à foulon diluée, et à la gauche, un bâtonnet qui devait servir à frotter l'étoffe pour la dégraisser. Ce petit métier connut de beaux jours jusqu'à la fin du XIXe siècle.

% *En France, un enfant sur vingt naît grâce à l'assistance médicale à la procréation.*

IL Y A 40 ANS, EN 1971 : Les postiers anglais reprennent le travail, après une grève commencée le 20 janvier. Au Madison Square Garden de New York, Joe Frazier conserve son titre de champion du monde des poids lourds contre Cassius Clay, alias Mohamed Ali. Mort de l'acteur américain Harold Lloyd.

Celui qui cherche la paix doit être sourd, aveugle et muet (proverbe turc).

Saint Jean de Dieu — **Poissons 2e décan**

MARDI 8 MARS

Les drôles d'histoires de Pierre Bellemare

Des courtiers gonflés à bloc

Jérôme Kerviel, l'opérateur de marché de la Société générale, responsable en 2007 de la perte record de près de 5 milliards d'euros, était-il dopé à la testostérone ? C'est la question très sérieuse que se sont posée des chercheurs de l'université de Cambridge. Pour mener à bien leur étude, ils ont suivi dix-sept courtiers de la City, à Londres, pendant huit jours et mesuré leur taux de testostérone deux fois par jour – à 11 heures du matin, en pleine activité boursière, et à 16 heures, à la fin de la séance –, en prélevant des échantillons de leur salive. Ils ont établi qu'effectivement le niveau d'hormones sexuelles mâle était directement lié à l'ampleur des gains et des pertes réalisés. « Agissant sur l'agressivité et la compétitivité, testostérone et cortisol accroissent la confiance en soi et prédisposent à prendre des risques, notamment dans des situations de bulles financières spéculatives », a noté le Dr John Coates, coauteur du rapport.

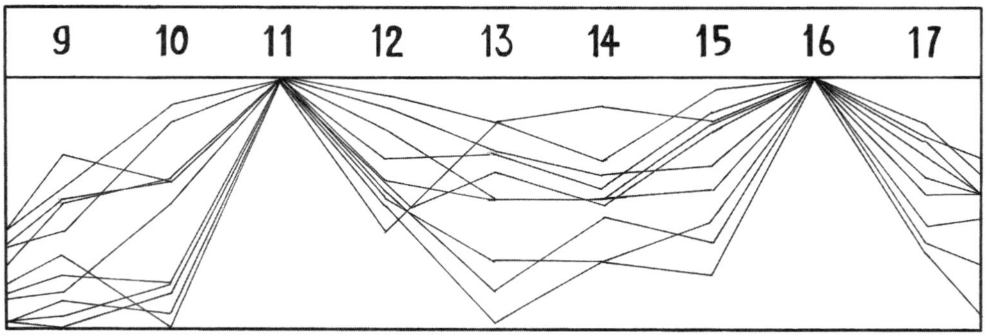

Quand un krach menace, les banques centrales abaissent leurs taux d'intérêt. Encore faudrait-il, pour obtenir les résultats escomptés, qu'elles abaissent en même temps le taux de testostérone des *golden boys* !

Il est regrettable que les scientifiques n'aient pas étendu leur étude à la gent féminine, qui jongle elle aussi avec les milliards des épargnants. Nous ignorons donc si œstrogènes et progestérone ont contribué à provoquer la crise qui a plombé l'économie.

IL Y A 40 ANS, EN 1971 : Lors d'une réunion d'Ordre nouveau au Palais des Sports à Paris, la police doit s'interposer entre extrémistes de gauche et de droite. Mort du colonel Frank Lillyman, le premier soldat américain qui avait posé le pied sur le sol de Normandie, le 6 juin 1944.

MERCREDI 9 MARS — **Sainte Françoise Romaine**

Poissons 2e décan

Le con ne perd jamais son temps, il perd celui des autres (F. Dard).

✯ SPAGHETTIS LÉGERS. Pour trois ou quatre personnes. Dans 1 litre et demi d'eau bouillante faites cuire 10 minutes cinq blancs de poireaux, ajoutez ensuite deux cubes de bouillon aux légumes et aux aromates, puis 300 grammes de spaghettis, le temps de cuisson indiqué sur le paquet. Égouttez, ajoutez une noix de beurre et un talon de jambon coupé en petits dés.

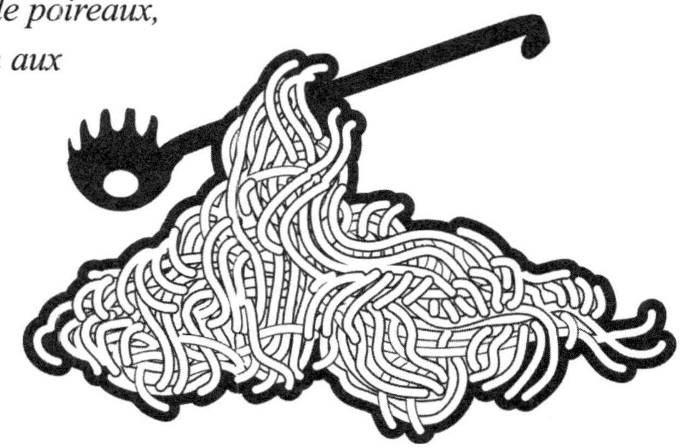

POUR FAIRE BRILLER LA NACRE

La nacre se ternit au contact de l'eau. Pour y remédier, frottez-la délicatement avec quelques gouttes de jus de citron. Essuyez avec un chiffon doux et lustrez avec un tissu de soie imbibé d'un peu d'huile d'olive.

Le plus gros diamant taillé du monde est :

a. Le Régent ?
b. Le Golden Jubilée ?
c. Le Cullinan I ?

(Réponse : b – 545, 67 carats, a : 140, 50 carats, c : 530, 20 carats.)

IL Y A 40 ANS, EN 1971 : Le mauvais temps gêne les opérations alliées sur la piste Hô Chi Minh. M. McMahon remplace M. Gorton, démissionnaire, à la tête du gouvernement australien. Sortie du film *Les Clowns* de Federico Fellini. Mort accidentelle du poète Jean Follain.

Lorsqu'on n'a pas eu la chance d'avoir des parents alcooliques, il faut s'intoxiquer toute sa vie pour compenser la lourde hérédité de leurs vertus (E.M. Cioran).

Saint Vivien

Poissons 2e décan

JEUDI 10 MARS

Les drôles d'histoires de Pierre Bellemare

Quand le mariage tourne au fiasco

En avril 2005, en Georgie, les préparatifs du mariage de Jennifer Wilbanks et de John Mason battent leur plein. Six cents invités, un banquet pantagruélique, une liste de cadeaux interminable : aucun détail n'a été négligé pour rendre la fête somptueuse et inoubliable.

La veille de la cérémonie, Jennifer sort faire son jogging. Comme elle tarde à rentrer, son fiancé et sa famille donnent l'alerte. Aussitôt la police se mobilise. Forces de l'ordre et volontaires fouillent les champs et les bois alentour. En vain… Les conjectures les plus pessimistes sont avancées.

Enfin, trois jours après, la jeune femme téléphone à son fiancé : « J'ai été enlevée par un couple de malfrats et jetée dans une camionnette », gémit-elle au bout du fil.

La police la retrouve errant dans les rues d'Albuquerque et la ramène. Soumise à un interrogatoire en règle, Jennifer craque et avoue la supercherie : stressée par l'imminence de son mariage, elle a inventé de toutes pièces son enlèvement. La presse et les internautes se déchaînent, lui reprochant d'avoir bafoué ses proches, l'Église et les institutions. Et d'avoir dilapidé les 100 000 dollars de la noce.

Après avoir payé une forte amende, l'affabulatrice s'aperçoit que, de son côté, John a détourné l'argent du contrat de mariage pour se faire construire une maison. La cérémonie a été définitivement annulée.

IL Y A 40 ANS, EN 1971 : Londres redoute des représailles « orangistes » après le meurtre de trois soldats écossais. L'ancien secrétaire général du PC tchécoslovaque, Alexandre Dubcek, est devenu aide-mécanicien en Slovaquie. Les troupes de Hanoi encerclent les Sud-Vietnamiens installés autour de Tchepone.

VENDREDI 11 MARS **Sainte Rosine**

Poissons 2e décan

Les pommes qui sont de l'autre côté du mur sont les meilleures (proverbe normand).

☆ *TARTIFLETTE DE CHOUCROUTE. Pour quatre personnes. Mélangez 750 grammes de choucroute cuite avec 300 grammes de lard et un demi-munster coupés en morceaux. Mettez la préparation dans un plat haut en terre cuite, versez deux cuillerées à soupe de crème. Fermez le plat d'une couche de pâte feuilletée beurrée. Passez 20 minutes au four (th. 7).*

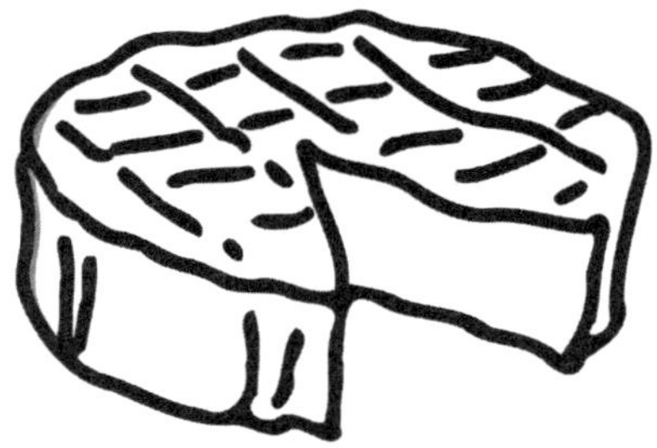

L'ANGÉLIQUE DE NIORT : CONFIT ET LIQUEUR

On trouve à Niort l'angélique sous ses différentes présentations, la plante entière étant comestible : racines, feuilles, tiges, graines servent à l'élaboration de la liqueur verte, des confitures, des crèmes… mais seules les tiges de la première année sont utilisées pour les confits (la deuxième année la plante monte en graines et meurt). Fendues et ouvertes en épais rubans verts, elles sont retirées de leur sirop de macération pour orner les gâteaux. Au cours des siècles, de nombreux auteurs ont loué les vertus de l'angélique qui furent révélées par un ange, dit-on, d'où son nom, *Herba angelica*. On lui attribuait une protection contre les sortilèges et les esprits malfaisants. Pendant l'épidémie de peste à Milan en 1510, Paracelse la traite de médicament merveilleux. À la Renaissance, elle a la réputation de guérir les fièvres et de procurer la tempérance en toute chose. Originaire du nord de l'Europe, arrivée au marais poitevin au Moyen Âge grâce aux bohémiens qui allaient de monastère en monastère, elle est cultivée par les religieuses de Niort comme remède. Ce sont elles qui ont l'idée, au XVIIIe siècle, de la confire. Elle a trouvé en lisière de la Sèvre une terre fertile, légère et fraîche qui lui convient : c'est dans cette région que l'angélique a le plus de parfum. Aujourd'hui encore, la production artisanale du célèbre confit de Niort et de la liqueur verte s'enrichit sans cesse de nouvelles spécialités.

IL Y A 40 ANS, EN 1971 : Saigon retire ses troupes de Tchepone. Au Canada, le militant du FLQ, Paul Rose, meurtrier du ministre Pierre Laporte le 17 octobre dernier, est condamné à la prison à vie. 45 % des médicaments vendus en France le sont sans ordonnance.

SAMEDI 12 MARS — Sainte Justine — Poissons 3e décan

Quel que soit votre âge, ne pas se sentir aimé, c'est se sentir repoussé (Coco Chanel).

DIMANCHE 13 MARS — Saint Rodrigue — Poissons 3e décan

Avec l'amour maternel, la vie vous fait à l'aube une promesse qu'elle ne tient jamais (Romain Gary).

La France mystérieuse

UNE ERREUR RÉVOLUTIONNAIRE

Bar-le-Duc (Meuse)

L'une des tâches du gouvernement révolutionnaire fut de changer les noms de villes ou de villages qui évoquaient l'Ancien Régime ou la religion. Ainsi, pour ne prendre que quelques exemples, Saint-Mihiel devint Roche-sur-Meuse, Villeroy fut changé en Villeloi, Villiers-le-Duc en Villiers-la-Forêt, etc. Ainsi, le 8 avril 1793, sur proposition du ministre de l'Intérieur Garat, la Convention décida que la ville de Bar-le-Duc prendrait le nom de Bar-sur-Meurthe. Les députés du département de la Meuse, dont Bar-le-Duc est le chef-lieu, ne devaient pas être présents sur les bancs de l'Assemblée, car ils auraient immédiatement rectifié l'erreur : ce n'est pas la Meurthe qui arrose la ville, mais l'Ornain, affluent de la Marne. La Meurthe coule beaucoup plus à l'est, elle se jette dans la Moselle à Nancy, elle appartient au bassin du Rhin et non à celui de la Seine. Personne ne s'en étant aperçu, la décision prit effet immédiatement et le chef-lieu de la Meuse reçut officiellement le nom de Bar-sur-Meurthe, à la grande surprise de ses habitants.

Ceux-ci protestèrent évidemment auprès des autorités, mais ce ne fut que le 8 juillet 1793 que l'erreur fut réparée et que la ville prit le nom de Bar-sur-Ornain.

La méprise provenait d'une confusion avec Ban-le-Duc, dans le département des Vosges, qui devait aussi être débaptisé et qui est effectivement arrosé par la Meurthe. Mais quand il vit le nom, le ministre Garat, qui ne connaissait pas la petite localité des Vosges, crut à une faute d'orthographe et corrigea en Bar-le-Duc. C'est ainsi que, par la volonté révolutionnaire, la ville a porté pendant trois mois le nom d'un cours d'eau coulant à 100 kilomètres de là.

IL Y A 40 ANS, EN 1971 : Le premier tour des élections municipales donne un scrutin favorable aux « sortants ». Le général Hafez al-Assad est élu président de la République arabe syrienne. Selon une enquête de la SOFRES, 55 % des Français ne veulent pas plus de deux enfants.

LUNDI 14 MARS

Sainte Mathilde

Poissons 3e décan

C'est par les robes décolletées que s'évapore peu à peu la pudeur des femmes (Alexandre Dumas).

Fin mars, dès que le sol est réchauffé, semez les annuelles rustiques telles que lavatères, coquelicots, amarantes, soucis, nigelles, puis échelonnez les semis jusqu'à début juin avec des espèces moins rustiques : œillets d'Inde et de Chine, phlox, cosmos… Pour les semis de fleurs, mélangez auparavant les graines avec une poudre antiparasitaire. Cette méthode a aussi l'avantage de semer ni trop dru ni trop clair. Adaptez la profondeur du sillon à la taille de la graine, une graine trop profondément semée germe mal.

★★ POTAGE AUX DEUX LENTILLES. Pour quatre personnes. Dans une cocotte faites revenir à l'huile sans coloration un oignon et une demi-laitue hachés, ajoutez un demi-litre de bouillon de légumes instantané et une grosse pomme de terre pelée coupée en petits morceaux. Laissez cuire une dizaine de minutes. Mixez, ajoutez 1 litre de bouillon de légumes, 130 grammes de lentilles corail et 130 grammes de lentilles vertes. Laissez cuire 20 minutes à couvert. Plongez dans la casserole une demi-botte de feuilles d'oseille grossièrement hachées. Assaisonnez.

Il faut attendre deux heures après un repas, avant de se baigner

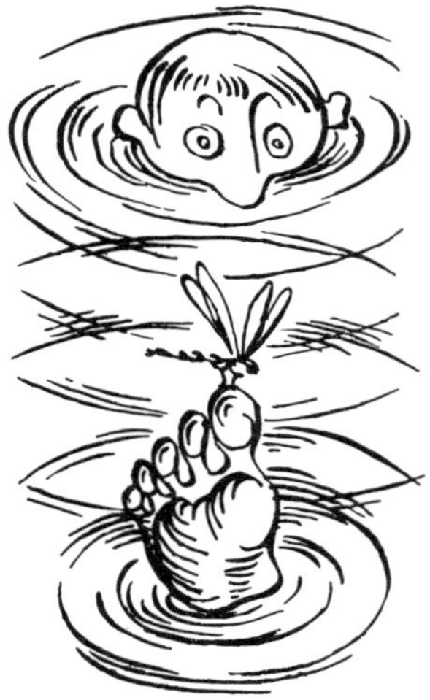

Il s'agit de prévenir le risque d'hydrocution, mais celui-ci n'a aucun rapport avec la digestion. Le simple bon sens recommande d'éviter, avant de se baigner, les excès de nourriture, d'alcool ou de forte chaleur, pour ne pas imposer à l'organisme un écart de température trop violent. Il est surtout conseillé d'entrer progressivement dans l'eau, afin de réduire peu à peu l'écart de température entre le corps et l'eau.

Les drôles d'histoires de Pierre Bellemare

L'océan poubelle attire les poissons

On le sait, les effets de la surpêche, de la pollution et du réchauffement climatique diminuent dangereusement la ressource des océans. Face à ce danger, les dirigeants du métro de New York ont-ils trouvé une solution pour reconstituer les stocks? Pour se débarrasser des wagons réformés, ces derniers ont, en effet, imaginé les acheminer par barges à 16 miles nautiques au large de l'État du Delaware, et les couler à faible profondeur. Près de sept cents wagons ont été ainsi immergés. En transformant les fonds sous-marins en sanctuaires d'algues, de moules et d'éponges, les carcasses ferroviaires ont attiré une multitude de poissons de toutes espèces. À tel point que, dans la zone concernée, la quantité de produits de la mer au mètre carré a été multipliée par quatre cents en l'espace de sept ans! Aujourd'hui, quelque dix mille pêcheurs amateurs et professionnels se bousculent au-dessus du récif artificiel.

La pêche étant devenue miraculeuse, les États voisins réclament à leur tour de vieux wagons. Et patientent en tapissant leurs fonds côtiers d'appareils électroménagers hors d'usage, de vieux navires et de chars d'assaut périmés!

Des écologistes ont alerté l'opinion sur les risques encourus: les rames du métro, légèrement amiantées, pourraient intoxiquer les poissons et provoquer des maladies. Cinquante à cent mille personnes ne décèdent-elles pas déjà chaque année en consommant des fruits de mer contaminés ?

IL Y A 40 ANS, EN 1971 : L'agence Chine nouvelle annonce le lancement de son deuxième satellite, avec treize jours de retard. Diffusion sur la chaîne 2 de *Vipère au poing*, réalisé par Pierre Cardinal, d'après le roman d'Hervé Bazin, adapté par Jean-Louis Bory, avec Alice Sapritch.

MERCREDI 16 MARS — **Sainte Bénédicte**

Poissons 3e décan

Les bons crus font les bonnes cuites (Pierre Dac).

★ DÉS DE PORC NORMANDS. Pour quatre personnes. Coupez un kilo de viande de porc en gros dés. Faites colorer à l'huile dans une cocotte quatre oignons coupés en quartiers et la viande. Saupoudrez d'une cuillerée à soupe de farine et remuez 2 minutes sur feu vif. Arrosez la viande de 50 centilitres de cidre brut. Salez, poivrez. Portez à ébullition, puis baissez le feu, laissez mijoter 20 minutes à couvert. Ajoutez deux pommes boskoop pelées, coupées en quartier. Laissez cuire encore 20 minutes.

LA SOIE DE LYON

Depuis la nuit des temps, la soie et ses secrets étaient jalousement gardés en Chine, jusqu'à ce que deux moines byzantins rapportent d'Asie, au VIe siècle, des cocons de bombyx du mûrier. L'Italie aura le monopole des élevages du papillon en Europe jusqu'à la fin du Moyen Âge, mais, en implantant une fabrique, Lyon devient au XVIe siècle une ville incontournable sur la Route de la Soie. François Ier ambitionne que la France produise elle-même le fil de soie. L'agronome Olivier de Serres fait planter 400 000 mûriers, les métiers à tisser se perfectionnent et, sous Louis XIV, c'est l'âge d'or des soieries de Lyon. Plus de la moitié de la population de la ville en vit. Malgré le coup d'arrêt de l'activité au moment de la Révolution, la soie reste la principale activité industrielle française, la bourgeoisie qui a succédé à la noblesse aspirant elle aussi à se vêtir de ce textile précieux. L'invention de Jacquard au début du XIXe industrialise le processus de tissage : la généralisation de ses métiers modifie l'architecture au quartier de la Croix-Rousse, les machines nécessitant des pièces de grande hauteur sous plafond. Mais la situation se dégrade pour les ouvriers soumis à de rudes conditions de travail. Les révoltes des « canuts » en 1831 et 1834 sont suivies d'une répression sanglante. Puis, à la fin du XIXe siècle, l'arrivée de la soie artificielle entraîne le déclin de la soierie lyonnaise. Lyon reste cependant une référence.

Les drôles d'histoires de Pierre Bellemare

Irrésistible humour anglais

Comme vous vous en êtes sans doute aperçu au fil de ces histoires, j'accorde une tendresse particulière à nos amis anglais, dont le sens de l'humour allège souvent le poids du quotidien. Ainsi apprend-on que le 999, le numéro des urgences en Grande-Bretagne, reçoit en moyenne deux mille appels par jour, et que la teneur de nombre d'entre eux aurait autrefois enchanté les poètes surréalistes. En voilà un florilège. Une femme compose le 999 pour que la police vienne délivrer un porc-épic dont le museau est resté coincé dans une boîte de conserve. Une autre téléphone pour se plaindre que son mari tarde à rentrer, après être allé lui acheter un paquet de cigarettes. Une troisième parce qu'elle s'est cassé un ongle en réglant sa note de restaurant. Un homme, apeuré à l'idée de manquer la retransmission d'un match de football, alerte, lui aussi, les services d'urgence pour qu'on vienne l'aider à régler son téléviseur…

Mais les plus hautes instances du pays ne donnent-elles pas le ton ? Ne parvenant pas à enregistrer son message d'accueil sur sa ligne de téléphone directe, la reine Elisabeth demande l'aide de ses petits-enfants, William et Harry. Voilà le message que les princiers garnements lui ont concocté : « Salut mon pote ! C'est Liz. Désolée d'avoir dû m'absenter du trône. Pour joindre Philip, faites le 1, pour Charles, faites le 2, et pour les corgis (les chiens favoris de la reine), faites le 3. » S'apercevant de la supercherie, Sa Gracieuse Majesté a, paraît-il, trouvé la blague très drôle. *God save the Queen !*

IL Y A 40 ANS, EN 1971 : Moscou décide que 300 000 Juifs soviétiques seront autorisés à quitter l'URSS au cours des prochaines années. Réélue présidente du parti du Nouveau Congrès, Mme Indira Gandhi forme le nouveau cabinet indien. Au Pérou, un glissement de terrain emporte une cité minière.

VENDREDI 18 MARS **Saint Cyrille**

Poissons 3e décan

Si tu as peur de la mort, n'écoute pas ton cœur battre la nuit (P.J. Toulet).

★ RISOTTO À LA SCAROLE. Pour quatre personnes. Dans une sauteuse faites revenir au beurre chaud 200 grammes d'oignons rouges en rondelles sans les colorer. Ajoutez un gros cœur de scarole émincé, faites cuire à feu doux 5 minutes. Versez 300 grammes de riz rond sur la préparation. Mélangez et mouillez avec 60 centilitres de bouillon de volailles instantané. Couvrez et laissez cuire 20 minutes sur feu doux. Incorporez hors du feu 25 grammes de beurre et parsemez de feuilles de coriandre.

Les plantes condimentaires et médicinales annuelles : persil, cerfeuil, aneth, basilic, que vous planterez près de la maison, ont chacune des besoins spécifiques et ne peuvent être mélangées avec les vivaces qui, pour la plupart, aiment le soleil et une terre différente. Réservez à ces dernières un coin carré, elles sont faciles à cultiver même dans une terre pauvre et sèche, ou formez de petites haies avec le romarin, la mélisse à la senteur citronnée, la sarriette ou la sauge officinale au feuillage argenté persistant. Vous pouvez également disperser quelques pieds de lavande et de sauge dans les massifs et au pied des rosiers.

Le poids du cœur d'une girafe est de
a. 3 kilogrammes?
b. 7 kilogrammes?
c. 11 kilogrammes?

(Réponse : c.)

IL Y A 40 ANS, EN 1971 : Soirée de gala au Théâtre des Champs-Élysées pour la sortie du film d'Arthur Hiller, *Love Story*, d'après le roman d'Erich Segal. Découverte en Italie d'un complot d'extrême droite. Eddy Merckx remporte la course Milan-San Remo.

Saint Fabrice — **SAMEDI 19 MARS** — **Poissons 3e décan**

Nous savons au moins déjà une chose, c'est que l'homme est merveilleux, et que les hommes sont pitoyables (René Barjavel).

Printemps — **DIMANCHE 20 MARS** — **Poissons 3e décan**

Heureux chocolat, qui après avoir couru le monde, à travers le sourire des femmes, trouve la mort dans un baiser savoureux et fondant de leur bouche (Brillat-Savarin).

La France mystérieuse

LES FÉES DES HOULES

Piriac (Loire-Atlantique)

Sur certaines côtes de Bretagne, les grottes donnant sur le rivage étaient surnommées les houles. Souvent d'un abord difficile, parfois uniquement accessibles à marée basse, elles étaient censées abriter des fées, êtres secrets et jaloux de leur tranquillité, qui trouvaient là un refuge idéal.

Les fées des houles ont été, jusqu'à la fin du XIXe siècle, l'objet de toute une série de récits et de légendes, qui les décrivaient comme des êtres à la fois secourables et irritables.

Quand on pénétrait dans ces houles, que gardait souvent une vieille portière fort laide recouverte de varech, on découvrait tout un mobilier de pierre : des bancs, des tables, des lits, des berceaux.

Parfois, ces grottes se prolongeaient fort loin, comme la grotte du Chat, à Piriac, qui, selon la tradition populaire, s'étendait jusqu'à une demi-lieue dans les terres.

Les fées prenaient pour époux d'autres êtres surnaturels, les féétauds et, à l'intérieur de leurs houles, elles vivaient comme les humains. Elles faisaient leur pain, le mettaient au four, filaient leur linge, le lavaient et le mettaient à sécher sur les rochers de la côte.

Ces traditions ont été étudiées par plusieurs spécialistes et il semble qu'elles aient eu une origine tout à fait matérielle. Les lieux où sont situées les houles sont des endroits d'accès difficile où on pouvait se cacher et cacher des marchandises. Il est fort possible que des contrebandiers aient, par des apparitions, entretenu la croyance aux fées de la mer, pour mettre leur marchandise et eux-mêmes à l'abri des regards indiscrets des douaniers et de la population.

Maquette : Michel Gourtay et Catherine Saulais
Correction : Pascale Pengam

Achevé d'imprimer en France par Pollina, Luçon
N° d'impression : L51526
N° d'édition : 25988
Dépôt légal : octobre 2009